日本の英語教育の今、そして、これから

日本の英語教育の今、そして、これから

［企画］
神田外語大学・外国語能力開発センター
［編］
長谷川信子

開拓社

はしがき

　日本の英語教育は今世紀に入り「使える英語」を志向し大きく変化してきています．その背景には，唯一の世界共通語としての英語の重要性，急速にグローバル化する世界での対応を迫られている産業界からの要請，そして直接的な引き金として文部科学省の方針転換があります．この方向性の変化は，マスメディアも，小学校での英語活動，英語の社内公用語化，ネイティブ教員による英語の授業の様子などを頻繁に取り上げ，一般の日本人も「歓迎すべき方向」として受け取っているようです．英語を使えるようになることは，もはや特別なことではなく，誰もが将来ある程度身につけるべき能力であるとの認識が広がってきています．この流れは，2020年の東京オリンピック・パラリンピック開催を控え一層加速され，英語での「お・も・て・な・し」は，英語コミュニケーション力育成を前面に掲げ強力に推進している文科省にとっても，巷の語学学校にとっても，格好のスローガンとなっています．「使える英語」を目指した新しい教育なら，日常会話や海外旅行はもちろん，英語で仕事をすることも可能になるに違いない，そんな期待が大きく膨らみつつあります．

　しかし，その期待の割には，具体的に，どのような変化が起こりつつあり，どんな取り組みがどういう成果をあげ，どのような英語力をもった生徒・学生が育ちつつあるのか，どんな道筋が今後期待できるのか，といった最も本質的なことは，ほとんど明らかにされてきていません．小中高校生への英語教育を日々担当している現場の教師には，そうしたことを深く考察する余裕もなく，大学で英語教育に携わっている教育者や研究者の間でも現状が十分に把握できているとは言い難いでしょう．そうであるにもかかわらず，希望的観測とかけ声ばかりが先行しています．その一方で，起こりうる問題が指摘され批判が展開されてもいます．

　方向転換や新たな変化には，常に，賛否両論があります．小学校からの英語の導入や，英語で授業を行うとの基本方針は，多くの大人が受けてきた以前の教育・学習法と大きく異なるわけですから，その波及や結果も未知数・不確定であり，成功例・失敗例を含め，様々な観点からの意見，論考が提示されることは不思議ではありません．教育，特に言語の教育は，ヒトの知的活動の根幹に関わり関連分野の裾野も広く，学習者個々人の将来や社会全体に及ぼす影響

も大きいですから，評価にしても批判にしても，その対象となる現象の扱いも見方も一様ではありません．一面的に成功，失敗，良し悪しを判断することは本質を見誤ることにもなります．

　こうした状況下では，「変化」「影響」を，拙速に賛否や成功・失敗の観点から討議するのではなく，現実にどのような変化が起こりつつあるのか，どのような取り組みがなされ，どのような英語力をもった学生が育ちつつあるのかを把握し，その上で，どんな可能性が期待できるか，その可能性に向け，教育現場で何ができるかを冷静に，そして日々学生が育っているという観点からはポジティブに，検討する，それが，最も重要なことであろうと思います．

　近年は学術界の動きも大きく，社会科学，医学生物学，自然科学などでは学際化が急速に進んでいるようですが，人文系，特に，英語教育関係では，教える内容と関わる「英語学」，教授法，学習効果，評価などを扱う「英語教育学」，言語使用と関わる「コミュニケーション学」が同じ土俵で意見を交わすことは残念ながらそれほど多くはありません．しかし，英語教育の目標が「英語の知識獲得」から「英語コミュニケーション力の育成」に大きくシフトしてきている今，改めて，分野横断的かつ総合的に，「日本の英語教育の今」を見つめ，「これから」を考える機会を持つ意義は大きい筈です．教育は，英語教育に限らず，全てが成功，全てが失敗というような一方にのみに振れることはありません．どんな取り組み，教え方にも，長所と短所があり，分野の専門性や目標に照らせば，課題や成果の認識，扱い，評価の方法も異なってきます．

　そこで，神田外語大学・外国語能力開発センター（FLP）では，部分的な現象や結果，短絡的な印象に囚われるのではなく，また，特定専門分野の視点・評価を主張し過ぎることなく，現状を理解・把握し，しかし，同時に各々の専門分野の取り組みや知見を生かすことで可能性が広がりより良き方向が見えて来る，そんな討議の場を持つことを企画しました．小学校英語を経験した生徒が中学に進学しはじめた2013年のことです．その年の8月に，この企画に賛同して下さった方々が，福島県白河の神田外語大学研修施設 British Hills での1泊2日の合宿形式での集中ワークショップに参集して下さいました．そして，そこでの活発な討議と意見交換，問題提起と提案などを，より広い読者にも共有していただくべく，論文集の編纂が企画され，参加が叶わなかった方の論考も加え本書となった次第です．大きな変化の真っ只中にあり，これからも益々変化を余儀なくされるであろう日本の英語教育を多角的に考察する論文集となっています．執筆者の専門的背景は，巻末の執筆者情報をご覧いただければ分かりますが，英語学，英語教育学，応用言語学，第二言語習得，言語

学，日本語学，英日比較言語学，心理言語学，社会学，異文化コミュニケーション，通訳研究，統計分析，評価法など多岐にわたっており，異なる背景と知見からの調査，考察，提言が 5 部構成 20 の論文により提示されています．

　上述からも明らかなように，本書編纂の目的は，「日本の英語教育の現状を把握し，その将来を考える際の共有基盤の提供と構築」にあります．小中高，大学や，塾などの民間教育機関で英語教育に携わる方々はもちろん，関連分野の専門家，これから英語教員を目指す学生の方々には，本書の論考から，それぞれの立場で日本の英語教育の今と今後について考え，実践の手立てにしていただければと思います．また，英語教育に興味がある一般の方々にも，教育現場での英語の取り組み，英語の役割や有用性，さらには，自らの英語の学習の際の指針など，参考にしていただける情報が豊富に含まれています．本書が，日本の英語教育に様々な形で利用され，より良き方向と発展に寄与してくれることを強く願っています．

　本書は，この趣旨に賛同し，短期間で論文をまとめて下さった執筆者の方々のご協力・ご尽力なしには叶いませんでした．また，開拓社の川田賢氏は，この企画を歓迎して下さり，迅速に刊行へと導いて下さいました．深く感謝いたします．

　編者が所属する神田外語大学・FLP のメンバー，副センター長の朴シウォン先生，野村真理子研究員，研究補佐員の林千絢さん，事務補佐員のホール真由子さん，には，2013 年夏のワークショップの企画・運営から，本書の論文とりまとめ作業，そして，日々の研究活動全般において助けていただきました．本書の編纂は「日本人の外国語能力，特に，英語能力の実態把握とその開発，発展のための教育・研究の遂行・支援」を目的に 2012 年に発足した FLP にとっても，大きな最初の成果と位置づけられます．これを機に，FLP の研究活動をさらなる発展へとつなげたいと思っております．

　最後に，個人的な体験と感想で恐縮ですが，編者である私の日本の英語教育に対する思いを述べさせていただきます．私の専門は言語学（英語学，日本語学）ですが，言語学を目指す以前の 1970 年代に，アメリカの大学院から TESL で MA を取得しました．当時は，「中間言語（interlanguage）」という学習者の目標言語体系の考察がホットなトピックで，私も修士研究で，日本人学習者の中間言語の調査を扱いました．中間言語には，学習者の母語体系や教育・学習方法，学習心理や習得と関わる認知ストラテジーなどの要因が関わり，目標言語とは異なった体系となります．「当時の日本人学生」の中間言語

には，文の基本構造（文中の要素の順番，主述の関係）と関わる構造的な事項について，母語からの負の転移は，母語が日本語同様のSOV語順のトルコ語やペルシャ語の話者より少ない，というのが印象でした．それに比し，「最近の学生」の英語には，本書の第I部の論文でも言及されていますが，明らかに，母語の日本語からの負の転用と思われる語順や構造の間違いが多出しているのです．「当時」も「最近」も，母語と目標言語（英語）は同じなのですから，この違いは，教育法・学び方の違いに関係している可能性が高いと思えます．

　日本の英語教育は，戦後から長く「英語の言語体系を知識として学ぶ」ことを目標としてきました．その集大成として大学入試が位置づけられ，それをクリアした学生が英語教員として教室現場に戻ったわけです．その教育システムでは，科目の縦割りもあり，英語の体系は，母語の日本語体系から全く切り離された知識として教育されました．当然，英語の専門家（英語教師，英語学者）でも日本語の体系や特徴，英語との体系的な相違などに明るいとは言えない人も大勢いることになります．大学での英語の教師養成課程や研修講座に，日本語の体系と関わる科目や講義は必修となってはいないことからも，日本の英語教育・学習には「制度的に」母語の体系の把握は無関係であるとされているのです．

　英語の目標が「使うこと」に大きくシフトしてきている今，英語の専門家，特に「言語学を含め，英語の体系も日本語の体系も把握し，比較対照が可能な英語学・言語学関係者」には，英語教育の分野での自らの知見の有用性を再確認して，英語教育に新たな関心を寄せていただくことを期待したいのです．小学校から英語が導入されるということは，（第V部でも触れますが）英語の体系の把握が不充分なまま英語を使い始めることを意味します．拠り所となる英語の知識が不充分なら，学習者は自ずと母語で培った言語知識と感覚を頼りにすることになります．当然，日本語からの負の転移が起こりやすくなります．日本語の言語知識と感覚とは，どういうものなのか，それを英語に援用することでどういう英語となるのか，どんな負の転移の可能性があるのか，言語学・英語学・日本語学の観点からの「日本人の英語の中間言語体系」の考察が求められます．そして，それに留まらず，教授法や学習心理，評価法などを専門とする英語教育学の専門家と協力して，どういう中間言語からならどんな教育・学習が可能か，どんな負の転移をどう防ぐかなど，現場に即し，学習者のニーズに対応して系統立てて考えていくこと，それが焦眉の急でしょう．今ほど，英語学，言語学，英語教育学，日本語学，コミュニケーション学の専門家の知見が「英語教育の場」で求められている時はないと思えるのです．

英語習得を樹木に例えるなら，文法や構造などの英語についての知識はさしずめ樹木を支える「根っこ」でしょう．母語の日本語は，英語の樹木が根を張る大地とその栄養分です．ですから，英語（外国語）の根が張りやすいように土壌を耕すことも重要です．国語教育との連携も欠かせません．でも，それだけでは「樹木」としては不充分です．葉や花，果実が必要です．生き生きとした葉を茂らせ花を咲かせ果実をつける，そこまで育てなければ「使える英語の木」とはなりません．それが求められる英語教育です．

　以前の教育では，根を育ててからでしか葉や花，果実は手に入らないとされました．残念ながら，芽を出し若木となる前に英語をあきらめてしまった学習者が沢山でてしまったわけです．（以前の英語教育が失敗と認識される所以です．）

　「コミュニケーション志向」の英語教育は，逆に，葉や花，果実から与えようというものです．それらは，適当な場が与えられれば，花束やフルーツ詰め合わせなど，それだけで相応の役に立ちます．何より，手にしているだけで嬉しくなります．つまり，挨拶などの定型表現や単語や文の断片を駆使して意思疎通し，タスクを遂行することです．葉や花，花束，果実を先に与え，それらを使うことから英語にアプローチさせようというわけです．問題は，それらを枯らしたり腐らせたりすることなく，目論み通りに，根づかせ，芽を出させ，若木から大樹へ，各段階で「使いながら」育てることができるか，それをいかに達成するか，です．それが「日本の英語教育の今，そして，これから」の課題です．その課題に向けての取り組みに，本書が一助となるなら，編者としてこれほど嬉しいことはありません．

2015 年 1 月

長谷川　信子

目　次

はしがき　　v

序　論

第1章　日本の英語教育は何を目指すか？
　　　　──「コミュニケーション」から「言語」としての英語へ──
　　　　　　　　　　　　　　　　　　　　　　　長谷川信子　　2

第Ⅰ部　学生の英語力とその特徴＆背景

第2章　英語教育における母語の知識の活用と文法指導
　　　　　　　　　　　　　　　　　　　　　　　棗原和生　　30

第3章　うまくいかない学習者を理解しよう
　　　　　　　　　　　　　　　　　　　　　　　梅原大輔　　53

第4章　ピジン化の回避
　　　　──be動詞の誤用の背景から──
　　　　　　　　　　　　　　　　　　　　　　　田川憲二郎　　73

第5章　学習者の誤りに対する明示的修正フィードバックの効果
　　　　　　　　　　　　　　　　　　　　　　　白畑知彦　　92

第6章　大学生を対象とした学習英文法のあり方について
　　　　──理論言語学の観点からの一試案──
　　　　　　　　　　　　　　　　　　　　　　　綾野誠紀　　111

第 II 部　コミュニケーション力の育成

第 7 章　中学・高校のスピーキング評価における課題と実践
　　　　　　　　　　　　　　　　……………………………………… 杉田めぐみ・朴シウォン　126

第 8 章　コミュニケーションの場としての英語授業における教師の役割
　　　　　――インターアクションから探る可能性――
　　　　　　　　　　　　　　　　……………………………………… 小林真記・小林恵美　146

第 9 章　「読めばわかるのに，聞き取れないのはなぜ？」を探る
　　　　　――Connected Speech から見る音声学習と指導――
　　　　　　　　　　　　　　　　………………………………………………… 伊藤泰子　166

第 10 章　英語教育におけるシャドーイングの有用性と可能性
　　　　　　　　　　　　　　　　………………………………………… 上田由紀子・濱田陽　180

第 11 章　高校生の英語の産出
　　　　　――話し言葉と書き言葉の実態調査から――
　　　　　　　　　　　　　　　　………………………………………………… 野村真理子　196

第 12 章　日本の英語教育の現場でできること
　　　　　――目標設定，指導技術向上，そして学習者の意識づけ――
　　　　　　　　　　　　　　　　………………………………………………… 小野田榮　214

第 III 部　英語を使う

第 13 章　World Englishes にふれる
　　　　　――短期語学研修プログラムに期待される効果について――
　　　　　　　　　　　　　　　　………………………………………………… 澁谷由紀　234

第 14 章　国際スポーツ大会における通訳ボランティア経験と
　　　　　言語運用能力
　　　　　　　　　　　　　　　　……………………………………………… 朴ジョンヨン　253

第 IV 部　英語力を計る

第 15 章　大学入試における TOEIC の活用
　　　　　………………………………………………… 神崎 正哉　266

第 16 章　TOEFL® テストと大学英語教育
　　　　　………………………………………………… 松本マスミ　284

第 17 章　The Minimal English Test（最小英語テスト）の有用性
　　　　　………………………………………………… 牧　秀樹　300

第 V 部　導入期の英語教育を考える

第 18 章　小学校英語活動では何が行われているか？
　　　　　──『Hi, friends!』に言及して──
　　　　　………………………………………………… 町田なほみ　318

第 19 章　「複数性」の認識における日本語と英語
　　　　　………………………………………………… 森山 卓郎　337

第 20 章　『中学校学習指導要領』の検証
　　　　　──新たな英語文法教育を目指して──
　　　　　………………………………………………… 永井 典子　356

索　引 ………………………………………………………　379

執筆者紹介 …………………………………………………　385

序　論

第1章

日本の英語教育は何を目指すか？
―「コミュニケーション」から「言語」としての英語へ―

長谷川　信子

日本の英語教育は「使える英語」「英語でのコミュニケーション力」を目指して，大きく変化してきています．その一方で，目指す英語力，そこへ至る明確な道筋などについての共通認識は高くはありません．本稿では，高度で複雑な思考を表現できる体系が言語であることを確認した上で，英語力をタスクと言語知識の両面から考察し，初学時からでも，目指す英語の礎となる言語（英語）の基本と仕組み，つまり，「文に必要な要素」「要素の入れ替え」「機能語の役割」への意識づけが重要で，それが可能なことを論じます．最後に，全5部構成の本書全体を俯瞰し，それぞれの論文に言及し，日本の英語教育の「今」と「これから」の課題と可能性を考えます．

キーワード：　学習指導要領の変遷，CEFR，タスク，文法，機能語の役割

1.　はじめに

　過去20年余りで日本の英語教育は大きく変わりつつあります．その変化は，現行の「小学校学習指導要領」（2008年公示，2011年度施行）により，公立小学校においても高学年生（5年生と6年生）に外国語（英語）活動が必修化されたことで，さらに加速されるでしょう．[1] 日本での外国語（実質的には，英語）教育は，戦後まもなく（1947年）中学校学習指導要領（試案）で選択科目として導入され，それ以降，常に中学校から開始されてきました．それが，2011年度から2年早まって小学校で開始されることになったわけです．このことは，社会のグローバル化に伴う「英語と関わる環境やニーズ」とも関係し，

---

[1] 2020年の東京オリンピック・パラリンピック開催の決定を受け，文部科学省（文科省）は，2013年12月に「グローバル化に対応した英語教育改革実施計画」を公表し，次期学習指導要領（2020年度完全実施予定）では，英語活動を小学校3年生に移行させ，「教科」としての英語を小学校5年生から実施する方針を打ち出しました．既に（2014年度から）それに向け前倒し実施も視野に指導体制の整備などが進められつつあります．

導入時期が単に2年早まるだけには留まらない大きな影響を，日本の英語教育（ひいては教育全般），英語を学習する個々人，そして，日本社会全体の英語とのつきあい方に，与え始めています．そうした変化を，よりよい形，方向へ導くために，今一度，言葉，ことに，外国語（その中でも英語）を学ぶこと，教えることの意味を，現状を踏まえ，今後を見すえて，考えてみたいと思います．それが，本書編纂の背景です．

　日本の英語教育の「改善」「変化」を求める「理由」は明らかです．ひとつは「巷の希求」です．中・高で6年間，大学教育まで含めれば8年間以上，英語を学んできたにもかかわらず，簡単な日常会話や海外旅行でさえままならない，という多くの大人たちの身近な「失敗例」が数多くあるわけです．異なる導入・指導・教育を受けていたなら，自分も英語を使えるようになっていたに違いない，自分の子どもには英語を使えるようになってもらいたいとの思いからの，いわば「個人的な希求」です．そして，もう一つは，産業界を含め日本という国の将来との関係，いわゆる「グローバル人材の育成の必要性」です．地球規模の人的物的交流が加速化し，インターネットをはじめとした情報の普及・交流があり，それを支える言語として英語が唯一の「共通語」となっている現状・将来があるわけです．そこで日本が存在感を維持・発揮するためには，個人レベルを越え，企業・団体・国を代表し情報交換し，交渉し，主義・権利を主張し，利益を獲得できる「グローバル人材」の育成が不可欠と考えられているのです．産業界を含めた国の「英語力育成に関わる指針」です．

　この2つは「英語を使えるようになる」という目的は共有していますが，第2節で詳述しますが，想定している「使える」レベルには大きな違いがあります．しかし，その違いについての考察，検証が不充分なまま，「変化」が志向されているのが現状です．その違いを考慮に入れなければ，「変化」「改善」「目標」も実は伴いません．

　英語は「言語」です．「言語」は，ヒトの思考，伝えたいことを最も的確かつ効果的に表現する，ヒトにのみ与えられた素晴らしい無限の「力」を持つシステムです．例え外国語であっても，言語を使用するということは，その「力」につながる形での教育・学習が目指されるべきでしょう．しかし，いわゆる日常会話，海外旅行で用が足せる程度のコミュニケーションには，母語の日本語からでも明白ですが，言語の力のほんの一部ですむのです．何をどの程度学んだなら，どの程度の言語使用者となれるのでしょう．英語ででも，「言語」が持つ本来の「力」を発揮できるようになるには，最低限，どんなことを学ばなくてはならないのでしょう．

以下では，先ず第2節で「英語を使う，使えるようになる」とは，どういうことなのかを，言語活動との関わりで考察し，高度なタスクや知的活動を遂行するに足る英語には，必然的に文法や言語（英語）の体系についての知識が必要なことを論じます．文法は，英語教育がコミュニケーションを志向する中「間違っても通じる」と軽視，敬遠されがちですが，第3節では，タスクや活動の違いにより求められる言語表現が異なることを示し，文法こそが，上述した「言語が持つ本来の力」の源であることを示します．そして，第4節では，そうした文法・言語の基本は，導入初期の小学校英語活動や中学校での英語教育の中でも，学習者（児童や生徒）の母語の日本語での感覚にも働きかけることで，少しずつ育てていけることを述べ，生涯にわたって様々な状況で英語を使うことができるようになるための「言語の種」ともいえる基礎の重要性を論じます．

こうした考察の過程で，本論文集に収録されている論文との関係にも触れますが，最後の第6節で，本論文集全体を俯瞰し，各々の部門で英語教育のどの側面を考察するかを各論文に言及して説明し，本書の「序論」とします．

2. 「英語が使える」とは？

2.1. 期待する英語力とタスク指標

少し前（小学校に英語が正式導入される前の2006年）の調査ですが，ベネッセ教育研究開発センター（当時）が，小学生の子どもを持つ保護者を対象に，「お子様が英語を学ぶ際，どのレベルの英語力を身につけてほしいと思いますか」との問いで，子どもに期待する英語力を調べています．[2]

---

[2] (1)の表は，ベネッセ教育研究開発センター（2007）の報告で，2006年9月〜10月に小学生の子どもをもつ保護者4,718名から回収したアンケートの結果です．この表で，(f)の4.9%の人が「今，英語を学ばせる必要性は感じない」と答えていることから，「英語を学ぶ」ことを「小学校で英語を学ぶ」ことと理解した人がいるので，この表のデータの英語力の解釈は保護者により異なるようです．また，(e)の「英語でよい成績がとれる英語力」は，どのレベルでの成績を想定しているのかが分かりません．こうした問題はありますが，(1)には一般の成人（保護者）の求める「英語力」がある程度反映されていると言えるでしょう．

(1) 子どもに期待する英語力（%）

a	45.1	日常会話で困らない程度の英語力
b	21.7	今，楽しく取り組めれば，特に役に立たなくてもよい
c	10.7	海外旅行などで困らない程度の英語力
d	9.5	英語で仕事ができるくらいの英語力
e	5.9	英語でよい成績がとれる英語力
f	4.9	今，英語を学ばせる必要性は感じない
g	2.2	無答・不明

この表から分かるように，4分の3以上（(a)～(c)の合計の77.5%）の人は，「英語に馴染み，海外旅行や日常会話で困らない程度の英語力」しか期待していません．一般人である保護者（成人）にとって，「英語が使える」とは，この程度の英語力なのです．以下で詳述しますが，これはかなり限定的な英語力です．それに対し，(d)の「英語で仕事ができるくらいの英語力」は，上記の「グローバル人材」に通じる英語力です．しかし「仕事をする」というのが，外国人の同僚との意思疎通程度でいいのなら，その内容にもよりますが，かなり限定的でも用は足せます．しかし，所属する企業や団体，公的機関を代表して他国企業や組織などと英語で交渉することまでを含めて「仕事をする」ことを目指すなら，そのレベルは，非常に高度になります．

こうした調査から分かるように，「英語が使える」ことを目標にするにしても，もう少し厳密で，同時に，異なる「言語使用」にも対応可能な定義が必要となります．

そこで最近，言語教育分野で採用され始めているのがCEFR[3]を始めとした「タスク指標」「Can Do」による言語能力の記述的な定義づけです．CEFRでは4技能別および総合力からの詳細な記述が提示されていますが，ここでは，CEFRの「全体的な尺度の記述」を簡略化したものを提示します．

---

[3] CEFRとはCommon European Framework of Reference for Languages（ヨーロッパ言語共通参照枠）からの頭文字語ですが，30言語近くが関わり複数言語主義を採用するユーロ圏で，母語，習得言語を問わず，コミュニケーション言語活動のレベルを判定するために策定された記述指標です（吉島・大橋 2004）．日本でも，それを参考に，日本人の多くが属する低位レベルを（Aをpre-Aを含め6段階，Bを4段階に）細分化したCEFR-Jの開発などが提案されており（投野 2013），他にも英検のCan-doリストなども記述指標として広く認知されています．文科省もCAN-DO指標で指導目標を設定するよう指導しています．ここでは (2) のCEFRに言及してタスクのレベルと言語活動の関係を考察しますが，同様の考察は，他のレベル指標にも当てはまります．

(2) CEFR「全体的な尺度」共通参照レベル

A: 基礎段階の言語使用者	
A1	日常的表現と基本的な言い回しの理解，使用．自己と他人の個人的情報について，質問，応答．相手がゆっくり，はっきりと話し，助け船を出してくれるなら，簡単なやり取り可．
A2	基本的な個人的情報や家族情報，簡単な日常的な範囲での情報交換．買い物や仕事など，直接的な必要性のある事柄や関係がある領域に関し，よく使われる表現の理解，簡単な言葉での説明．
B: 自立した言語使用者	
B1	仕事，学校，娯楽の身近な話題について，標準的な話し方で主要点を理解．旅行などの事態に対応可．個人的な関心事に脈絡あるテクストを作成．自分の経験，希望，意見や計画の理由，説明を短く述べる．
B2	専門分野の技術的な議論，抽象的で複雑なテクストの主要内容理解．母語話者と自然なやり取りができる程度に流暢．広汎な話題について明確・詳細なテクスト作成可．自己の視点の詳細な説明．
C: 熟達した言語使用者	
C1	様々な高度な内容の長いテクストを理解．流暢に自然に自己表現．社会的，学問的，職業上の目的に応じ，柔軟で効果的な言葉遣いが可．複雑な話題について明確で正確なテクスト作成．接続表現，結束表現をマスター．
C2	どんな内容も容易に正確に理解．様々な情報をまとめ，根拠も論点も一貫した方法で再構成可．自然で流暢かつ正確に自己表現．複雑な思考の表現可．

[（吉島・大橋 2004: 25，表 1）を筆者が簡略化]

多くの一般的な日本人の目指す「英語を使う」レベルを，この指標に照らすなら，(1) の (a) ～ (c) は A レベル，多少複雑な状況を含めても B1 に該当する程度です．しかし，国・産業界が目論む「グローバル人材」の観点では，少なくとも B2，願わくは C1，もう少し望めるなら C2 までを射程に入れていると言えるでしょう．[4] しかし，A レベル程度と B2 以上のレベルの間には，

---

[4] 文科省は，2013 年 12 月に「グローバル化に対応した英語教育改革実施計画」で提示した次期学習指導要領の指針では，高校卒業までに目指すレベルは英検準 1 級，CEFR なら B2 を掲げていますが，大半の日本人が大学卒業時でさえ A レベルの域を出ず（投野 2013），高校教員でさえ英検準 1 級レベルをクリアしているのは半数程度に留まるといった現実を考えるなら，それは，余りに理想的すぎると思われます．本書の小野田論文（第 12 章）では，高

母語であっても，子どもと大人ほどの違いがあります．B2 レベル以上の言語活動は，専門性や抽象性，複雑性を言語的に表現できる知的推論基盤が前提となります．それは，個人差はあるとしても，高等教育を通して培う母語言語技術に裏打ちされた知的能力を必要とします．つまり，そのレベルのタスク遂行は，英語だけの問題ではないのです．

卒業時までに B2, C1 レベルに至ることを目標に掲げている大学は少なくありませんが，それは，英語の能力開発と育成だけでは不充分です．全学的に全科目を巻き込む知的な言語活動基盤の醸成が求められます．つまり，言語というのは，ヒトの高度認知活動を支え，その根幹となるものですから，それが例え外国語であれ，単に通じるか否か程度の表面的な活動では不充分なのです．ヒトが表現し思考する内容に，言語がいかに深く関わり，言語のどういう特性や機能がそうした活動を保証しているのかを，教員はもちろんのこと，文科省を含め，広く高等教育の内容を検討する側も，もちろん学習する側も認識することが必要でしょう．

2.2. タスクと文法の関係

こうした記述的指標から「英語を使う」ことを考える場合，大きな課題となるのが，それぞれのタスクをクリアするのに，（ア）どのような英語教育・学習が必要となるか，（イ）どのように判定・評価するか，です．[5] 上記 (2) から分かるように，「タスク指標」には，具体的な文法事項や語彙，構文などについての記載はありません．CEFR はもともとユーロ圏の多数（30 近く）の言語に共通する指標として策定されていますので，特定個別言語の構造や文法事項との対応は視野に入れていないのです．また，母語と学習言語が言語体系的に似ていたり共通語彙が多数ある（例えば，英語とスペイン語）なら，また，タスクの遂行が日常的に求められる機会（つまり，第 2 言語的な環境）があるのなら，「タスクの内容」からだけで，レベル判定が可能ですので，言語的な記述はそれほど重要でないかもしれません．しかし，日本語と英語のように，言語タイプが大きく異なり，書き言葉も文化・社会的背景も異なり，タスクと関わる言語使用環境が日常的には存在しない場合は，タスクの記述からだけで

校卒業時の到達可能な目標レベルとしては，英検 2 級，CEFR の B1 程度が妥当な想定として，現場の教育のあり方を考察しています．

[5] 本稿では，以下で主に（ア）について考察しますし，本論文集全体でもこれに関連する論考が多数あります．（イ）については，本論文集では第 II 部および第 IV 部で扱います．

必要となる文法事項や表現・構文は想定できません．ですから，教育の現場では，そうしたタスクの遂行を視野に入れつつ，そのタスクを言語構造的に保証する文法項目や構文，語彙の系統立った導入・教育が不可欠となります．

　一般に，言語活動（タスク）の単純さと文法に則った言語表現の必要性は反比例の関係にあります．つまり，(2) CEFR の A と C の比較からも明白ですが，言語活動が，話し手と直接的に関係し，会話状況からタスクの内容や遂行の可否が明白なら，つまり，言語使用状況が「眼前事象（Here, Now, You & I)」に限定されるなら，言語的な表現は低レベルで用が足せるのです．しかし，眼前事象から乖離し，時空間を越え，過去や未来，仮想事態や抽象的で複雑な思考を表現するには，言語による正確な伝達を保証する文法への依存度が高くなります（Thornbury 2001).

　このタスクと文法の関係を，拙著（長谷川 2010）では，以下のイラストを使って説明しました．

(3) 「Newspaper」一言で可能な会話の例（長谷川 2010: 20）

　ここには 6 つの会話状況を示してありますが，どれも，（音声的抑揚やジェスチャーも加えれば）「Newspaper（新聞）」1 語で用が足せます．この状況は (2) の A1 レベルの最も「平易なタスク」ということになります．しかし，それで通じタスクが遂行できても，「英語を使える」と言えるでしょうか．言語の本

当の「力」は，(3) の状況に，単語 1 語以上の表現，例えば (4) のような文で対応できるところまでできてはじめて発揮できるのです．

    (4) A. This is a newspaper.
             B. There is a newspaper on the table.
             C. Will you pass me the newspaper?
             D. I will give you the newspaper.
             E. Where is the newspaper? I am looking for the newspaper.
             F. Here is the newspaper. I found the newspaper.

「Newspaper」1 語でも，(4) の文による表現でも，与えられた状況が Here, Now, You & I の「眼前事象」，A1 レベルのタスクの遂行という点においては，大差ないかもしれません．しかし，(3) のような出来事を，「眼前事象」を越え，会話参加者以外の第 3 者を巻き込む状況，あるいは過去や未来，仮想事態として提示させる（つまり，A2，B，C という高次のレベルでも通用させる）「正確な情報伝達」が求められるなら，「Newspaper」1 語では到底無理です．しかし，(4) のような「文」が使えるのなら，これらの文の「時制」を変えたり，主語や目的語の人称を変えることで (5) のような文へと変換が可能となりますから，より高次のタスクにも応用・対応ができるのです．これが言語の力です．少し語を入れ替え，変化させるだけで，同じ構造がタスクを越えて抽象的で知的に高次限のことを表現することが可能となる力です．

    (5) B. There was a newspaper on the table yesterday.
             D. John gave Mary the newspaper.
             E. Mary was looking for the newspaper.
             F. Mary found the newspaper under the table.

つまり，英語を学ぶことで，与えられたタスク（だけ）を遂行することができるようになることは最低限必要ですが，それが目的化してしまっては，言語使用者としての発展は限られるということです．英語を学習することで求めるべきは，必要に応じて，A1 レベルや眼前事象で用が足せるだけに留まらず（つまり，1 語や単純表現程度のコミュニケーションに満足することなく），それを超越した状況で正確に情報交換をすることができるような言語使用者を目指すことです．(4) の表現を使うことができるなら，「Newspaper」1 語では間に合わない状況でも対応できるのです．言語学習の導入が A1 のような「簡単なタスク」であっても，学ぶ言語表現は，それ以上のタスクに対応できる形，つ

まり「文としての構造」(少なくとも,その構造へつながる土台の形成)を目指すべきでしょう.場が求めていない不必要に難解な構造を使う必要はないことは確かです.しかし,限られた場(例えば,眼前事象)でしか通用しないなら,言語使用者としての発展は見込めません.言語が本来持っている「場を越えて,様々な状況・思考に対応する力」を身に付けることにはつながらないのです.その「言語の力」を英語で身に付けることが,一般人が何となく求めているA1～B1レベル程度の英語使用だけでなく,より発展した(B2以上レベルの)言語使用者を目指す基盤となります.国をあげての英語教育です.その目標は,その「言語の潜在的な力」を身に付けさせることにある筈です.

3. ことばの力:文法を見直そう

3.1. タスク遂行は学びの目的なのか?

第1節および(1)の表で,日本の英語教育への変化・改善の背景に,「英語で日常会話ができるようになりたい」との一般人の希求があることを述べました.そして,6年間以上英語教育を受けたのに話せない,使えないという「英語教育・学習の失敗,不成功」の原因として「悪者扱い」されているのが,多くの一般人が受けた英文法と訳読,和文英訳に重きを置いた教育のあり方です.それらが本当に「不成功の原因」であるかどうかの検証がないまま,文科省は,2期前(1990年施行)の学習指導要領から英語教育の目標にコミュニケーションを前面に打ち出し,1期前(2002年施行)のものでは,中学校英語の目標に「話すこと」「聞くこと」を明記し(つまり,「書くこと」「読むこと」は明記しない)音声コミュニケーション重視の方向へ大きく舵を切ったわけです.[6]

「変化」の常として,新しい活動・事項が注目・強調され,従来の教育内容や教え方の踏襲には否定的な風潮が生まれます.英語教育に関しては,音声コミュニケーション重視への転換は,一気に,文法軽視,訳読の否定,といった方向へ大きく動きました.[7]特に,導入初期において,以前は,英語という言

---

[6] 本稿末の「付録1」に,1980年施行から現行までの4期にわたる中学校学習指導要領の外国語(英語)の目標が記載してあります.現行(2008年公示)のものには,1期前の目標には記載されていなかった「読むこと」「書くこと」が言及されています.本書の永井論文(第20章)では,現行の指導要領の内容が詳しく考察されています.また「付録2」には現行の小学校学習指導要領の外国語(英語)活動の目標も記載してあります.

[7] 1990年以前の学習指導要領の目標は「使う英語」より「言語についての関心,知識として

語の基本としての動詞のタイプ（be 動詞と一般動詞の違い，助動詞の振る舞い）や文構造の基本（語順，文型や主語や目的語と代名詞の格変化など）の定着が目指されてきましたが，コミュニケーション重視とすることで，易しいタスクで使える表現の習得が強調され，その観点からの活動を中心とした導入が図られるように転換されました．[8] どちらの導入を採用するにしても，日本語と大きく異なる英語の導入ですから，ある程度の文法に言及しないわけにはいかないのですが，タスク遂行を第一義として付随的に文法を学ぶか，タスクを手段として文法を学ぶかで，学習者の意識・意欲・動機づけは大きく変わります．上記（3）を例に取るなら，「Newspaper」1語で足りるのなら（4）の表現は使わなくてもいい，と考えるか，（4）をしっかり学んで，状況が許すなら1語だけで済ますこともできることを学ぶか，ほどの違いです．学ぶハードルの高さの観点からは，当然，前者の方が低く「楽」です．使わなくてもいい状況で（4）を学ばせるのは至難の業でしょう．現実として，大学生レベルでも「文法は重要ではない」「間違っても通じればいい」「文法を考えたら話せなくなる」と考える学習者が量産されてきています．また，それは，「文法はテストのために学ぶもの」であり，その最終的なハードルとして大学入試があり，大学入試が学ぶ必要のない文法や訳読を要求するから，英語が使えるようにならない，という「安易な思い込み」につながっていると言えるかもしれません．結果として，英語という言語に関する知識，文法力，構文構成力などの観点で

の英語」に重きが置かれていました．そしてその目標下で行われた教育は「失敗」とされているわけです．しかし，「失敗の教育」を受けた多くの日本人が高度成長期には「企業戦士」として海外に派遣され日本の経済成長を支えてきたという厳然たる事実があります．そうした企業戦士の多くは，現地で曲がりなりにも「英語」を使って仕事をしてきたわけです．つまり，当時の英語教育でも「必要に迫られれば」A・B レベル（更には C レベル）のタスクを遂行できることが可能となる程度の「土台」「根っこ」は作られていたと言えるのです．この事実を無視して全てを「失敗」としてしまっては，そこから学ぶべきことも学べなくなります．昨今の風潮が，音声コミュニケーションの重要性を強調する余り，そうした事実をないがしろにしていると感じるのは筆者だけではないでしょう．

[8] いずれの期の中学校学習指導要領にも，そうした動詞のタイプの違いや語順，格変化の記述はあるのですが，（教員の扱いにもよりますが）近年のほとんどの検定済教科書では，英語を使ってのタスク活動，そうした活動のための定型的な表現の導入などに重点が置かれ，英語の体系の基本となるこれらの事項への十分な意識づけがなされているとは思えません．本論文集の田川論文（第4章）では，1期前（2002年施行）の学習指導要領に準拠した検定済教科書ですが，それらでの be 動詞の扱いが討議されています．永井論文（第20章）では，現行の学習指導要領での文法項目の扱いを考察し，読み書きがその目標に明記されることで，文法体系への配慮が示され，「復活」の可能性が指摘されていますが，筆者が見る限り，現行の検定済教科書でもその「復活」が顕著に示されているとは感じられません．

は，大学生レベルで大きな差，バラツキがでてきているのです．[9]

　しかし，2.1節のCEFR指標（2）や2.2節のイラスト（3）に言及して述べたように「文法は不要，間違っても構わない」のは，眼前事象に代表されるA1レベルでの会話状況に限られます．例え，眼前事象を扱う会話状況から導入されるとしても，目指すべきは，それを越えた「正確さ」「複雑さ」「抽象度の高さ」「認知的な高度さ」に対応できる言語力である筈なのです．学習者には，常にそこを目指させるような意識づけが必要なのですが，「使う」「用が足せる」ことだけを目先の目的としてしまう風潮が，「使える英語を！」という指針の背後で広がりつつあることが懸念されます．

　「使う」ことを意識させつつ，それに満足せず，文法や構造の知識の大切さを認識させなければ，正確で複雑なタスクへの発展は望めません．現学習指導要領では，英語を学ぶ際に日本語も含めたコミュニケーション力が基盤となることが明記されています．そうであるなら，英語も言語のひとつなのですから，「言語力とは何か」を，小学生レベルから国語や他教科などの時間も使って常に考えるような意識づけも可能な筈です．母語の日本語であっても，CEFRのCレベルの言語活動では，「複雑な事象を論理的に脈絡ある形で」「正確に」表現することが必要なことを確認させ，そうした表現が，親しい友人や家族との眼前事象と関わるおしゃべりとどう異なるのか，目指す英語のレベルは，日本語にしたら，どの程度のものなのかなどを考えさせることも，自らの学習目標や習得の動機づけには有効だろうと思われます．

3.2. タスクに潜む規則性と言語体系

　では，そうした「高度なタスク」に必要となる文法・言語知識とはどういうものでしょうか．上記で，「タスクの単純さ」と「文法に則った言語表現の必要性」は反比例すると述べましたが，タスクと文法の「難しさ」が直接的に結びついているわけではないのです．特定なタスクのために特定な文法があるわけでもありません．「言語」というものは，簡単な言語表現の中に，複雑なタスクにも不可欠な仕組みが潜んでいるのです．[10] 逆に言えば，タスクが簡単で

---

　[9] 大学生の英語の知識については，本書では第Ⅰ部「学生の英語力とその特徴&背景」に収録の論文（栗原論文（第2章），梅原論文（第3章），田川論文（第4章），白畑論文（第5章），綾野論文（第6章））が様々な角度から扱っています．また，第Ⅲ部「英語を使う」に収録の澁谷論文（第13章）では大学生の英語使用・学習についての意識調査が報告されています．

　[10] 20世紀の言語に関する（理論言語学の）知見で，最も大きな貢献は，子どもは5歳くらいまでに，言語環境から，その言語の本質的な体系を成長過程の一部として獲得することが明

あっても,「文法的」な文表現の使用・習得を通して,複雑なタスクにも対応・応用できるメカニズムの基本を獲得しておくことが言語力の発展には欠かせないのです.そして,(ここが言語のやっかいであると同時に興味深く不思議で驚くべき点なのですが)簡単なタスクで必要になる文法事項や規則性が,必ずしも簡単な文法であるとは限らないということです.また,母語の場合は,脳の成長や認知発達と連動して獲得されるわけですが,その場合は容易に定着する事柄が,外国語の場合にも,簡単に習得・定着できるわけではないのです.

たとえば,英語の疑問文・否定文作成に関わる規則性です.言語活動・コミュニケーションの基本は,話し手と聞き手が情報をやり取りすることです.自分の知っている情報を提供し,知らない情報を得たり,確認したり,相手の情報の間違いを指摘したり,相手に行為を促したりします.いわゆる「発話行為」の遂行です.実際の英語導入初期において(体系的な文法の導入を行わない)小学校の英語活動でも,タスクの観点から英語を導入する中学校1年生の英語でも,(6)のような発話行為と関わる言語活動や表現があげられています.[11]

(6) a. 言語使用場面: あいさつ,自己紹介,買い物,食事,道案内,など.How are you? I'm Hanako. You're Mike. I like soccer. I'm not a baseball fan. I'd like pizza, please. Turn left. など
　　 b. コミュニケーションの働き,相手との関係: 礼を言う,気持ち・事実・考えを伝える・問う,行動を促す,など.Thank you. Do you eat sushi? I don't like sushi. What's this? Is this your bag? How many CDs do you have? I can play baseball. Can you ski? What time is it? Can you help me? など

らかにされたことです.それ以降も学校教育などを通し,複雑な概念や語彙,推論や論理的思考,それらを的確に表現する言語技術を学び続けますが,その大本の言語の体系自体は,5歳頃までの(タスク的にはCEFRのAレベル程度の)言語活動を通して獲得するということです.つまり,容易なタスクであっても,それと関わる言語表現には,その言語の基本的体系が織り込まれており,母語の場合は,それを意識することなく獲得するわけです.それが,(脳の発達・成長と連動する)母語習得の凄さです.しかし,外国語として言語を学ぶ場合は,成長過程と言語習得が連動するわけではないですから,タスクを遂行することで言語体系も同時に獲得することは残念ながらできません.意識してタスクの裏に潜む体系を学ぶ必要があるのです.

[11] 本書の町田論文(第18章)では小学校英語活動で導入されるタスクとそれに関わる言語表現が,永井論文(第20章)では中学校の学習指導要領の内容(言語活動と文法事項の関係)が考察されています.

言語には，こうしたやり取り（発話行為）を保証する「文法」があり，その機能と関わる表現形式（断定文，疑問文，否定文，命令文や依頼文）があります．(6) の例に見られるように，これらは「簡単・平易・基本的な言語活動」で，それらを支える表現には断定文，疑問文，否定文などが含まれています．しかし，この「基本的なやり取り」に必要な文の作成に関わる英語の文法は，決して単純で易しいわけではありません．上記の例だけでも，少なくとも (7) の文法項目が含まれます．

(7) a. be 動詞と一般動詞，助動詞の違い（主語の人称と動詞の語形と対応関係，短縮形の使用，疑問文 (b) と否定文 (c) での振る舞い）
 b. 疑問文の作り方（be 動詞，一般動詞，助動詞）
 c. 否定文の作り方（be 動詞，一般動詞，助動詞）
 d. 疑問詞疑問文の作り方（疑問詞の意味，語順）
 e. 上記 ((a) 〜 (d)) と関係する基本文の語順とそこからの変化

上記 (7) で示した文法事項は，(6) のタスクに関係するとしても，そのタスク遂行のためだけのものではありません．タスクを越えた，英語という言語の文構築の基本中の基本事項です．(6) では「眼前事象」（現在時制で主語は I か you）が扱われていますが，そこで導入される (7) の事項はどれも，その後に扱うことになるであろう眼前事象を越えた B や C レベルの言語活動でも必然的に使うことになる，三人称主語，過去，未来，完了，仮定法，受動文，関係節での関係代名詞（wh 句）の振る舞い，などの基盤となります．単純なタスクでも避けて通れない (7) のような文法事項を，眼前事象の (6) との関わりだけで満足させ完結させて導入するか，後々の B・C レベルでの事象にも応用・対応・発展可能な形で提示・導入するかで，英語力の伸びの道筋は大きく変わります．

　実は，(7) の文法項目については，大学生でも定着（定着どころか理解そのもの）が不安定なのです．[12] その理由の 1 つは，外国語として学ぶ場合の英語の難しさ，にあるかもしれません．特に，時制辞や助動詞の振る舞いは，英語という言語の体系全体から俯瞰すれば，((8) にまとめられるように）規則的

---

[12] 本書では，第 I 部の梅原論文（第 3 章），田川論文（第 4 章），白畑論文（第 5 章），綾野論文（第 6 章）に，最近の大学生の英語知識の脆弱さが指摘されています．語順，述語 (be 動詞，助動詞，一般動詞) の別，疑問詞 (wh 語) の振る舞い，など，初学時に導入されている筈の (7) の事項の定着が不安定なのです．

ですが，導入初期に示される「一部だけ」では，その体系全体が見えにくいのです．質問表現は最も基本的で不可欠な言語活動に必要ですが，英語は，その表現に，実は，30通り以上もの助動詞的要素を必要とする言語なのです．[13] (6) には are, is, do, can の4通りが提示されていますが，それだけなら，個別に覚えることも可能でしょう．しかし，30通り以上となれば，それらを全て脈絡なく覚え，的確に使えるようになることは期待できません．しかし，実は，その30通り以上には共通する規則性 (8) があるのです．そして，この規則性さえ把握できるなら，正確に理解し，使用する時に利用でき，また，例え間違ったとしても自ら訂正する際の「拠り所」としての言語知識になります．

(8) 疑問文の作成には，対応する断定文で，主語に続く時制を含む動詞的要素を主語の前に出す．その要素が一般動詞の場合は，do を用い，それに時制をマークする．

言語の規則性，文法，そこから発展する「力」とは，こうした一見脈絡のない膨大なリストの裏に潜んでいることが多いのです．そして，(6) のような「最も単純なタスク」と関わる表現にも，高校英語やそれ以降に学ぶであろう仮定法や否定強調による倒置といった高度で複雑な表現にも，同じ規則性が関わっているのです．

こうした言語の「規則性」「力」には，その言語を外国語として学ぶ場合には，「強さ」と「弱さ」の両方を示します．(8) の規則は30数通りの疑問文全てに有効です．しかし，この規則の有用性を理解するには，少なくとも，「断定文」，「時制を持つ要素」，「一般動詞とそれ以外の動詞的要素の別」「not の短縮形と助動詞の作り方」についての知識が必要です．しかし，導入初期には，そうした (8) の前提となる「知識」の定着が危ういわけです．当座に必要な項目が限られているのなら，その場限りの「暗記」でお茶を濁すことも可能です．

ここで，導入期の教育は選択を迫られます．タスクに必要な数通りを「口移し」でもいいから使えれば良しとするか，数通りを学ばせつつ，後々必要となるであろう「断定文の語順」「時制」「be 動詞と一般動詞，助動詞の違い」などへの意識づけを「様々な機会を通して」行い，今後への布石とするか，です．

---

[13] 疑問文や否定文の作成には be 動詞，助動詞の過去形や否定短縮形を含めれば，30通り以上の形態が使われます．am, are, aren't, is, isn't, was, wasn't, were, weren't, do, don't, did, didn't, does, doesn't, have, haven't, has, hasn't, had, hadn't, will, won't, would, wouldn't, can, can't, could, couldn't, may, must, mustn't, shall, should, shouldn't, need, needn't など．

理想は，当然後者でしょう．しかし，現場では，限られた授業時間数，生徒の数やレベル，教員の能力など，それが難しい事情があります．そうであっても，今後の英語教育に求めたいのは，タスクの遂行「だけ」に終わってしまっては，「言語としては不充分」であることを，教員も学習者も認識し，少しでも「言語の力」へつながる方向を志向する努力・改善をしていくことです．何事も，目指すべき方向への意識なくしては，改善・発展は見込めないと思うのです．

3.3. 言語の基本への意識づけ

　CEFR の A レベルの眼前事象中心の言語活動・タスクのコミュニケーションを目的化してそのレベルをクリアしても，それ以上への発展が限られる危険性を指摘しました．そうした平易なレベルの活動・タスクと関わる言語活動でも，常に，高次レベルの活動・タスクへの発展に通じる意識づけが望ましいわけです．前節 3.2 では (8) の疑問文作成と関わる規則性に言及し，基本的なタスクのための言語表現には高次レベルのタスクの基盤となる規則性が内包されていることを示しました．このことは，裏を返せば，平易なタスクの遂行だけを目的にしてしまえば，その後の発展への道筋を閉ざしてしまいますが，その平易なタスクも，そうした高次タスクにつながる規則性と関わる要素（語順，時制，動詞的要素のタイプと振る舞い）への最初の意識づけの機会となると考えるなら，次のレベルへの移行へつながる可能性があることを意味します．そうであるなら，導入期，学習初期レベル（具体的には，現学習指導要領では，教科としての導入が開始される中学校 1, 2 年生，次期学習指導要領で，教科化が小学校に前倒しされるなら，小学校高学年生）を担当する指導者の英語についての意識の高さが重要となってくるのです．

　しかし，このことは，必ずしも，小学校，中学校の英語担当教員の「英語力」が決定的に高くなくてはならないことを意味するわけではありません．もちろん英語力が高いに越したことはないですが，いわゆる受験勉強に必要な暗記を基盤とした詳細な個別的な知識が重要なわけではないのです．むしろ，必要なのは，もっと概念的に大きく言語を捉える視点，その視点から英語と学習者の母語である日本語を含めて言語を考える力です．つまり，言語という全体像を把握し，その上で英語と日本語の違いを大きく捉え，日本語も含め，言語の基本とはどういうものか，学習者の母語が英語と言語体系の上でどう異なるのか，その異なりを意識しないまま英語を使い始めると，どんな「日本語的な英語」となってしまうのか，といったようなことです．

「文法」というと，試験に出る項目として，語法や特定語彙の特殊用法など細かい「暗記事項」を思い浮かべるかもしれませんが，導入初期～中期の学習者に「文法」として理解・把握させたいのは，「ことばの仕組み」「英語の設計図」というようなものです．具体的な組み立て方法や材料や道具の使い方・選び方（いわゆる「文法事項の詳細」）は，後々中学校高学年，高校，大学で学ぶことになりますが，それらの背景となる「言語が持つ力」への意識づけです．

本稿では，紙幅の都合もあり，その基本となる「ことばの仕組み」「（日本語とは異なる）英語の特徴」を詳しく述べることはできませんが，第4節で，英語（言語）の基本中の基本と思われる次の3つの項目に限って述べたいと思います．

(9) a. 基本文の語順と要素，省略：日本語との違い
　　b. 語ではなく句（カタマリ）で考える：入れ替えの力
　　c. 機能語（前置詞，接続詞）の役割

これらは，中学，高校，大学と，レベルが上がっても，機会あるごとに確認・意識して欲しいことです．特に，中学校英語，高校英語での全体や年間を通して学んだことの復習，大学のリメディアル教育では，欠かせない事項と言えます．そうした「ことばの基本」が身についていれば，学校教育を離れても，必要に応じてより高度な英語力の獲得へと自律的に自力で成長してゆける学習者となれるのです．[14]

4. ことばの仕組みと日英比較

コミュニケーションでのタスク遂行では，(3) のイラストで示したように会話状況が「眼前事象」なら「Newspaper」1語だけで用が足せます．しかし，そうした状況がない場合（例えば，書き言葉）では，(4) や (5) に示したように「文」を用いる必要があるわけです．つまり，ヒトの思考・情報の基本単位は「文」なのです．コミュニケーションから入ると眼前の場が存在するので「文」は意識しなくて済みますが，それに依存しないで「思考」「伝達」するなら，「文」が必要です．従って，導入初期から意識させたいことは，「文」とは

---

[14] 本論文集では，粟原論文（第2章），白畑論文（第5章），綾野論文（第6章），野村論文（第11章），永井論文（第20章）などで，英語の文の理解と作成に関連する論考があり，そこでも，(9) の項目の重要性が指摘されています．

何か，「文」にはどんな特性があるのか，英語の文は日本語の文とどう異なるのか，ということです．(9) の3つの事項は，全て「文」を構築する上で欠かせないものなのです．

4.1. 基本文の語順と要素：日本語との違い

英語の重要な学習事項として，SV, SVO などの「文型」が言及され，現行の中学校学習指導要領でも同様の概念が導入されます．[15] しかし，重要なのは，文型を学ぶ，というより，「文」にはどんな要素がどう表出するのか，という感覚を鋭くすることです．文（単文）が必要とする要素は，ヒトが共通して認知する出来事や状態と関係していますから，基本的な事象は，日本語でも英語でも同じような要素を必要とするのです．例えば，「蹴る，kick」という行為を表すなら，行為者として蹴るヒト（例えば，太郎）と蹴られるモノ（ボール）の存在が必要なわけで，それは，日本語も英語も同じです．ただ，語順は異なりますから，日本語では「太郎がボールを蹴った」，英語では Taro kicked a ball. となります．英語の大前提として［主語 − 動詞］の語順となること，目的語などの主語以外の要素は動詞の後に来ること，などは学ぶ必要があります．[16] そして，もう一つ大切なことは，ヒトは四次元（つまり，時間の流れの中）で出来事を捉えますから，常に，出来事が起こる「時（時制）」を意識しなくてはならないことです．多くの言語で，時（時制）は，kicked や「蹴った」のように，出来事の核となる動詞（もしくは，助動詞）に明示されます．たとえ眼前事象（Now）を扱う活動であっても，それを意識させておきましょう．

こうした語順や文に必要な要素，時制などについては，母語では無意識に習得してしまいますが，外国語ではそれを意識する必要があります．外国語で文を作ることの第一歩は，そうした必要要素を，特定の並び方，構造で組み立てていくことなのです．[17] 導入初期に最も意識させたいことは，この「文」とい

---

[15] 永井論文（第20章）は，中学校学習指導要領での文型（構造，構文）の扱いについて詳しく考察しています．

[16] 英語に対し，日本語の語順の基本は述語（動詞）が文の最後に来ることです．単語レベルで「通じる英語」から導入され，日本語と英語が単純に対応するという間違った思い込みが正されないと，I baseball can. (僕は野球ができる) などという，文法からの導入では見られなかった間違いも出てきてしまうことになります．

[17] (9) のような事項はどの言語にも共通する「ことばの仕組み」の基本ですが，眼前事象を扱う音声コミュニケーションではジェスチャーが使え，省略しても会話状況から「通じる」ことから無視・軽視されがちです．結果として，それらは，その使用が求められる書き言葉では頻繁に間違いが指摘される，定着の難しい（習得しにくい）項目となります．

う概念です．特に，単文にはどんな要素が必要となるかを，日本語に言及してでも考えさせたいものです．

そして，日本語を母語とする学習者には，「文に必要な要素を意識すること」は非常に重要で強調し過ぎることはないのです．というのは，日本語は出来事の必須要素としての主語や目的語などを，状況から分かるなら省略してもいいという（英語とは異なる）言語だからです．例えば，日本語は，「おつりは？」という問いに，(財布をさして)「入れた」だけで充分です．つまり，「私はおつりをお財布に」の部分を省略しているという意識なしに会話が成立するのが日本語です．一方，英語は，動詞を使う限り，その動詞と関連する要素を代名詞などにより，分かりきっていても述べなくてはならない言語です．[18] つまり，「(Did you get) the change?」という問いに対し put を入れて答えるなら，「I put it here.」と，主語 (I)，目的語 (it)，入れた場所 (here) が「必ず」必要なのです．眼前事象を扱うコミュニケーションでは，ジェスチャーや「put」だけでも通じるかもしれませんが，それでは，発展的な言語活動は望めません．「通じる」だけで済ますのではなく，（日本語であっても）「省略できない状況ならどこまで何を復元させるか」を時々は意識させることが次につながります．

そして，眼前事象を扱っている限り，「今」を扱うわけですから，時制はないがしろにされがちです．しかし，ヒトは動物とは異なり四次元（つまり，時間との関係）で思考するのです．英語だけでなく日本語も，時と関わる表現・体系を持っています．英語の時制や相（完了・進行など）と日本語のそれとは時間の切り取り方などが異なりますので一筋縄ではいきません．しかし，文にはそうした要素が「必ず」含まれること，英語はその要素が動詞もしくは助動詞に表われ疑問文，否定文（後には，不定詞や分詞構文，従属節と主節の関係，時制の一致など）で重要な働きをすること，を認識しておくことが次のステップへつながります．

4.2. 語ではなく句（カタマリ）で考える：入れ替えの力

英語に限らず言語の大きな特徴は，小さな単位（たとえば，代名詞）はより複雑な単位（句，文など）によって，置き換え・入れ替えができることです．

---

[18] 本論文集では，第 I 部で日本語との比較も含めた言語感の育成の重要性が指摘されていますが，英語では許されない「省略の多用・誤用」も，典型的な日本語からの転移と思われます．「省略し過ぎ」については，ただ，間違いを指摘するだけでなく，その背後の言語知識である日本語について意識化して考える必要があります．

これにより，文は，無制限に長く作ることができることになり，ヒトの複雑な思考を正確に表現することが可能となるのです．以下の例を見れば，この「入れ替え」の威力がよく分かるでしょう．

(10)

	主語	動詞	目的語（目的節）
a.	We	remembered	it
b.	We	remembered	the news
c.	We	remembered	the news [about the accident]
d.	We	remembered	the news [that she had told]
e.	We	remembered	the news [that the boy survived the accident]
f.	We	remembered	[that the boy survived the accident]

(11)

	主語	動詞	副詞（前置詞句，副詞節）
a.	He	cried	then.
b.	He	cried	before dinner.
c.	He	cried	before [he had his dinner.]
d.	He	cried	[when his mother scolded him.]

上記の (10) では目的語の部分，(11) では時の副詞表現の部分は，(a) のように代名詞一語 (it, then) だけでなく，(10) なら名詞とその修飾語となる前置詞句や関係節を含めた名詞句，もしくは，that で導かれた目的節に交換ができます．(11) では時を表す副詞的な表現ですが，それは，前置詞句，時の接続詞を持つ節と入れ替えが利きます．基本の文は同じでも，要素の入れ替えにより，複雑な内容の表現へと変化します．そして，入れ替えに使える要素は，名詞を中心にした句や節（文）であり，それらを組み込む時に，前置詞や接続詞が使われます．入れ替えに使える句（カタマリ）の構造と作り方の基本が分かれば，その使い回し，応用により，表現力は圧倒的に広がります．その構造と作り方，それが「文法」「構造」の基本です．句（カタマリ）についての感覚を育てること，それが言語使用者として成長するためには不可欠です．[19] 句の構造と作り方で，大きな役割を持っているのが前置詞や接続詞といった機能語です．それを次に考えましょう．

---

[19] 本論文集では，栗原論文（第2章），綾野論文（第6章）で，高校・大学レベルの英語でもカタマリ（句）の把握，他のより複雑な構造を持つカタマリと交換可能なことの認識の重要性が，具体例と共に指摘されています．

4.3. 機能語（前置詞，接続詞）の役割

　コミュニケーションの観点から文を考えると，往々にして「意味が明確」な名詞や動詞などの内容語が大切になります．しかし，(12) の例文から分かるように，文には内容語の他に，下線部の前置詞や接続詞が必要なのです．

(12) a. She went [to Tokyo] [by train] [on Sunday].
　　 b. I thought [that he was late].

こうした機能語は，その意味は明確ではないですし，音声表現ではしばしば弱化され聞き取りにくくなりますが，内容語はそれらの存在と機能に助けられて，文中で明確で正確な意味・解釈を持つことができるのです．[20] 初学時の段階で各々の機能語を明確に理解することは難しいでしょうが，機能語は，意味を持つ内容語が文の中で機能できるように「のり付け」しカタマリ（句）を作る役割を持っていると理解して下さい．そして，同時に，その内容語が，動詞や他の要素（カタマリ）とどういう関係を持っているのか（場所を示すのか，方向を示すのか，何を修飾するのかなど）を明確にするのです．
　こうした「機能語」の役割と重要性は，母語の日本語との比較からも認識できます．(12) に対応する日本語は (13) ですが，下線の片仮名の要素に注目して下さい．

(13) a. 彼女ハ日曜日ニ電車デ東京ヘ行った．
　　 b. 私ハ彼ガ遅れたト思った．

これらの文で片仮名の助詞（ハ，ガ，ニ，デ，ヘなど）や接続詞（ト）が抜けていたら，（意味は通じても）日本語の文としては成り立ちません．各々の助詞の役割は簡単には説明できませんが，「彼女」「電車」「東京」などの内容語はそれらの存在によって文中で機能できるようになっていることが分かるでしょう．こうした助詞はコミュニケーション（意味）にどう参画しているのか定かではないのです．しかし，こうした意味がはっきりしないけれど必要な要素にこそ「言語の仕組みの真髄」があるのです．それらは，母語の場合は難なく習得できるのですが，外国語の場合は意味とのつながりも希薄ですから，意

---

[20] 本論文集では，伊藤論文（第9章）で，音声教育・学習（リスニング，スピーキング）における機能語の扱いが考察されています．また，上田・濱田論文（第10章）は，シャドーイングと機能語の習得の関係に言及しています．機能語には，伊藤論文にあるように，冠詞，助動詞などを含め様々な要素が含まれますが，ここでは，内容語を文に組み込む「のり付け役」機能を持つ前置詞と接続詞に言及します．

識的に学ぶ必要があります．ひとつひとつを正確に使えるようになることは最初からは無理です．ですが，初学時の感覚として，機能語は内容語の「のり付け役」であり，内容語は機能語の助けがないと文では機能できないことだけは，分かるでしょう．様々な表現を学ぶなど，機会ある毎に，機能語に意識を向けること，それらの存在に気付くこと，それが大切です．それが，レベルが上がるにつれて求められる正確で複雑な英語の習得への基礎となります．

5. コミュニケーションと文法

　日本の英語教育は，今，「使える英語」「コミュニケーション英語」が合い言葉となっています．しかし，その口当たりのいい言葉からだけでは「英語を外国語として学ぶこととはどういうことか」は見えてきません．以前の「文法訳読方式」からの脱却が叫ばれる中，「通じれば文法は無視してもいい」「文法を考えるから使えない」といった「文法を悪者扱い」する風潮も残念ながら見て取れます．本稿では，求める英語力と文法の関係を考察し，学校教育（高校卒業，大学卒業）で求める英語の力が，眼前の事象を越えて，本来ヒトの言葉が持っている力を発揮して，大人の知的能力に見合うレベル，もしくはそこへ通じる基盤を獲得することであるなら，文法に代表される言語構造の基本の習得は避けて通れないことを論じました．ただ，初学時は「眼前事象」でのタスク遂行から導入されるわけですから，その時には，詳細な文法の必要性は認識できないでしょう．そうであっても，導入期の表現にも，高度な英語に通じる「文法の基礎」「言語構造の真髄」が含まれていることを認識し，第4節で扱った様な言語の基本を，母語の日本語にも言及して「知っておくこと」「意識すること」が重要です．それは，いわば「言語（英語）の種」のようなもので，その後に学ぶことになる様々な英語の表現の習得，高度なタスクの遂行への入り口となるのです．

6. 本論文集の構成と内容

　上述したように，日本の英語教育は，今，大きく変化してきています．コミュニケーションを前面に出すことで，これまでとは異なる道筋で，これまでとは異なる（これまで以上に高度な）英語の使い手の養成を目指しての試みが進行しつつあり，2011年から小学校に英語が導入され，それが，さらに早まる方向が打ち出され，さらなる変化が予想されます．本論文集では，以下で，

全 5 部，19 本の論文により，日本の英語教育の現在と今後を考えます．第 I 部では，どんな学習者が育ちつつあるのかに焦点をあて，第 II 部では，コミュニケーション力育成に向けての現場での様々な取り組みを紹介し，今後に向けた改善の可能性を考えます．第 III 部では，英語を教室外で「本当に使う」とはどういうことか，第 IV 部では，使える英語はどう判定されるのか，そして，第 V 部では，小学校から英語が導入されることで，何が変わるか，何ができるか，今後にどんな影響が出てくるかを，考えます．

各部門を俯瞰して，扱うテーマと課題を各々の論文に言及してもう少し詳しく述べましょう．

先ず，第 I 部では，大学レベルでの英語を念頭に，中学・高校でコミュニケーション志向の導入を受けてきた大学生の英語力とその英語の特徴について考えます．上記で指摘したこととも関わりますが，コミュニケーション上のタスクを遂行することが，必ずしも学習者の英語の知識の発展やより高度なタスク（CEFR の C レベル）遂行へ直接的につながるわけではないことから，大学での知的活動に見合う英語力の醸成に何が必要かを考察します．栗原論文（第 2 章）では，高度な能力につながる英語の習得を目指すなら，高校の学習指導要領の内容の確実な定着が不可欠で，それには，高校英語（およびそれ以前）の段階から，母語から得られる構造認識を活用することが有用，重要であることが指摘されています．梅原論文（第 3 章），田川論文（第 4 章），白畑論文（第 5 章）では，最近の大学生の英語の特徴と英語力が，文法に対する意識，日本語からのネガティブな転移と思われる現象，様々な誤用の例や特徴，明示的な指摘に対する反応，などから浮き彫りにされます．英語をある程度使用できるようになっても，確たる拠り所となる文法体系が形成されるには至っていないことが見て取れます．学生のメタ言語知識の調査も含めて大学生の英語力とその課題を考察します．そして，綾野論文（第 6 章）では，具体的に，疑問詞疑問文と関係節に関わる問題から，生成文法の知見および対応する日本語の構造にも言及して，英語知識の再構築，学び直しの方法が提示されています．英語の初学時からの導入法が変わり，英語に対する意識が変化しているのですから，学生の英語力についても，当然，以前とは異なる特徴，長所，短所が観察されるわけです．今後，それらを的確に捉え，長所を伸ばすと同時に，問題点の原因と背景を明らかにし，それらを克服し，解決するための施策，教育法を，英語力の発展段階・習熟度に応じて，また，学習者個々人のニーズに対応する形で，考えていく必要があります．第 I 部の論文は，そうしたことを考えるにあたって重要な示唆を与えています．

第 II 部では，コミュニケーション能力育成に向けての様々な取り組みを考えます．現行の高等学校の指導要領（2009 年公示，2013 年施行）では，「英語で授業」が基本とされ，その方針は次期学習指導要領（2020 年完全実施予定）では，中学校にも適用されようとしています．英語を教室以外で日常的に使う機会がほとんどない日本の状況では，教室がほぼ唯一の英語使用の場なわけですから，いかにそうした場を提供し，効果を上げるかが課題となります．杉田・朴論文（第 7 章）では，中・高でのスピーキング活動の方法と評価を具体的に提案しており，小林・小林論文（第 8 章）では教室での英語でのやり取りにおける教師の役割を実際のインターアクションを例に考えます．また，英語の音声教育・学習（リスニングとスピーキング）については，伊藤論文（第 9 章）で英語の音声表現の特徴を提示しその把握に向けての学習と指導を，上田・濱田論文（第 10 章）でシャドーイングの方法とその有用性を考えます．「使える英語」では，発信する力に重点が置かれますが，野村論文（第 11 章）では，同一テーマでのライティングとスピーキングを比較し，その違いを考察しています．第 II 部の最後の小野田論文（第 12 章）は，高校での英語教育の現実的な目標（英検 2 級，CEFR の B2 程度）を示し，それを教員も学習者も意識し，それに向けての可能な取り組み，考え方を提示しています．これらの論考から，英語でコミュニケーションができる生徒・学生を育てるべく教育現場がいかに真摯に努力・工夫してきているか分かります．それらから得られる知見がそれぞれの現場で共有され効果的に生かされることを期待します．

　第 III 部では，2 つの論文で，コミュニケーション志向の英語を実際に教室の外で使う経験から見えてくる学習者の英語に対する意識の変化，上達への意欲向上を報告し，グローバル社会で英語を使うことの意味，教育への効果的な波及について考えます．澁谷論文（第 13 章）は，短期語学研修プログラムに参加し他国のノンネイティブスピーカーの英語も含め様々な英語（World Englishes）に触れた経験から，学習者が自らの目指すべき英語のモデルや英語を使うことの意味を能動的に考え始めることをアンケート調査から指摘しています．朴論文（第 14 章）では，他国からのスポーツ選手団のニーズに配慮し責任を伴う形で英語を使うことが求められる国際スポーツ大会の通訳ボランティア経験が，学習者のさらなる高度な英語コミュニケーション能力獲得への効果的な動機づけになることが報告されています．日常的に英語を使用する環境にない日本で，真に英語が使えるようになるためには，第 II 部で報告されるような教室での「作られた英語使用環境」も工夫次第で大きな力となるに違いありませんが，第 III 部で報告されるような学習者自らが体験する「本当の

英語を使う機会」が大きな動機づけとなります．教育環境の中でそうした機会を提供する施策が望まれます．2020年の東京オリンピック・パラリンピック，およびそれに向けた取り組みがそのような機会として効果的に利用できるようになることが期待されます．

　英語力養成は，教育にとどまらず，グローバル人材育成の観点から産業界でも期待され，教育現場（例えば，大学）で獲得できる英語力を客観的な指標により明らかにすることが求められはじめています．つまり，入学試験や授業の成績などによる大学などの教育機関独自の能力判定ではなく，国内共通，もしくは国際的に比較可能な指標により判定するという方向です．そうした外部判定指標による評価は国内では実用英語技能検定（英検）がよく知られていますが，国際的な指標として，産業界からの要請もあり，ビジネス英語の指標としてTOEICが，大学では海外の大学への留学の際の指標となるTOEFLが，大学内の英語教育の内容や効果と関わる指標として使われはじめています．また，2014年に設置された文科省の「英語教育の在り方に関する有識者会議」では，そうした外部指標テストを大学入試に利用する可能性も検討されてきています．

　本論文集の第IV部では，神崎論文（第15章）でTOEICテストの内容を詳細に吟味し，大学入試や大学での教育内容の指標としての妥当性を考察しています．TOEICはビジネス英語の指標と考えられていますが，一般的な英語コミュニケーションや英語理解，英語知識を測るにも利用可能であると論じています．松本論文（第16章）では，TOEICほどには一般的な理解が進んでいないが，高等教育に関わる（アカデミック）英語として，注目されつつあるTOEFLテストを，その種類，利用目的，教育課程の内容やレベルに言及してその活用の可能性を示しています．こうしたTOEICやTOEFL，英検は，文科省とは関わらない外部独立組織が実施・運営しているわけですが，受験料は高額で受験地も限られ，テスト時間も長く，受験者には相当の負担が強いられます．牧論文（第17章）では，そうした外部指標テストの成績と相関する，短時間で教室で実施できるテストとして独自に開発した簡易英語テスト（MET）を紹介し，その有用性を論じています．METは内容的には外部指標テストと大きく異なりますが，能力判定において相関する数値を提示できることから，そうした試験の目標レベルを，受験前にMETにより想定することが可能と思われ，英語能力の簡易指標として有効であることを示しています．

　コミュニケーションを志向した英語教育は，2期前の学習指導要領（1989年公示，1990年施行）で明確化され，20年余りをかけその方向が少しずつ浸

透してきており，現行の指導要領（2008 年公示，2011 年施行）から小学校に英語が正課として導入され，2013 年からは小学校英語経験者が中学校に入学してきています．[21] 第 V 部では，小学校から英語を学ぶとはどういうことか，英語の初学経験が小学校に移行することで，中学校での英語教育はどのように位置づけられ変わるのか，などを考えます．町田論文（第 18 章）では，公立小学校ではほぼ教科書扱いとなっている文科省監修の配布教材『Hi, friends!』の内容に言及して，どのような表現・語彙が，どのように導入されているのか，英語でのコミュニケーションの「素地を養う」とはどういうことかなどを考察しています．小学校から英語を導入することの背景には，生きる力との関係でコミュニケーション力，言語力を位置付け，国語の教育との連携も奨励されています．森山論文（第 19 章）では，日本人には難しいとされる英語の単数・複数についての理解を，日本語における複数の概念との関係で，考察します．単純に英語の単数・複数の規則を教えるだけでなく，母語の日本語の複数性を理解することで，その難しさの原因を明らかにし，同時に，言語の違いの気づきを促すことができます．英語と日本語は，中学校，高校では異なる教科で異なる教員が教えますが，小学校では，英語にも国語にも担任教師が関わることが基本ですから，英語と日本語の連携が可能となる筈で，言語としての相違を意識できるようになることが期待できます．一方，中学校では，2013 年からは，小学校での英語活動を経験した生徒が入学してきており，最早，中学校は英語の初学時ではなくなってきています．中学校での英語は，小学校英語の上に成り立つ形ですので，当然，その教育内容や指導法も変更されつつありますし，変化せざるを得ません．永井論文（第 20 章）では，現行（2008 年公示，2012 年完全施行）の学習指導要領とその解説に言及して，その内容を考察しています．小学校での英語活動では，文法などの詳細には触れずに英語表現を導入しますが，中学校では，小学校英語の活動内容を受けて，同じ表現でも，より体系的に高校英語にも発展させられる形で英語の知識を導入し使用することが求められます．つまり，中学校での英語教育の重要性が増してきていると言えるのです．このように，第 V 部の論考は，今後の英語学習者の英語力の基盤形成と関わる要因を考察していますので，現在，そして将来に向け育ちつつある生徒の英語力とその特徴を予測する上でも重要な示唆を提供しています．

---

[21] 本稿末の［付録 1］と［付録 2］の学習指導要領の外国語および外国語活動の目標の記載を参照して下さい．

2011年に小学校高学年に英語活動が導入されたばかりですが，文科省はすでに，2020年の東京オリンピック・パラリンピックに向け，子どもでも英語で対応できるようにと，次期学習指導要領では，英語の導入を更に2年早めて小学校高学年には教科としての英語を導入する方針を明らかにしています．今後も日本の英語教育は変化し続けることでしょう．どんな変化を受けるにせよ，学ぶのは「英語という言語」です．表面的な変化に惑わされず，言語とは何か，言語を使う，英語を使うとはどういうことか，など，言語学習と言語教育の基本を，学習者と教員が認識し，その上で，教育の場だけでなく，生涯にわたって英語と付き合いつつ，社会的，個人的ニーズに応じて自らで学び発展することができる，そういう学習者を育てていくことが「グローバル時代」で求められる英語教育であろうと思います．本書の論考には，そうした学習者を育てることへの示唆が様々な角度から豊富に含まれています．

参照文献

ベネッセ教育研究開発センター（2007）「第1回小学校英語に関する基本調査（保護者調査）」速報版（2007年2月20日発行）（同内容は，ベネッセ総合教育研究所，調査・データ「第1回小学校英語に関する基本調査（保護者調査）」速報版に記載）http://berd.benesse.jp/berd/center/open/report/syo_eigo/hogosya_soku/hogosya_soku_3_3.html

長谷川信子（2010）「小学校英語とはどういう英語か？――児童英語でできるようになること，できないこと――」『言語科学研究』第16号，11-31．神田外語大学，言語科学研究科紀要．

Thornbury, S. (2001) *Uncovering Grammar.* Oxford: Macmillan.

投野由紀夫（編）（2013）『CAN-DOリスト作成・活用英語到達度指標CEFR-Jガイドブック』大修館書店．

吉島茂・大橋理枝（訳・編）（2004）『外国語教育II 外国語の学習，教授，評価のためのヨーロッパ共通参照枠』朝日出版社．

資料

文部科学省
　「小学校学習指導要領」（2008年）
　「中学校学習指導要領」（1977年，1989年，1998年，2008年）
　「高等学校学習指導要領」（2009年）
　「グローバル化に対応した英語教育改革実施計画」2013年12月

付録1

中学校学習指導要領の「外国語の目標」の変遷（下線は筆者）

施行年度 （公示年）	中学校学習指導要領 ―― 外国語（英語）の目標
1980 (1977)	外国語を理解し，外国語で表現する基礎的な能力を養うとともに，<u>言語に対する関心を深め，外国の人々の生活やものの見方などについて基礎的な理解</u>を得させる．
1990 (1989)	外国語を理解し，外国語で表現する基礎的な能力を養い，外国語で積極的に<u>コミュニケーションを図ろうとする態度</u>を育てるとともに，言語や文化に対する関心を深め，国際理解の基礎を培う．
2002 (1998)	外国語を通じて，言語や文化に対する理解を深め，積極的にコミュニケーションを図ろうとする態度の育成を図り，<u>聞くことや話すこと</u>などの実践的コミュニケーション能力の基礎を養う．
2012 (2008)	外国語を通じて，言語や文化に対する理解を深め，積極的にコミュニケーションを図ろうとする態度の育成を図り，聞くこと，話すこと，<u>読むこと，書くこと</u>などのコミュニケーション能力の基礎を養う．

付録2

小学校学習指導要領の「外国語活動の目標」（下線は筆者）

2011年施行 （2008年公示）	外国語を通じて，言語や文化について<u>体験的に</u>理解を深め，積極的にコミュニケーションを図ろうとする態度の育成を図り，<u>外国語の音声や基本的な表現に慣れ親しませ</u>ながら，コミュニケーション能力の<u>素地</u>を養う．

第I部

学生の英語力と
その特徴&背景

第 2 章

英語教育における母語の知識の活用と文法指導

栗原　和生

平成 25 年より実施の始まった高等学校学習指導要領の目指す英語教育では，授業は英語で行うことを基本とし，文法事項については様々な言語活動と一体化してそのすべてを指導することが求められています．十分に工夫された言語活動が言語知識の習得を促すのに役立つことはあるでしょうが，限られた授業時間数で英語による言語活動に取り組むだけでは，養うことのできない言語感覚，習得し難い文法的知識などが相当あるということも認識しておく必要があります．言語活動の充実を図ることとは別に，学習者のもつ日本語の知識を活性化し，日英語の相違点，共通点を活用した英語教育のあり方とその有用性について論じます．

キーワード： 言語の創造的使用，埋め込み，複文構造，現在完了形，目的語の省略

1. はじめに

　平成 25 年より高等学校での新学習指導要領の実施が始まり，これによって小・中・高の異なる学校段階での英語教育が「コミュニケーション能力の育成」というキーワードによって一つの線で結ばれることになりました．「コミュニケーション」という言葉が，学習指導要領で用いられるようになったのは，平成元年が最初で，その後，平成 11 年の改訂（「実践的なコミュニケーション能力を養う」）を経て，平成 21 年 3 月に告示された新学習指導要領でも「コミュニケーション能力を養う」ことが教育目標として掲げられており，「コミュニケーション重視」の姿勢が堅持されていることが分かります．[1]

　高等学校の新教育課程では従来の 6 科目にかわって，統合的な言語活動を通してコミュニケーション能力の育成を目指す「コミュニケーション英語 I，

---

[1] 以下では，現行の「高等学校学習指導要領」（平成 25 年施行）を「新学習指導要領」，およびそれに基づく教育課程を「新教育課程」として言及することにします．

II，III」などの新科目が創設され，授業は英語で行うことが基本とされています．コミュニケーション能力を育成する具体的な方法については，個々の技能を別々に扱うのではなく，複数の技能を統合した言語活動の充実を図り，それによって4技能の総合的な育成を目指しています．複数の技能を統合的に指導する新教育課程では，文法指導についても言語活動と関連づけて行うことが明確化されています．旧教育課程と同様に新教育課程でも英文法を体系的に学ぶ科目はなく，「コミュニケーションを支える基礎」となる文法のすべては，言語活動と効果的に関連づけて学習することが求められています．こうしたアプローチをとるからには，コミュニケーションを支える言語の知識というのは，言語活動に取り組む過程で学習者の無意識の知識として内在化されることを暗黙の了解としていると言えます．もちろん十分に工夫された言語活動を通して言語知識の習得が促されることはあるでしょう．しかしながら，日本のように英語を外国語として学ぶ（EFL, English as a Foreign Language（外国語としての英語））環境，また，英語と日本語がかなり異なる文法体系を備えた言語であることなどからすると，限られた授業時間数で，言語活動だけによって養われる英語運用能力というのは，使用場面に限定的で体系としてはかなり脆弱であり，高等学校・大学や仕事で期待される知的作業を行うに足りる基礎を養うことはかなり難しいでしょう．限られた授業時間数，多人数一斉を基本とする授業体制，母語とは大きく異なる体系を備えた外国語を習得するという点を考えると，言語活動を充実させていくこととは別に，母語との明確な対比を意識した英語学習が有効だと考えられます．

　この小論では，学習者のもつ無意識の日本語の知識を活性化することによって意識化される日英語の相違点や共通点を活用した英語教育のあり方とその有用性について，埋め込み，過去形と現在完了形の区別，目的語の省略といった言語現象を題材に考えてみようと思います．[2]

　第2節では言語の基本特性である「言語の創造的使用」を可能にしている「埋め込み」という操作の特徴について述べ，この特徴が英語運用能力の育成にどのように関係するのかについて検討します．第3節では，新学習指導要領の目指す英語教育の特徴について整理し，その問題点について考えてみようと思います．その上で複雑で緻密な伝達内容を表現する力を養うためには，個々のコミュニケーションの場面やタスクを超えたメカニズム，すなわち「複

---

[2] 英語教育における日本語の知識の活用，メタ言語能力を養うことの重要性については，大津 (1989, 2012)，岡田 (1998)，森山 (2009) などで活発な議論がなされています．

文構造」を作りだす仕組を意識的に学習する必要があることを論じます．第4節では，過去形と現在完了形の使い分け，目的語の省略などの具体例を取り上げ，これらの文法事項の学習についても生徒のもつ母語の知識を活性化することが有効であることを示そうと思います．第5節では，英語の文構成について考える力を養う際，母語の知識を意識化することがどのように役立つかについて論じます．

2. 言語の創造的使用

　新学習指導要領の目指す英語教育，とりわけ文法事項の指導について検討する前に，コミュニケーション能力の育成に特化した英語教育ではあまり認識されることのない言語の基本特性，つまり言語表現を別の言語表現の中に埋め込むという操作について述べることにします．

　私たちは普段の言語生活において，言語を用いて意思の疎通を行っています．そのため，言語の本質はしばしば「コミュニケーションの道具」として捉えられることがありますが，コミュニケーションの道具という側面に加えて，「思考のための道具」，つまり，抽象的で複雑な思考を可能にする基盤という側面があります．複雑な思考の基盤となる言語の特性として，「言語の創造的使用」を挙げることができます．言語の創造的使用とは，どの言語の話し手もいくらでも新しい言語表現を作り出し，それを理解することができることを言います．これは当たり前のことのように思われるかもしれませんが，創造的で新規性に富む言語コミュニケーションを支える最も基本的な言語の特徴です．この「言語の創造的使用」を可能にしているのが高度に組織化された規則性をもつ「言語の仕組」，すなわち，「文法」なのです．その規則性には，例えば，(1)に示したように，ある構造的単位をそれと同じ種類の構造的単位の中に埋め込むという操作を繰り返し適用することによって，より複雑な構造的単位をいくつでも作ることができるとういうものがあります．

(1) a.　[$_S$ John loves Mary]
　　b.　[$_S$ Bill knows [$_S$ that John loves Mary]]
　　c.　[$_S$ Tom thinks [$_S$ that Bill knows [$_S$ that John loves Mary]]]
　　d.　[$_S$ I wonder [$_S$ if Tom thinks [$_S$ that Bill knows [$_S$ that John loves Mary]]]]

　この「埋め込み」という操作は，どの言語にも共通して見られる言語の基本

的特徴の1つです．次の例では，関係節が別の関係節の中に繰り返し埋め込まれています．

(2) a. [走って逃げる] 泥棒
  b. [[走って逃げる] 泥棒を見つけた] 人
  c. [[[走って逃げる] 泥棒を見つけた] 人を呼び止めた] 男の人
  d. [[[[走って逃げる] 泥棒を見つけた] 人を呼び止めた] 男の人を間違って逮捕した] 警察官

このような性質をもつ仕組があるからこそ，人間はあらゆる場面において常に新しい言語表現を生み出すことができるのです．つまり，時空間にとらわれることなく，実際にはありえないことや存在しないもの，あるいは複雑な論理的関係にある抽象的な伝達内容などをいくらでも表現することができます．こうした言語の創造的使用の基盤となる言語の仕組は，言語を第一義的に「コミュニケーションの道具」と見る立場からすると，過度に複雑な体系になっていると言えるかもしれません．しかしながら，こうした性質を備えた言語機能を獲得しているからこそ，コミュニケーション上の必要性には限定されない創造的で複雑な思考が可能になるのです．

日本における中学校から始まるコミュニケーション自体を目的化した英語教育では，上で述べた言語の創造的使用を可能にする基盤を育成するという観点はほとんど顧みられることはありませんが，EFL の学習環境であっても，伝達内容が抽象度を増し，複雑で緻密なものになればなるほど，当座のコミュニケーションの場面に役立つ表現に習熟しただけでは，知的活動を担うに足りる言語運用能力の基盤の育成には繋がらないと考えられます．

3. コミュニケーション重視の英語教育における文法指導：複文構造

高等学校の新教育課程で創設された「コミュニケーション英語I」の特徴について見ることにしましょう．この科目は高等学校外国語科で英語を履修するすべての生徒に履修させる科目で，次の目標が掲げられています．

(3) 英語を通じて，積極的にコミュニケーションを図ろうとする態度を育成するとともに，情報や考えなどを的確に理解したり適切に伝えたりする基礎的な能力を養う．　　　　　　　　（新学習指導要領 p. 110）

(3) の目標に沿って，具体的な言語の使用場面を設定し，英語を用いた以下の

言語活動を行うことが求められています．

(4) a. 事物に関する紹介や対話を聞いて，情報や考えなどを理解したり，概要や要点をとらえたりする．　　　（聞くことを中心とした活動）
b. 説明や物語などを読んで，情報や考えなどを理解したり，概要や要点をとらえたりする．また，聞き手に伝わるように音読をする．
（読むことを中心とした活動）
c. 聞いたり読んだりしたこと，学んだことや体験したことに基づき，情報や考え方などについて，話し合ったり意見を交換したりする．
（話すことを中心とした活動）
d. 聞いたり読んだりしたこと，学んだことや経験したことに基づき，情報や考えについて，簡潔に書く．　（書くことを中心とした活動）
（新学習指導要領 pp. 110-111）

(4) の活動の記述からも分かるように，個々の技能を別々に取り上げるのではなく，複数の技能を統合的に指導することによって，英語を用いたコミュニケーション能力の基礎を養うことが，「英語コミュニケーション I」の柱となっています．

文法については，4技能を統合的に活用することのできるコミュニケーション能力を支えるための基礎と位置づけられ，個々の文法事項に特化した指導をするのではなく，言語活動と関連づけながら，「英語コミュニケーション I」においてすべての文法項目を適切に扱うものとしています．こうした学習指導要領の記述からすると，限られた授業時間数であっても，効果的に言語活動が行われるならば，コミュニケーションを支える基礎としての文法は身に付くことが前提とされていると言えます．

また，(4) に示した言語活動を効果的に行うために，次の点に配慮して指導することが求められています．

(5) 内容の要点を示す語句や文，つながりを示す語句などに注意しながら読んだり書いたりすること．
(6) 事実と意見などを区別し，理解したり伝えたりすること．
（新学習指導要領 p. 111）

(5) は，生徒が文章を読む場合に一般に有効とされている「reading strategy」を活用することを述べたものです．具体的には，文章を読む際に段落ごとの topic sentence に注目することや，「つながりを示す語句」として (7) に示し

た語句に着目して文章を読むことにより，文章の論理的展開が把握できるように指導する，あるいは，論理的展開の明確な文章を書けるように指導することが大切であるとしています。[3]

(7) a. 順序を表す語句： first, second, lastly など
 b. 出典を表す語句： according to など
 c. 付加的情報を表す語句： furthermore, in addition など
 d. 結果を表す語句： therefore, as a result など
 e. 対比を表す語句： however, on the other hand など

(6) の項目は，説明的な文章を理解したり，書いたりする場合，事実と意見を区別することに配慮することを述べたもので，その際 (8) に示したような表現を様々な言語活動を通して繰り返し活用させることが大切であるとしています。

(8) 事実を伝える表現
 a. It's stated/known/said (that) ...
 b. Data show (that) ...
 c. Evidence shows (that) ...
 d. Scientists discovered (that) ...

(9) 意見を伝える表現
 a. I think/guess/believe/surmise/gather (that) ....
 b. In my opinion...

文章を読む際に，topic sentence を意識しながら読んだり，(7) のような語句リストを頭に入れておくことは，何が結論なのか，どこで話題が変わるのか，あるいは，何と何が対比されているのかなど，文章の内容を効率よく理解するのには有効でしょう。また，(8), (9) のような表現を覚えておけば，それをキーワードとして与えられた命題内容を話し手がどのように捉えているのか整理するのにも役立つでしょう。しかしながら，こうした「strategy」を意識しておくことや場面に応じて使うことのできる表現を覚えるだけでは，上で述べた言語の創造的使用に繋がっていくことはないと思われます。つまり，(8), (9) のような表現に言語活動を通して習熟させることはよいにせよ，それで得られることは，精々与えられた情報の種類を分別することくらいで，複

---

[3] (7), (8), (9) は『高等学校学習指導要領解説外国語編・英語編』pp. 16-17 によります。

雑で緻密な伝達内容をどのように構造化するのか，その方法に習熟しなければ，結局のところ，話し手が与えられた命題をどのように認識しているのか，といった複雑な思考・伝達内容を読み取ったり，表現したりすることができるようにはならないでしょう．上でも述べましたが，言語の創造的使用というのは，新規性ということであって，個々のコミュニケーションの場面に限定されることなく，複雑な思考をいくらでも表現できることであり，具体的な場面に即して情報の種類を分別するのに役立つ表現を覚えたからといって，複雑で緻密な思考・伝達内容を表現する力を養うことにはなりません．つまり，特定の場面やタスクを超えたメカニズムが必要になるのですが，そのためには，「複文構造」を作りだす仕組を意識的に学習しなければならないと考えられます．以下で述べるように，とりわけ日本語を母語とする中学生・高校生にとっては，母語の知識と対比させながらより体系的な知識を身につけ，それを言語活動の中で活用していくことが必要と思われます．新学習指導要領の解説では，(8)，(9) のような表現がコミュニケーションの場面によって区別されていますが，これらには共通して (1) で例示した「埋め込み」というメカニズムが働いています．この場合，文にそれを従属化する that を付加し，別の文の中に埋め込むという統語操作のことを言います．

新学習指導要領解説では，(8)「事実を伝える表現」，(9a)「意見を伝える表現」として区別されていますが，これらの表現は，命題（= that 節の内容）に対する話し手（あるいは主節主語）の姿勢を表しているという点で共通しています．こうした話し手の命題に対する姿勢を表す場合，(8)，(9a) のように命題を従属化しそれを話し手の姿勢を表す述語の目的語として埋め込んだ複文構造が用いられます．例えば，(8d) の discover という動詞の目的語位置に (10) の命題を埋め込むと，話し手は that 節の命題内容が真であるということを前提として述べていることになります．[4]

(10) Kim's son was dealing in drugs.
(11) Police discovered that Kim's son was dealing in drugs.

一方，(9a) で「意見を述べる表現」として挙げられている think, believe, guess といった述語の目的語として文を埋め込むと，(11) とは異なり，that

---

[4] discover のような動詞は叙実述語 (factive predicate) と呼ばれ，that 節の命題内容が真であることを前提とします．このような述語には (i) のようなものがあります．
　(i) regret, be sorry, be odd, find out, know, realize, remember

節の表す命題内容が真であることを主張している文を作ることができます.

(12) I think that Kim's son was dealing in drugs.

think のような述語は，断定的述語（assertive predicate）と呼ばれ，上で見た discover とは異なる意味タイプの述語です．同じ断定的述語でも insist のような動詞の目的語として命題を埋め込むと，(12) の例よりも that 節の命題内容を強く断定することができます．

(13) I insist that Kim's son was dealing in drugs.

このように命題を項（目的語）にとる述語であれば，それを述語として補部位置に文を埋め込むことで，命題に対する話し手あるいは主語の様々な認識を表すことができます．もちろん複文構造以外にも，法助動詞や副詞を用いることによって，命題に対する話し手の認識を表すこともできます．

(14) a. He may be in his office.
　　 b. He can be in his office.
　　 c. He must be in his office.
(15) a. Probably he is still in his office.
　　 b. Possibly he has forgotten about it.
　　 c. Unfortunately, your theory lacks internal consistency.
　　 d. Ironically, he did best in the subject he liked least.
　　 e. Frankly, it was a waste of time.

しかしながら，与えられた命題に対して話し手がどのような姿勢でいるのか，つまり，それを事実と見なしているのか，それを真であるとどの程度強く主張しているのかなど，様々な表現の可能性を考えると，法助動詞や副詞だけでは数が限られており，やはり動詞，形容詞，名詞の補部の位置に命題を埋め込んだ複文構造を用いなければ，表現の幅を格段に広げることはできません．このことは，補部として従属節を従える複文構造だけではなく，例えば，副詞節を従える複文構造についても当てはまります．

(16) a. I stayed home all day because I didn't want to see anyone.
　　 b. Since it's such a beautiful day, why don't we do something outdoors?

(16) のように理由・原因を表す異なる接続詞を用いて複文構造を作ることに

よって，命題に対する話し手の異なる判断を表すことができます．(16a) の例では，文末に置かれた because 節が聞き手にとって新しい情報を表すのに対して，(16b) の since 節は聞き手にとって既定の事実を表しています．したがって，(16a) において because 節は，主節命題の直接的な原因・理由を表しているのに対して，(16b) の since 節は，主節で述べる内容の起点となる理由を表しています．[5] このため because 節と since 節には様々な違いが観察されます．

次の例文が示すように because 節は分裂文の焦点になることができますが，since 節はなれません．(例文の *印は，その表現が不適切，非文法的であることを示します．以下同様です．)

(17) a. It is because Harry came that John left.
b. *It is since Harry came that John left.

また，because 節は why 疑問文の答えになることができるのに対して，since 節は why 疑問文の答えにはなれません．

(18) A: Why did John leave?
B: Because he had a bad headache./*Since he had a bad headache.

この場合も2つの命題を統語上主節・従属節の関係に構造化することで，一方の命題を焦点化（新情報として提示）したり，聞き手にとって既知情報として提示することができるようになります．このように命題間の意味関係が複雑化すればするほど単文を並列するのでは表現力に限界があり，節を複文化してこそ，複雑で緻密な思考や伝達内容を表現することができるのです．

与えられた命題に対して話し手がどのような認識を持っているかは多種多様で，それに対応するには複数の命題を主従の関係に構造化するという感覚を養うことが必要です．こうしたメタ言語能力を，英語で行う言語活動だけで身につけるのは至難の業でしょう．

こうした「複文構造」のシステムを日本語母語話者が学習する場合，日英語の相違点を意識化することが役に立つと思われます．と言うのも英語では統語上2つの文を複文構造で表現するところを，日本語ではしばしば単文化した

---

[5] このような違いは，since 節が通常旧情報（聞き手も話し手もすでに知っている情報）の置かれる文頭に現れるのに対して，新情報を担う because 節は文末に現れるという違いにも反映されています．

構造が用いられることがあるからです．

(19) a. <u>この手紙は本当に太郎が書いた</u>のかしら？
 (I wonder whether Taroo really wrote this letter.)
 b. <u>明日仕事があるんだった</u>．
 (I forgot that I have work tomorrow.)
 c. <u>山田先生に予め相談した</u>方がいいよ．
 (It's better if you talk to Mr. Yamada beforehand.)
 d. <u>山田さんは明日はお休み</u>とのことだ．
 (I heard/Mr. Yamada told me that Mr. Yamada/he would not come tomorrow.)
 e. <u>太郎が迎えに行く</u>はずです．
 (Taroo is supposed to pick you up.)

(19)の例は，表面的には下線部に形式名詞（「の」，「方」，「こと」，「はず」）の付加された従属節の構造を持つように見えます．例えば，(19a)の例では，「この手紙は本当に太郎が書いた」という文に「の」を付けて，文全体を名詞化しそれを述語の「～かしら」が従える恰好になっています．つまり，形式上は，述語が下線部の文を従属節として従えるような形になっているわけです．しかしながら，例文の意味を考えてみると，(20)に示したように，下線部の命題と助動詞的機能（モダリティ）を担う単位からなる単文と考える方が，むしろ母語話者の直感に近いと言えるでしょう．(19)の例では，意味的な重点は下線部にあり，それ以外の部分が助動詞的な機能を担っており，[6] その点でも下線部は形式名詞に埋め込まれた従属節というよりも，主節として機能していることが分かります．[7]

(20) ［この手紙は本当に太郎が書いた］＋のかしら．（＝(19a)）

このように日本語では，意味的な重点が従属節にある場合，形式上複文構造をもつ節が単文化していることがありますが，英語ではたとえ主節と従属節で意味のねじれがあったとしても主節・従属節の構造的関係は保たれます．[8] この

---

[6] 益岡（2007）では，「のだ」，「わけだ」，「ことだ」，「ものだ」などは説明のモダリティの形式とされています．

[7] このように一見すると複文の構造をもつように見える節が単文化されている言語現象については，加藤（2010）で詳しく検討されています．

[8] (i)のような英語の例では，意味的な重点は従属節にあり，統語構造と意味の不一致が生

ような日英語の違いを意識することで，種々の複文構造を用いて自然な英語で表現するための言語感覚を養うことができるのではないでしょうか．つまり，日本語の感覚では助動詞を伴う単文の構造で表現するところを，英語では複文構造で表すといった感覚を養いたいのです．

上で述べた2つの文を結びつける際の構造化に関する違いは，高校英語で導入される文法項目の分詞構文についても観察することができます．英語の分詞構文は，上で見た because 節と同様，副詞的な節を従属節として従える複文構造をもっています．

(21) a. It rained heavily, completely ruining our holiday.
（大雨が降って，私たちの休日は台なしになった．）
b. Maria, shocked at the news, couldn't say a word for a while.
（マリアはその知らせにショックを受けて，しばらく何も言えなかった．）
c. Work bees are neuter, being neither male nor female.
（働きバチは中性で，雄でも雌でもない．）
d. Typhoon hit the city, causing great damage.
（台風が市を襲い，大被害を与えた．）

(21) の英文に対応する日本文を見ると，テ形（あるいは連用形）で2つの文が並列された表現になっていることが分かります．(21) の例文を接続詞を補って書き換えると，等位接続を用いた重文となりますが，[9] それを主節・従属節の複文構造に具現したのが分詞構文です．英語の分詞構文に対応する日本語の表現では，テ形・連用形接続で単文を並列した構文が用いられることが多いため，(21) の（ ）に示した日本文から学生に和文英訳をさせるとかなりの学生が and を用いた英文を書きます（e.g., Typhoon hit the city and caused

---

じていますが，これを解消するには (ii) のように主節を統語上挿入句に格下げし，従属節を主節に転換しなければなりません．
　(i) I think that John loves Mary.
　(ii) John loves Mary, I think.

[9] 英語の分詞構文の主な用法には「時」，「原因・理由」，「条件」，「付帯状況」を表すものがありますが，日本語のテ形接続もこれらの意味を表すことができます．
　(i) a. 道を歩いていて，石につまずいてころんだ．（時）
　　　b. 道路が込んでいて，会議に間に合わなかった．（原因・理由）
　　　c. 歩いて10分で着きます．（条件）
　　　d. 胸に手を当てて，よく考えてみてください．（付帯状況）

great damage.)．これは福地（2012）が指摘するように，英語では統語構造上，主節・従属節の関係をもつ複文構造が好まれるところ，日本語では単文を並列した構造が自然な表現となる傾向によると考えられます．[10] こうした日英語の違いを意識することで，どのような英語の節構造が自然な表現となるのかという感覚を養うことができるのではないでしょうか．このような感覚を身につけるには，日本語との相違点を明確に示し，それを意識化していくことが必要になってくるでしょう．トピックによって設定された言語活動を英語で行っているだけでは，こうした言語間の違いに気づき，伝達内容の構造化に関する言語感覚を養うのは難しいと思われます．

　以上，伝達内容が複雑で緻密化すればするほど，様々な複文構造を用いることのできる表現力を養う必要があることを述べました．また，その場合，日本語と対比させながら，生徒が無意識のうちにもっている日本語の知識を活性化させ，それとの比較の中で学習することが有効であることを若干の具体例を挙げて示しました．

4. 日本語の知識を活用した英文法

　以下では，日本語では形式上区別のされない過去形と現在完了形の使い分け，日本語では自由に許される目的語の省略を取り上げ，これらの項目の学習についても生徒のもつ日本語の知識を活用するのが有効であることを示そうと思います．

4.1. 過去形と現在完了形

　英語の授業で学生に（22）を英訳させると，ほとんどの学生が（23a）のような過去形を用いた英文を書きます．

(22)　あの映画見た？
(23) a.　Did you see that movie?
　　 b.　Have you seen that movie?

(22) の日本文は (23a)，(23b) のいずれにも訳すことができますが，日本語

---

[10] 福地（2012）は，日本語ではテ形・連用形接続による文の並置された重文の構造が用いられているところ，英語では，分詞構文以外にも不定詞節や関係節を用いた複文構造がより自然な表現となることを詳しく論じています．

では過去形と現在完了形が形式上区別されないため動詞のタ形に引っぱられ，学生の多くは (23a) のような過去形の英文を書くことが多いようです．一方，(24) のような日本文を英訳させると，(23a) のような英文を書く学生でも現在完了形を用いた (25a) のような英文を書くことができるようです．

(24) うなぎを食べたことがありますか？

これは中学校・高校で現在完了形について学習する際に，「経験」，「継続」，「完了・結果」の3つの用法を中心に学ぶからでしょう．

(25) a. Have you ever eaten eel?（経験）
 b. I have known him for twenty years.（継続）
 c. I have just finished my homework.（完了・結果）

大学生に現在完了形についてどのようなことを知っているかと尋ねてみると，大抵の学生は，現在完了形には「経験」，「継続」，「完了・結果」の3つの用法があること，そしてそれぞれの用法について，よく使われる副詞（句）があることなどを答えてくれます．こうした大学生の反応からすると高校までの英語学習では，現在完了の中核的な意味が「現在との関連性」であること，つまりテンスはあくまでも現在であり過去の出来事や状態が現在とつながっていることが現在完了形にとって重要であるという知識が形成されるには至っていないようです．

　このような現在完了形とは異なり過去形は現在と切り離された過去の出来事や状態を表す表現であることを理解していれば，(23a) と (23b) の違いは自ずと明確になるはずです．つまり，(23a) は現在から切り離された過去の出来事を表しているので，あの映画はもう上演していないと推測されますが，(23b) は現在と関連する出来事を表しているので，あの映画は今も上映していると考えられます．こうした現在完了形の意味を把握することによって，バラバラに覚えている事実を統合することもできます．高校生用の英文法の参考書を見ると，現在完了形の注意事項として共起できる副詞的表現とそうでないものがあることが強調されています．例えば，『総合英語フォレスト』では，次のような副詞的表現を挙げています．

(26) 現在完了形とともに使うことができない表現の例：
yesterday, last night/week, when I was, When ...?, in 1972 ...

(27) 現在完了形とともに使うことができる表現の例：
before, ever, lately, just, now, today, recently, so far, this week, for
（～の間）

　高校生はこうした2種類の表現の区別が提示されると，なぜこのような区別があるのか，その理由を考えないまま区別自体を覚えようとするのではないでしょうか．上でも述べたように大学生に現在完了形について知っていることを尋ねると，特定の副詞とともに用いられると答えるのはこのためだと考えられます．

　現在完了形のテンスは「現在」であって「現在との関連性」が意味の中核であることを理解しておけば，(26)，(27)のような表現との共起制限は，自ずと導きだされる事実であり，別個の知識として覚える必要はないのです．

　現在完了形の学習については，まず，上で述べたように過去形と現在完了形が日本語では英語のように形式上区別されないことを意識させ，過去形と現在完了形の意味の違いを明確にすることで2つの文法形式を適切に使い分けることのできる知識を形成させることが必要と思われます．

　英語の現在完了形と過去形は，日本語では形式上区別されないことが多いのですが，現在完了形の用法の一部には日本語でも過去形以外の形式が用いられることがあります．現在完了形の3つの用法のうちの「結果」を表すものについては，日本語でも過去形とは異なる「～ている」という形式が用いられることがあります．「～ている」という形式は，動作動詞に付くと動詞の進行を表し英語の進行形に対応しますが，「進行相」以外にも「結果状態」（完了相）を表します．

(28) 動作の進行
　　a. 女の子が泣いている．
　　b. プールで泳いでいる．
　　c. 本を読んでいる．
(29) 動作・出来事の結果状態
　　a. 荷物が届いている．
　　b. タクシーが到着している．
　　c. お友だちが来ています．

(29)の「届く」，「到着する」，「来る」は過去に起きた出来事・動作を表していますが，その結果生じた状態（「荷物が届いた結果，今ここにある状態」）を

表し，これが英語の現在完了形の「完了・結果」の用法に対応しています．

(30) a. Your package has arrived.
　　 b. The taxi has arrived.
　　 c. Your friend has come.

(30a)のような例文を過去形を用いて「荷物が届いた」と訳すこともできますが，(29a)のように「〜ている」を用いて訳した方が，現在完了形本来の意味をより的確に表すことができます．(30)のような移動を表す動詞以外にも「〜ている」を用いると現在完了形と過去形の意味の違いがはっきりする場合もあります．

(31) a. I gave up smoking.
　　 b. I have given up smoking.

(31a)は，「タバコはやめた」と言っているだけで，今もやめているかどうかは分かりません．一方，(31b)では，「今もタバコをすわない」という現在の状態を述べているのですから，ここはやはり「〜ている」を用いて「タバコはやめています」としたいところです．(32)のような例も，結果状態という意味特徴を活かして，「50冊以上の著書を著している」とすれば，現在完了形の意味をより的確に表すことができます．

(32) 　He has written over 50 books.

英語の過去形と現在完了形の違いを理解するのに，日本語の次のような否定文の違いに着目するのも有益でしょう．

(33) 宿題をやらなかった．／I didn't finish my homework.
(34) 宿題をやっていません．／I haven't finished my homework.

(33)では，現在と切り離した過去の出来事が述べられていますが，(34)は，宿題をやらなかったことを現在に関連づけて述べています．このような英語と同じような区別を日本語にも見いだすことができるケースを工夫すれば，生徒がもっている日本語の直感を利用して英語の現在完了形の中核的意味を深く理解させることができると思われます．上で見た(22)のような例文も疑問文に対する答えとペアにすることで，過去形と現在完了形の意味の違いを明確にすることができます．

(35)　A:　　あの映画見た？
　　　 B1:　　見なかったよ．
　　　 B2:　　まだ見ていないんだよ．

　日本語では英語とは異なり過去形と現在完了形の意味を同一の形式で表すことが多いので，まずはその違いを意識した上で，過去形と現在完了形の意味の違いの中心がどこにあるのかを理解することが大切です．そして，結果状態を表す「〜ている」と英語の現在完了形の「完了・結果」などの共通点に着目することによって，生徒の現在完了形に対する深い理解を促すことができます．このように生徒にとって直感のはたらく母語の知識を意識化させることによって，英語と日本語の相違点，共通点について気付きを促し，英語の現在完了形の正確な理解と過去形との適切な使い分けに繋げていくことができるのではないでしょうか．[11]

　新学習指導要領では，授業をコミュニケーションの場とするために授業は英語で行うことを求めています．英語で行う言語活動の中で，現在完了形を使いこなす練習をすることに異論はありませんが，活用すべき知識をどのように習得したらよいかについては，さまざまな考え方の可能性を考慮してもよいのではないでしょうか．現在完了形と過去形の使い分けについては，生徒が無意識のうちにもっている日本語の類似表現の知識を活性化し，それとの対比の中で習得すべき知識を吟味し，学習することこそ大切なのではないでしょうか．[12]

4.2. 目的語の省略

　日本語では自由に目的語を省略することができるのに対して，英語ではかなり制限されています．例えば，(36B)ではそれに先行する文から復元することのできる目的語が省略されています．

---

　[11] 近年，文法形式の指導方法として，フォーカス・オン・フォームを取り入れた英語教育の可能性が盛んに論じられています（和泉(2009)，高島(2011a, b)など）．高島(2011b)では，フォーカス・オン・フォーム活動を文法説明で挟んだ，現在完了形のレッスンプランが提示されていますが，この節で述べた日本語との共通点を文法説明の部分に活用することによって，フォーカス・オン・フォーム活動での生徒の気付きを促すのに役立つものと思われます．
　[12] このように英語の授業で生徒のもつ母語の知識を活用していくためには，英語教師には英語の知識に加えて，日本語に関する体系的な知識，日英語対照研究の知見についての知識を持っていることが求められます．今後，教員養成の課程，講習等で英語教員が母語の知識について学ぶ機会が提供されることが必要と思われます．

(36) A: 田中先生が推薦してくれた本読んだ？
B: いいえ，まだ読んでいません．

　省略された目的語の先行詞がなくても，発話の場面から復元することができれば目的語を省略することができます．例えば，窓ガラスが割れているところを見て，(37) のように言うことができます．

(37) 誰が割ったの？

英語ではいずれの場合にも，目的語の省略は許容されません．

(38) A: Have you read the book that Mr. Tanaka recommended?
B: No, I haven't read *(it) yet.
(39) Who broke*(the window)?

厄介なことに (38) の read が目的語の省略を許容しないのではなく，次のように目的語が読み物を限定しない「何か読むもの」(＝不定名詞) という場合であれば省略することができます．

(40) He read for a while in the library.

(40) で省略されている目的語は特定の本ではなく，本一般を指しています．eat, drink などの他動詞でも，先行文脈に現れ限定できるものであっても目的語を省略することはできません．

(41) A: What happened to my sandwich?
B: Fido ate *(it). 　　　　　　　　　(Fillmore 1986: 97)
(42) John likes coffee but I don't drink*(it).

eat, drink が目的語を伴わずに現れる場合には，不定名詞で食べ物一般，食事，アルコール飲料一般と解釈されます．

(43) a. I haven't eaten all day.
　　 b. I ate with my girl friend at the restaurant.
(44) a. John likes to drink beer but I don't drink.
　　 b. I stopped drinking.

このように不定の目的語の省略を許容する動詞はかなり限られており，そのような動詞は一般に定目的語の省略を許容することはありません．

その一方で，先行文脈や発話の場面から復元可能であっても，定目的語の省略が許容される場合とそうでない場合があります．(45a)，(45b) では，先行文脈に現れる定目的語が 2 番目の文で省略されています．(45c) では，発話の場面から復元可能な the game あるいは the contest が省略されていると解釈されます．

(45) a. I tried to learn to play the piano but I can't play well yet.
(Lehrer 1970: 242)
b. Did you join in the parade? No, I just watched.
c. We won by 25-20.

しかしながら，文脈から復元可能であっても定目的語を省略することのできない動詞もあります．Fillmore (1986) は，話し手・聞き手の双方にとってどのドアのことを言っているのか発話の場面からはっきりしていても，(46a) のように the door を省略することはできないとしています．また，映画を見終わって映画館から出て来た友人に向かって，the movie を省略して (46b) のように言うことはできません．

(46) a. *Did you lock? (Fillmore 1986: 98)
b. *Did you enjoy? (Huddleston and Pullum 2002: 301)

さらに厄介なことに，定目的語の省略を許容する他動詞であっても特定の目的語しか省略を許容しない他動詞もあります．そのような動詞として，wash, wave などを挙げることができます．

(47) a. What's your mother doing?
She is washing?
(安井 1995: 120)
b. John waved his handkerchief at you. Now you must wave back.
(Lehrer 1970: 235)

(47) の例文では，いずれも省略されているのは「手」や「顔」などの身体部分です．つまり，(47a) でお母さんが洗っているのは，「顔」や「手」で，「皿」や「洗濯物」という意味にはなりません．同様に (47b) の 2 つ目の文で，主語が振るのは手であってハンカチではありません．ハンカチを振って応える場合には，(48) のように目的語を書き出さなければなりません．

(48) John waved his handkerchief. Now you must wave yours.

(Lehrer 1970: 235)

　このように英語の目的語の省略には定・不定の区別があるのですが，特に定目的語に限って言うならば，文脈や発話の場面から復元可能な場合であっても，目的語の省略が許容されない動詞が多くあることからすると，目的語は省略しないというのが英語の基本的な姿だと考えられます．また，日本語のような言語では，文脈から復元可能であれば，自由に目的語の省略が許されることから，目的語の省略は普遍文法の許すオプションの1つと考えることができます．英語学習という観点からすると，こうした英語の目的語の省略可能性について，日本人学習者が習得するのはかなりの労力を要すると思われますが，例えば，中学校の段階では日本語では自由に目的語を省略できるが，英語では省略しないのが基本であることを教え，段階的に不定目的語・定目的語の省略を許容する動詞があることを学習させていくのがよいでしょう．つまり，英語では日本語のように自由に目的語を省略できないので，省略したければ代名詞を使うのが基本であることを把握させ，次の段階として動詞によって不定・定目的語の省略を許容するものがあることを気付かせていくのが効果的だと考えられます．

　この場合も生徒がもつ母語に関する知識と対比し，日本語と英語との相違点を意識化しなければ，本来代名詞を使いたいとろを日本語式に目的語を省略してしまう文を用いるステージから抜け出すのはなかなか難しいでしょう．

5. 文構造の意識化

　第3節で複文構造の重要性について述べましたが，もう少し詳しく文の構造について考えてみたいと思います．文は単語が一連に並んでいるだけではなく，語と語が結びつき構成素と呼ばれるまとまりを成し，構成素同士が積み重なった構造をもっています．構成素は，構造的なまとまりであり，また意味的なまとまりでもあります．例えば，(49)のような文は，[John]と[knows the man with binoculars]の2つの構成素が結びついて構成されています．さらに[knows the man with binoculars]は，[knows]と[the man with binoculars]の2つの構成素から成り，[the man with binoculars]は，[the]と[man with binoculars]が結びついてできている構成素です．[man with binoculars]は，[man]と[with binoculars]から構成されていて，[with binoculars]は，[with]

と [binoculars] が結びついてできています．これを図示すると，概略 (50) のような構造になります．

(49)　John knows the man with binoculars.
(50)　[_文 [_主語 John] [_動詞句 [_動詞 knows] [_名詞句 the man with binocular]]]

　文を作ったり，文の意味を正しく理解するためには，単語列のどの部分が構成素となっているのか，そしてそれがどの単語列と結びついているのかということをある程度意識できるようになる必要があります．つまり，表面的な単語の連鎖の背後にあるまとまり（構成素）こそが，文を組み立てる際の単位であることを理解していなければなりません．
　このように構成素が積み重なって文が組み立てられていることを理解するには，多義的な文について考えるのが効果的です．例えば，(51) は 2 通りに解釈することができますが，それぞれの解釈が単語列のどのようなまとまり方と関係しているのかについて考えることによって，文を単語の連鎖としてではなく，単語の連鎖からなる構成素が文をつくる基本単位である，という感覚を養うことができます．

(51)　Mary saw the man with binoculars.
(52) a.　[_文 Mary [_動詞句 [_動詞 saw] [_名詞句 the man with binoculars]]]
　　 b.　[_文 Mary [_動詞句 [_動詞 saw] [_名詞句 the man] [with binoculars]]]

(51) の例文には，「メアリーは双眼鏡を持っている男を見た」と「メアリーは双眼鏡で男を見た」の 2 つの解釈があり，それぞれ (52a), (52b) の構造に対応しています．(51) の多義性を理解できるということは，(52a) に対応する解釈では，with binoculars は man を修飾していて，the man with binoculars で 1 つのまとまりを成すのに対して，もう一方の解釈では，the man と with binocular がそれぞれ別々のまとまりとして saw と結びついていて，この場合 with binoculars は，saw を修飾しているということが分かっていなければなりません．(52) に示した句構造を描かなくても，単語列のどの部分がまとまりを成していて，それがどの単語（列）と結びついているのかを，意味を手がかりに考えることは高校生にもできるでしょう．このように語と語が結びつき，さらに複数の語が結びついてできた大きなまとまりが何と結びついているのか，ということをある程度意識的に考えられるようになれば，(49) の例はなぜ (51) とは異なり多義的ではないのか，また，(53) の wh-疑問文ではなぜ多義性が失われるのかについても理解することができるようになります．

(53) Which man did Mary see with binoculars?

(53) の wh-疑問文には,「双眼鏡を使ってどの男の人を見たのか」という解釈しか許容されません. (53) の wh-疑問文を作るには, 単語列を which man に置き換えて文頭に移動するという操作が必要となりますが, その際 wh 句に置き換えることのできる単語列は統語上のまとまり (構成素) を成していなければなりません. (53) では, with binoculars を除外して the man を wh 句に置き換えていますので, the man だけで構造上のまとまりを成している (52b) の構造の the man が which man に置き換わって文頭に移動していることが分かります. したがって, (53) では (51) に見られる多義性は失われるのです.

こうした多義的な文について考えることで, 文の意味を正確に理解するにはそれを構成している語の意味や文脈から得られる情報だけをたよりにするわけにはいかないことに気づくこともできます.

多義的な文に注目する際, 生徒にとって直感のはたらく日本語の多義的な例について考えることも有益でしょう.

(54) 警察官が自転車で逃げる泥棒を追いかけた.

(54) では, [自転車で逃げる泥棒を] が1つのまとまりを成していて, それを「追いかける」が目的語に従える (55a) の構造と [逃げる泥棒を] で1つの構成素を成し,「自転車で」が,「追いかけた」と結びついている (55b) の構造の2通りが許容されるため, 多義性が生じています.

(55) a. [_文 警察官が [_動詞句 [_名詞句 自転車で逃げる泥棒を] 追いかけた]]
　　 b. [_文 警察官が [_動詞句 自転車で [_名詞句 逃げる泥棒を] 追いかけた]]

この場合も, (55a, b) のような句構造を描かなくても「自転車で」が「逃げる」,「追いかけた」を修飾しうる点に着目すれば, それぞれの解釈において「自転車で」がどの部分と結びついてまとまりを成しているのか, 生徒自身の直感をたよりに理解することができます. このように直感のきく母語の例を考えることで, (54) の多義性が (51) のような英文に見られる多義性と同じ種類のものであることを理解することができるようにもなります. また, (56) のように「自転車で」と「逃げる泥棒を」の順序を入れ替えると, 多義性が失われることを示すことによって, 文を作る際に日本語と英語には, 共通して構成素構造が重要であることを認識することもできます.

(56) 警察官が逃げる泥棒を自転車で追いかけた.

　文の構成素構造を意識しながら,文構成を考える能力を養うには,とりわけ生徒が無意識のうちに持っている母語の知識を活性化することが,英語の文構成に関する規則性の理解にも役立つものと思われます.

6. おわりに

　平成 25 年 4 月から実施の始まった高等学校の学習指導要領では,授業は英語で行うことを基本とし,文法事項については様々な言語活動と一体化してそのすべてを指導することが求められています.十分に工夫された言語活動が,文法的知識の習得に役立つことはもちろんあるでしょうが,その一方で限られた授業時間数で英語による言語活動に取り組むだけでは,養うことのできない言語感覚,習得し難い文法的知識などが相当あるということも認識しておく必要があります.伝達内容が複雑で緻密化すればするほど,知的作業を担うことのできる基盤を形成しなければなりません.その場合,学習者のもつ日本語の知識を活用し,日本語と英語の相違点,共通点を意識化することによって,母語とは大きく異なる外国語を正確に,また,体系的に捉え,高度な知的活動を行うに足りる基盤を養うことができるのではないでしょうか.

参照文献

Fillmore, C. (1986) Pragmatically controlled zero anaphora. *Proceedings of the Twelfth Annual Meeting of the Berkeley Linguistics*, 95-107.
福地肇 (2012)「英文法と英作文」大津由紀雄 (編)『学習英文法を見直したい』218-230. 研究社.
Huddleston, R., and G. K. Pullum (2002) *The Cambridge Grammar of the English Language*, Cambridge, UK: Cambridge University Press.
和泉伸一 (2009)『「フォーカス・オン・フォーム」を取り入れた新しい英語教育』大修館書店.
加藤重広 (2010)「日本語における文法化と節減少化」『アジア・アフリカの言語と言語学』No 5, 35-57, 東京外国語大学アジア・アフリカ言語文化研究所.
Lehrer, A. (1970) Verbs and deletable objects. *Lingua* 25, 227-253.
益岡隆志 (2007)『日本語モダリティ探求』くろしお出版.
森山卓郎 (2009)『国語からはじめる外国語活動』慶應義塾大学出版会.
岡田伸夫 (1998)「言語理論と言語教育」大津由紀雄他 (編)『岩波講座言語の科学』第

10号，130-178．岩波書店．
大津由紀雄（1989）「メタ言語能力の発達と言語教育——言語心理学からみたことばの教育」『言語』10月号，26-34．
大津由紀雄（2012）「日本語への「気づき」を利用した学習英文法」大津由紀雄（編）『学習英文法を見直したい』176-192，研究社．
高島英幸（2011a）『英文法指導のための「フォーカス・オン・フォーム」アプローチ』大修館書店．
高島英幸（2011b）「日本語の英語学習環境に適した「フォーカス・オン・フォーム」アプローチ」『英語教育』10月号，13-15．
安井稔（1995）『納得のゆく英文解釈』開拓社．

資料
石黒昭博（2009）『総合英語フォレスト（6th edition）』桐原書店．
文部科学省『高等学校学習指導要領解説外国語編・英語編』平成11年12月．
文部科学省『高等学校学習指導要領』平成21年3月告示．
文部科学省『高等学校学習指導要領解説外国語編・英語編』平成22年5月．

第 3 章

うまくいかない学習者を理解しよう

梅原　大輔

日本のような外国語環境での英語学習が多かれ少なかれ意識的な取り組みになることは避けられない．母語とは異なって外国語習得には個人差があり，学習意欲を持っているにも関わらず伸び悩む学習者も少なくない．本章では，大学生の英語学習者にしばしば見られる，英語に対する意識的，無意識的な前提や信念を拾い出し，うまくいかない学習者に共通するつまずきを理解し，支援する手がかりにしたい．レポート等に見られる学生自身の内省や，文法意識についての調査をもとに，特に語彙と文法について共通して見られる意識を紹介する．文法に関しては，母語による影響だけでは説明できないような誤りにも目を向ける．

キーワード：　言語意識，転移，学習者文法，誤答分析，多義語

1.　はじめに

　母語の習得とは異なり，外国語の習得に個人差があることは明らかな事実です．同じ時期に同じ環境で学習を始め，同じ教師の授業を受けていても，学習者の間の差はだんだんと広がっていきます．ある学習者が無意識に飛び越えてしまうハードルが，別の学習者にとっては高く立ちふさがる壁となるようにも見えます．誰もが特に苦労もせずに母語を身につけた経験があることを考えるなら，外国語の習得にそのような個人差があるのはとても不思議なことです．
　個々の学習者がする誤りは多様であり，個別の例をあげればきりがありません．それでもやはり共通の誤りがあり，その誤りの背後には共通したものの見方があるようです．初級者には初級者の，中級者には中級者の誤りの傾向があり，学習の経過とともに自然と解消していくものもあると思います．しかし，小学校や中学校の段階から修正されない誤りを大学生が抱えたまま初級者の段階にとどまっているという例もまたたくさん観察できます．学習者の誤りに常に筋の通った理屈があるとは限りませんが，学習者が考えていることを探って

みると，表面的には見えないさまざまな原因があることも伺えます．

　本章の目的は，そのような「うまくいかない」学習者が英語について何を考えているのかを拾いだすことです．学習者が英語に対して意識的にあるいは無意識に持っている前提や信念を取り出すことで，うまくいかない学習者を指導する際に，より適切な「足場がけ (scaffolding)」ができると考えます．

　この稿を執筆する上で材料としたのは，筆者が大学での授業や調査を通して集めた学習者の声です．英語が嫌いというわけではない，あるいは積極的に英語が好きなのに，どうも伸び悩んでいる学生たちが中心です．ある意味，平均的な日本の英語学習者の姿であると思います．以下，本章で取り上げたいのは，次のような問題です．

　i) be 動詞の意味を「〜は」ととらえてしまうような，英語と日本語を一対一に対応させることから来る誤り
　ii) 多義語と同音異義語の混同
　iii) 主述関係と修飾関係の混同
　iv) *This hotel cannot use the Internet.[1] のような，主語と主題の混同
　v) *Let's cooking. のような義務的規則と随意的規則の混同

　これらは，必ずしも統計的な処理を経ているわけではありませんが，授業中のコメントシートや課題，小規模な調査を通して，繰り返し観察される特徴を取り上げたつもりです．さまざまな年齢，さまざまな英語力の学習者に対して同じような傾向が見られるのか，検証をしていただければうれしく思います．

2. 母語の影響をめぐる考え方

　外国語教授法の中には，学習者は自然なインプットを受けていれば，文法を教わらなくても自ら文法を獲得して行く力があるという考え方があります．母語を習得するときの子どもと同じように，外国語を学習するときにも人間としての言語習得能力を発揮することは可能だ，と考えるのです．

　1970 年代から盛んになった「自然順序仮説」(Dulay and Burt 1974, Bailey, Madden and Krashen 1974 など) をめぐる研究は，そのような立場を支持するものと考えられています．複数形の -s，過去時制，-ing 形，冠詞など文法機能を表す語や活用語尾の習得を調べたところ，学習者の母語と関係な

---

[1] 言語学の慣例に従い，以下 *印は非文法的な文であることを示します．

く，ほとんど同じ順序で習得が進んでいくとの結果が示されたのです．どのような教え方をしても学習者が習得していく文法項目の難易度には自然な順序があり，従って，意図して教えなくても自然なインプットさえ与えていれば学習者自身が文法を獲得していけると考えられたのです．こういった研究をきっかけに生まれた Krashen らのインプット理論（Krashen and Terrel 1983）は外国語教育の世界に大きな影響を与えました．

インプット理論は次の5つの下位理論からなる教授理論です．

    i) 習得と学習の区別
    ii) 習得順序仮説
    iii) インプット仮説
    iv) モニター仮説
    v) 情意フィルター仮説

Krashen らはまず，意識的な言語学習（learning）と自然な状況での言語習得（acquisition）とを区別し，その上で，学習は習得には転換しない，つまり意識的に文法などを学習しても自然に使えるような形で身につかないのだ，と主張します．先にあげた習得順序仮説を用い，外国語を学ぶ際にも母語と同じように生得的な言語能力を使った自然な習得が可能だと考えます．

インプット仮説とは，外国語の習得のためには，学習者にとって少しだけ難しいが理解可能なインプットを大量に与えるだけでいいという仮説です．文脈から意味が理解できるが，少しだけ未知の項目を含むインプットを吸収することで，文法の規則も学習者自らの力で習得できるのだと考えます．

モニター仮説とは，意識的な学習を通して学んだ文法の規則は，作文を推敲するときのように，後から振り返る場面では役に立つが，リアルタイムのコミュニケーションの場においては役に立たないという考え方です．自分が言ったり書いたりした言葉を監視し，問題があれば言い直したり書き直したりする，というモニターの働きしかしない，と考えるのです．

情意フィルター仮説とは，学習者が緊張や不安，外国語を話すことに対する抵抗感などを持っていると，心理的な壁ができて素直にインプットを吸収できなくなる，という考え方です．この心理的な壁のことを情意フィルターと呼びます．子どもに比べて大人は，外国語を話すときに失敗を恐れたり心理的に抵抗したりする傾向があるとされます．特に初期の段階では，情意フィルターを低く保ちインプットを自然に受け入れられるように，プレッシャーを与えないような学習環境を作ることが大切だと言います．

英語の授業を全て英語だけで行うように，という最近の文部科学省の方針も，こういったインプット理論と共通した価値観の上にあると言えるでしょう．

　ただし，週に何時間かの授業で英語によるインプットを受けるだけで，自然な習得につながるのか，という疑問があります．日本のように社会の中で英語が使われておらず外国語として英語を学ぶような環境では，生活の中で英語のインプットを受けるチャンスはほとんどありません．インプットを受ける時間が教室での授業だけだとすると，中高6年間に大学の2年間を加えても1000時間程度しかありません（吉田・柳瀬 2003）．このような環境で英語を身につけるには，多かれ少なかれ意識的な学習活動を通して言葉を学ぶことは避けられないと思われます．

　1970年代後半以降，優れた外国語学習者がどのようなことを意識しながら学習に取り組んでいるのかを探ろうとする「学習ストラテジー」の研究が盛んになりました（Rubin 1975, Wenden and Rubin 1987, Oxford 1990 など）．初期の研究である Rubin（1975）は，授業中の学習者の観察を通して，優れた学習者には，未知語の意味を推測することがうまい，コミュニケーションへの強い意欲を持っている，失敗を怖れないなど，特徴的な7つのストラテジーがあることを示しました．また Oxford（1990）は学習ストラテジーの研究をまとめて，SILL（Strategic Inventory for Language Learning）と呼ばれる6領域，約20種類のストラテジーからなるリストを作成しています．

　学習ストラテジーを見てわかるのは，優れた学習者は決して子供のように無意識に外国語を習得しているわけではなく，一般的な学習や技術の習得の場合と同じように，さまざまなストラテジーを意識的に使っているということです．この中には，母語と比較して違いを意識することや母語に翻訳すること，文を文法的に分析することといったものも含まれています．優れた学習者が母語と外国語の類似点や相違点を意識しながら，文法の違いを自分のものにしようと工夫している様子が浮かんできます．母語と外国語の違いに意識を向けることが習得を進めていくきっかけとして重要であることは否定できないと思います．これは逆に言えば，学習者の中には母語と外国語の違いを意識できないまま学習につまずいてしまうケースもあることを示しています．以下では，母語と外国語の一対一の置き換えという意識を出発点に，英語学習者が陥りがちなさまざまな失敗を探ります．

3. 大学生に見られる英語学習上のつまずき

3.1. 英語と母語の一対一対応

ことばは意味と形が対をなしたものであり，意味を無視して形だけを取り出すことも，形を無視して意味だけを取り出すこともできません．しかし一つの形式が複数の意味と結びついている例はたくさんあります．例えば三人称単数現在の -s は一つの形の中に3つの異なる文法情報を含んでいます．逆に一つの意味が複数の形で表現されることも珍しくありません．英語で名詞の複数は -s という一つの形式だけでなく，いくつかの例外的な形によっても表されていますし，過去形を表すのに規則的な -ed の語尾の他に，少なからず不規則な変化形があります．Rutherford (1987) は，初級段階の学習者は，形と意味の対をなるべく単純に保とうとする，と述べています．また DeKeyser (2005) は，意味と形の関係が透明でない項目は習得が難しい，と述べています．とりあえず複数形は -s だけで一般化する，というように，初級段階の学習者は一つの形に一つの意味を単純に結びつけ，それ以外の例外的なものを当面無視する，という戦略を取るようです．

さて，意味と形の対をなすという場合の「意味」とはそもそも何でしょうか．一つの可能性は，意味は「概念」だということです．例えば実物のリンゴやリンゴの絵を指し示して "apple" と言えば，聞き手は apple という単語とリンゴという物体，あるいはリンゴの概念とを結びつけるのだ，と考えることができます．あるいは apples の -s が複数を表すというとき，複数という概念があると考えることができます．

もう一つの可能性は，意味は「母語への翻訳」だというものです．教師がリンゴを指して apple と言った場合，聞き手が apple という音をリンゴの概念と直接に結びつけられるのであれば母語話者と同じような語の理解をしていると言えますが (図1)，聞き手が「apple はリンゴという意味だな」と頭の中で一旦日本語に翻訳し，日本語の「リンゴ」と結びついたリンゴの概念を呼び出すなら，日本語の訳を通して apple の意味を間接的に理解していることになります (図2)．

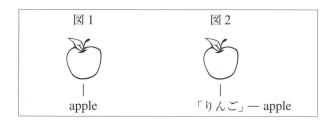

　初級段階の学習者にとっては，自分が外国語の意味を「概念」でとらえているのか「翻訳」でとらえているのかという区別自体，意識することが難しいのではないでしょうか．英語を外国語として学び始めるとき，学習者はすでに母語を通して世界を理解しています．学習者が無意識のうちに母語への翻訳を通して英語の意味をつかんでいる，というのは当然考えられることで，たとえ小学生であっても，一つの英語に一つの日本語を結びつけて単語を覚えることを無意識にやっている可能性があります．

　子どもが最初に習う英単語は具体的なものが多く，英語と日本語を一対一に結びつけられるような事物を表す語が中心となっているように思います．dog, cat, elephant のような動物の名前，apple, peach, orange のような果物，eye, nose, mouth のような体の部分，数字や曜日の名前など，ほとんどの場合，一つの日本語に訳して理解できるようなものばかりです．

　日本語と英語の意味が一致する場合にはそのような方法で理解していても大きな問題にはならないでしょう．しかし現実には，日本語と英語で語の表す範囲がずれる例はいくらでもあります．日本語への置き換えを通して英語の意味を理解しているのだとすれば，そこに日本語の影響が及ぶ可能性が出てきます．

　英語の brother や sister は年齢の上下に関わらず使えますが，日本語の話者にとっては「兄」と「弟」あるいは「姉」と「妹」の区別をすることが当たり前です．このため，brother が「兄」でも「弟」でも構わない，ということが納得できず，常に brother は「兄弟」と訳し，「兄」と「弟」を elder brother, younger brother と区別しなければならない，と勘違いする可能性があります．

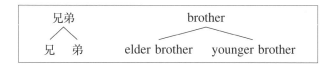

これは英語より日本語の方が細かな使い分けをする例ですが，逆の場合もあります．例えば finger を「指」という日本語に結びつけて覚えてしまった場合，親指 (thumb) や足の指 (toe) も含めて全て finger と呼ぶのだと誤解してしまうことが当然あります．たとえば，日本語の「足の指」に対応させ，文字通り foot finger というような表現が出てきたりします．

英語と日本語を一対一に訳して関係づけようとする考えは，具体的な意味を持った単語だけでなく，文法的な語や構文，会話表現などあらゆる段階で見ることができます．be 動詞の意味を「～は」や「です」にあたるととらえる誤りはこれまでにも指摘されてきました．次の文は，大学生が英語と日本語の違いについて感じることを書いた作文からの引用ですが，いずれの例でも be を「は」に当たるものと前提していることがわかります．

(1) 日本語では主語が単数であろうと複数であろうと「は」は「は」である．しかし，英語は主語によって am であったり are であったりと変化するのはなぜだろう？

(2) 英語では過去，現在，未来のことを話す時「～は」の意味である is が was や will be に変わるけど，日本語では時制に関係なく「は」は変わることがない．

(3) 一人称，二人称，三人称，これも日本人にはなじみのない表現だ．私は am で，あなたは are，彼・彼女は is．日本語では「私は」，「あなたは」，「彼・彼女は」の「は」一語ですまされているのに．

(以上，梅原 1999)

別の学習者が別の機会に書いた内容にこのような共通点が見られるということは，日本人の英語学習者に見られる共通の誤りがある可能性を強く示唆しています．

不定詞を「～ため」という訳に結びつける癖を持っている学習者もよく見かけます．中学校で習う不定詞の3つの用法のうち，特定の訳語と結びつけられるものが〈目的〉の副詞用法しかないからだと思われます．特に形容詞用法の不定詞である something to drink のような句を「飲むための何か」と訳す学習者は不定詞を「ため」という訳語に結びつけて理解している可能性が高いと言えます．また，日本語の「ため」は目的の他に理由を表すのにも使われますが，その区別ができず，They were in a hurry because of catching a bus. のように目的を表すのに理由の表現を使う学習者もいます（松井 1979）．

他にも they を常に「彼ら」と訳す人，some を常に「いくつかの」と訳す人

なども中学校からのくせが残っている人でしょう．また関係詞の what を「もの」，接続詞の that を「こと」のように文法的な機能語に対して，名詞のような訳を通して覚えている人もいます．

　外国語の語彙習得についての近年の研究の中でも，学習者は最初に外国語の単語を母語と結びつけて意味を理解するが，やがて外国語の単語と概念を直接結びつけていくことができる，というモデルが提案されており，特に語彙の学習において母語の影響は無視できないように思われます (Jian 2004)．

3.2.　多義語と同音異義語

　大学生に，英語を勉強してきて日本語と違うな，難しいな，と感じた経験を書いてもらうと，繰り返し出てくるのは，「英語には一つの語にいくつもの意味があり難しい」ということです．このような学習者は暗黙のうちに「日本語の場合，一つの語には一つの意味しかないのに」という意識を持っていると思われます．実際，はっきりとそのように書いている学習者もいます．

(4) まず日本語と英語で違うなあと思うことは，日本語は一つの単語に一つの意味しかないけど，英語は一つの単語がいろんな意味を含むことが多いということです．"have" という単語にしても，「持つ」と「食べる」という全く違う意味を持つ場合が多々あることに驚きました．

(5) 私は英語を学んで感じることは，一つの単語がいくつもの全く異なる意味を持っているのが不思議です．… 日本語には一つの言葉に一つの意味しか持っていません．中には二つ以上の意味を持つものもあるかもしれませんが，ほとんどありません．一つの言葉に一つの意味を持っています．

(6) 最近不思議に思うことは，一つの単語に対していくつも意味があるということです．これは受験勉強で長文を読んでいるときに何度もこのことで引っ掛かりました．単語の使われ方で意味がいろいろ変わるというのは，日本語にはないことだなと思いました．

(7) 辞書についても，一つの単語にたくさんの意味が載っているので，文章を読んでいて分らない単語を調べても分らないときがあります．それに run（走る），meet（会う）という意味を中学一年の時に習ったのに，高校ぐらいになると run（経営する），meet（満たす）というように全く違った意味になったりするところが不思議に思います．

(以上，梅原 1999, 2002)

第3章 うまくいかない学習者を理解しよう

　上で書かれているような英語の多義性は，多くの学習者が学習の過程で経験することだと思います．しかしもちろんこのような多義性が日本語に見られないわけではありません．そこで学生たちに「日本語にも一つの語がいくつもの意味を持っているような例はたくさんある．そういう例をあげてみよう」と聞いてみます．すると面白いことに，「あめ（雨と飴）」，「はし（橋と箸）」，「くも（雲と蜘蛛）」といった同音異義語の例が続々と出てきます．学生たちにとって，take a taxi, take an exam, take a bath のような take の意味の広がりは，「雨」と「飴」くらいかけはなれた「全く違う意味」に見えるようです．

　こういう学生が単語を覚える時にはやはり英語と日本語の訳を一対一に結びつけて暗記するような学習ストラテジーを取り，声を出してスペリングを書きながら反復によって頭に入れることをします．語が持つ基本のイメージや比喩による意味の広がりを意識できるようにストラテジーのトレーニングをすることが必要だと思いますが，ここのところがなかなか理解できない学生もいるようです．

　一方で，学習の過程で日本語への翻訳を介さずに英語表現そのものの意味をつかむことに気づく学習者もいます．次の文章は，そういった気づきが学習者にとって非常に意味のあるものであることを教えてくれます．

(8) このように理屈を理解していないものはすぐに忘れやすいものだが，何回も繰り返し繰り返し覚えれば英語の概念というものが少しずつ身に付くだろうと思い，理解できないことは理解できないままにしておいて，覚えることを優先させて学んできたように思う．それでも英語の考え方が少し理解できたときはとてもうれしかった．その良い例が連語だ．例えば catch a cold は寒けをつかまえる，あっ，風邪を引くということなのだな，ということが分かったときは少しうれしかった．他にも病院へ行くということは英語では医者に会う，つまり see the doctor という風に考えるんだなと分かったときもやはりうれしかった．

(9) しかし私はイディオムを覚えていくうちにあることに気づきました．例えば，turn down は「拒否する」という意味ですが，これを単に覚えるのではなく，こじつけて，まっすぐ行こうとしているのにじゃまされて曲がると覚えたり，いろいろと私なりに工夫して覚え，今まで納得ができなかったのがよくわかるようになりました．

(10) 大学受験の時にいろいろな単語や熟語を覚えていて，そのような日本

語訳になる訳を自分なりに考えてみると大変覚えやすかった．例えば "May I help you?" です．これは「いらっしゃいませ」という訳ですが，入ってきた人に「お手伝いしましょうか」と店員が言っているから「いらっしゃいませ」という意味になるのだと無理やり考えて覚えました．

(以上，梅原 1999)

この中で「こじつけ」や「無理やり考えて」と説明されていることは，もちろん英語学習のストラテジーとして重要で有効なものです．基本のイメージをもとに比喩的な意味の広がりを意識する力は，英語教育の場で養成すべき大切な力だと言えるでしょう．教師にとって当たり前と感じることでも，学習者にとっては目からうろこが落ちる「発見」となる可能性もあるのです．

3.3. 品詞と文型

コミュニケーション重視の流れの中で，学習指導要領では「文法事項の取扱いについては，用語や用法の区別などの指導が中心とならないよう配慮し，実際に活用できるように指導すること」と注意を促しています（平成 20 年版中学校学習指導要領・英語：p. 97）．コンピュータのソフトウェアを使うのにマニュアルを全て勉強してからでないと使い始めることができないと考えることはありませんし，マニュアルを全て理解したからといってたちどころに使えるようになるものでもありません．実際に使いながら不明な点や効率的な方法を身につけていく，ということと英文法の学習とは似ていると思います．文法に対して否定的な意識を持っている学習者はもちろんいますが，基本的な文法を知らなければ英語を話すこともできない，と考える人は多く，世間一般の考え方でも基本的な文法力の必要性は共有されているように思います．しかし基本的な文法とは一体何なのかという問題は，それほど簡単なものではありません．

英文法の参考書には最初に品詞，主語や目的語といった文法関係，5 文型についての説明があります．これらはいずれも文の基本的なつくりに関係する概念であり，もっとも基本的な文法事項だと言えます．しかし，これらの基本概念は抽象度のかなり高い項目であり，学習者にとっては決して理解しやすいものではないと認識する必要があります．

まず，学習者が品詞をどのようにとらえているのかという点から見ていきたいと思います．品詞とは，大量の語の間に見られる共通性を取り出して少数の

グループに分けたものです．物事を分類するには分類の基準が必要であり，全ての語を過不足なく分類できる基準がすぐれた基準だと言えます．一般に，品詞の分類に使われる基準には次の3つのものがあります．

  I. 語形による基準
 II. 意味による基準
III. 機能による基準

　名詞とはどんな品詞か，と学習者に尋ねると最も多く返ってくる答えは「人やものを表す語」というものです．これは意味による基準を使った名詞の定義であり，最も理解しやすいものですが，同時に非常に感覚的でこれだけでは不完全な定義です．これらの学習者は基本的に具体的な意味の名詞を意識していると言えます．

　英語の単語は品詞の転換がかなり自由に行えるため，品詞の決定に語形が影響する余地は大きくありません．一方，日本語の品詞決定においては語形が重要な基準となっています．典型的な例は形容詞と形容動詞の区別です．国語文法では「美しい」「大きい」のように終止形が「い」で終わるものを形容詞，「きれいだ」「立派だ」のように終止形が「だ」で終わるものを形容動詞と呼んで区別します．

	形容詞	形容動詞
連用形	美しく	きれいに
終止形	美しい	きれいだ
連体形	美しい	きれいな

日本語の形容動詞は外来語を形容詞化したものであり，活用の形以外に形容詞と区別することはできません．このため，外国人向けの日本語文法では，連体形に基づき，「美しい」「大きい」のような従来の形容詞のことを「イ形容詞」，「きれいな」「立派な」などの形容動詞のことを「ナ形容詞」と呼んで，活用の形が違う二種類の形容詞，という扱いをしています．また，日本語では「大きい家」の「大きい」は形容詞であるのに対して，「大きな家」の「大きな」は活用形を持たない連体詞と分類されます．同様に，「早く歩く」の「早く」は形容詞の連用形ですが，「さっさと歩く」の「さっさと」は活用形を持たない副詞です．語形を基準にした品詞は当然のことながら日本語の中でしか使えないので，英語には形容動詞も連体詞もありません．しかし，学習者の中には英語に

も形容動詞があると思っている人もいます．

　語形による基準，意味による基準以外に，英語の品詞を決める重要な基準になっているのは機能による基準です．学校英文法では，句や節の区別をするのに名詞句（節），形容詞句（節），副詞句（節）といった機能による名称を使います．しかし機能による品詞を理解するためには，主語や目的語，修飾語といった文法関係を理解する必要があり，これは多くの学習者にとってハードルの高い抽象的な概念だと言えます．特に副詞がわからないという学習者の声をよく聞きますが，前述のように国語文法と英文法で副詞の扱いがずいぶん違うことにも原因があるのかもしれません．

　英語の学習者にとっては，意味（＝和訳）による品詞の定義を越え，機能による品詞という概念を理解できるかという点が大きな壁になっているようです．例えば home という語を「家」という訳を通して理解している学習者は，go home の home が名詞ではなく副詞だ，ととらえることが難しいと言います．また He is sick. の sick を「病気」と訳している学習者にとって，sick が名詞ではなく形容詞なのだ，といった区別は困難です．こういった学習者にとっては，品詞という抽象度の高い概念によって説明するよりも，とりあえず go home や I am sick. のような句や文を正しい表現としてそのまま覚えることの方が有用だと思われます．

　文型の概念もまた学習者にとって非常に厄介なもののようです．現在でも日本の学校文法で用いられている5文型の考え方は，動詞を5つのパターンに分類しよう，という動詞の下位分類の方法です．よく知られているように，この考え方は今から100年以上前に Onions によって提案されたもので (Onions 1904)，日本ではいまだに100年前の文法を使っている，と揶揄されることもあります．日本の学校文法で5文型が使われ続けている理由は，コストパフォーマンスの高さ，という点に尽きると思われます．もっと精密な動詞分類の方法はあるのですが，いくら正確でも動詞を20も30もの種類に分類するというのは道具として複雑すぎます．たった5つのパターンであらゆる動詞の使い方を整理することができる，というのはとても便利な考え方です．

　しかし，たった5つのパターンに分けるということは，構文の概念をかなり抽象的なものにすることを意味します．本来，中学校で覚えてきたいろいろな動詞の使い方を，高校の段階で整理する，ということが5文型の目的なのですが，土台となる文章がインプットされていない学習者にとっては，目的語や補語という用語を学んでも，実際に使いようがない，ということになるでしょう．動詞はそれぞれ決まった構文をとり，構文によって意味が決まる，ま

た，よく似た意味の動詞は同じ構文を取ることが多く，動詞をグループとして覚えると楽である，という考え方を納得していない学習者にとっては，5文型の考え方は単なるパズルのようなものになってしまいます．大学で5文型の練習をすると，この概念を理解することがある種の学習者にとっていかに困難であるか痛感します．基本的な概念ほど包括的で，その中に含まれる多くのものを理解することが欠かせないからです．

　母語の文法に対する感覚が英語の学習に影響していると思われる例もあります．英語の構文をつかんで読むことが苦手な学生に対して，日本語の文法関係がうまく理解できているのだろうかと考えて調べたことがあります．その中で気づいたのは，修飾関係をうまくつかめない学習者がいるということです．例えば，次のような文を提示し，下線部が修飾している語句を丸で囲んでください，という課題をやってみました．（期待した「答え」は［　］内に示しました．）

(11)　昨日は<u>一日中</u>雨が降っていた．　　　　　　　　　　　［降っていた］
(12)　彼は<u>小屋にもぐり込んで</u>死んだように眠った．　　　　　　［眠った］
(13)　地球温暖化は<u>だれもが考えなければならない</u>問題だ．　　　　［問題］

その結果，(11)では「一日中」が「昨日」や「雨」を修飾しているとした解答，(12)では下線部が「彼」を修飾しているとした解答，(13)では「地球温暖化」を修飾しているとした解答がいくつも見つかりました．確かに「小屋にもぐり込んだ」のは「彼」だという意味のつながりはあるのですが，その関係が主述関係なのか修飾関係なのかを混同しているのです．

　日本語と異なり英語では，2語以上の句からなる修飾語を名詞の後ろに置きます．いわゆる後置修飾です．この語順が理解できるようになるかどうかは，中学校後期の英語学習にとって大きな課題となります．長文を読んでいても，学習者の中に，英語の主語述語関係と修飾関係を混同している人がいます．上の日本語の例と同じように，述語が主語を修飾すると説明する学習者がおり，関係節や分詞による後置修飾の構造を理解する上での妨げになっているように見えます．上の調査からも，こういった点は，国語教育と英語教育が連携していかなければならない点だと言えるでしょう．

　また面白いのは，文法関係を表現するのに「かかる」という動詞を本来の使い方とは違った風に使う学習者がよくいるということです．このような学習者は「目的語が動詞にかかる」という表現を使います．英文法の考え方では，動詞が中心となって必要な要素を選択します．このため，「動詞が目的語をとる」

と表現するのが一般的です．これに対して「かかる」という表現は，「関係詞節が先行詞にかかる」のように「修飾する」という意味で使います．「かかる」という表現は標準的な文法用語ではなく，いわば文法のスラングなのですが，「高校では目的語が動詞にかかると習った」と言い張る学生もいます．もっとも，国語文法では目的語という表現は使わず，「朝食にパンを食べる」の「パンを」も動詞に対する連用修飾語と扱います．つまり，「パンを」が「食べる」にかかっているというわけです．日本語では「朝食に」も「パンを」も名詞＋助詞という形をしているので，どちらも区別なく修飾語として扱う，という考え方をしています．「目的語が動詞にかかる」という表現も，そういった類推から緩く使われるようになっているのかもしれません．

3.4. 主語への意識

梅原・冨永（2014）は約350人の大学生を対象に英語の主語意識について行った調査の結果を報告しています．ここで主に注目したのは次のようなタイプの誤文です．

(14) *This hotel cannot use the Internet.

この文は英語としては主語述語関係が成り立っていない誤文ですが，日本語で「このホテルはインターネットが使えない」と訳すと正しい文のように聞こえてしまいます．

日本語の「～は」や「～が」が主語を表す，と言われることがよくありますが，日本語の「～は」という句が必ずしも英語の主語に対応するわけではないことは次の例からもわかります．

(15) a. この絵は誰が描いたのですか．
　　 b. 昨日はひどい雨が降った．

いずれの文でも動詞に対する主語は「誰が」「雨が」のように他に存在しており，「この絵は」や「昨日は」を主語と考えることはできません．言語学ではこのような句を主題と呼び，主語と区別しています．日本語では「昨日は」と話の主題を取り上げ，それについて「ひどい雨が降った」のような陳述を述べる「主題陳述型」の文を多用します．(14) の例を通して調べたかったのは，学習者が日本語的な発想に影響されて this hotel を主題とするような英文に違和感を感じないのか，それとも英語を学習する中で日本語とは違う英語の主語性を意識できるようになるのかという点でした．国公私立3つの大学で調査を行

いましたが，驚いたことに 38.8％の学生が (14) の文を正しいものと判定しました．大学ごとのグループで見ると，75％以上がこの文を正しいと判定するグループもありました．

もう少し詳しく調べてみると，正文の We must wear a uniform in most high schools in Japan. という形と，非文法的な *Most high schools in Japan must wear a uniform. という形をともに認め，ニュアンスの違いを指摘する学習者もいることがわかります．この学生は，We must wear 〜 であれば私たちだけの話に聞こえるのに対し，*High schools must wear 〜 であれば「一般的に日本の高校は」と言っているように聞こえる，と説明しています．主語位置にある名詞を，無意識に日本語の主題のような句としてとらえていることがうかがえます．

外国語習得理論の中には，自然なインプットから学習者が文法を構築できるという考え方がありますが，こういった学習者の例は，主語—述語関係のような基本的な構文であっても明示的な意識づけがなければ規則性を獲得できるとは限らず，母語による影響を受けてしまうことを強く示唆しているように思われます．

最初の名詞を日本語的な主題として理解するほかに，有生物（とりわけ人）を表す名詞を主語として取り上げる傾向も見られます．例えば次の文の意味を問うと，「あなたは日本に何を持ってきましたか」と訳す学生がたくさんいます．

(16)　What brought you to Japan?
　　　（何があなたを日本に連れてきたのですか．＝なぜ日本に来たのですか．）

日本語では有生物である人を主語にした文を作ることを好むため，上のような無生物主語の文は直感的に意味をつかむことが難しいと考えられます．この文を見た学習者は，brought ＝「持ってきた」だから，その主語に you を選ぼう，という戦略を取ってしまうようです．もちろん動詞の後ろに主語を置くような語順は日本語にもないのですが，基本語順についての一般的な文法規則は，生物を主語にするという直感的な解釈によって乗り越えられてしまうのです．

有生物を文の主語にする傾向の裏返しとして，「モノを主語にするなら動詞を受動態に」という意識も広く浸透しているように思います．先の (14) の文を誤っていると判断できる学生であっても，

(17) Many newspapers wrote about the train accident yesterday.

という正文を，*Many newspapers were written about 〜．と受け身に書き換えるならよい，と誤って指摘する例が数多くあるからです．このような学生は，「無生物主語なので受け身にすべき」，「多くの新聞に書かれているのであって，多くの新聞が書いているわけではない」，「新聞が書いたのではなく，新聞に書かれていたの方がよいと思う」などと説明し，動詞を受動態にする根拠としています．別に行った調査では，(14) を誤っていると指摘した 53 名のうち 6 割近くにあたる 31 名が，実際には非文法的な *Many newspapers were written about the train accident. という受け身の文を正しいと判断しています．英語の基本的な主語述語関係を正しく意識できている学生であっても，*Newspapers were written 〜．を「新聞に書かれている」と訳すことに違和感を感じていないのは非常に興味深いことです．

3.5. 規則への意識

学習者が文法規則をどのようにとらえているのかを知るために，梅原 (2007) による，Let's 構文についての調査の例を取り上げます．

Let's 〜 構文は初級段階から繰り返し使われる日常的な構文で，文法的にも「Let's + 動詞原型」という単純な規則によって説明できます．しかし現実には，*Let's dancing. や *Let's cooking. のような誤った形が使われているのをよく目にします．これは Let's 〜 を「〜しましょう」という訳を通してとらえているために，「料理しましょう」のような「Let's + 名詞」の形を正しいと思ってしまうのだろうと推察できます．梅原では Let's を含む 10 の文について文法性の判断をしてもらい，なぜそのような判断をしたのか自由記述による説明を求めました．その結果わかったのは，「Let's + 動詞原型」の構文を理解し一貫して判定しているグループと Let's を「〜しましょう」と考え完全に日本語訳を通して判断しているグループの間に，中間的な判断をするグループがいるということでした．例えば，*Let's playing basketball. を正しく Let's play basketball. と訂正できるのに，Let's be friends. のような Let's be 〜．の形を誤っていると考える学生や，Let's play basketball. や Let's be friends. を正しく判断できるにも関わらず，*Let's cooking. も正しいとする学生がいます．別の学生を対象に行った再調査でもほとんど同じ傾向を確認することができました．

次の図は調査で用いた 10 文のうち 6 つの文を取り上げ，10 文の中の正答

数が同じグループごとに，6つの文それぞれの正答率をプロットしたものです．

図 3

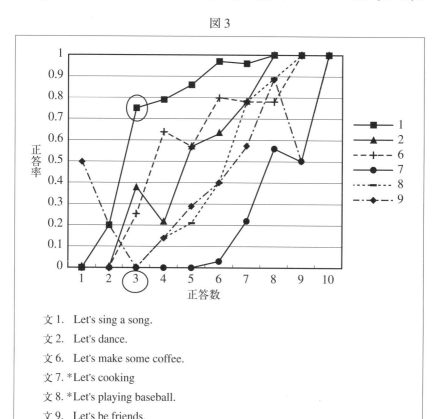

文 1. Let's sing a song.
文 2. Let's dance.
文 6. Let's make some coffee.
文 7. *Let's cooking
文 8. *Let's playing baseball.
文 9. Let's be friends.

6つの文のうち，1，2，6，9はLet'sの後に動詞の原形が続く文法的な文，7，8は -ing の形が続く非文法的な文です．最も正答率の高い文1の場合，○印で示したように，10問中3問しか答えられなかったグループでも75％が正答しています．これらの文の中でもっとも基本的で文法的だと正しく判断できる例だと推測できます．しかし，逆に非文法的な文7を非文法的であると正しく判断できたのは，正答数が5問以下のグループではゼロで，5問以上正解のグループでも，全問正解のグループを除き，半数以上が正しい文だと判断したことを示しています．つまり，文7は，文法性判断の観点では，最も難しい文ということが言えます．

　私たち英語教師は，学習者がLet's sing a song. やLet's play baseball. と

いう文を正しく使うことができるなら，*Let's cooking. と言うことはないだろう，と思い込んでいるのではないでしょうか．Let's のあとに原形の動詞を置くのは義務的な規則であって，この規則を知っているなら他の形は選ばないはずだ，と考えているのではないでしょうか．しかし考えてみれば英語の中には，begin to ～ でも begin -ing でも構わない，といったように複数の形を許す構文もいろいろあります．学習者が「Let's＋動詞原形」という規則に出会った時，それが義務的な規則であると判断する手だては学習者の側にはなく，文法的な解説や意識的な練習なしに，自然に正しい規則を獲得するのは簡単ではない，と考える必要があります．

　一つの文にはさまざまな文法規則が同時に含まれており，それらが矛盾しない形で共存しています．抽象度が高く一般性の高い規則もあれば，特定の語や表現と結びついた個別性の高い規則もあります．look forward to -ing（～することを楽しみにしている）という構文は高校での頻出構文ですが，この構文でふつう to -ing と書かれるのは，to の部分が不定詞ではなく前置詞であることに注意をうながすものです．この構文を知っている学習者によく見られる誤りは，次のような文を作ったり，容認したりすることです．

(18) *I'm looking forward to coming the summer vacation.
　　 「夏休みが来るのを楽しみにしています」

ここでは look forward to -ing の形を保持したために，動名詞である coming の意味上の主語が右側に置かれてしまっています．

　主語は動詞の左側に置く，という規則は英語の中では極めて一般的なもので，例外的な倒置構文を除いて一貫して守られます．しかし「～が来るのを楽しみにしている」という文を look forward を使って英語にしようとすると，to -ing という語のつながりと主語・動詞の語順とがぶつかってしまうのです．上の文をめぐる学習者の誤りが示しているのは，このような場合，一般性の高い規則よりも特定の語に結びついた小さな規則の方に意識が向けられるという傾向があるということです．これは母語の影響によっては説明できない，学習者自身が作り出した誤りだと言えます．

4. 最後に

　「うまくいかない学習者を理解しよう」というテーマで，英語の学習者が実際に考えているらしきことをさまざまな視点から集めてみました．ネイティブ

スピーカの教師はもちろん，日本人の英語教師も，英語が好きで順調に英語力を伸ばしてきた人の場合，学習者が何を考えどういう困難を抱えているのか，日常の授業だけでは見逃してしまうことがたくさんあると思います．

小学校から英語を習った経験を持つ大学生が大幅に増えた現在でも，英語の習得が初級段階にとどまっている学生はたくさんいます．そのような学生に共通するのは，やはり無意識に日本語への翻訳を通して英語をとらえ，日本語的な表現や発想から抜け出せずにいる，ということです．学習者を支援するには，一般的で抽象的な規則を通した理解よりも具体的な英文をたくさん身につけること，日本語に対する気づきを高め翻訳を通して英語を見てしまわないようにすること，の重要性をさまざまな形で伝えていくことが必要ではないでしょうか．英語圏発の教授法からは抜け落ちてしまう日本語に対する知識を英語教師が共有することで，日本人の学習者にとって，より適切で効果的な指導法につながるのではないかと考えています．

参照文献

Bailey N., C. Madden and S. D. Krashen (1974) Is there a "natural sequence" in adult second language learning? *Language Learning* 24(2), 235–243.

DeKeyser, R. M. (2005) What makes learning second-language grammar difficult? A review of issues. *Language Learning* 55, Supplement 1, 1–25.

Dulay, H. C. and M. K. Burt (1974) Natural sequences in child second language acquisition. *Language Learning* 24(1), 37–53.

Jian, N. (2004) Semantic transfer and its implications for vocabulary teaching in a second language. *The Modern Language Journal* 88(3), 416–432.

Krashen, S. D. and T. D. Terrell (1983) *The Natural Approach: Language Acquisition in the Classroom*. San Francisco: Alemany Press.（邦訳『ナチュラル・アプローチのすすめ』藤森和子訳，1986年，大修館書店）

松井恵美 (1979)『英作文における日本人的誤り』大修館書店．

Onions, C. T. (1904) *An Advanced English Syntax*.（邦訳『高等英文法：統語論』安藤貞雄訳，1969年，文建書房）

Oxford, R. (1990) *Language Learning Strategies: What Every Teacher Should Know*. New York: Newbury House.（邦訳『言語学習ストラテジー：外国語教師が知っておかなくてはならないこと』宍戸通庸・伴紀子訳，1994年，凡人社）

Rubin, J. (1975) What the "good language learner" can teach us. *TESOL Quarterly* 9, 41–51.

Rutherford, W. E. (1987) *Second Language Grammar: Learning and Teaching*. London: Longman.

Wenden, A. and J. Rubin (eds.) (1987) *Learning Strategies in Language Learning*. Englewood Cliffs, NJ: Prentice Hall.

梅原大輔 (1999)「英語学習者の英語意識」『甲南女子大学研究紀要』35, 1-26.

梅原大輔 (2002)「英語学習者の多義語意識」『甲南女子大学英文学研究』38, 1-13.

梅原大輔 (2007)「*Let's* 構文への文法意識とその習得」『甲南女子大学研究紀要——文化・文学編』43, 21-28.

梅原大輔, 冨永英夫 (2014)「日本人学習者は主語をどうとらえているか——量的・質的研究」『JACET 関西支部紀要』16, 103-122.

吉田研作・柳瀬和明 (2003)『日本語を活かした英語授業のすすめ』大修館書店.

第 4 章

ピジン化の回避
―be 動詞の誤用の背景から―

田川　憲二郎

会話能力を養成することを至上命題として英語教育にさまざまな改革がなされる一方で，知的な言語活動を遂行する上で必須の文法構造的な理解を図ることがなおざりにされています．このままでは，自然言語としての英語とはかけ離れた「ピジン化」した英語を話す日本人が増えていくことが懸念されます．中学校第 1 学年の教科書における時制要素の提示順序を概観して，定形 be 動詞を主題助詞「は」に相当するものと誤解することで英語の文構造把握に手こずっていると疑われる生徒たちが誤った中間言語を構築していく過程を推論しながら，「ピジン化」を回避するために進むべき方向性を探ります．

キーワード： ピジン化，中間言語，時制，be 動詞，主題助詞

1. はじめに

　英語を苦手とする高校生や大学生が産出する英語から，文の基本構造，とくに助動詞を含めた定形時制の仕組みの把握に苦労していることが伺われます．時制は，ヒトの言語の根幹をなす非常に重要な統語要素であり，英語もその例外ではありません．ところが英語には，一般動詞の現在形や過去形のほか，copula としての be 動詞，存在の be 動詞，進行形の be 動詞，受動態の be 動詞，完了形の have，法助動詞など多様な時制の形態があり，日本語との単純な対応関係がないために，その複雑な振る舞いを理解できず途方に暮れている学習者が数多くいるのが実情です．

　一方，最近の中学校英語教科書では，コミュニケーションを成立させることを最大の目標にして，早い段階からバラエティに富んだ文法形式が盛り込まれた「リアルな」会話を再現することがより重視されているようです．そこには，多少の間違いは気にせず「通じる」ことを優先し，「その場のタスクを遂行する」ことを「良し」とする発想があります．こうした導入スタイルが，先に述

べた定形時制に手こずる学習者の増加を助長している可能性があり，今後もますますその傾向が強まることを懸念するのは筆者だけではないと思われます．

　コミュニケーションをとりあえず成立させ，ある程度の意思伝達を行うことは，英語に限らずどの言語であれ，名詞，動詞，形容詞などの内容語をつなぎ合わせていくだけで可能でしょう．しかしそのレベルの言語で達成できる活動は海外旅行や友人同士の表面的な会話程度に限られ，それ以上の知的活動を支えるという点では不充分です．非母語話者の言語にはピジン化[1]という現象があり，そこでは内容語を中心としながら最低限の（しばしば本来の規則とは異なる）文法的な要素だけで，意思疎通が図られます．コミュニケーションを至上命題とする「授業は英語で」を基本とするカリキュラムが，結果的に「ピジン化」を促進する環境を整えてしまい，誤った統語構造にもとづく中間言語が化石化し定着してしまうことも考えられます．そのような英語が，果たして日本人が目指すべき英語として適当なのかどうか，検討する時期が来ているでしょう．学習指導要領では，コミュニケーションには音声によるものだけでなく，読み書きも含むと明記されていますが，現場では音声でのコミュニケーションが圧倒的に強調されているようです．しかし，仕事などでの使用状況では，書類や電子メールなどの書き言葉によるコミュニケーションも重要であり，文法的に正確な英文を作成する能力が問われます．本論で扱う時制要素などは，書き言葉における正確な情報伝達には不可欠な要素です．

　コミュニケーションが成立することは言語学習における大きな喜びであり，学習継続の強力なモチベーションを与えてくれますが，英語指導者には，次世代を担う学生の将来にわたっての様々な言語使用に耐えうる基盤の習得を促し，構造面でもしっかりとした英語の運用能力を身につけられるよう指導していく責務があります．このような視点から本論考では，be動詞の誤使用に見られる時制構造習得の困難さを指摘し，それを足掛かりに，英語教育における文法指導のあり方と可能性を考えてみたいと思います．

---

[1]「ピジン」は通常，異なる母語の使用者の間に発達する共通語を指す場合が多いようであり，その点ではこの文脈で「ピジン」という表現を用いるのは不適切かもしれません．また，大島（2011: 98）のように，日本語母語話者の英語とピジンやクレオールの類似点を認識することが「日本人の英語を劣等視する態度を見直す1つのきっかけとなる」と，肯定的にとらえる立場もあります．

2. 先行研究

　第二言語（以下 L2）の習得において，母語と L2 の語順を平行的に対応させてしまうエラーが生じることがあります．たとえば英語を学ぶドイツ語母語話者は，ドイツ語での動詞と否定語の語順をそのまま英語に置換して次のような誤文を産出することが知られています．

　　(1) *I　　go　　not　　to　　　school.
　　　　Ich gehe nicht in die Schule.　　　　　　　　(Braidi 1999: 20)

ドイツ語の gehe nicht に平行的に対応させて，英語でも go not としてしまっているわけです．

　一方，英語を学ぶ日本語母語話者は，I am, You are, She is など主語と定形 be 動詞の組み合わせを「主題＋は」に対応する文節のようなものと誤解することが頻繁にあり，このために be 動詞を過剰使用してしまうことがあるようです．この問題については，拙論（田川 2008）も含めいくつかの論考があり，たとえば Halberstadt（2000）は，日本人学習者が be 動詞と日本語の主題助詞「は」の役割を混同することによって be 動詞の誤用が生じると分析しています．Halberstadt が示す発話例の中で興味深いのは，本来は主語ではなく主題となるべき名詞に定形 be 動詞が後続する (2) のような誤りです．

　　(2) *Friday is …… see a movie.　　　　　(Halberstadt 2000: 362)
　　　　　　　　　　　　　　　　　　　　　(筆者註：…… は沈黙を表す)

(2) において，動詞 see の主語ではない Friday に be 動詞が続いていることは，発話者が is を「は」と同様の主題助詞であると誤認し，Friday is の部分を「金曜日は」のような感覚で発話していることを示唆しています．(2) が意図していると思われる内容を次のように日本語で並置してみると，そのことがよくわかります．

　　(3) *Friday　is　……　see a movie.
　　　　金曜日　は　……　映画を見る．

　白畑（2013）は，「主題卓越的構造をもつ日本語からの母語転移」に加えて，学習者が「は」と be 動詞を同一視することで，次の (4) のような誤文が産出されるとしています．

(4) *This bag was my father bought me.　　　　（白畑 2013: 163）
　　　「このバッグは父が私に買ってくれた。」

　本来 bought の目的語となるべき this bag が主語位置に産出されてしまっており，学習者が was を主題助詞として使用していると想定することで，(4) のような文が生まれてくる過程をうまく説明できます。
　また，主題と主語が一致している場合においても，主語に不要な be 動詞を付加してしまうエラーがあります。Halberstadt (ibid.) は，大学生による次のような発話例を報告しています。

(5)　I am …… play tennis every day.　　　（Halberstadt 2000: 362）

　この場合 I は主題と主語を兼ねていますが，話者が無意味な am を付加していることから判断して，I を主題と認識し主題助詞として am を挿入することにより，「私は」という感覚で I am と言っていることが疑われます。
　田川 (2008) では，次のような英作文の誤答例を提示しました。

(6)　「トムはギターを弾く。」
　　　*Tom is play the guitar.　　　　　　　　　（田川 2008: 273）

(6) についても，be 動詞を主題助詞と誤認している可能性が考えられます。
　このほか，投野 (2008) では，JEFLL コーパスの自由英作文の例として (7) が示されています。やはり，主語の直後に不要な be 動詞が後続しています。

(7) a. 「毎日とてもハードな生活です。」
　　　*We are very hard life every day.
　　b. 「私たちのサッカーチームはとても一生懸命練習します。」
　　　*my soccer team is very hard practis.（スペリングは原文のまま）
　　　　　　　　（投野 2008: 52）（b. の和文は筆者の推測による）

　一方，山本 (2005) は，イギリス在住の日本人児童が発した以下のような例を紹介しています。

(8) a. *I'm cup of tea. (="I would like a cup of tea.")
　　b. *I'm toilet. (="I want to go to the toilet.")
　　c. *I'm a rainbow. (="I know a song of a rainbow.")
　　　　　　　　　　　　　（山本 2005: 68）（*は筆者による）

いずれも，主題と主語が一致していると思われるため，主語の選択そのものは適切ですが，余計な「'm」が付加されている点が注目されます．英語では本来文末に来るはずの a cup of tea, toilet, a rainbow といった名詞句が I'm の直後に続いていることから推測すると，山本も指摘する通り，これらの文では日本語の語順がそのまま英語に持ち込まれているものと思われます．だとすると，文頭の I'm は主題としての I に主題助詞としての am を付加したものと考えることが可能です．

さらに，日本語の「〜ている」の影響で，英語のアスペクト表現の誤りがもたらされてしまう次のようなケースも英語教育者にはなじみ深いものです．

(9) a. *He is resembling his father.
「彼は父親に似ている．」
b. *He is dying.
「彼は死んでいる．」
c. *He is already arriving.
「彼はもう到着している．」　　　　　　　　　　　　（岡田 2001: 34)

(9) の誤りについては，接辞の -ing の部分を「ている」に対応させてしまっているわけですので，前述したように is を「は」と同じ主題助詞と認識しているケースが含まれている可能性が考えられます．[2]

3. 学習者の中間言語を探る

定形 be 動詞を主題助詞と認識している学習者が構築する中間言語の中では，どのような英文構造が意識されているのでしょうか．ある大学のレメディアル講座での記述式和文英作問題の解答に見られた実例を挙げながら，探ってみましょう．

まず，「メアリーはテレビを見る．」という和文に対して，

(10) *Mary is watch TV.

---

[2] be 動詞の意味と用法を正しく理解していても，個々の動詞の語彙アスペクトを誤解していれば，(9) のような誤りを犯すことが考えられます．したがって，(9) の誤りは，be 動詞についての誤解を示す十分な証拠とはなり得ません．しかし一方で，be 動詞を主題マーカーと誤解するレベルの学習者は，(9) のような誤りを犯す可能性が高いということは言えます．

という解答がありました．前節で見たように，このような be 動詞の過剰使用は，is を主題助詞と誤認して，以下のように英語と日本語の単語を平行的に対照させている可能性を示唆しています．

(11) *Mary　　is　watch　TV.
　　　メアリー　は　見る　テレビを

興味深いことに，(10) の誤文を書いた学生も，進行形の文については (12) の正しい英文を書くことができました．

(12) 「メアリーはテレビを見ている．」
　　　Mary is watching TV.

しかし，次の (13) のように is を主題助詞と認識していたとしても，結果的に上の (12) の「正しい」英文は産出できてしまいます．

(13) Mary　　is　watching　TV.
　　　メアリー　は　見ている　テレビを

つまり，(12) の進行形の英文は一見適切な形をしていますが，文構造の正確な理解がなされていることの確実な証拠とはなり得ません．実際，この学生は，次のような誤文を書いています．

(14) 「メアリーはテレビを見ていた．」
　　　*Mary is watched TV.

(14) において，過去時制の接辞 -ed を付加しているにも関わらず be 動詞 is をそのまま用いていることから判断して，is を時制マーカーだと認識できていないことがわかります．結局，(14) の誤文は，次に示すような「is = は」および「ed = た」という対応関係に基づいて産出されていると推定されます．

(15) *Mary　　is　watched　TV.
　　　メアリー　は　見ていた　テレビを

一方，たとえ過剰な be 動詞を挿入していても，その時制表示機能を正しく認識できていることを示す場合もあります．別のある学生による次の 4 つの解答を見て下さい．

(16) a.「メアリーはテレビを見る．」

第4章　ピジン化の回避　　　79

　　　*Mary is watch TV.
　　b.「メアリーはテレビを見ている.」
　　　Mary is watching TV.
　　c.「メアリーはテレビを見た.」
　　　*Mary was watch TV.
　　d.「メアリーはテレビを見ていた.」
　　　Mary was watching TV.

(16a) と (16b) については，(11)，(12) と同じ分析をすることも可能ですが，(16c) と (16d) で過去時制の was を用いている点が興味を引きます．これら 4 つの文を合わせて考えると，この学生の場合は，be 動詞の時制表示機能は正しく理解しているようです．しかしながら，この解答はこの学生が be 動詞を主題助詞であると誤解していないことの確証とはなり得ません．英語の 3 単現の -s/es のように，1 つの形態素に複数の統語的，意味的な役割が託されることはあり得ますので，この学生が is や was を主題助詞として用いながら同時に時制表現としても用いている可能性はあります．

　また，逆に 1 つの統語的，意味的な役割が，2 つの形態素に「共有」される場合もあることは，さらに別の学生による次の解答に示されています．

(17) a.「メアリーはテレビを見る」
　　　*Mary is watches TV.
　　b.「メアリーはテレビを見た.」
　　　*Mary did watch TV.

現在時制の (17a) で is を用い，過去時制の (17b) で did を用いていることから，この学生の場合も，is に現在時制を表示する機能があることは認識しているようです．そうであっても (17a) で is と接辞 -es を共起させていることから考えると，現在時制を is と -es の両方で表現しようとしているのかも知れません．つまり，この学生なりの，ある種の「時制の一致」を示しているとみなすことができます．もちろん，-es に主語との一致機能しか託しておらず，現在時制を is のみによって表そうとしているという可能性もあります．

　このように，誤解答から推測できる中間言語の様相は個々の学生によって少しずつ異なりますが，全体的な印象では，英語と日本語の語順を単純に平行対応させ，be 動詞を主題助詞ととらえ，現在分詞や過去分詞の接辞を定形動詞の接辞 -s/es や -ed と同様に時制マーカーととらえている学生が相当数いる

ようです．これをパターン化すると次のようになります．

(18) 主題＋主題助詞（be 動詞）＋動詞の語幹＋時制接辞（-s/-es/-ed/-ing）

　分詞の接辞 -ing についての誤解が学習者に実際に生じていることを，明示的な形で認識させられたことがあります．過去進行形の文を，「was＋一般動詞の ed 形」という形式で書いてしまった学生に対して動詞をそのような語形にする理由を問うたところ，「-ing 形のままでは『〜している』という感じがして，過去の感じがしない」との説明がありました．つまりこの学生は，アスペクト接辞である -ing を時制接辞と認識していたわけです．

　上の (18) のような基本構造が構築されていた場合，それは先に示したように英語導入の最初期に提示されるいくつかの基本的な正文とは一定の整合性をもっているように映るでしょう．しかし，授業が進む中で (18) のシステムと矛盾するさまざまな統語現象に触れるにつれて，英語の文構造はまったく複雑怪奇で，手に負えないものになっていくはずです．

4. 中学校の英語教科書

4.1. 定形時制導入の順序

　前節で述べたように，be 動詞が主題を表す形態素だと誤解することにより，英文の構造が理解できなくなってしまった学習者の数は多いようです．この問題の根底には，「まず主題から言い始める」という日本語の文法感覚を直感的にもっている学習者たちが，はじめて英語に触れる際に be 動詞の copula 文から提示されるという一般的な導入順序の影響が少なからずあると思われます．

　問題解決の手がかりとするため，2013 年現在，大学 1，2 学年に在籍している学生たちの多くが使用した平成 18 年（2006 年）発行の中学校第 1 学年用検定済英語教科書全 6 種を比較し，定形時制がどのような順序で導入されているかを表 (1) にまとめてみました．

第 4 章 ピジン化の回避

表 1. 中学校第 1 学年用英語教科書（平成 18 年発行）の本文中での定形時制の導入順序

教科書	全国採択率*	本文中での定形動詞・助動詞の導入順序**
New Horizon	42.5%	be 動詞→一般動詞→現在進行形→助動詞 can
New Crown	21.6%	be 動詞→一般動詞→現在進行形→助動詞 can
Sunshine	20.5%	be 動詞→一般動詞→助動詞 can→現在進行形
Total	8.7%	一般動詞→be 動詞→助動詞 can→現在進行形
One World	4.8%	be 動詞→一般動詞→助動詞 can→現在進行形
Columbus 21	1.9%	be 動詞→一般動詞→現在進行形→助動詞 can

* 平成 18 年度の数値．国立国会図書館レファレンス協同データベースから．
** be 動詞はいずれも現在形．一般動詞は現在形が先に導入され，第 1 学年の終盤で過去時制が初めて扱われる．

　もっとも採択率の高い『New Horizon』を含む 5 教科書は，いずれも定形時制を最初に導入する際，be 動詞の文を材料として提示しています．I am ～, You are ～ のように人物のアイデンティティー，さらには This is ～, That is ～ のような物体のアイデンティティーを同定する会話から入るわけです．目の前にある人や物や事に言及する，つまり，まずは眼前事象が言語表現の対象となる，というのは，我々が母語を習得する際に見られる順序とも一致し，近年勢いを増している応用認知言語学的な知見からも自然な順序と言えるでしょう．

　しかしながら，be 動詞を先行導入することには，前述したように主題助詞との混同を促すという危険性がつきまといます．また，I'm や you're のような主語と be 動詞の縮約形から入る教科書が 2 つ（『New Horizon』，『Columbus 21』）あるのですが，先に縮約形に触れることで，学習者が主語と be 動詞によって文節的な「まとまり」が構成されていると誤解してしまう危険性も高まります．

　例えば I'm from Tokyo. という文は，文構造上は主語 I と述部 am from Tokyo とに分かれます．そして述部は動詞 am と前置詞句 from Tokyo に分かれ，from Tokyo は前置詞 from と名詞 Tokyo から成り立っています．しかし，I'm という縮約形は，主語 I と動詞 am の 2 語があたかも 1 つの文法上の構成単位を成すかのように見せてしまうことから，主部と述部という，文における最初のもっとも大きな分岐点がその間にあることを認識させにくくする

と思われます．文の基本構造を把握する前に，そこからの応用・派生である音韻的短縮形を学ばせるという道筋が，be 動詞を主語の一部と誤解させてしまい，結果として be 動詞の後に学ぶ時制と関わる文法事項や文構造の把握を難しくしている可能性があると言えそうです．

4.2. 『New Horizon』,『New Crown』

それでは，平成 18 年発行の中学校英語第 1 学年用教科書において，時制の導入がどのように行われていたかに焦点をあて，もう少し詳しく見てみましょう．

まず，同年のデータで最大の採択率 42.5% を誇る『New Horizon English』（東京書籍，以下『Horizon』）とそれに次ぐ 21.6% を占める『New Crown English』（三省堂，以下『Crown』）です．この 2 教科書において，定形時制の導入順序はまったく同じ（be 動詞 → 一般動詞 → 現在進行形 → 助動詞 can）ですので，全国の中学生の 6 割以上がこの順序で定形時制を学んだことになります．どちらの教科書でも，最初の 2 課では be 動詞のみが扱われます．

『Horizon』の 1 年生用の教科書は 11 の Unit に分かれていますが，Unit 1 と 2 で，現在形の定形 be 動詞を用いた文が次々と提示されます．Unit 1 では 1 人称，2 人称，Unit 2 では 3 人称が扱われます．下にその一部を示します．

(19) I'm Emi. / I'm Ann Green. / Are you from America?
No, I'm not. / I'm from Canada. (『Horizon』, Unit 1)
(20) This is your country. / Yes. Canada is my country.
Is that a school? / He's from Australia. (『Horizon』, Unit 2)

『Crown』の第 1 学年用教科書は全 9 lessons からなります．Lesson 1 で 1 人称，2 人称を主語とする be 動詞の文から入り，続く Lesson 2 で 3 人称の be 動詞が導入されます．以下は『Crown』の本文からの例です．

(21) I am Tanaka Kumi. / You are from China. / I'm Emma.
(『Crown』, Lesson 1)
(22) This is Emma. / This is a nice kite. / It's my teacup.
(『Crown』, Lesson 2)

『Horizon』に付属する『解説編』では，be 動詞を一般動詞より先に扱う理由には触れていませんが，『Crown』の『Teacher's Manual ② 解説・活用編』は次の 5 つを挙げています．

第4章　ピジン化の回避　　　　　　　　　　　　　　83

1. 人の精神活動のうち，人やものの類別や認識のほうが，具体的な行為や行動より先に来るのが自然である．（後略）
2. 一般動詞では，現在形の文を作る場合，その設定が難しい．（後略）
3. be 動詞のほうが，すなわち類別や認知のほうが，教室での言語活動を行いやすい．
4. 言語活動を行う際に，一般動詞の like や play の場合は，程度が問題となってくる．例えば，Do you like English? と聞かれても，「好きと断定できるかどうか」とか「どちらともいえない」など，判断が難しいことがある．
5. 疑問文や否定文を作ることが，一般動詞の場合に比べて容易である．
   (『New Crown English Series 1 Teacher's Manual ② 解説・活用編』，p. 45)

1と3は認知活動と言語活動の密接な関係を重視した発想です．2は一般動詞の現在形が眼前事象を描写しにくいことを指摘しており，やはり認知能力と言語との関係に言及していると言えるでしょう．

　また，縮約形を先に提示している『Horizon』は，付属書の中で「実際の発話では，音が省略されることが多い．（中略）なるべく自然な口語表現を身につけるためには，早くから縮約された音に慣れた方がよい」（『解説編』，p. 40) とし，リアルな言語使用の再現を重視する方針を鮮明にしています．

　『Horizon』の続く Unit 3 では，一転して一般動詞が主要な題材となり，1人称，2人称を主語とする一般動詞の文がいくつも提示されます．

(23)　I like skiing. / I play the guitar.　Do you drive?
　　　Yes, but I don't have a car, now.　　　　　　　(『Horizon』, Unit 3)

『Horizon』の「解説編」(p. 68) には「生徒が『わたしは』を I'm と覚えていると，*I'm like .... とか，*I'm play .... と言ったりすることがある．」との記述があり，be 動詞を主題助詞と誤認する危険性は認識されているようです．ただ，対策としては，「これを避けるには，I like music. I like skiing. I play the piano. のような正しい文を十分に反復練習して言わせる以外にない．」(ibid.) とするのみで，縮約形を先行提示することについての強い問題意識は感じられません．その後，Unit 6 で三人称単数現在の -s / -es, does を提示し，Unit 8 で存在の be 動詞を提示します．存在の be 動詞については，本文中でまず Where's my ticket? It's by the computers. などの縮約形で提示されてお

り，非縮約形の提示は本文の下にある説明欄で行われています．

4.3. 『Sunshine English』

表 (1) で第 3 位の採択率 (20.5%) となっている『Sunshine English』（開隆堂，以下『Sunshine』）の第 1 学年用教科書も，be 動詞 → 一般動詞の順で時制を提示します．法助動詞 can を現在進行形よりも先に扱う点が，『Horizon』や『Crown』とは異なっています．『Sunshine』においても be 動詞の誤使用についての問題意識はあるようで，付属書『Teacher's Manual 解説編』には指導法について次のような記述があります．

> 一般動詞と be 動詞の混同を避けるために，意図的に両者を並置して聞き取らせる．次のような練習が効果的である．
> 写真とか絵を示しながら行う．
> I'm David Beckham. I like sports. I play soccer. （中略）
> My name is Fukuhara Ai. I like sports. I play table tennis.
> （『Sunshine English Course 1 Teacher's Manual 解説編』，p. 87）

4.4. 『Total English』

さて，最後に『Total English』（学校図書，以下『Total』）の第 1 学年用教科書がとっている時制提示の順序や方法を少し詳しく検討してみましょう．現在の中学校検定 6 教科書の中で，定形時制辞の導入順序に関して『Total』は異彩を放っています．表 (1) で見たように，『Total』だけは，be 動詞ではなく一般動詞から導入しているのです．この背景にはどのような論理的動機があるのでしょうか？ 長年『Total』の執筆・編集に携わってきた馬場哲生氏は，一般動詞から始めることの目的として次の 6 つを挙げています．

1. 「SVO 言語」に当初から慣れさせる．
2. "*HAVE*-language" かつ "*DO*-language" に当初から慣れさせる．
3. 日本語の話題化構文からの脱却を当初から促す．
4. 一般動詞の前に be 動詞を置く誤りを防ぐ．
5. 多様な動詞を導入できる．
6. 文法操作上の負担が少ない． （馬場 2008: 211–212）

このうち，3 と 4 は本論考で扱っている問題と密接に関係しています．また，上の 1 と関連しますが，『Total』に付属する『Teacher's Guide』では，一般動

詞を先に扱う理由として，一般動詞を用いた文の方が多様な文を容易に産出できる，という点が以下のように説明されています．

> 本課（筆者註：Lesson 1 のこと）で最初に学ぶ表現は，"I like ～." である．この表現の利点は，目的語に固有名詞を入れることによって，簡単にたくさんの文を作ることができ，最初の学習段階から自己表現が可能になることである．（中略）固有名詞でなくても，例えば，日本食の名前（*sushi* や *sukiyaki* など）ならば，目的語は日本語のままで文を作ることができるし，日本食以外でも，ハンバーガー，ステーキ，ケーキなど，生徒の好きな食べ物は外来語として日本語になっているものが多いので，それらの英語名を導入するのは容易である．
>
> (『Total English 1 Teacher's Guide』, p. 34)

つまり，『Total』は，他動詞の文がもつ「生産性」を重視しているわけです．このタイプの文は，特に単純現在時制の場合，目の前に実在する事物に対する眼前事象の描写力という点では be 動詞の文に比べて劣ります．そのため，目の前に物理的に存在しない事物について言及する抽象性の高い文を扱わざるを得ないわけですが，『Total』では登場人物の絵の横にその人物が言及している事物の絵を挿入することでこの欠点を補おうとしています．Lesson 1 では，以下のような文が扱われています．

(24) Do you like sushi? / Do you eat octopus?
  I don't like octopus. / I love salmon. (『Total』, Lesson 1)

続く Lesson 2, 3 においても be 動詞は用いられず，have, want, watch, work, teach, live などの一般動詞を用いた文が扱われます．

(25) I have a cat. / I want a dog.
  I watch baseball and soccer on TV. (『Total』, Lesson 2)
(26) My father works in a library. / My mother teaches math.
  She collects dolls. / My brother lives in China.
  Does he teach English, too? / He doesn't work. (『Total』, Lesson 3)

このように『Total』では，全9レッスン中，最初の3レッスンでは be 動詞に触れず，1, 2, 3 人称すべてについて一般動詞を用いた平叙文，疑問文，否定文を提示します．『Teacher's Guide』が推奨する「年間指導計画」(ibid., p. 11) に従えば，これは，夏休み前の段階で be 動詞を扱わないことを意味して

おり,[3] この点で，中学校第1学年用英語教科書としての『Total』の特異性は際立っているといえるでしょう．しかし，本文にはさまざまな内容のSVOとSVタイプの文が提示されており，眼前事象の描写ができないという犠牲を払っても，多彩な目的語や動詞を組み込むことによって多くの文を容易に産出できるというメリットを選択した『Total』の考え方には，一定の説得力があるように思います．

　be動詞が登場するのは，順当に進めば夏休み明けに学ぶLesson 4からとなります．be動詞の提示をこの時期まで待つ理由として，『Teacher's Guide』は次のように説明します．

> （前略）"I am hungry." や "I am a student." 程度の「単純な」文でさえも，be動詞の後ろにくる形容詞や名詞を数多く導入しなければ「自己表現」と言える活動を行うことはできない．単に数が多いだけではだめで，名詞に付く冠詞や名詞の数（すう）に関する理解も必要となるが，それらを英語学習の最初の課から導入するのは無理である．また，"I am ～" の補語の位置に入る固有名詞は自分の名前に限定されてしまうため，固有名詞を利用した活動もできない．
>
> 　　　　　　　　　　　　　　　　　　　（『Total English 1 Teacher's Guide』, p. 34）

生徒にとって既知の単語を比較的自由に目的語に組み込める一般動詞の文とは対照的に，be動詞の文ではある程度の語彙力と文法力を培った上でないと自由に文を作ることができない，という考え方は他の5教科書にはない『Total』独特のものであり，一考に値すると言えるでしょう．

　Lesson 4でようやく現れるbe動詞の文は次のようなものです．

(27)　I'm Jim. / I'm Aki. / You're a very good cook.
　　　Are you from America? / Yes, I am.　　　　（『Total』, Lesson 4）

この課で扱われるのは1人称のamと2人称のareのみですが，いずれもI'm, You'reという縮約形で提示されています．これについて『Teacher's Guide』は，教師が板書によって非縮約形を提示し，さらにbe動詞を「＝」の関係を表す語として説明することを求めています（ibid., p. 113）．こうした

---

[3] ただし，巻頭の「英語のあいさつ」と「英語を話そう！」と題したページでは，I'm Sato Takao. This is Ms. Beck. I'm sorry. など，be動詞を含んだ基本的な挨拶表現を提示しています．

be 動詞の扱い方をみると,『Total』においては,be 動詞の誤使用についての問題意識はあっても,これを主題助詞と誤認することの危険性がはっきりと問題視されているわけではないようです.

5. まとめ

　生徒・学生が時制を始めとする英文の基本構造をなかなか理解してくれず悩んだ経験をもつ英語教師は多いでしょう.この点について,本論考で指摘した定形 be 動詞と主題助詞との混同という問題を明確に編集内容に反映させた中学校検定教科書はありませんが,[4] 少なくとも be 動詞の導入に関わる難しさを認識し,慎重に扱おうとしているという点で,Total の編集方針は特筆に値します.夏休みまでの1学期3か月間,一般動詞の文のみを扱うという『Total』の方法が功を奏しているのか否か,be 動詞から導入する他の教科書を使用した学生の英語力との広範囲な統計的比較調査を実施することができれば,興味深い結果が出てくるかもしれません.つまり,文法項目の導入順序とその定着の相関の有無,相関がある場合の傾向などに関する調査です.この観点からは,大津(2012)が「中1秋の壁」と表現している,多くの中学生が中学校1年生の秋以降,英語の学習意欲を減退させてしまうという事実との関わりで,調査・検討することが望まれます.

　とはいえ,決して大きな注目を集めているとは言い難い「be 動詞が先か,一般動詞が先か」という問題に関する実証データをそろえ,対策法についてのコンセンサスを確立するのは容易ではありません.また,たとえ,その確立が可能だとしても,現場では日々教育が進行しているわけですから,それを悠長に待ってから対策を立てるわけにもいきません.しかし,現場の先生方,特に,導入期の小・中学生を指導する先生方,そして高等学校や大学で復習授業やレメディアル授業を担当する先生方が,be 動詞をはじめとする定形時制の理解と定着が英語の構造理解に決定的な影響を及ぼすことを認識し,この点に留意した授業を展開することは可能かと思われます.

　ただ,この点について,小学校での英語指導が正式に始まり,ほとんどの生

---

[4] 第4節で述べた様に,本論文で考察の対象とした中学校検定教科書は 2006 年版であり,1期前(2002 年施行)の学習指導要領に準拠したものです.現行(2008 年公示,2012 年施行)の学習指導要領による検定教科書がどの程度の変更・改訂を行っているかについては,今後の研究課題となります.

徒が中学入学以前に多様な英語の構文に触れるようになることで，中学校での英語の教え方に根本的な変化をもたらす可能性があることも指摘しておきたいと思います．

　第2節，第3節で詳述したように，大きな問題点は，英語を苦手とする学習者が日本語との平行的な比較によって誤った中間言語を構築してしまうことにあります．おそらく多くの中学生が，A is B タイプの文を見た時に be 動詞を主題助詞だと直感的に誤認してしまい，その後 She plays the piano. のような be 動詞を伴わない一般動詞の文を見ても，「彼女，ピアノ弾くよ．」のような主題助詞を省略した文に類したものだとあいまいにとらえ，その後に学ぶ She is playing the piano. のような be 動詞が出現する進行形の文が「彼女はピアノを弾いている．」という日本文と平行的に見事に合致することで，「be 動詞＝主題助詞」，「動詞の接辞＝時制マーカー」という対応関係を「再確認」してしまっているのではないでしょうか．

　これを防ぐには，日本語と英語の文の単純比較をさせない工夫や仕掛けが重要になります．1つの方法として，さまざまな構造の英文を平行的かつ規則的に提示して，「和文対英文」ではなく，「英文対英文」という構図での比較を促すようにすることが考えられます．例えば，

(28) a. She　　was　　singing　　an hour ago.
　　 b. She　　is　　 singing　　now.

という2つの英文を同時に提示すれば，時制が be 動詞に現れていること，-ing が時制を表していないことを明確に示すことができます．これは先に現在進行形の文だけを提示する教授法ではできないことです．さらに，この2文に加えて

(29) a. She　　sang　　　　at the concert　　yesterday.
　　 b. She　　will sing　　at the concert　　tomorrow.

を示せば，一般動詞は（進行形でないなら）be 動詞に依存せずに成立し，それ自体が時制を示すことや，法助動詞も時制を担い，したがって法助動詞に後続する一般動詞は時制表示の任務を解除されて原形に戻る，といったシステムを理解させやすくなるはずです．

　このように，異なる構造の複数の英文をまとめて提示して英文と英文との比較の中で構造を把握させるという方法は，中学校で初めて英語に触れる生徒が大多数を占めた従来の制度下では困難でした．しかし，新制度の下，小学校で

多様な構文に触れてきた中学生に対しては，こうした新しい教授法を用い，全体の整合性・規則性を提示することができます．このような方法で，日本語からの母語転移を最小限に抑えながら，学習者がもっている知識を構造と規則性の観点から整理し体系化してやることができるかも知れません．いわば，先にルールを提示していく演繹的な手法ではなく，すでに持っている材料にルールをあてはめていく帰納的な手法を中学校での英語教育に持ち込むわけです．

　もしこのような形で，文法項目を整理し学生の英語の知識を体系的に再構築することができるなら，結局のところ，文法項目をどの順番で導入するべきか，という議論自体，実はあまり意味のないものになるかもしれません．この点を，馬場・及川（1992）は次のように指摘しています．

> 言語の習得過程は，ある文法項目を習得したら次に進むという直線的なものではなく，さまざまな要素が全体として変化していくという発達的・変容的な過程であると言われている．そうだとすると，表層的に習得の順番に沿った提示を行うことの意味は薄れてしまうかもしれない．
> 　　　　　　　　　　　　　　　　　　　　　　　（馬場・及川 1992: 66）

　また，必要に応じて学習者の知識の整理を助長するメタ言語による説明がなされることも効果的かと思われます．この点について，成田（2013）は文法を教えることの意義を次のように主張しています．

> 中学，高校の限られた学習時間の中で，速やかにかつ効果的に文法的な仕組みなどに関する知的好奇心を満たし，更なる知識獲得への意欲を駆り立てるのは，教師の深い専門的な造詣に根差した教育と導きである．
> 　　　　　　　　　　　　　　　　　　　　　　　　　（成田 2013: 138）

言語学習には，言語に対する知的分析能力を育てるという学問的側面もあるはずであり，その分析能力を獲得させることが，将来，教育機関を離れても独立して，生涯にわたって言語を学び続けることができる言語学習者の育成につながると思われます．実用性にのみ注意が払われがちな昨今の英語教育議論ですが，この成田の指摘は英語教師には心に留めておきたい視点でしょう．

参照文献

大島希巳江（2011）「日本人英語の特徴とハワイ・クレオールの類似点」『文京学院大学外国語学部文京学院短期大学紀要』11，97-114．
大津由紀雄（2012）「日本語への「気づき」を利用した学習英文法」大津由紀雄（編）『学習英文法を見直したい』176-192．研究社．
岡田伸夫（2001）『英語教育と英文法の接点』美誠社．
白畑知彦（2013）「否定証拠を中心とした明示的英文法指導の効果検証」『教科開発学論集』1，愛知教育大学大学院教育学研究科・静岡大学大学院教育学研究科共同教科開発学専攻，163-172．
田川憲二郎（2008）「be 動詞の誤用と初学時の導入順序」*Scientific Approach to Language* 7，269-288．神田外語大学言語科学研究センター．
投野由紀夫（2008）「リレー連載：進化する学習者コーパス 第2回 構文エラーに迫る」『英語教育』5月号，57.2，52-54．大修館書店．
成田一（2013）『日本人に相応しい英語教育』松柏社．
馬場哲生（2008）「中学校英語検定教科書における文法項目の配列順序：問題の所在と今後の課題」『東京学芸大学紀要 人文社会学系 I』60，209-220．
馬場哲生・及川賢（1992）「学習文法について，何が言われ，何がわかっているか」金谷憲（編著）『英語教育研究リサーチ・デザイン・シリーズ①学習文法論：文法書・文法教育の働きを探る』，57-112．河源社．
山本麻子（2005）『子供の英語学習―習得過程のプロトタイプ―』風間書房．
Halberstadt, R. M. (2000). Overuse of the verb "to be" by Japanese students of English.『石巻専修大学研究紀要』11，357-364．
Braidi, S. M.（1999）*The Acquisition of Second-Language Syntax*. London: Arnold & New York: Oxford University Press.

資料

国立国会図書館レファレンス協同データベース（2008年更新）
http://crd.ndl.go.jp/reference/detail?page=ref_view&id=1000046326
　　　情報提供元：国立教育政策研究所教育研究情報センター教育図書館，参考資料：①『教科書レポート』日本出版労働組合協議会，②『内外教育』時事通信社 ③『教科書目録：小学校用・中学校用・高等学校用・盲学校，聾学校，養護学校用』文部省．

中学校用検定済英語教科書
『Columbus 21 English Course 1』（2006）光村図書．
『New Crown English Series 1』（2006）三省堂．
『New Crown English Series 1 Teacher's Manual ②解説・活用編』（2006）三省堂．
『New Horizon English Course 1』（2006）東京書籍．

『New Horizon English Course 1 Teacher's Manual 解説編』(2006) 東京書籍.
『One World English Course 1』(2006) 教育出版.
『Sunshine English Course 1』(2006) 開隆堂.
『Sunshine English Course 1 Teacher's Manual (解説編)』(2006) 開隆堂.
『Total English 1』(2006) 学校図書.
『Total English 1 Teacher's Guide』(2006) 学校図書.

第 5 章

学習者の誤りに対する明示的修正フィードバックの効果

白畑 知彦

本章の目的は，日本で英語を学ぶ学習者に対して教師がおこなう指導法の中で，特に明示的修正フィードバックを取り上げ，それがどの程度，そしてどのような誤りに対して効果的であるのか，またはないのかを考察することです．3つの実験結果を紹介し，その結果を踏まえ，英語教育への示唆として次の事柄を主張します．(i) 学習者のする誤りを一度にすべて直しても効果的ではない，(ii) 文法形態素への明示的指導と明示的修正フィードバックは短期的には効果がありそうだが，長期的には効果がない，(iii) 誤り訂正の有効性は学習者の習熟度と関係がある，(iv) 教師は学習者の誤りに評価の際にも寛容でありたい，(v) 肯定証拠の重要性にもう一度着目したい．

キーワード： 明示的修正フィードバックの効果，明示的指導法の効果，学習者の習熟度，文法形態素，英語の主語の理解

1. はじめに

　日本の教室で英語を学ぶ中，高，大学生のみならず，どの外国語学習者でもその学習過程でたくさんの誤りをするのが一般的です．日本には学習者のする誤りへの対処法の1つに，全ての誤りに赤ペンなどで印をつけ，その横に正しい形を書き，時には細かいコメントを附して学習者に返却する「伝統的な」方法があります．これは確かに懇切丁寧な方法に見えます．しかし，こういった方法を取ると，教師は誤りを1つ1つ直していかなければならないため，労力と時間が膨大にかかる作業となってしまいます．この重労働に見合った報酬（効果）が見込めるのならやり甲斐もあるでしょうが，本当のところはどうなのでしょうか．赤ペンでどっさりと誤りを直す指導法が本当に効果的なのかどうかについて，あまり実証的に調査されてこなかったのではないでしょうか．他の誤り修正法についても同様で，「直せば直る」という信念が深く根底にある気がします．

第5章 学習者の誤りに対する明示的修正フィードバックの効果

本章の目的は，日本の教室で英語を学ぶ学習者に対して，教師がおこなう誤りに対する様々な指導法の中で，特に明示的な修正フィードバック (explicit corrective feedback) を取り上げ，その方法がどの程度，そしてどのような誤りに対して効果があるか，またはないのか考察することです。[1] 本章では，筆者がこれまでに関わってきた実験とその結果を簡潔に紹介し，この疑問に答えを見出そうと思います。本論考が今後，日本の教室での能率良い英語教授法を考える上での叩き台となれば幸いです．

さて，莫大な労力が必要となるにもかかわらず，赤ペンなどで誤りを修正し続ける（教師がもしいるのであれば，その）信念の根底には，誤りを指摘してあげれば，学習者はそれに速やかに気づき，その規則を理解し，早晩，自動的に正しく使えるようになり，結果として誤りをしなくなると信じているからなのだと思います．また，人に学問を教えるのが教師なのだから，生徒が誤りをすれば，それを直すのが教師として当然の任務であり，逆に直さないで放っておくことは仕事放棄である，と考えている方もいらっしゃるかも知れません．

本章では教師としての責務の問題はひとまず脇に置くこととし，果たして，教師による誤り訂正（修正フィードバック）は，多大な時間をかけただけの見返り（誤りの減少，または消滅）があるのかという問題について考えていきます．もし学習者の誤りが，訂正すればするだけ減っていくようならば，その作業は教師にとって大変ではあるけれど十分に見返りのある嬉しい作業となります．しかし，逆に，さほどの見返りが期待できないようならば，つまり，誤りを直しても，期待するほどの効果がない（または全く効果がない）ようならば，このような骨折り仕事は早めにやめた方が良いかもしれません．それよりも，もっと他のこと，たとえば実際のコミュニケーション活動につながる意味のあるタスク活動などについての研究・工夫に教師は時間を費やした方がよいかもしれません．生徒にとっても「直される」という精神的プレッシャーから解放されると思います．[2]

---

[1] 教師が学習者の誤りを訂正することを，「修正フィードバックを与える」とか「否定証拠 (negative evidence) を与える」と呼びます．また，文法規則等を学習者に意識させて教えることを「明示的に (explicitly) 指導する」などと呼びます．

[2] 誤りの訂正は効果的かどうか，現在までのところ意見が分かれています．筆者の主観ですが，「効果がある」と主張する研究論文の方が多い気がします．たとえば，Ferris (1999), Bitchener (2012) などは効果があると主張していますが，Truscott (1996, 2007) などは効果がないと主張しています．特にライティングでの修正フィードバックの効果をめぐって議論が盛んです．詳しい議論に興味のある読者は，Ellis, Loewen and Erlam (2006) などの単行本や，*Journal of Second Language Writing, Language Learning, Studies in Second Language*

2. なぜ誤りをするのだろうか

　学習者はなぜ誤りをするのでしょうか．すぐに浮かんでくる答えは，「当該文法規則が知識として十分に頭の中に入っていないから」というものがあるでしょう．知識不足，つまり「そもそも知らないから誤りをする」という可能性です．この可能性は十分にあると思います．大半の中学，高校の英語の先生は必要な英文法をきちんと教えていらっしゃると思います．しかし，折角教えられてもすっかり忘れてしまっている生徒，習う文法規則がその当時の習熟度以上の複雑さであったため意味がわからなかった生徒もいると思います．

　別の可能性として，知識としては規則を知っているけれど，話したり書いたりするパフォーマンス（言語使用）に行くまで（つまり，脳内で順を追って言語が処理・生成されていく過程）のどこかで，統語，音声，意味付与処理に何らかの障害が起こり，最終的に正しい形式を産出できなくなってしまうためだという主張もあるでしょう．「規則そのものは分かっているが間違えてしまう」というものです．たとえば，三人称単数現在形 -s や現在進行形（の特に be 助動詞の部分）などは，規則はとても簡単なのに，大学生になってさえも，つまり，中級学習者以上の英語学習者になってさえも，落としてしまう学習者が少なからずいます．[3]

3. 母語獲得と比較して考える

　外国語学習について議論する場合，母語獲得での状況を外国語教師が把握しておくことは良いことだと思います．実際，両者では習得環境や条件が異なりはしますが，参考になることも多々あるからです．まず，母語獲得中の幼児も体系的に，そして規則的に誤りをします．読者の皆さんは，幼児が誤りをしたとき，周囲の大人達はその誤りを訂正すると思いますか．数多くの観察結果からは，大抵の親は幼児の誤りに無関心で，めったに訂正を試みないことが明ら

Acquisition などのジャーナル（学術誌）のバックナンバーをインターネットで検索されることをお勧めします．現在では，少し古い論文だと無料でダウンロードできたりします．

[3] このような論理から，学習者の誤りの原因がそれぞれ質的に異なるのであれば，その原因ごとに異なる指導法を用いる方が効果的なのではという主張が生まれても不思議ではありません．同じパターンの教え方をするのではなく，文法項目に応じてその指導方法もいろいろと変える方が良いかどうかも今後早急に検討していくべき課題でしょう．

かになっています。[4] 大人たちにとって，幼児が伝えようとする意味がこちらに通じさえすればそれでよく，そもそも幼児は心身ともに未熟であるのだから，誤りをするのは当然だと思っている親も多いようです．さらに，大人が誤りを訂正したとしても，幼児はその親の訂正の意味が理解できない場合も多いのです．また，たとえ何を指摘されたのか理解できた場合であっても，結局のところ，幼児自体が文法には関心がないのでしょう，親の訂正を無視する場合も多いことが判明しています．[5]

　つまり幼児は，生まれてこのかた，主として耳から取り入れている言語インプットはずっと質的に同じであるにもかかわらず，ある時，勝手に誤りをし始め，しばらくの間同じ誤りを繰り返し，その後，誰からも訂正されることなく，いつの間にか当該の誤りをしなくなり，最終的には大人と同じ言語知識・言語運用能力を身につけることができるようになるということです．これが母語獲得における誤りの出現と消失の大まかな過程です．母語獲得では外部（周囲の大人）からの誤りへの訂正，つまり「このようには言わないよ」という否定証拠（否定フィードバック）を幼児は使用していないということです．幼児は「このように言いますよ」という周囲からの言語インプット（肯定証拠），つまり，たんに周囲の大人の発話を普通に聞いているということ，のみで母語の文法を獲得していくようです．

　母語獲得でも外国語学習でも，言語を学習するのは我々人間（の脳）であり，そして習得の対象となる言語は人工言語ではなく自然言語です．その点で両者の習得条件は全く同じです．一方で，相違は何かと言えば，まず，外国語を学習する場合，私たちは既に1つ言語（母語）を獲得している状態にあるということです．そして，その獲得している母語を使用して，頭の中に生じる様々な感情を言語化して整理できる状態になっているわけです．また，母語を獲得する際は，否が応でも毎日その言語に長時間接触することになりますが，外国語学習では目標言語の大量のインプットを毎日受けるとは限りません．学習したくなければ自分の意思でやめることもできますし，大抵の場合，教師に習い，教科書を使用します．その教科書には学習すべき文法項目が順次並べられています．

　このような両者の習得条件の相違を考えると，外国語学習において，日々受けるインプット量の少なさを補い，学習者の獲得している母語の知識や一般認知能力を最大限に活かす方法として，「分析的に理屈で教える方法」という，

---

[4] たとえば，大津（1989）や，鈴木・白畑（2012）などを参照ください．
[5] ここも，詳しくは大津（1989）や鈴木・白畑（2012）などを参照ください．

ある意味,伝統的な方法を軽んじてはいけないと思います.[6] それには,演繹的な方法を採用するにしても,帰納法的な方法を採用するにしても,第一段階として,学習者は教師から文法規則をきちんと教えてもらい,それを理解することに努めることが大事だと思います.筆者がこのような教え方を肯定する裏には,明示的に習った文法規則はその後,意味のあるタスク活動などを実践することで次第に自動的に使用できる知識になり得ると考えているからです.[7]

また,なぜ明示的修正フィードバックの効果を検証するのか.明示的に誤りを指導する方法よりも,Focus on Form 的な方法を取って指導する方がコミュニカティブな教え方であり,効果的なのではないか,という意見もあるかもしれません.筆者は意味の伝達を重視しながら文法的な誤りも指摘していくという Focus on Form の考え方に基本的には賛成です.しかし,少なくとも筆者の理解する限り,日本の教室での英語教育において,Focus on Form がどれだけ利用できる指導法なのか疑問に感じています.筆者は,むしろ黒板等を使用して全員に意識的に文法を教えるやり方の方が日本の現状に合っている気がします.また,もう少し具体的に,たとえば,リキャスト (recasting) などは,文法形態素など,発話の際にすぐに指摘できる誤りには利用できそうですが,もっと大がかりな誤り (global error) には即座に対処できないと思います.しかし,この議論は本章の主旨とは異なりますので,また別の機会に譲りたいと思います.

4. 自然な習得順序仮説と誤りの訂正効果の関係

言語習得は,L1 獲得のみならず,様々な内的・外的要因が入り混じる L2 習得においてさえも,各学習者が好き勝手な順番で習得していくものではない

---

[6] これまでの日本の英語教育に問題があったのだとすれば,それは,文法知識を「知っている段階」で留まらせてしまい,その文法知識を実際の場面で使用する練習をしてこなかったからだと思います.日本人が英語を話すのが遺伝的に,または文化的に苦手なのではなく,たんに英語の授業で話す練習をしないから話せないのだと思います.発音練習もしないため,生徒は自分の発音に自信がなく,そのため人前で話すのを避けようとします.悪循環です.また,日常のとても簡単な「英会話 (Where do you live? Do you like soccer? といった表層的レベルのことが話しできること)」を「スピーキング(自分の意見を言うこと)能力」だと勘違いしている先生方も大勢いらっしゃいます.授業中に「スピーキング練習」を軽んじる先生は,表層的な「英会話」的内容を連想するからだと思います.

[7] ただし,教えさえすれば,すべての文法規則が100%自動化(習得)できるようになるのかどうかは疑問です.

ようです.[8] 特に文法習得に関しては，誰が教えても，どの教材を使用しても，体系的に，一定の習得の道筋に沿って発達していくという説が有力です．この説は「自然な習得順序仮説」と呼ばれています．この仮説がどの程度強い仮説なのかはさらに研究が必要でしょうが，これまでにこの仮説を裏付ける多くの実証データが提出されてきていることも事実です．そして，最も広く研究されてきた研究領域は文法形態素の習得順序（または，難易度順序）です．[9] もしこの自然な習得順序仮説が妥当性の高いものならば，学習者にとって習得が難しい項目は，早くから教えても，そして何度も教科書に出てきたとしても，100％間違えずに使用できるようになるまでには時間がかかるということです．そして，その逆もまた真ということになります．

　習得すべきどんな項目でも，教えたり誤りを直したりすれば，それ以降は正しく使用できるようになるのであれば，万人に共通する自然な習得順序というものは存在しないことになります．ここで，誤りの訂正に効果があったと仮定してみましょう．これはどういうことを意味するのでしょうか．1つ目として，その項目は自然な習得順序仮説の影響を受けない領域に属する項目であるということです．2つ目に，効果があったということは，学習者が誤りの指摘の意味を「理解できた」ということですから，その文法規則について，少なくとも知識としては既に知っている項目であったということです．まったく知らない規則について，正しい形を提示されても理解できるはずがありません．たとえば，仮定法過去完了形について知識のない学習者が，(1a) のような英文を書いたとします．そして，その際の修正フィードバックとして，(1b) を提示されたとしましょう．

(1) a. If John come to my house before six o'clock, he can eat delicious sushi with us.
　　b. If John had come to my house before six o'clock, he could have eaten delicious sushi with us.

はたして，仮定法の知識のないこの学習者は (1b) を読んだだけで自分の英文

---

[8] Towell and Hawkins (1994), White (2003), 鈴木・白畑 (2012) 等を参照ください．
[9] Shirahata (1988), Towell and Hawkins (1994), White (2003). 文法形態素 (grammatical morpheme) とは，意味を持つ文法の最小単位のことです．したがって，単語として単独で存在できる the なども文法的意味を持っていますので文法形態素と言いますが，そうでないもの，たとえば，規則過去形の -ed（例：looked）や複数形の -s（例：books）なども文法的意味を持っていますので文法形態素，より正確には拘束形態素 (bound morpheme) と呼ばれます．

の何がいけなかったのか理解できるのでしょうか．筆者は，それは無理だと考えます．知識がないのならば，この学習者には正しい英文を提示する前に，仮定法過去完了形について根本的に説明してあげる必要があります．知らない規則について訂正してあげたところで効果はないでしょう．

5. 調査

　誤りに関する以上の論考や主張を実証するために，明示的修正フィードバックの効果検証に関連し，筆者がこれまでに関与してきた3つの実験とその結果を紹介することにします．[10] 1つ目は，「学習者がおかすすべての誤りを一度に直すやり方は効果があるかどうか」，2つ目は「文法形態素の誤りに対して明示的修正フィードバックの効果があるかどうか」，3つ目は「学習者の習熟度が異なれば，教師が同じ説明を与えても効果が違ってくるかどうか」について調査するために実験をおこなったものです．なお，本章で紹介する調査対象者はそれぞれの実験により被験者自体は異なりますが，すべて日本語を母語とし，海外での留学経験のない大学1年生です．

5.1. 実験1：教師が学習者の誤りをすべて直した場合の効果検証

　実験1の目的は，学習者が書いた英文に現れるすべての誤りに対し，教師が赤ペンで訂正し，翌週返却し，その後，正しい英文に清書させて再提出させる指導方法は効果的であるかどうか検証することです．筆者が英語を教える大学1年生25名（英語専攻ではありません）の中から無作為に10名を被験者として抽出しました．この授業では，宿題として英語によるエッセイ・ライティングが毎週義務付けられ，受講生は授業の度に自宅で書いてきた150語程度の英文エッセイを提出することになっていました．ライティングのテーマは自由で，英和辞典などを参照してよいことになっています．10名の被験者のTOEICの平均得点は450点です．日本の大学で英語を教える英語母語話者の協力を得て，この10名から得られた英文を10週連続して添削し，翌週本人たちに返却しました．被験者たちは，その返却された英文を確認し，修正された箇所を直した上で，再びその翌週，実験者に再提出（清書）するようになっ

---

[10] 実験1は2010年度に筆者が単独でおこなった研究結果です．実験2は，Shibata, Shirahata and Taferner (2013)，実験3は，Shirahata, Shibata and Taferner (2013) からの抜粋です．

ていました．

5.2. 実験 1 の結果

以下では，紙幅の都合上，10 名の被験者の中から 1 名（「学習者 A」とします）を選択し，彼女の英文ライティングの変遷：第 1 回目，第 5 回目，第 10 回目（最終回）を，実際の英文とその添削結果と共に紹介します．まず，(2) は学習者 A の第 1 回目の英文エッセイです．

(2) 学習者 A の第 1 回目の英文エッセイ（一部掲載）
My favorite animal is cat. I have cat. Name is Momo. My brother found Momo in parking. At last, we thought that Momo is female. Because, we named him Momo. Shortly afterward, we know Momo is male. When Momo was kitten, he often bit me. Now, Momo is eight years old. But, Momo still bite me. Recently, I am used to get bitten, but I disliked before. Now, Momo is my favorite family.

この英文に対し，本実験者は次の（3）に示すような添削をして翌週本人に返却しました．原文ではイタリックや下線での指摘ではなく，赤ペンを用いて修正やコメントが書かれています．

(3) 学習者 A の第 1 回目の英文への実験者の添削：
My favorite animal is *a* cat [または, *animals are cats*]. I have *a* cat. Name is Momo [次のようにするとよい⇒ *His name is Momo / The cat's name is Momo*]. My brother found Momo in *a* parking *lot*. ~~At last~~ [*Finally*, または, *at last* を削除し, *initially* を使う], *We initially* thought that Momo *is* (⇒ *was*)[冠詞の a を入れてもよい] female. ~~Because,~~ [, *so*] we named him Momo. Shortly afterward*s*, we know/*knew* [または, *found out that*] Momo is [または, *was*] male [*a female*, 冠詞の a を入れてもよい]. When Momo was *a* kitten, he often bit me. Now, Momo is eight years old. But, Momo still *bites* me. Recently, I am [または, *I have gotten*] *used to getting* bitten, but I *disliked* [⇒ *dislike it less than*] before. Now, Momo is my favorite family *member*.

次の（4）は，第 5 回目の英文エッセイの原文，(5) はそれに対する実験者の添削です．

(4) 学習者 A の第 5 回目の英文エッセイ（一部掲載）
When I was elementary school student, I injured my right thigh and had fifteen stitches. I didn't ache. But, it is disgusting event. When I was elementary school student, I injured head in turn. The stone which my friend threw hit my head. It didn't stitch. But, my head was throbbing. It is my worse event.

(5) 学習者 A の第 5 回目の英文への添削：
When I was *an* elementary school student, I injured my right thigh and had fifteen stitches. ~~I didn't ache~~ [⇒ *It didn't hurt.*] But, it ~~is disgusting event~~ *was a* [*terrible/disturbing*] *experience. Later w*hen I was *still an* elementary school student, I injured *my* head [⇒ *I received an injury to my head.*] ~~in turn.~~ The stone which my friend threw ~~hit~~ *at* my head *caused the injury.* ~~It didn't stitch~~ [⇒ *I didn't get stitches/I didn't have stitches.*] But, my head was throbbing. It is/*This was* my worse event [*injury/experience*].

続いて，(6) は，最終回である第 10 回目の英文エッセイの原文，(7) はそれに対する実験者の添削です．

(6) 学習者 A の第 10 回目の英文エッセイ（一部掲載）
My favorite movie is nekono-ongaeshi. When I was junior high school student, I watch it with my friend. I seldom watch movies. But, it is very fun. I want to become to dance very well. I started dance when I was high school student. My instructor is forty-five years old at that time. She is very nice. She doesn't look to be forty-five years old. She is person of my dreams. Now, my dance is not good.

(7) 学習者 A の第 10 回目の英文への添削：
My favorite movie is nekono-ongaeshi. When I was *a* junior high school student, I watch*ed* it with my friend. I seldom watch*ed* movies. ~~But,~~ It is/*was* very fun. I want*ed* to become [*a good dancer*]. （または，*I wanted* to dance very well.） I started *to* dance when I was *a* high school student. My instructor is [*was*] forty-five years old at that time. She is/*was a* very nice instructor. She doesn't/*didn't* look ~~to be~~ forty-five years old. She is/*was the*

person of my dreams. Now, my dance is not good [⇒ *my dancing skills are not good*].

5.3. 実験1の結果と考察

　同一の学習者が毎回異なるテーマで書いた英文中に出現する誤りを，質的・量的に時間軸に沿って相対的に分析し比較することは難しい作業です．したがって，ここではどの回の英文エッセイにも比較的よく出現する，動詞過去形や冠詞使用の精度を比較してみることにします．すると，(6) に示す第10回目のエッセイでも，かなりの誤りが見られることから，10週間にわたる修正にもかかわらず，誤り数にほとんど変化のないことがわかります．[11] 指摘されればどう直したらよいか理解できる動詞過去形の誤りであってさえも，実際のパフォーマンスの段階ではなかなか直りませんでした．一方で，教師（実験者である筆者）の負担は大きいものでした．わずか10名の学習者が150語程度で書いた英文への誤りの指摘・修正であったにもかかわらず，添削に費やした時間は短くはありません．しかも，英語の母語話者ではない筆者にとって，誤りをどのように訂正すべきか迷うことも少なからず生じ，その度に辞書を見たり英語母語話者に相談したりしました．

　もう1つ別の問題に移ります．学習者Aの英文中には動詞過去形や冠詞以外にも多くの誤りがあったのですが，もちろんそれらにも修正が施されました．そのうちの何点かを (8) に載せます．

(8) a. At last ⇒ Finally
　　b. I didn't ache. ⇒ It didn't hurt.
　　c. disgusting ⇒ terrible/disturbing
　　d. I injured my head ⇒ I received an injury to my head.

問題は，はたしてこういった誤り訂正の意味が，学習者に理解できているのかどうかということです．それで，本実験に関するすべての作業が終了した後に，被験者であった10名の学習者全員に，教師からの誤りの訂正に対してどのような思いを抱いていたのかインタビューしました．表1を見てください．Q1の結果より，被験者には教師の修正の意味があまり理解できていなかったことがわかります．そして，Q2の結果からは，文の構造を根本的に変えてし

---

[11] 他の9名の被験者の英文内における誤りの変化も同様で，文法形態素に関する誤りが格段に減ってきているという印象は受けませんでした．

まう修正方法は役に立たないことや，冠詞や不可算名詞の複数形表現などは，そもそも学習者がこれらの規則についての知識がないから誤ってしまうのだということがわかりました．また，どちらも「ついに（終に）」と習うのに，なぜ at last ではだめで finally に直されるのか説明してもらいたいという意見もありました．さらに，被験者からは「たくさん直され過ぎていてどこに焦点を絞ってよいのかわからなかった」「修正個所を読むのが面倒くさくて飛ばした」などの意見も聞かれました．以上の結果から，学習者が書く英文内のすべての誤りを訂正する指導法は，教師の労力に見合った効果は得られず，あまり推奨できる方法ではないという結論が導かれます．

表 1．教師の誤り訂正に対する学習者 10 人の感想

Q1： 赤ペンで直された箇所の意味がどの程度理解できたと思うか？

項目	人数
ほぼ（80％以上）理解できた	0 人
だいたい半々ぐらい理解できた	6 人
理解できなかった箇所の方がずっと多かった	4 人

Q2： どんな項目の誤り訂正が理解できなかったか？

項目	人数
文の構造がかなり変わってしまうとき	10 人
冠詞の使い方	10 人
名詞の複数形（特に不可算名詞の場合）	4 人
正しいと思って使用した単語が他のものに換えられたとき	8 人

5.4. 実験 2： 明示的指導と明示的修正フィードバックは文法形態素の習熟度向上に有効か検証

実験 2 として，教師の明示的指導と明示的修正フィードバックが英語の文法形態素の習熟度向上に有効かどうか考察していきます．調査対象項目は，英語の動詞に関連する 4 種類の拘束形態素：進行形（ING），不規則過去形（IRP），規則過去形（RP），そして三人称単数現在形（3PS）です．実験参加者は大学 1 年生で，実験群（23 人）と統制群（24 人）の合計 47 名です．各群の TOEIC の平均得点は約 380 点，最高得点者と最低得点者の差は 15 点しかな

いため，2グループの英語習熟度は均一であり，一般的に「low-intermediate（初級の中レベル）」に属する学習者と言ってよいでしょう．調査期間は，2010年9月から1月までの15週間でした．

　調査手順は図1で示すように5段階に分かれます．まず「ステップ1」は最初の2週間で，ここで調査対象の4つの文法形態素の現在の習熟度を知るために，被験者たちにプレテストとして英文を書いてもらいました．先週末にしたこと，家族の話，自分の好きな映画・小説・漫画等の粗筋を150語程度の英語で宿題として書いてくるよう指示しました．さらに，授業時にも，実験者（教師）が4コマ漫画等のストーリー性のある絵を与え，30分間で，その絵の内容についてできるだけ多く英語を書くという課題を与えました．これらの題材を選んだ理由は，本実験で調査する4種類の文法形態素が自然と多く出現しやすいトピックだからです．また，英文を書く際に，名詞や動詞がわからなければ文を書くことをやめてしまうため，英語の辞書の使用を可としました．

図1．実験2のフローチャート

＊ステップ1（Week 1-2）：プレテストデータの収集期間 ・2週間にわたる授業時内でのライティングと宿題としてのライティングがプレテストデータとしての分析対象
⇓
＊ステップ2（Week 3-6）：プレテスト翌週から4週間にわたる指導期間 ・口頭による当該文法項目の説明，筆記による練習問題，ライティングの宿題の中の誤りへの修正フィードバック
⇓
＊ステップ3（Week 7-8）：直後ポストテストの実施 ・2週間にわたる授業時内でのライティングと宿題としてのライティングが直後ポストテストとしての分析対象
⇓
＊ステップ4（Week 9-13）：5週間にわたり，4つの文法形態素へ特別な指導はせず，通常の授業を行う
⇓
＊ステップ5（Week 14-15）：遅延ポストテストの実施 ・データ収集：14週目と15週目の2週間にわたるライティングサンプルが遅延ポストテストとしての分析対象

次に,「ステップ2」は指導期間です. 対象となる文法形態素に関する被験者への明示的指導等は4週連続,各回おおよそ25分間程度おこないました. その内容は,主として実験群では,ING, IRP, RP, 3PSについて,黒板を使用しながら口頭で説明した後,関連する練習問題をおこないました. 25分間の指導の後,被験者たちにライティングの課題となる絵または写真を渡し,それについて150語程度で英文を書くように指示しました.[12] また,前述したように,宿題としてテーマを与え,やはり150語程度で英文を書いてくるよう指示しました. 教室内で書かれた英文,そして宿題のライティングはすべて授業時に回収されました. 翌週,これらのライティングに対して,実験群では当該の4種類の文法形態素に関し,そこに誤りがあればその個所に赤ペンで下線を引き,正しい形に直したものを授業開始時に被験者に返却しました. 実験者はこの作業を4週連続しておこないました. 3PSの規則をはじめとし,ING, IRP, RPに関する文法規則は本被験者達が大学に入学してから新しく学ぶ文法規則ではありません. これらの規則は,すべて中学生の時に習うものです. したがって,ここでの「明示的指導」とは,そういった規則について「もう一度改めて意識させること」と言ってよいでしょう.

次に「ステップ3」として,2週間にわたり直後ポストテストを実施し,データを収集しました. その収集方法はプレテストでの収集方法と同じです. そして,何も指導しない5週間(「ステップ4」)が続き,その後「ステップ5」として遅延ポストテストが実施され,すべての手続きが終了となりました.

5.5. 実験結果と考察

実験結果を見てみましょう. 統計処理を施した結果,ING以外の3項目でプレテストから直後ポストテスト間に有意差があることが判明しました.[13] これは,短期的に効果があったことを意味しています. また同様に,直後ポストテストと遅延ポストテスト間でもIRP, RP, 3PSには有意差がありました. しかし,次に,プレテスト結果と遅延ポストテスト間では,両者の正用率には統計的に有意差は認められませんでした. つまり,直後ポストテストで一旦正用率が上昇したものの,再び元の水準に逆戻りしたことが統計的に裏付けられ

---

[12] 授業時間の関係上,制限時間を設けたので,150語まで書けない被験者が毎回数名程度いました.
[13] 本書の性格上,細かな統計的数字は省略します. 詳しい統計結果に興味のある読者は筆者までご連絡ください. また統制群のデータ,グラフ等もここでは省略させていただきます.

たということです．

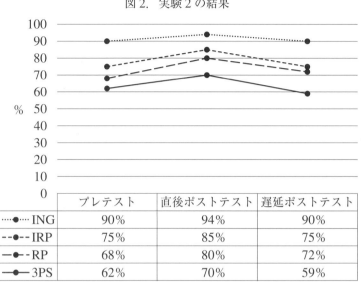

図2. 実験2の結果

	プレテスト	直後ポストテスト	遅延ポストテスト
ING	90%	94%	90%
IRP	75%	85%	75%
RP	68%	80%	72%
3PS	62%	70%	59%

　以上の結果より，文法形態素への明示的指導は長期的には効果的ではないという結論に至ります．固定された「自然な」文法形態素の困難度順序は外部からの刺激（つまり，明示的指導）によって容易に変更できないのだと思います．これは，文法的な（機能的な）意味のみを伝える文法形態素の習得は，自然な流れに沿って体系的に習得が進んでいくからだと思います．

5.6. 実験3： 明示的指導の効果の有無は学習者の習熟度に左右されるか検証

　実験3の目的は，もし明示的指導と明示的修正フィードバックがうまく機能しないのならば，それは，その教授法自体や教師の側の説明の仕方に問題があるのではなく，学習者側の「受入れ態勢」に問題があるという可能性を検証することです．つまり，学習者たちに同じ説明をしても，その意味が理解できる学習者と理解できない学習者がいるため，指導の効果が異なってくる可能性です．ここでは，「英語の主語の習得」を例に，この可能性について考察してみます．

　日本語を母語とする英語学習者は，しばしば（9）に示す次のような英文を

産出します。[14] このような誤りが生じる原因として，日本語と英語では文の先頭に来る名詞句に相違があるためだと考えられます．

(9) 話題化された名詞句 + be 動詞の過剰使用
 a. *Today is strong wind.「今日は風が強いです」
  (= It is windy today.)
 b. *This bag was my father bought me.
  「このバッグは私の父が買ってくれました」
  (= My father bought me this bag.)

つまり，日本語は「主語」を省略し，話題化した (topicalized) 名詞句に，係助詞の「は」を付加し，頻繁に文頭に置きますが，英語ではそのような操作は普通しません．[15] 日本語では文頭に「は」のついた名詞句，つまり話題句を置くことが非常に多いため，話題卓越言語 (topic-prominent language) と呼ばれます．一方で，英語は話題化された名詞句を文頭に置くことはめったになく，「主語」というものを必ず文頭に，つまり主動詞の前に置かなければなりません．そのため，主語卓越言語 (subject-prominent language) と呼ばれています．[16] したがって，日本語で，「は」の付加した名詞句は必ずしも英語の主語に相当するものとは一致しません．学習者はその言語学的相違を，意識的であれ無意識的であれ，知る必要があります．

　実験3では，96名の大学1年生を Group A, Group B, そして統制群に分けて調査を行いました（表2参照）．Group A と統制群は TOEIC の得点が 550-700 点の学習者群で，「中級レベルの学習者群」と見なしました．Group B は TOEIC の得点が 300 ～ 400 点のため，「初級レベルの学習者群」と見なしました．実験者（筆者）は，上の (9) のような英文がなぜ非文法的なのか，特に，日本語では「主語」が省略されるという事実，そして，一見「主語」のように見えるものは，文の「話題」である場合が多く，英語でいうところの「主語」には相当しないこと，日本語の「は」と「が」の用法の相違などを明示的に説明しました．次に練習問題をおこないました．主語と話題に関する非文

---

[14] Kuribara (2004), Shibata (2006), Nawata and Tsubokura (2010) などの文献も参照ください．

[15] 私たちは，文を発するとき，まずその文で最も重要である情報として，ある1つの話題を述べ，次にそれについて関連する内容を述べる場合があります．この最初に述べようとする人や物を話題 (topic) と呼び，このような操作を話題化 (topicalization) と呼びます．

[16] 例えば，Li & Thompson (1976) を参照ください．

法的英文と，それに対応する文法的英文の両方を1回の授業で3セットずつ提示し，どこがどのように問題なのかを，1週間に1度ずつ，合計3回（3週間）にわたって練習しました．

調査方法ですが，自由なライティングやスピーチ課題では，その中に実験者が調査したい構造が必ずしも現れるわけではないため，本実験では文法性判断テストを実施しました．プレテスト（2011年4月）実施後，その1週間後に直後ポストテスト（2011年5月）をおこない，さらにその36週間後に遅延ポストテスト（2012年1月）を実施しました．

表2. 実験3の被験者の背景

グループ	Group A (n=38)	Group B (n=21)	統制群 (n=37)
TOEIC スコア	550-700	300-400	550-700
英語習熟度	中級	初級	中級

5.7. 実験3の結果と考察

図3をご覧ください．Group A（中級レベル）では，英語の主語に関する理解度がどのタイプにおいても増し，それは36週目にも持続していました．一方，Group B（初級レベル）でも，遅延ポストテストにおいても理解度はプレテスト時よりも上のレベルを維持していましたが，どの構文においてもGroup Aほどではありませんでした．以上の結果より，英語の主語に対する明示的指導は，初級レベルの学習者に対してよりも中級レベルの学習者に対してより有効だと言えるのではないでしょうか．明示的指導は学習者の習熟度によって効果が異なるのではないかということです．この原因として考えられることは，「主語」と「話題」の構造に関する限り，初級レベルの学習者は，教師からの文法説明に対して依然として「理解できる習熟度段階に達していないから」かもしれません．

図3. 実験3の結果

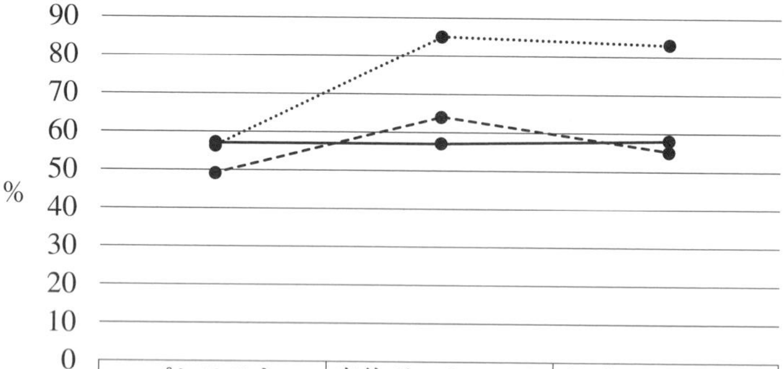

	プレテスト	直後ポストテスト	遅延ポストテスト
······●······ Group A	56%	85%	83%
--●-- Group B	49%	64%	55%
——●—— 統制群	57%	57%	58%

6. 本章のまとめ

　以上，筆者の関わった実験研究を紹介しながら，主として教師からの明示的修正フィードバックの効果について考察してきました．これらの実験結果から，日本で英語を学ぶ学習者の特性を次のようにまとめることができると思います．

(10) 3つの実験結果のまとめ
　　a. 実験1より，学習者の誤りを一度にすべて直しても，効果的な方法とは言えないのではないか．
　　b. 実験2より，文法形態素への明示的指導と明示的修正フィードバックは短期的には効果がありそうだが，長期的には効果がないのではないか．
　　c. 実験3より，誤り訂正の有効性が学習者の習熟度と関係が深い項目も存在するのではないか．

明示的に（または，意識的に）誤りを直したり，文法規則を説明したりしても，すぐに効果の発揮できない教え方や文法項目があるということです．一方で，学習者がこれまでに十分に理解していなかった規則を教える場合には，明示的指導は有効である可能性があるでしょう．一方で，修正フィードバックは，文

法，特に文法形態素の自然な習得順序を覆すほどの力はないようです．

さて，ここからは推測も入りますが，学習者がある文法項目に「気づく（notice）」時には，1つの項目のみならず，連動して他の項目にも気づくのではないでしょうか．つまり，言語（文法）習得は関連しあう文法項目同士が相伴って習得を進めて行くのであって，その中の何か1つの項目だけが突出してできるようになるわけではないという気がします．

また，教師は学習者の誤りに寛容でありたいものです．誤りを指摘することは，学習者にその誤りに対して「気づき」を与えるかもしれませんが，その気づきが必ずしもすぐに実際の習得にまでつながらない場合もあることを認識すべきだと思います．前述したように，文法習得は多くの項目が関連しあって進むのであれば，1つの文法項目の誤りにのみ執着して教える指導法は時間の無駄と言っても過言ではないと思います．また，同じ文法説明をしても，文法項目の中には学習者の英語の習熟度により，その効果に差が生じる場合があることも自覚すべきでしょう．

今後の検討課題として，ここでもう一度注目すべきは，母語獲得における誤りの出現と消失のメカニズムです．幼児は誤りを訂正されずに母語（文法）を獲得していきます．外国語学習の状況は，母語獲得とは同一ではありませんが，「正しい形式・構造にできるだけ多く触れる機会を増やす」ということをもう一度見直すべきです．誤りを訂正するよりも，肯定証拠をたくさん与えていくこと，つまりたくさんの英文に触れていくことの方が有効であるかもしれないからです．

参照文献

Bitchener, J. (2012) A reflection on 'the language learning potential' of written CF. *Journal of Second Language Writing, 21*, 348-363.

Ellis, R. Loewen, S., and Erlam, R. (2006) Implicit and explicit corrective feedback and the acquisition of L2 grammar. *Studies in Second Language Acquisition, 28*, 339-368.

Ferris, D. R. (1999) The case of grammar correction in L2 writing classes: A response to Truscott (1996). *Journal of Second Language Writing, 8*, 1-11.

Kuribara, C. (2004) Misanalysis of subjects in Japanese-English interlanguage. *Second Language, 3*, 69-95.

Li, C. N. and Thompson, S. A. (1976) Subject and topic: A new typology of language. In Li, C. N. (Ed.), *Subject and Topic*. New York, NT: Academic Press,

457-489.

Nawata, H. and Tsubokura, K. (2010) On the resetting of the subject parameter by Japanese learners of English: A survey of junior high school students. *Second Language, 9,* 63-82.

大津由紀雄(1989)「心理言語学」『英語学大系 6 英語学の関連分野』183-361. 大修館書店.

Shibata, M. (2006) Topic marking in English composition by Japanese EFL learners. *SCRIPSIMUS, 15,* 1-26.

Shibata, M., Shirahata, T. and Taferner, R. H. (2013) Limited effect of focused corrective feedback on the accuracy of targeted verb morphemes in L2 writing by Japanese EFL learners. Poster presented at EuroSLA2013. University of Amsterdam. Sep. 6, 2013.

Shirahata, T. (1988) The learning order of English grammatical morphemes by Japanese high school students. *JACET Bulletin, 19,* 83-102.

Shirahata, T., Shibata, M. and Taferner, R. H. (2013) Effects of explicit instruction on the semantic role of English sentence subject: A case of Japanese EFL learners. *2013 HICE (Hawaii International Conference on Education) Proceedings,* 1129-1143.

鈴木孝明・白畑知彦(2012)『ことばの習得』くろしお出版.

Towell, R., and Hawkins, R. (1994) *Approaches to Second Language Acquisition.* Clevedon: Multilingual Matters.

Truscott, J. (1996) The case against grammar correction in L2 writing classes. *Language Learning, 46,* 327-369.

Truscott, J. (2007) The effect of error correction on learners' ability to write accurately. *Journal of Second Language Writing, 16,* 255-272.

White, L. (2003) *Second Language Acquisition and Universal Grammar.* Cambridge: Cambridge University Press.

第 6 章

大学生を対象とした学習英文法のあり方について
―理論言語学の観点からの一試案―

綾野　誠紀

グローバル人材育成という名の下，英語教育が強化され，海外留学等も推奨されている現状にも拘わらず，大学生の英文法知識の定着不足は深刻さを増す一方です．ごく簡単な Wh 疑問文すら正しく産出することができない大学生が一定数いる現状と，大学の理想との落差は深刻です．本稿では，大学生を対象とした学習英文法のあり方について提案を行います．中高で学習した文法知識を統合する為に，理論言語学において得られた知見を活用します．また，母語への気付きを通して，言語に関するより一般的な理解を深めることにより，英語の特性をより鮮明化することができ，ひいては英語の深い理解，さらにはその運用に繋がると考えます．

キーワード：　学習英文法，大学生の英文法知識，理論言語学，母語知識，Wh 要素

1. はじめに

　文教政策によりグローバル人材育成が推し進められ，多くの大学で英語教育の見直しが行われています．さらに，学生の留学を競って推奨しており，一部の大学では必修化される，といった昨今の大学を取り巻く状況がある一方で，大学一年生を対象とした必修英語の授業を担当すると，中学校の段階で習得しておくべき，関係代名詞を含む関係節の文法が分からない，また，Wh 疑問文に関する文法すら定着していない者が一定数いることが分かります．例えば，(1a) の主節の 'do' は主語 'you' との位置交替をするが，埋め込み節内の 'will' は，主語の 'John' とは位置交替しないことや，(1b) の 'what flower' の 'flower' が 'what' と共に文頭に現れる必要があることを理解していない，さらには，(1c) が示す様に，直接疑問文であるにも拘わらず，疑問詞 'what' が，間接疑問文同様に 'think' の直後にも現れても構わないと思っている等々，枚挙にいとまがありません．（以下，文法上，問題がある文には，文頭に * を付します．)

(1) a. *Who do you think will John meet at the conference?
　　⇒^{OK}Who do you think John will meet at the conference?
　b. *What do you like flower?
　　⇒^{OK}What flower do you like?
　c. *What do you think what John ate?[1]
　　⇒^{OK}What do you think John ate?

以上のような基本的な文法上の間違いをする学生は，必ずしもAO入試や推薦入試を経て入学してきた学生ではなく，大学入試センター試験を含む通常の入試による学生が大半を占めます．明らかに，英語の基本的な文法知識が定着していないようです．(1a) ～ (1c) の誤用例に関連すると考えられる基本的な文法知識は，それぞれ (2a) ～ (2c) の通りです．

(2) a. 英語の直接Wh疑問文において，主節の助動詞と主語は位置交替をするが，埋め込み節ではしないこと．
　b. 英語のWh疑問文では，Wh句全体（(1b) の例では 'what flower'）が文頭に現れなければならないこと．また，語，句，節といった単位があること．
　c. 英語の直接Wh疑問文では，主節の文頭にのみWh要素が現われること．

例えば，(1b) のような間違いをする学生は，そもそも，単語，句，節といった文法単位に関する知識が定かではないことから，(3) の目的語位置の [ ] 内の 'what flower' が「句」というまとまりを構成していることが分からない．さらに，名詞句 'what flower' が，全体として，文頭に現れなければならない，という直接Wh疑問文に関する文法知識があやふやであることから，正しくは (3a) であるべき直接Wh疑問文を作ることができず，(3b) の間違った文を作ってしまうといった説明が可能であると考えられます．

(3) a. ^{OK}[What flower] do you like [~~what flower~~]?
　b. *[What] do you like [~~what~~ flower]?

---

[1] Wh要素が主節の先頭位置だけではなく，埋め込み節の先頭位置にも現れる現象は，英語を母語とする幼児や，ドイツ語の方言でも見られます．したがって，生成文法理論において仮定されている，ヒトが生得的に持っている普遍文法 (Universal Grammar) の性質を反映しているとも考えられ，理論的には非常に興味深い間違いです．いずれにせよ，標準英語において，(1c) は正しい文ではありません．

以上のような文法知識は，中等教育において既に学習している筈ですが，少なくとも文産出の際には，機能していないようです．よって，中高で学んだ文法の学び直しが必要です．学び直しにあたっては，これまでの断片的な文法知識を体系化できるような，また，母語である日本語との比較・対照により，英語の特性がより明確化できるような学習英文法が必要です．[2] その為には，言語普遍的な特性と個別言語の特性を探究し，豊富な知見が得られている理論言語学研究の成果の一部を活用できるのではないかと考えます．

以下，第2節では，学習英文法の必要性とそのあり方について述べ，第3節では，学習英文法の具体例を提示します．

2. 学習英文法の必要性とそのあり方について

第1節の最後で述べたように，中高で学習した各種構文等に関する断片的な文法知識を再構築することにより，学習者が英語の文法知識全体を俯瞰できるような，体系的な学習英文法を構築する必要があると考えます．一見独立していると思われているような構文の背景には，統一的な原理原則があることを示します．例えば，第1節の冒頭で示した直接 Wh 疑問文と，Wh 要素を関係代名詞として用いた関係節には，(4) で示すような共通点があります．

(4) a. Who did you see ___ at the meeting yesterday?
    b. The person [(who) I saw ___ at the meeting yesterday]

(4a) の直接 Wh 疑問文では，'see' の目的語の位置で解釈されるべき 'who' が文頭に現れており，(4b) の関係節においても，'saw' の目的語である 'who'

---

[2] 学生が手っ取り早く利用できる英文法の解説として (i) が挙げられます．
  (i) a. 高校時代に使用した大学受験用の英文法解説書
     b. 各種英語検定試験・資格用の参考書内の文法解説
     c. 一般向けに書かれている英文法解説書
     d. 大学が導入している e-learning の英文法コース
(ia) の高校生時代の英文法解説書の類いは，既に手元にあることから手軽に利用できるとはいえ，大学受験対策が目的とされていることもあり，果たして大学における英語教育に適しているかどうか疑わしいことに加え，そもそも高校時代の英語教育で挫折した大学生が再度，同じアプローチで英文法に取り組めるのかという問題もあります．
(ib) の TOEIC 等の受験対策用の英文法書も，(ia) 同様に，受験対策用であり，目的が特化されています．
(ic) と (id) に関しては，実用的な側面があり，解説等分かり易いものが多いものの，どちらかといえば場当たり的な例と解説に終始しているものが多く見受けられます．

が関係節内の文頭にあります．つまり，(4) を一般化すると，(5) の様に記述可能です．

 (5) Wh 疑問文及び Wh 要素を含む関係節では，Wh 要素は文頭位置に現れる．

もちろん，相違点もあります．(4b) の関係代名詞 'who' が括弧に入っているのは，出現してもしなくても良いことを示しています．このような構文固有の特性も，分かり易い形で学習文法に記載されるべきです．

以上のように，中高では別々の構文の規則として学習してきた文法知識を纏め直した学習文法を作成することにより，大学生としての体系的な学び直しができると考えます．

なお，本稿で支持する第二言語習得に関する立場，つまり学習英文法が英語習得に有益であるという前提は，以下のように纏められます．

先ず，第二言語学習者の対象言語に関する知識は，2 種類に分けられます (Ellis 1994)．つまり，非明示的な（言語に関する）知識 (implicit knowledge) と，明示的な（言語に関する）知識 (explicit knowledge) です．前者は，非明示的（つまり，意識せずに）言語運用を可能にする，第二言語に関する知識のことを指します．この知識は，母語話者の母語の仕組みに関する知識とは異なり，あくまでも，第二言語学習者が習得の過程において有する，対象言語の仕組みに関する知識のことです．一方で，後者は，対象言語の仕組みに関する明示的な（つまり，意識上の）知識のことを指します．

さて，以上の 2 種類の言語知識の間には，(6) で示すような 3 種類の関係が成立しうることが，これまでの第二言語習得研究で明らかにされています (Ellis 2006)．

 (6) a. 明示的な知識は，非明示的な知識への橋渡しにはならない
    b. 明示的な知識は，非明示的な知識への橋渡しになる
    c. 明示的な知識は，非明示的な知識への橋渡しになるが，両者の関係はさほど強くはない．

ここでは，踏み込んだ議論はしませんが，(6b) の立場とは言わないまでも，Ellis (1994, 2002, 2006), Ellis et al. (2009) と同様に，(6c) の立場は支持します．つまり，成人による第二言語習得には，明示的な文法知識が有効であると考え，文法知識の十分な涵養が不在のままでは，言語の創造的な使用ができない，つまり，話す・書く際に，いかに単語を並べて的確な文を作るのかが

わからない，というのが本稿の前提です．

また，母語の文法知識との比較・対象により，英語の言語特性をより鮮明化することができ，そのことにより，文法への深い理解に繋がると考えます (cf. 大津 2012a, b)．例えば，前述の直接 Wh 疑問文と関係節に関しては，次のことが日本語に関して観察可能です．

(7) a. 太郎が昨日の会議で誰に会ったの．
　　b. [太郎が昨日の会議で ___ 会った] 人

先ず，(7a) の直接 Wh 疑問文では，Wh 要素「誰に」は動詞の左側に隣接する位置，つまり，目的語の位置に現れています．もちろん，(7a) の「誰に」を文頭に置くことも可能で，英語と比べると語順が比較的自由です．

さらに，関係節に関しては，英語が，<u>先行詞</u>＞関係節の語順であるのに対し，日本語は，関係節＞<u>先行詞</u>です．この語順の違いは，英語の前置詞（<u>at</u> home）と日本語の後置詞（家<u>で</u>），英語と日本語の動詞と目的語の位置関係（<u>ate</u> lunch ⇔ ランチを<u>食べた</u>）でも観察され，日本語と英語の根本的な違いを反映しています．[3]

また，(7b) の関係節内の関係代名詞は，日本語では現れません．英語の関係代名詞は，主語の場合には必須ですが，目的語を始めとしてその他の場合には現れなくても構いません．そもそも目に見える形で現れなければ，存在しないのか，というのは理論言語学で取り扱うべき問題ですが，ここでは取り敢えず，学習者に分かり易い形で，英語と日本語を記述することに努めます．例えば，日本語では発音はしないけれども，英語同様に関係代名詞があると記述した方が，分かり易いようであれば，そのように記述します．

本稿で提案する学習英文法が，これまでのものと大きく異なるのは，以上で示した通り，英語の文法項目と並行する日本語の用例と解説も（可能な範囲で）記載することにあります．母語である日本語の文法知識に気付かせることにより，英語の仕組みについての理解を促進することができるのではないかと考えるからです．

---

[3] 英語と日本語の語順の差には，1980 年代の原理とパラメター理論 (Chomsky 1981) 以降，諸言語の基本的な特性を決定づけるパラメターのうちの一つ，主要部パラメターが関与しています．つまり，日本語では右側に主要部が現れるのに対し，英語では左側に現れます．主要部パラメターにより，一見関係なさそうな現象を統一的に説明可能です．

3. 学習英文法の一例

　以上の議論を踏まえた上で，本節では，学習英文法の一例を示します．第1節で取り上げた Wh 疑問文と関係節に関連する文法項目を提示します．
　学習英文法の各文法項目には，以下の要素が含まれます．

(8) a. 各文法項目を代表するような英語の用例
　　 b. 当該文法項目と用例に関する解説
　　 c. 英語と並行する日本語の用例
　　 d. 日本語の用例に関する解説

(8a) の各文法項目で取り上げる用例については，どこまで詳細なものを提示するのかが問題となります．関連する用例を数多く掲載するよりも，各文法項目が読み易くなるように，なるべく簡潔に纏める方向で提案します．つまり，各文法項目の用例は，代表的なものに限定する必要があります．また，文法項目に関する解説も簡潔であると同時に，用例と補完し合うことにより，対象となる文法知識を涵養するものであることが望ましいと考えます．さらに，前述の通り，英語と並行する日本語の用例を示し，その解説を加えることによって，母語の仕組みに気付き，さらに，英語の仕組みへの理解が促進されるのではないか，というのが，(8c) と (8d) を含める理由です．以下，Wh 疑問文とそれに関連する構文を用いて，本稿で提案する学習英文法の一例を示します．ここで取り上げる項目は，(9) の通りです．

(9) a. 直接 Wh 疑問文（単文）
　　 b. 直接 Wh 疑問文（複文）
　　 c. 間接 Wh 疑問文
　　 d. Wh 要素を含む関係節
　　 e. Wh 要素を含む複文の関係節

　Wh 疑問文等の Wh 要素を含む構文には，(i) 英語の基本語順，(ii) Wh 要素の特性，(iii) その他の個別言語固有の特性が関わっています．これらのことを，並行する日本語の事実も含めて理解することにより，Wh 疑問文や関係節といった個別具体的な構文に関する文法知識のみならず，英語の本質に関わる文法知識の涵養が期待できます．
　Wh 疑問文の中でも，間接 Wh 疑問文には，複文構造，つまり埋め込み構造が関与しており，この言語共通の特性について，明示的に記述することは非

常に重要です．また，間接 Wh 疑問文は，ヨーロッパ言語共通参照枠（Common European Framework of Reference for Languages (CEFR)）における言語運用能力 6 レベル中，下から 3 レベル目の B1 レベルの文法項目であり (Hawkins and Filipović 2012)，大学生として当然習得しておくべきものです．さらに，間接 Wh 疑問文同様，埋め込み節を含むと同時に，同節内に Wh 要素が現れる関係節も，関連項目として提示することで，体系的な説明となり，理解が促進されると考えます．

　間接 Wh 疑問文を提示するためには，その前提となる直接 Wh 疑問文に関する項目が必要になります．以下に示す最初の文法項目は，直接 Wh 疑問文（単文）に関するものです．さらに，この項目の前には，英語の基本語順に関する項目（文法項目 A）や，Yes/No 直接疑問文に関する項目（文法項目 B）がありますが，ここでは Wh 要素が関わるものだけを取り上げます．

　先ずは，(10) に示す通り，典型的な直接 Wh 疑問文の用例を挙げ，解説を加えます．英語の直接 Wh 疑問文では，Wh 要素が文の先頭に現れると断った上で，(ia) の Wh 要素が主語の例と，(ib) の目的語の例について解説を行います．直接 Wh 疑問文については，単文の項目から，複文の項目へと発展させます．単文だけなら何でもないことですが，複文でも同様のことが起きているということは，大学生レベルの英語学習者であっても明示的に提示されると，「ああそうか」と気づくようです．さらに，日本語の直接 Wh 疑問文の例と，それに関する解説を併記します．日本語の直接 Wh 疑問文では，Wh 要素が主語以外の場合にも平叙文と同じ語順だということを示します．各文法項目の最後には，関連する文法項目を参考文法項目としてクロスレファレンスすることにより，使い易さを目指すのと同時に，体系的な文法知識の育成も目指します．なお，前述の通り，(10) の項目の前には，より基本的な文法知識である，英語の基本語順（文法項目 A）と直接疑問文項目（文法項目 B）があり，そのことは，以下の文法項目の最後に参考文法項目として挙げています．

(10) 直接 Wh 疑問文（単文）に関する項目例[4]

> 文法項目 C: 直接 Wh 疑問文（単文）
>
> (i) a. <u>Who</u> will eat sushi?
>   b. <u>What</u> will John eat ___ ?
>
> 解説: 英語の直接 Wh 疑問文では，Wh 要素が文の先頭に現れます．
>
> (ia): 主語が Wh 要素の場合には，主語 (who) > 助動詞 (will) > 動詞 (eat) > 目的語 (sushi) の語順です．これは，平叙文 (John will eat sushi.) と同じです．
>
> (ib): 目的語が Wh 要素の場合には，下線で示す動詞 'eat' の目的語の位置ではなく，文頭に現れます．さらに，助動詞 'will' と主語 'John' の位置が入れ替わります．
>
> 日本語について:
>
> (ii) a. <u>誰</u>が寿司を食べるの．
>   b. ケンは<u>何</u>を食べるの．
>
> 解説: 日本語の直接 Wh 疑問文は，Wh 要素が主語以外の場合も平叙文と同じ語順です．
>
> (iia): 主語が Wh 要素の場合，主語（誰が）> 目的語（寿司）> 動詞（食べる）の語順となり，平叙文の語順（ケンが寿司を食べる）と同じです．
>
> (iib): 英語とは異なり，目的語が Wh 要素の場合であっても，平叙文の語順で文要素が現れます．
>
> 参考文法項目: （文法項目 A：英語の基本語順，文法項目 B：直接疑問文）

---

[4] 『一億人の英文法』という学習英文法では，ここでも用いている空所（文頭にある Wh 要素が解釈される位置）という観点から，Wh 疑問文と関係節を解説しています．理論言語学の知見を反映した結果かどうかは不明ですが，非常に分かり易い解説です．一方で，両者の共通点を解説やクロスリファレンスにより明示的に指摘することなく，しかも，関係節が先で，Wh 疑問文がその後に出てくる，という点が非常に残念です．なお，上級者向けと断った上で，埋め込み節内の空所と主節の文頭の Wh 要素との関係についても解説があります．一方で，埋め込み節に関する一貫した解説はありません．ついでに書いておくと，学習英文法として，多くの高校生に用いられている『総合英語 Forest（第 7 版）』でも，関係節における空所概念が用いられていますが，Wh 疑問文に関しては，そのような記述はありません．なお，ロングセラーである『徹底例解ロイヤル英文法（改訂新版）』では，空所の概念を用いた解説は一切ありません．

間接 Wh 疑問文は，埋め込み節を含む複文構造を持っているので，複文の直接 Wh 疑問文も，関連する文法項目として必要です．以下の (11) が，直接 Wh 疑問文（複文）の文法項目例です．なお，(1c) で示した通り，学生の中には，この構文の文法を理解していない者が一定数いるようです．

(11) 直接 Wh 疑問文（複文）に関する項目例[5]

文法項目 D:　直接 Wh 疑問文（複文）

(i) a. Who do you think [＿ will eat sushi]?
　　b. What did the doctor say [John should eat ＿]?

解説：埋め込み節を含む直接 Wh 疑問文の場合にも，単文の直接 Wh 疑問文同様に，Wh 要素が主節の文頭に現れます．(ia) と (ib) の文頭に現れる Wh 要素は，いずれも埋め込み節の下線部にある要素（(ia) は埋め込み節の主語，(ib) は埋め込み節の目的語）として解釈されます．

埋め込み節の語順に関しては，下線で示す埋め込み節の主語や目的語の位置には何も現れないことを除いて，平叙文と同じ語順です．一方で，主節の主語 'you' と 'the doctor' の前には，それぞれ助動詞 'do' と 'did' が現れます．

日本語について：
(ii) a. サラは [誰が寿司を食べたと] 思っているの．
　　b. サラは [ケンが何を食べたと] 言ったの．

---

[5] 前述の『一億人の英文法』では，以下の (ia) が示す通り，直接 Wh 疑問文（複文）において，埋め込み節の主語が Wh 要素である場合，補文標識 'that' は現れることができないが，(ib) の様に，主語以外の場合にはその出現が随意的であることを，上級編であると断りつつも記述に含めています．
　(i) a. *Who do you think that will eat sushi?
　　 b. OK What did the doctor say that John should eat?
どこまで詳細な用例提示とその記述をするのかは，今後の課題ですが，いずれにしても本稿の記述には含めていません．
また，Wh 要素が文の必修要素（項）ではなく，副詞である場合，(ii) で示すような曖昧性を示します．このような例の取り扱いについても今後の課題です．
　(ii) When did you say John came?
　　 a. 言った時を訊く
　　 b. 来た時を訊く

> 解説： 日本語の複文の直接 Wh 疑問文では，Wh 要素が埋め込み節の主語や目的語の位置で解釈される場合，本来解釈される埋め込み節内の位置に現れます．また，単文の直接 Wh 疑問文同様に，平叙文と同じ語順です．
>
> 参考文法項目： （文法項目 A：英語の基本語順，文法項目 B：直接疑問文，文法項目 C：直接 Wh 疑問文（単文））

間接 Wh 疑問文の文法項目例を (12) に示します．[6] ここでも典型的な用例を提示し，解説を加えます．英語の間接 Wh 疑問文では，括弧で括った埋め込み節の先頭に Wh 要素が現れるという一般化の後に，(ia) の目的語の場合について解説をします．また，(ib) の直接 Wh 疑問文と，(ia) の間接 Wh 疑問文における，助動詞 'will' と主語 'John' の位置の違いといった，英語固有の特徴についても解説します．さらに，直接 Wh 疑問文同様に，並行する日本語の例を提示し，解説をします．

(12) 間接 Wh 疑問文に関する項目例

> 文法項目 E:　間接 Wh 疑問文
>
> (i) a.　Mary knows [what John will eat ___].
> b.　What will John eat ___ ?
>
> 解説： 英語の間接 Wh 疑問文 (ia) では，(ib) の直接 Wh 疑問文と同様に，Wh 要素が目的語の場合も，括弧内の節の先頭に現れます．しかし，(ib) の直接 Wh 疑問文（単文）とは異なり，助動詞 'will' は，主語 'John' の左側には現れません．
>
> 日本語について：
> (ii) a.　サラは [ケンが何を食べるのか] 知ってる．
> b.　ケンは何を食べるの．

---

[6] そもそも，間接疑問文とは何か，について解説する必要がありますが，本稿では，その文法項目を省略しています．本来は，以下の (i) で示すような，'if' や 'whether' を用いた間接疑問文を用例として挙げるべきです．英語の用例の解説や並行する日本語の用例及び解説も含めて今後の検討課題とします．

(i) a.　I don't know if Mary wants to come to the party tomorrow.
 b.　I wonder whether Mary can make it to the party today.

> 解説： 日本語では，Wh 要素である「何を」が（iib）で文頭に現れる必要がないのと同様に，（iia）の従属文の文頭にも現れる必要がありません．
>
> 参考文法項目： （文法項目 A：英語の基本語順，文法項目 B：直接疑問文，文法項目 C：直接 Wh 疑問文（単文），文法項目 D：直接 Wh 疑問文（複文））

次の例として（13）に挙げるのが，関係節と関係代名詞です．Wh 要素が関わる項目として，Wh 疑問文と関連付けて提示することによって，Wh 要素に関する体系的な知識が身につくと考えます．これに関しては，生成文法理論における Wh 要素の統一的な分析が，その背景としてあります（Chomsky 1977）．（13）で示す様に，間接 Wh 疑問文との並行性や，関係代名詞が目的語の場合には非顕示でも構わないという点について，さらに解説しています．他の項目同様に，並行する日本語の用例を解説と共に提示することにより，学習者が英語との類似・相違点に気づくように工夫します．日本語の関係節，関係代名詞に関する言語理論上の議論は様々ですが，ここでは単純化して，英語との比較・対照ができるようにしています．

(13) Wh 要素を含む関係節に関する項目例

> 文法項目 **F:** Wh 要素を含む関係節
>
> (i) a. the person [who bought the chocolate]
>   b. the chocolate [(which) John bought ___]
>
> 解説： 先行詞である名詞を修飾する，括弧で括られた文が関係節です．関係節内には，先行詞の名詞句と同じ意味解釈を受ける関係代名詞が含まれます．英語の語順は，先行詞＞関係節です．
>
> 　英語の関係節では，Wh 要素が関係代名詞として用いられます．Wh 要素ですので，Wh 疑問文同様に，括弧内の節の先頭に現れます．
>
> 　なお，関係代名詞が主語以外の場合，関係代名詞が現れなくても構いません．つまり，(ib) の関係代名詞 'which' は，義務的に現れる必要はありません．

日本語について：
(ii) a. [＿＿ チョコレートを買った] 人
　　b. [ジョンが ＿＿ 買った] チョコレート
解説：　英語と異なり，日本語の先行詞は，関係節の後に現れます（関係節 > 先行詞）．また，関係節内の下線で表した日本語の関係代名詞に相当するものは，実際には現れません．

参考文法項目：（文法項目 A：英語の基本語順，文法項目 B：直接疑問文，文法項目 C：直接 Wh 疑問文（単文），文法項目 D：直接 Wh 疑問文（複文），文法項目 E：間接 Wh 疑問文）

最後の文法項目の例として，(14) では，関係節が複文の場合について取り上げます．埋め込み文を含む直接 Wh 疑問文同様に，埋め込み節内に関係代名詞と対応する空所がある場合を例として挙げます．

(14) Wh 要素を含む複文の関係節に関する項目例

文法項目 **G**：　**Wh 要素を含む複文の関係節**

(i) a. the person [who I thought [＿＿ bought the chocolate]]
　　b. the chocolate [(which) I know [John bought ＿＿]]
解説：　複文の直接 Wh 疑問文同様，関係節も複文が可能です．関係代名詞である Wh 要素が，埋め込み節内の下線部で解釈されても，Wh 要素は関係節の主節の文頭に現れます．
　　なお，単文の関係節同様に，関係代名詞が主語以外の場合，関係代名詞は現れなくても構いません．つまり，(ib) の関係代名詞 'which' は，義務的ではありません．

日本語について：
(ii) a. [僕が [＿＿ チョコレートを買ったと] 思った] 人
　　b. [僕が [ジョンが ＿＿ 買ったと] 思っている] チョコレート
解説：　先行詞が埋め込み節内の下線で表した箇所で解釈される場合であっても，日本語の関係代名詞に相当するものは現れません．

参考文法項目：（文法項目 A：英語の基本語順，文法項目 B：直接疑問文，文法項目 C：直接 Wh 疑問文（単文），文法項目 D：直接 Wh 疑問文（複文），文法項目 E：間接 Wh 疑問文，文法項目 F：Wh 要素を含む関係節）

以上，本稿で提案する学習英文法の一例を示しました．繰り返しになりますが，Wh 要素が関わる文法事項を体系的に提示することにより，英語の文法知識を涵養することができるのと同時に，日本語の用例と解説を通して，母語の文法知識への気付きとなり，そのことによって，英語のより良い理解につながるというのが，以上の提案の趣旨です．

4. まとめと今後の課題

本稿では，断片的な英文法知識を，理論言語学の知見をも活かしながら統合することにより，また，学習者の母語である日本語と，目標言語である英語の仕組みの違いに気付かせることにより，効果的な学習英文法になると考え，以上のような学習英文法を提案しました．言うまでも無く，文法項目の選定を始めとして，英語と日本語のより適切な事例，解説のあり方についてさらに検討する必要があります．

また，紙媒体による学習が中心の中・高校生とは異なり，大学生になると，学生の多くがコンピューターやスマートフォンを用いて，インターネット上の情報や大学等が提供する e-learning 教材を活用していることから，本稿で提案するような学習英文法を，インターネット経由でアクセス可能にする仕組み作りも，今後の検討課題です．電子媒体で提供することにより，クロスレファレンスの機能もさらに活きることが期待できます．

さらに，以上のような学習英文法は，教員にとってもこれまでの文法知識を見直すのに役立つのではないかと思います．学習英文法の背景にある問題について詳しく書いた，分かり易いマニュアルを作成することにより，学習者からの質問に的確に答えることができるようになると同時に，本稿で提案する学習英文法の今後の広がりに寄与するのではないかと考えます．

本稿は，筆者の責任で，岡田他（2013）に修正・加筆したものであり，平成 25 年度獨協大学研究奨励費（研究代表者：岡田圭子）及び科学研究費助成金基盤研究（C）（25370617）（研究代表者：永井典子）による研究成果の一部である．

参照文献

Chomsky, N. (1977) On wh-movement. In P. Culicover, T. Wasow, and A. Akmajian (eds.), *Formal Syntax*. 71-132. New York: Academic Press.

Chomsky, N. (1981) *Lectures on Government and Binding*. Dordrecht: Foris.
Ellis, R. (1994) *Study of Second Language Acquisition*. Oxford: Oxford University Press.
Ellis, R. (2002) Does form-focused instruction affect the acquisition of implicit knowledge? A review of the research. *Studies in Second Language Acquisition*, 24, 223–236.
Ellis, R. (2006) Current issues in the teaching of grammar: An SLA perspective. *TESOL Quarterly*, 40, 83–107.
Ellis, R., S. Lowen, C. Elder, R. Erlam, J. Philp, and H. Reinders (2009) *Implicit and Explicit Knowledge in Second Language Learning, Testing and Teaching*. Clevedon: Multilingual Matters.
Hawkins, J. A. and L. Filipović. (2012) *Criterial Features in L2 English: Specifying the Reference Levels of the Common European Framework*. Cambridge: Cambridge University Press.
岡田圭子・永井典子・中西貴行・綾野誠紀 (2013)「メタ言語知識を育成する学習英文法の開発に向けて」『日本リメディアル教育学会第9回大会予稿集』26-27.
大津由紀雄 (2012a)「学習英文法を考えるヒント」大津由紀雄 (編)『学習英文法を見直したい』, 2-9. 研究社.
大津由紀雄 (2012b)「日本語への『気づき』を利用した学習英文法」大津由紀雄 (編)『学習英文法を見直したい』, 176-192. 研究社.

資料
大西泰斗, ポール・マクベイ (2011)『一億人の英文法』ナガセ.
墺タカユキ他 (2013)『総合英語 Forest (第7版)』桐原書店.
綿貫陽他 (2000)『徹底例解ロイヤル英文法 (改訂新版)』旺文社.

第Ⅱ部

コミュニケーション力の育成

第 7 章

中学・高校のスピーキング評価における課題と実践

杉田めぐみ・朴シウォン

小学校での外国語活動（実質的には英語活動）の必須化や学習指導要領の改訂など，昨今の英語教育が様々な変革を遂げる中，文部科学省の有識者会議では外部試験の大学入試への活用が検討されており，これまであまり重視されてこなかったスピーキングが大学入試で求められる可能性が高くなってきました．さらに 2020 年の東京オリンピック・パラリンピック開催決定の影響も受けて，今後，中学・高校におけるオーラル・コミュニケーションの重要性が増すことが予想されます．本稿ではスピーキング評価に焦点を当て，その目的と意義に触れながら，教室内でスピーキング評価を「なぜ，何を，どのように」行うのか具体的に論じます．

キーワード： スピーキング，評価，オーラル・コミュニケーション，タスク，評価ツール

1. はじめに

平成 23 年から小学校での外国語（英語）活動が必須化され，生徒は英語を聞き，話す経験を積んで中学に入学してくるようになりました．また平成 25 年施行の高校の新学習指導要領では「授業は英語で行うことを基本とする」と明記され，平成 30 年からは中学校でも段階的にこれが導入される見込みです．2020 年の東京オリンピック・パラリンピックを見据えてグローバル化に対応できるよう教育体制が整備される中，新たに「スーパー・グローバル・ハイスクール（SGH）」制度も導入されることになりました．その結果，中学・高校の英語教育では「発表，討論，交渉」などの言語活動やオーラル・コミュニケーションの重要性がさらに高まったと言えます．

大学入試も変わろうとしています．現在，入試で出題される設問のうち 8 割以上が読解・和訳・文法問題で，リスニング問題はごくわずか，そしてスピーキングに至ってはほとんど評価の対象とされていないのが実情です．これ

では，せっかく「もっと英語を話せるようになりたい」と思っている高校生も，入試で求められない技能の習得に時間を費やすより確実に得点に結びつく読解や和訳に力を注ぐようになり，大学入試という大きな壁によって英語学習が一時的に遮断されることになってしまいます．このような現状を踏まえ，2014年発足の文部科学省「英語教育の在り方に関する有識者会議」では，大学入学以前の教育内容と入学後の学習をうまくリンクさせ，学習者が身につけた英語力を将来海外留学や英語活動に活かすための方策として，大学入試における外部試験の活用を検討しています．TOEFL, TOEIC, 英検などの外部試験を大学入試に活用すれば4技能をバランスよく評価できるようになり，小学校からの大学までの英語教育に連続性，親和性，一貫性が生まれるとしています．もしこれが実現すれば，大学入試でこれまで重視されなかったスピーキングが中学・高校の英語教育で大変重要な位置を占めることになるでしょう．

ところで，スピーキング能力を測る・評価するとはどういうことでしょうか．「スピーキング能力」とは，一言で言えば「スピーキング活動を通して英語でコミュニケーションが図れる能力」ということになりますが，この「コミュニケーション能力」にも，Canale and Swain (1980) や Bachman and Palmer (1996) らに代表されるようにさまざまな定義があります．本稿では，教室内評価に適応させて「コミュニケーションの目的を達成するためにある言語を正しく，適切に用いることのできる能力」と簡潔に定義します．ここでは，生徒が学習のプロセスを経て望ましい結果が得られるかどうかが評価のポイントとなり，必ずしもネイティブ・スピーカーと同じようにその言語を使えることが求められるわけではありません．

生徒のスピーキングを適切に評価するためには教師が評価に関する理論的知識（または「評価リテラシー」）を有していることが前提となりますが，オーラル・コミュニケーションの要となるスピーキング評価のノウハウについて現場の教師が学ぶ機会は多くありません．本稿では，理論的枠組みに触れる一方，スピーキング評価を授業内活動の一部と位置づけ，教師が日常の授業で実践できる具体例を示しながら英語スピーキング評価の三つの側面（なぜ，何を，どのように）について述べます．

2. スピーキング評価における課題

まず，教室内でのスピーキング評価を困難にしている要因について考えてみましょう．

2.1. 教師が直面する課題

　生徒のスピーキング評価にあたって教師が直面する課題には，主に「運営上の問題」と「教師の知識・経験不足」の二つの側面が考えらます．

　まず「運営上の問題」とは，教室内でのスピーキング評価に要する時間や労力を指します．評価に要する時間は生徒数によっても異なりますが，例えば1クラス40人の授業で一人一人を面談方式で個別評価する場合，どれくらい時間がかかるか，どこでどのように面談を行うのか（机や椅子の配置など），順番を待っている生徒をどこで待機させておくのか，これから面談を受ける生徒と終了した生徒が接触しないようにどう工夫するのか，など配慮を要する問題がいくつか生じます．

　次に「教師の知識・経験不足」ですが，たとえ生徒のスピーキングを評価したいと思っていても，適切な評価手法についての教師の知識や経験が不十分なことがあります．教師に十分な知識と経験がないと，ただやみくもに面談方式を採用したり，スピーキング評価そのものをあきらめてしまったりする可能性も出てきます．スピーキング評価には面談が唯一の方法ではなく，評価の目的によって様々な手法を使い分ける必要があることを教師は理解しておかなくてはなりません．

2.2. 大学入試における課題

　第1節でも述べたように，たとえ中学・高校の指導要領でオーラル・コミュニケーションの重要性が強調されても，大学入試でさほど必要とされないスピーキングの指導になぜ時間と労力を費やさなければならないのか？と，教師や生徒が疑問に思っても不思議ではありません．Akiyama (2002, 2003) は，大学入試センター試験による波及効果（washback effect）が期待できないスピーキングの学習と評価に，教師や生徒，さらに保護者もが重要性を感じていないことを指摘しています．Akiyama (2002) の調査に協力した教師の75%以上が「もしセンター試験にスピーキングが導入されれば，英語カリキュラムや授業内容に多大な影響を及ぼすと思う」と回答していることからも，大学入試の受験科目としての位置づけが，中学・高校におけるカリキュラムや指導内容だけでなく教師の意識そのものにも大きく影響していることがわかります．

3. なぜ評価するのか

　第1節で述べた大学入試における外部試験の将来的活用や，一部の私立大

学で入試形態が変化しつつある現状（例：上智大学の「アカデミック英語能力判定試験（TEAP）」など）から，近い将来，入試でのスピーキングの重要度が大きく増すことが予測されます．大学センター入試のような大規模な標準テストでスピーキングが採用されれば，中学・高校での英語カリキュラムに大きな波及効果を及ぼすことは明らかです．しかし，そのようなトップダウン式な要因以外に，スピーキング評価には英語カリキュラム全般における利点，社会的・教育的ニーズ，生徒への心理的・言語学的効果があります．

3.1. スピーキング評価の利点

教室内評価の最大の利点は，生徒の成長に重点を置いた形成的評価（formative assessment）が可能となる点です（Davison and Leung 2009）．形成的評価では，教師が比較的少ない回数で（Backman and Palmer 1996），生徒の英語力とスキルの発達を評価するのに必要な情報が得られます（Brown 2004）．教師は授業の中で生徒を評価することで，生徒の英語力の発達について信憑性の高い判断を下すことができ（Underhill 1987），そこで得た情報を授業改善へつなげることができます．

形成的評価では生徒の英語力の発達を継続的に観察・評価できるので，そこで得た情報は，生徒自身が自分の学習を振り返り，学習目標にどの程度近づくことができたかを見極める手がかりとなります．いわゆる標準テストによる評価（normative assessment）では結果がスコアや評定で示され，生徒のパフォーマンスに関する詳細な情報が得られないのに対し，形成的評価では生徒が「これまでに何を学び」「これから何を学ばなければならないか」を知ることができ（Brown 2004），彼らの自律学習にもつながります．このように，教室内でのスピーキング評価は「形成的評価」として行われることでその利点を最大限に生かすことができます．

3.2. スピーキング評価への社会的・教育的ニーズ

近年，日本の英語教育は評価の方法という点で大きく変革を遂げています．平成13年（2001年）に文部科学省から通知された生徒指導要録では，新たに「コミュニケーションへの関心・意欲・態度」「表現の能力」「理解の能力」「言語や文化についての知識・理解」の4つの観点ごとに評価する観点別評価が取り入れられ，それまでの「集団に準拠した評価」（相対評価）に替わり「目標に準拠した評価」（絶対評価）が行われるようになりました．この評価基準と方法は，現行の『中学校学習指導要領』（2008年公示，2012年施行）にも引き

継がれています．

　TOEIC や英検のような標準テストによる評価とは異なり，通常，教室内でのスピーキング評価は授業の進行に沿って行われます．「目標に準拠した評価」では，生徒の学習の結果（発話）だけでなく過程の評価もまた重要です（Leung 2005）．通常，スピーキング評価は Can-Do リストなどの一連の評価規準（評価項目）を用いて行われるため，結果は単なるスコアで示されるのではなく，その生徒が目標レベルにどれだけ近づけたかについて項目ごとに詳細な情報を提供してくれます．それにより教師は授業改善への手だてを得ることができるでしょう．

3.3. スピーキング評価による心理的・言語学的効果

　授業内でのスピーキング評価は，生徒が英語を話すことへの不安を克服するきっかけになることがあります．生徒は親しい相手と英語で話すことでスピーキングに対する抵抗感を和らげることができ，それが結果的には実際の英語使用における不安感の軽減にもつながるのです（Underhill 1987）．さらに授業内で評価することにより「授業で学んでいること（授業内容）」と「自分ができること（実践）」とが密接な関係にあることを生徒は認識することができます．

　一方，第二言語習得論の視点から考えると，自分のスピーキングが評価されることで，発話（アウトプット）を相手に理解してもらおうと生徒自身が努力したり（pushed output），既習の文法項目や単語を発話前にリハーサルしたりするなどの効果が考えられます．また教師は時に生徒がすでに学習したはずの内容と，ライティングやスピーキングで実際に表現できる内容にはギャップがあることに気づきます．これに気づくことは，生徒の中間言語の発達を理解する上で大変重要です．特にスピーキングでは，生徒は実際に「英語を話す」という行為を通じて自分に不足している文法や語彙を認識し，それを補う機会を得るのです．すなわち，スピーキング評価の「話す」という行為そのものが，生徒にさらなる明確な学習目標を提供してくれることになります．

4. 何を評価するのか？

4.1. 学習目標とスピーキング評価

　ここまで教室内でのスピーキング評価の重要性を強調してきましたが，当然評価は明確な授業目標に基づいて行われなければなりません．授業目標は教科書や教師用マニュアルに明記してあることが多く，例えば「付加疑問文」「過

去時制不規則動詞」「主格の *Who*」「接続詞 *so* と *because*」などの文法項目や，「出来事を理解する」「家族と友達について話す」「理由を述べる」「相手に確認する」などのコミュニケーション・スキルをそのまま評価項目とすることも可能です (Brown 2007, pp. 468-469)．そしてそれらの文法項目やコミュニケーション・スキルを「学習目標」としてあらかじめ生徒に提示しておけば，スピーキング試験（評価）そのものが学習を強化する機会となります．

次に，タスクに基づいたスピーキング評価を例に挙げながら，具体的な評価項目（何を評価するのか）について述べます．

4.2. タスクに基づいた評価

タスクとは，生徒が授業で設定された学習目標を達成するための手段を指します．例えば「未来形を正しく使えるようになる」という学習目標を達成するために，「10年後の自分について英語で説明する」というタスクを設定することができます．一般に「評価の高いスピーキング力」とは何かを考えたとき，「流暢さ」「正確さ」「発音」などスピーキングのいくつかの側面（要素）を評価項目として挙げることができますが，その評価がタスクに基づくものか否かによって観点が異なります．

タスクから独立した評価では，

- 流暢さ
- 正確さ
- 複雑さ
- 発音
- 発話が理解できるかどうか
- 言語使用の的確さ
- 文の構造
- 単語

などの項目が評価対象となる一方，タスクに基づいた評価では，

- タスクの達成度
- 対話者間のやりとり
- 発話の構造
- 発話の発展

といった点が評価の中心となり，「流暢さ」や「正確さ」よりも発話される「内

容(意味)」や「タスクに取り組むプロセス」が重視されます.授業内容や学習目標に関連させたスピーキング評価を行うには,このタスクに基づいた評価がなされるべきでしょう.

4.3. タスクのレベルとテーマ設定

良いタスクとは,「生徒が取り組みやすいもの」「生徒にとって興味深いもの」「意味に焦点を当てたもの」「タスクの結果に重点を置いたもの」「完結できるよう考慮されたもの」「実際の言語使用場面を想定したもの」です.タスクには単純な言語タスクからより幅の広いコミュニケーションのためのタスクなど様々なレベルのものが考えられますが,同じタスクであっても,足場作り (scaffolding) の有無によって生徒の能力に応じたレベル調節が可能となります.

またタスクのテーマを設定する際は,生徒の英語力を見極めることが重要です.例えば初級レベルの生徒にはより身近なトピック(日常生活,家族,友達,習慣,健康,天気など)を与え,上級レベルの場合はより学問的なトピック(学校生活,学習している言語の文化,日本語との文化・言語的な違い,世界情勢など)を加えるなどの工夫が必要です.

5. どのように評価するのか

生徒のスピーキングを評価する前に,教師は与えるタスクと適切な評価規準を設定する必要があります.ここでは前節で述べた「タスクに基づいた評価」をどのように行ったらよいのかについて具体的に説明し,その後の 6.2 節でルーブリックを使用した評価法について述べます.

5.1. タスク開発における注意点

ここでは,タスクを開発・デザインする際に注意すべき原則を 5 つ挙げます.これらの原則を考慮することによって評価の効率が上がるだけなく,教育的に質の高い評価を行うことができます.

(1) 形成的評価を心掛け,必要であれば生徒にフィードバックを与える.
(2) 生徒の発話そのものより発話に至るプロセスを重視する.
(3) 生徒の言語・認知レベルを考慮し,必要に応じて足場作りをする.
(4) 授業で使用した教材を評価材料として用い,学習内容と評価内容を統

一させる.
(5) スピーキング以外のスキル（技能）と統合させて評価する.

(1) と (2) の重要性についてはすでに述べたので，(3) 〜 (5) について次に説明します.

5.2. タスクの開発

タスクの開発にあたっては，指導と評価の順序に注意したり，当該授業以外で扱ったテーマや活動を排除したりするなど，教師側の配慮が求められます．また，スピーキング以外の言語スキル（リーディング，リスニング，ライティング）と統合させることも効果的です．（具体例として，インフォメーション・ギャップ活動，サマリー，物語を話させた後などにリーディングとリスニングを行う，また写真・絵を描写させてからライティングを行うなどの方法があります．）教師が独自にタスクを開発する場合は，学習目標に沿った内容となるよう注意が必要です．つまり，生徒が実際に授業で教わった内容とテストで出題される内容が一致しているかどうか，既出の単語，文法項目，言語機能（例えば，賛同，修正，説得，交渉など）がタスクに含まれているか，それ以外が除外してあるかを確認します.

以下に紹介するタスクの例は，実際の高校の教科書『*Mainstream English Communication I*』で扱われている題材や活動をスピーキング評価用にアレンジしたものです．教科書の題材をそのままスピーキング評価に使用することは，単に教師の負担軽減という点だけでなく，5.1 節 (4) で述べた「生徒の学習内容と評価内容の統一」という点で有益です.

例1）は英語で自己紹介を行うタスクです．生徒は教科書でダイアローグを学習した後，これをモデルとして適宜単語を置き換えながら自分自身について英語で話します．教師は，下線部を生徒自身の情報に，太字部分を他の表現に置き換える必要があることをあらかじめ生徒に説明します．評価する際は，会話表現の的確さ以外に，イントネーションや発話の流れなども項目に加えると良いでしょう.

例1) 自己紹介タスク
Bob: Hi, I'm Robert Johnson. I come from Australia. Please call me Bob.
Miho: **Nice to meet you**, Bob. But why 'Bob'?
Bob: Bob is short for Robert.

Miho:	Really! My name is Tanaka Miho. Call me Miho.
Bob:	Miho … oh, is Miho your first name?
Miho:	Yes, it means 'beautiful ears of rice.'
Bob:	Your parents gave you a wonderful name! **Nice meeting you**, Miho.

(出典:『*Mainstream English Expression I*』, Lesson 1, p. 6)

　例2)のタスクでは，授業で現在進行形を学習した後，生徒が絵に描かれている動作について説明します．同じ内容をライティング・タスクとして与えることも可能ですが，スピーキングを行うことで生徒は焦点となる文法項目（ここでは現在進行形）をより内在化（習得）しやすくなります．

例2)　絵の描写タスク
例にならい，**A** と **B** の絵についてそれぞれ説明しなさい．

A: The man is cooking.
B: He is eating.

(1) A:
　　B:
(2) A:
　　B:
(3) A:
　　B:

(出典:『*Mainstream English Expression I*』, Lesson 5, p. 25)

　例2)のタスクは内容が簡潔で，かつ特定の文法項目に焦点を当てているのに対し，例3)は生徒が自由な発想で発話するタスクで，文法項目の正確さよりも発話内容が重視されます．生徒は教科書で Jude と Faith という主人公に関する文章を読み，そこで得た情報を用いて例2)と同じタスクを行います．リーディングとスピーキングを統合することで先に行うリーディングの目的をより明確にし，後に行うスピーキングでは生徒が教科書の文章をきちんと理解しているかどうか確認することができます．

例 3) 写真の描写／物語を話すタスク
教科書○○頁の文章を読み，下の写真について 4 〜 5 つの文を使って説明しなさい．

(出典：『*Mainstream English Communication I*』, Chapter 2, p. 23)

　このように，同じ写真描写タスクでも生徒に求めるパフォーマンスの内容によって難易度を変えることができます．次の例 4) もやはり写真描写タスクですが，足場作りの有無によってタスクのレベルを変えることができる一例です．ここに示したように，「この絵に描かれている人たちについて説明しなさい．最低でも 2 つの文を用いること．」という指示のみを与えることもできますが，初級レベルの生徒にはより具体的な指示（足場作り）を与え，生徒がタスクを理解しやすいよう工夫する必要があります．

例 4) 人や物の描写タスク

この絵に描かれている人びとについて説明しなさい．
最低でも 2 つの文を用いること．

あるいは，

この絵に描かれている人びとについて，3 つの質問をします．
その質問に 1 つか 2 つの文で答えなさい．

Q1: Where are they?
Q2: Why is the woman wearing glasses?
Q2: What seems to be the problem with the girl?

(出典：『*Mainstream English Expression I*』, Lesson 10, p. 54)

　最後の例は地図を用いたタスクです．地図を用いたタスクは実用性が高いばかりでなく，英検やTOEICといった外部試験でも広く採用されています．実際に教師が「命令形」の指導に地図を用いることは多く，生徒に「命令形」を練習させるタスクとして，あるいは正しく習得したかどうか確認するタスクとして使いやすい題材でしょう．

例5)　道の尋ね方
"Start"から○○までの行き方を助動詞と命令形を用いて述べなさい．
(出典：『*Mainstream English Expression I*』, Lesson 8, p. 43)

　これまで挙げた例題の他に，教科書の内容とは直接関連しないタスクもスピーキング評価に広く取り入れられています．面接官に代わってコンピューターや紙面により生徒に発話させる「半直接テスト」は主にTOEICスピーキング・テストのような外部試験で行われています．また教室内で行うタスクとしては，ペアやグループで行う「ロールプレー」や「オープン・ディスカッション」なども時間の節約を図ることができ，生徒数が多いクラスなどに有効です．

5.3. タスクの提示

　5.1節 (3) で述べたように，生徒にタスクを提示する際に教師は足場作りを忘れてはいけません．生徒の理解度に配慮した方法で提示すれば，生徒は課題を正確に理解し，これから行うタスクが授業内容とどう関連しているのかを認識できます．また教師自身も，何を（生徒のパフォーマンスやスピーキング能力のどの側面を）評価するのか再確認できるでしょう．

　次に示す2つの例のうち，一つ目は足場作り無し，二つ目は足場作り有り

のタスク提示です．内容は同じである 2 つのスピーキング・タスクにどのような違いがあるでしょうか．

> 足場作り無しのタスク
> 　どこかの外国について知っていることを 3 つ話してください．

> 足場作り有りのタスク
> 　教科書○○ページに書かれていた外国についての文章を思い出してください．教科書を開いてその写真をもう一度見てください．教科書を閉じて，先週の金曜日に見たビデオを思い出してください．あなたが教科書を読んで（あるいは，ビデオを見て）その国について初めて知ったことを 3 つ話してください．（あるいは，もともとその国について知っていたことを 3 つ話してください．）

　2 つの例を比較すると，明らかに後者（足場作り有り）の方が生徒にとってタスクの内容が理解しやすく，授業内容との関連性が見えやすいことがわかります．

6. 評価ツールの活用

6.1. Can-Do リストの活用

　コミュニケーションで役立つスピーキング力を生徒に身につけさせるには，目標言語の言語的要素だけでなくその言語機能についても指導することが重要です．そして評価する際にもまた，この二つの側面（言語的要素と言語機能）に着目する必要があります．後者，つまり「英語を使って何ができるか」を基準とした評価の枠組みが Can-Do リストです．新学習指導要領では Can-Do リストの形式で学習到達目標を設定することが求められていますが，このリストの作成はカリキュラムや授業改善へつながるという利点以外に，生徒に「何ができるようになることが期待されているのか」を明確に示すことで学習ガイドとしての機能を持ち，彼らの自律性や自己学習力を向上させる効果も期待できます．

6.2. ルーブリックの活用

　ルーブリックとは特定の評価項目をリストや表にしたもので，スコア算出，

評価値の決定，パフォーマンスの等級付けなどに広く用いられています．生徒の能力を項目ごとに評価することでその生徒の得意分野と不得意分野が明白になり，今後の改善点が見えてきます．ルーブリックには様々な形式がありますが，どの形式にも共通する4つの特徴があります．

- 明確性——その生徒の何が優れていて，何が普通で，何が劣るかが明確に示される．生徒はその学習で何を期待され，望ましい結果とはどのようなものかを理解できる．
- 平等性——生徒と教師の同意のもとに設定した指標は，教師が主観的に評価するものでないことを生徒（と保護者）に示す．指標の設定にあたっては生徒にも発言が認められている．
- 生徒の参画——評価指標の設定や，自分自身あるいはクラスメートの評価に生徒がいつでも参画できる．
- 生徒への奨励——評価指標が手元にあることで，生徒は自身の学習効果や努力を評価することができる．

ルーブリックには，全体的ルーブリック（holistic rubrics）と分析的ルーブリック（analytic rubrics）の2種類があります．全体的ルーブリックとは，生徒のパフォーマンス全般を質的に評価するもので，分析的ルーブリックとは，生徒のパフォーマンスをいくつかの項目ごとに検証し，それぞれに得点を付けて数的に評価するものです．生徒のパフォーマンスへのフィードバックが重要である教室内のスピーキング評価では，分析的ルーブリックがより有益で，教育的にも望ましいと言えるでしょう．

例1： オーラル評価のための全体的ルーブリック

Level 1:	理解しようと努力はするが，質問の意味を理解できない
Level 2:	質問を多少は理解できているが，一部に限られている
Level 3:	質問をよく理解できているが，返答が不十分である
Level 4:	質問をよく理解しており，かつ返答も優れている

(Blaz 2001, p. 36 "Holistic Scoring" 日本語訳)

第7章　中学・高校のスピーキング評価における課題と実践

例2：　スピーキング・タスクにおける分析的ルーブリック

	タスク達成度	理解度	流暢さ	発音	語彙
1	タスクの達成のため最低限の努力しかせず，返答の大部分が不適切である	返答はかろうじて理解できる	長い沈黙や不完全な文が見られ，言葉がつかえたり，むらがあったりする	頻繁に間違え，相手との意思疎通がなかなかできない	語彙が不十分，不正確である
2	タスクを部分的にしか達成できず，返答の大部分は適切だが十分とはいえない	返答はほぼ理解できるが，聞き手による解釈が必要である	発話がゆっくりで頻繁に沈黙があるが，不完全な文はほとんど見られない	相手との意思疎通に時折支障がある	語彙がやや不十分，不正確である
3	タスクを達成し，返答は適切で話の展開が十分である	最低限の解釈のみで返答が理解できる	時にためらうこともあるが，なんとか発話を継続して文を完結させる	相手との意思疎通がほとんど問題なく行える	語彙が十分で正確である
4	タスクの達成と返答に工夫が見られる	返答は十分に理解できる	ほとんどつかえることなく発話が進行する	容易に相手と意思疎通が図れる	語彙が豊富で頻繁に工夫が見られる

神田外語大学 KEPT スピーキングテスト用ルーブリック（日本語版）

ルーブリックには，教師が着目すべき項目がリストになっているチェックリスト式や，「不十分」から「優れている」まで生徒のスピーチパフォーマンスを段階評価できる評価尺度式など，様々な形式があります。

例3：　オーラル・プレゼンテーション用評価チェックリスト

声が十分に聞こえたか	はい　　　　　いいえ
アイコンタクトを取ったか	はい　　　　　いいえ
メモを活用したか	はい　　　　　いいえ
テーマが明確だったか	はい　　　　　いいえ
根拠となる事例を紹介したか	はい　　　　　いいえ
発表時間	_____ 分

(Blaz 2001, p. 29, Figure 2.7 "Checklist to evaluate an oral presentation" 日本語訳)

例 4 : オーラル・プレゼンテーション用評価尺度

1	2	3	4
不十分である	十分である	良い	優れている
タスクはこなせるがスキルが不十分で，理解できない	深刻な間違いを犯しつつ，タスクはこなせる	深刻な間違いを犯さずタスクをこなせる	間違いはなく，意識的に努力せずともタスクがこなせる

(Blaz 2001, p. 29, Figure 2.8 "A rating scale for an oral presentation" 日本語訳)

　教室内評価で使用するルーブリック（評価項目）の設定に生徒を参加させるかどうかは，生徒の英語レベルに応じて判断します．例えば，初歩レベルの生徒向けには教師がルーブリックを用意し，生徒にそれを確認させる程度が良いでしょうが，上級レベルの生徒の場合は，教師と生徒が協力してルーブリックを設定することもできます．

7. 生徒数の多いクラスでのスピーキング評価

　この節では生徒数の多いクラスでいかにスピーキング評価を行うかについて述べます．教師の負担が大きい大規模クラスでのスピーキング評価でも前述のルーブリックが役立ちます．

7.1. 生徒を評価に取り込む（生徒同士による評価）

　大規模なクラスでは，生徒自身に相互評価をさせることも可能ですが，これにはまず相互評価の方法を生徒に熟知させ，十分に練習させる必要があります．その際，他の生徒を評価することへの責任や共同学習の重要性についてよく説明してください．場合によっては教師と生徒の評価を織り交ぜたり，評価のパートナーを生徒自身に選ばせたりしてもよいでしょう．

7.2. ペアや集団によるスピーキング評価

　ペアや集団でスピーキング評価を行う場合は，まず生徒にプレッシャーを与えない環境作りが欠かせません．集団によるスピーキング評価ではより簡潔なルーブリックやチェックリストを用いることが望ましく，さらにポートフォリオなどに自身のパフォーマンスを記録させることで，後に振り返ったり，評価し直したり，フィードバックを得たりすることが可能となります．

7.3. 集団スピーキング評価をどう行うか

集団でスピーキング評価を行う場合は，生徒一人ひとりの性格（外向性など）を考慮して1グループ3人程度に設定するのが理想的でしょう（Nakatsuhara 2010）．この場合，インフォメーション・ギャップや絵の違いを説明するタスクのように，正解が限られていて目的が明確なタスクが適しています．さらに生徒間のインタラクションが活発になるよう，より実践的な場面設定が必要となります（Van Moere 2010）．

ペアで行う場合は，生徒自身にパートナーを選ばせる方が生徒のストレスは軽減され，インタラクションが多くなり，より活発な意見交換が行われます（Ikeda 1998, May 2000, Taylor 2001）．

以下に，生徒数の多いクラスでのスピーキング評価に関するいくつかの手法を紹介します．例1は，簡潔なルーブリックを用いて集団スピーキング評価を行う手法です．テキストの各ユニットが終了する度に集団オーラル試験という形式でスピーキング・タスクを与えることも可能です．一度に複数の生徒を評価しなくてはならないので，教師は与えられた課題に取り組む生徒のグループの横を歩きながら，例1のようなルーブリックを用いて，簡潔に，迅速に個別スコアを出すことが必要です．

例1： 個別評価のための簡略化ルーブリック

5 – 日本語に頼ることなく，質の高い英語を容易に話す
4 – 日本語に頼ることなく，良い英語をある程度容易に話す
3 – 日本語に頼ることなく，言葉につまりながらも英語で話そうと努力する
2 – いくつか英単語を用いるが，ほとんど日本語で話す
1 – 英語で話そうと努力はするが日本語の方が目立つ
0 – 意味不明の英語を話す，またはまったく英語を話さない

	Unit 1	Unit 2	Unit 3	Unit 4	Unit 5	合計
生徒 A	5	4	5	3	4	21
生徒 B	2	4	3	4	5	18
生徒 C	3	3	3	4	4	17
生徒 D	4	3	5	4	3	19
生徒 E	5	5	5	4	4	23

(Blaz 2001, p. 43 "Grading group oral behavior in class"日本語訳および改変)

スピーキング・タスクを1つ終えるごとに生徒一人一人にスコアを与え，

各ユニット終了時に総合スコアを計算します．さらに学期末には個人スコアを算出します．生徒は，一つのユニットが終わる度にタスクが課せられることをあらかじめ知っているので，そのユニットの内容により注意を払うようになるでしょう．またタスクごとにスコアが出ることで，生徒は学習目標と自身のパフォーマンスを直接照らし合わせることができます．

次に示す"SUE Method"は前述の評価法をさらに簡略化したもので，エフォート（努力）も評価項目として含まれているのが特徴です．

例2： SUE Method: 全体的かつ分析的スコアシステム

❖ Success（成功）：生徒は首尾よく与えられた課題をこなしたか
❖ Understanding（理解）：生徒の返答はどのくらい理解しやすかったか
❖ Effort（努力）：生徒は聞かれた質問に答える以上の努力をしていたか

	S	U	E	Grade
生徒 A	+	+	√	B
生徒 B	+	√	√	B-/C+
生徒 C	√	√	√	C
生徒 D	+	+	+	A
生徒 E	√	--	0	D

(Blaz 2001, p. 36 "SUE Method" 日本語訳)

7.4. 生徒による集団オーラル試験

次に，生徒自身に互いに評価をさせるフィッシュボール・アクティビティなどの集団オーラル試験を紹介します．

例1： 教師による集団オーラル評価と生徒同士による集団オーラル評価の違い

　　　○教師による集団オーラル評価　　　○生徒同士による集団オーラル評価
　　　　　　　　　　　　　　　　　　　　　　　フィッシュボール形式：

前ページに示したように，生徒同士による集団オーラル評価（フィッシュボール形式）では，評価者である生徒が評価される生徒のすぐ隣に座ってタスクに取り組む様子を観察します．フィッシュボール形式の利点としては，「隣の生徒がどれくらい詳細に質問や返答をし，相手の話を理解しているかを他の生徒が観察することができる」「集団ディスカッションのスキルを磨くことができる」「観察力，リスニング力，また他者との協調性を身につけることができる」「少人数のグループ・ディスカッションでのマナーや習慣を身につけることができる」などが挙げられます．

また例2のように座席の並び方を変えて，複数の生徒が集団でオーラル・タスクに取り組む様子を一人が観察し，評価することもできます．生徒自身に相互に評価させることで，評価者となる生徒には「適切に，公平に評価しなければならない」という責任感が生まれるでしょう．

例2： 生徒による集団オーラル評価

8. まとめ

本稿では，中学・高校における教室内でのスピーキング評価の「なぜ，何を，どのように」について論じました．日々の授業の中で生徒のスピーキングを評価するには多大な時間と労力が必要であり，教師自身も研修などに参加しながら評価方法について継続的に学習しなくてはなりません．さらに「授業は英語で」が基本となった現在，教師にも高いスピーキング力が求められ，教師の負

担はさらに増すばかりです．2020年開催予定の東京オリンピック・パラリンピックを見据えた教育体制の整備，「スーパー・グローバル・ハイスクール (SGH)」制度の導入などにより，今後も中学・高校の英語教育において言語活動，特にオーラル・コミュニケーションを重視する傾向は強まるでしょう．しかしその重要性にもかかわらず，スピーキング評価に関する調査や研究は広く行われておらず，残念ながら教師が困難に直面したときに参照できる文献や資料も限られています．本稿が現場の教師にとって有益な情報を提供し，教室内でのスピーキング評価を実践する上での一助となることを期待すると同時に，教師自身がアクションリサーチなどの手法を通じて，試行錯誤しながら自分に合ったスピーキング評価法を見出していくことを願っています．

最後に，本稿ではスピーキング評価の妥当性については触れませんでした．確かに代替評価法（alternative assessment）としてのスピーキング評価には信頼性や信憑性という点で課題が残されています．しかしスピーキング評価を授業内活動の一部と位置づけ，「指導」と「評価」の一体化を図ることによって，「実用性」「現実性」「外観妥当性（face validity）」といった点で妥当性を高めることができるだけでなく，生徒の学習効果を上げる望ましい波及効果（positive washback effect）が期待できるでしょう．さらに3.1節で述べたように，「形成的評価」として生徒を継続的，多角的に観察し，評価することで，教室内でのスピーキング評価は「信憑性」に関する諸問題にも対処できると考えています．

本稿の執筆にあたり，『*Mainstream English Communication I*』および『*Mainstream English Expression I*』の題材の一部を使用させてくださった（株）増進堂の編集部の皆様に心からお礼を申し上げます．尚，オリジナル題材はカラー印刷されているものが本稿では単色印刷となっております．

参照文献

Akiyama, T. (2002) Assessing speaking in Japanese junior high schools: Issues for the senior high school entrance examination. *Curriculum Innovation, Testing and Evaluation: Proceedings of the 1st Annual JALT Pan-SIG Conference*, *1*, 107-112.

Akiyama, T. (2003) Assessing speaking in Japanese junior high schools: Issues for the senior high school entrance examination. *Shiken: JALT Testing & Evaluation SIG Newsletter*, *7*(2), 2-11

Bachman, L. F. and A. S. Palmer, (1996) *Language Testing in Practice: Designing and Developing Useful Language Tests.* Oxford: Oxford University Press.

Blaz, D. (2001) *A Collection of Performance Tasks and Rubrics: Foreign Languages.* New York: Eye on Education, Inc.

Brown, H. D. (2004) *Language Assessment: Principles and Classroom Practices.* New York: Pearson/Longman.

Brown, H. D. (2007) *Teaching by Principles: An Interactive Approach to Language Pedagogy.* New York: Pearson/Longman.

Canale, M. and M. Swain (1980) *Approaches to Communicative Competence.* Singapore: Seameo Regional Language Centre.

Davison, C. and C. Leung (2009) Current issues in English language teacher-based assessment. *TESOL Quarterly, 43*(3), 393-415.

Ikeda, K. (1998) The paired learner interview: A preliminary investigation applying Vygotskian insights. *Language, Culture, and Curriculum, 11,* 71-96.

Leung, C. (2005) Classroom teacher assessment. In E. Hinkel (ed.), *Handbook of Research in Second Language Teaching and Learning,* 869-888. Mahwah, N.J.: L. Erlbaum Associates.

May, L. (2000) Assessment of oral proficiency in EAP programs: A case for pair interaction. *Language and Communication Review, 9*(1), 13-19.

Nakatsuhara, F. (2010) Interactional competence measured in group oral tests: how do test-taker characteristics, task types and group sizes affect co-constructed discourse in groups? Paper presented at the Language Testing Research Colloquium, April, 2010, Cambridge.

Taylor, L. (2001) The paired speaking test format: Recent studies. *Research Notes,* 6, 15-17. Cambridge: University of Cambridge ESOL.

Van Moere, A. (2010) Group oral tests: What kinds of tasks and functions are optimal for eliciting and measuring interactional competence? Paper presented at the Language Testing Research Colloquium, April, 2010, Cambridge.

Underhill, N. (1987) *Testing Spoken Language: A Handbook of Oral Testing Techniques.* Cambridge: Cambridge University Press.

資料

神田外語大学 KEPT スピーキングテスト用ルーブリック（日本語版）
高等学校英語検定教科書
『*Mainstream English Communication I*』（2012）増進堂
『*Mainstream English Expression I*』（2012）増進堂
文部科学省（2001）『生徒指導要録』
文部科学省（2008）『中学校学習指導要領』

第 8 章

コミュニケーションの場としての英語授業における教師の役割
―インターアクションから探る可能性―

小林真記・小林恵美

授業を英語による有意義なコミュニケーションと学びの場にしていくために，教師はどのようなことができるのでしょうか．本章は，言葉を学習の媒介道具とする社会文化理論を基盤とするため，教師による教室言語使用の理解が不可欠だという立場を取り，4種類の授業形態を実際の対話例を交えながら考察します．どの型にも役割はあると言えますが，対話者がお互いの発話に耳を傾ける必要性や話の方向性がその場その場で決定されていく度合いを示す「偶発性」を高めていく必要性を強調します．多くの授業ですでに使用されている教師先導型のインターアクション（IRF 型）の活用例と，タスクを使った足場掛けの例を通じて教師の役割を考察していきます．

キーワード： インターアクション，媒介，偶発性，IRF，タスク

1. はじめに

　言葉は，私たちの生活において，重要な役割を担っています．van Lier (1995) は，人間にとっての言葉は，魚にとっての水のように大切なものだと述べています．それは，教育においても同様です．言葉自体を学習対象とする語学の授業ではもちろんのこと，社会や理科などそれ以外の教科を扱う授業においても言えることです．なぜならば，教育は，主に言葉を通じて行われるものだからです．教師がクラス全体に向けて行う講義も，少人数で行うグループ活動も，個人で行うリーディングも，すべて言葉があるからできているのです．これは，授業で使用する言葉が，母語であろうと外国語であろうと，生徒[1]の学びを大きく左右することを意味します．同様に，Johnson (1995) は，

---

[1] student という語の訳語として，「生徒」或いは「学生」が一般的に考えられますが，我が国の学校教育法では，「生徒」（中学・高等学校）と「学生」（大学・高等専門学校）と区別しています．本章では，語学学校の student や複数のカテゴリーにまたがる student の訳語としては，「生徒」を使用します．

生徒の学びは，彼らがどのように話し行動するのかによって大きな影響を受けるため，教師が教室でのコミュニケーション過程を理解することが不可欠であると述べています．また，Walsh (2011) は，言語教育が「学習者との談話を通じて談話を教える」(p. 19) ものであることから，教師が，自分の教室での言語使用を理解することで，自らの教育実践を改善することができると述べています．自分の授業でどのように言語（目標言語，あるいは母語）が使用されどのような学びが起こり，どのような活動が可能なのかといった気づきは，教師が授業に関する informed choices（十分な情報に基づいた選択）をするためには欠かせないものと言えます (Larsen-Freeman 1983)．

　第二言語教育の歴史において，教室は言語に関する話（メタ・トーク）をする場所と言われた時期がありました (Faerch 1985)．わが国でも，英語の授業では長年文法や訳読に焦点が置かれ，教室で主に行われてきたのは，教師による日本語での説明であったと言えるでしょう．しかしながら，近年，コミュニケーション能力育成を目標に高等学校学習指導要領が改訂され，次のような記述が入りました．

　　英語に関する各科目については，その特質にかんがみ，生徒が英語に触れる機会を充実するとともに，授業を実際のコミュニケーションの場面とするため，授業は英語で行うことを基本とする．その際，生徒の理解の程度に応じた英語を用いるよう十分配慮するものとする．(文部科学省 2009, p. 92)

　このようなコミュニケーション重視のアプローチへの移行によって，教室内での教師の役割も見直す必要が出てきました．近年，教師は「壇上の賢者」(sage on the stage) であるだけでは不十分であり，学習者の横で活動を支える「ガイド」(guide on the side) でもあるべきだとも言われています (van Lier 1996)．さらに，高等学校指導要領には「文法については，コミュニケーションを支えるものであることを踏まえ，言語活動と効果的に関連付けて指導すること」(p. 92) とも書かれています．このようなカリキュラムの導入によって，教師の役割はどのように変わっていくのでしょうか．

　本章では，言葉を学習活動の媒介道具とするロシアの心理学者 Vygotsky (1978) の理論に基づき，教室内での言語使用に焦点を当て，生徒の英語学習を促進していくために，教師ができることにはどのようなことがあるのかを考えていきます．しかし，急激な変化は，しばしば失敗に終わってしまいます．「小さな行動が大きな変化をもたらし得る」(van Lier 1996, p. 85) との考え

から,指導要領に描かれている授業に近づくためのアプローチを模索していきます.

2. 学習の媒介としての言葉

　Vygotsky (1978) の社会文化理論の柱は,人間の思考が言語という道具で媒介されているという考え方です.媒介というと分かりにくいかもしれませんが,Vygotsky 理論の研究者である Wertsch (1998) は,飛ぶという行為を例に出して分かりやすく説明しています.高跳びや幅飛びの選手が何も使わずに飛んだ場合と,同じ選手がポール(棒)の反発力を利用して飛んだ場合とでは,飛ぶと言う行為は大きく異なります.これは,ポールが飛ぶという行為を媒介しているからと言えます.同じように,遠くにいる相手と連絡を取るという行為を例に考えてみましょう.近年の通信技術の高度化によって,通常の電話はもちろん,携帯電話やパソコンでチャットやビデオ通話ができるようになりました.固定電話が主流だった時代,さらには手紙や電報が主流だった時代とは,比べ物にならないほど,遠くの相手とのコミュニケーションの質は向上し容易になりました.これは,この行為を媒介する道具が進歩したからと言えます.

　また,Vygotsky は,言葉は人間の高次な精神活動を媒介する心理的道具,すなわち思考の道具だと主張しています.ここで重要なのは,「発達の最近接領域」(ZPD) の概念です.Vygotsky は,学習は,人と人との間のプロセスから個人内のプロセスへと向かうもので,最初は子供が,親や教師といった自分より有能な他者の助けを得て,独力では成し遂げられないことを成し遂げるときに起こるとされています.ZPD とは,学習者が他者の力を借りてできることと,誰からの支援もなく自分独りでできることとの差を意味する概念です.Vygotsky (1978) の言葉を借りれば,ZPD は「あたかも子供が,頭一つ分背が高くなったかのように」(p. 102) 振る舞える領域ということになります.この領域にあることは,近い将来ひとりでできるようになると言われています.この一連のプロセスにおいて,媒介道具としての言葉が重要な役割を担っています.特に,ZPD が構築されるのは主に他者とのインターアクションですから,それで使用される言葉の質が学習と大きく関わっているであろうことは容易に理解できます.また,Bruner ら (e.g., Wood, Bruner and Ross 1976) によって提唱された「足場掛け」(scaffolding) の概念も重要です.これは,学習者のタスクへの取り組みを成功させるために行う臨機応変な支援を

意味します．目標は最終的に学習者ひとりによるタスク遂行ですから，足場は，学習者の必要に応じてかけられたりはずされたりします．ヴィゴツキー派の社会文化理論は，もともと子供の発達を説明するためのものでしたが，近年では第二言語習得研究や第二言語教育研究に盛んに応用されるようになりました (e.g., Gibbons 2002, van Lier 1996, Walqui and van Lier 2010).

3. 教室内での言語使用の特徴と問題点

さて，教室内で使用されている言葉にはどのような性質がみられるでしょうか．一概に教室といっても様々ありますので，ここで母語以外の言葉，即ち第二言語を学習対象としている教室での言語使用について見ていきましょう．一つは，文法や言語自体に関する明示的な話が多いということです．この種のメタ・トークが多くなると，コミュニケーションの機会が制限されてしまうことが懸念されます (Faerch 1985)．これは，約30年前に第二言語習得研究で指摘されていたことですが今日の授業にも当てはまることかもしれません．教師主導のメタ・トークが多い教室では，母語の使用が増え，「言語に関する学び」(learning about language) が優先されていて，「言語使用の学び」(learning language) や「言語を通しての学び」(learning through language)[2] (Halliday 2004) が十分になされていない可能性があります．

教室内での言語使用の特徴としてあげられるのは，3つの部分から成る Initiation-Response-Evaluation (Mehan 1979)，或いは Initiation-Response-Feedback (Sinclair and Coulthard 1975) の構造です．それぞれの頭文字を取って，IRE, IRF と呼ばれています．次の会話を読んでみてください．

Excerpt 1 　((　) 内の数字は沈黙の秒数)
T: What do you call this in English? (絵を見せながら)
S: Mmm (1.8) iceberg.
T: Right. Iceberg.

(筆者，未発表データ)

ここでは，教師が既に答えを知っている質問をすることで会話を先導 (Initia-

---

[2]「言語を通しての学び」は，本章の焦点ではありませんが，高等学校指導要領にある「多様なものの見方や考え方」の理解，「外国や我が国の生活や文化についての理解」，「人間，社会，自然などについての考え」の深化 (p. 92) の観点から非常に重要なものと言えます．

tion) しています．それに対して，生徒が1.8秒の沈黙の後 iceberg と返答 (Response) し，それに対する教師の評価 (Evaluation) が下されています．これは，それぞれの頭文字から IRE と呼ばれる，教室言語の型だと言われています．それでは，もう一つ会話例を見てみましょう．

Excerpt 2 　(：は長音)
T: 　Does anyone know what this tool is called?
S1: 　Uh:: shoe: (0.8) stick?
T: 　Stick. Close － but not correct. Any other ideas?
S2: 　Shoe::
S3: 　(辞書を引く) Ah: － shoe － horn!
T: 　Yes, shoehorn! When do you need a shoehorn?
S3: 　Mmm when I － (1.2) wear (0.6) leather － shoes.
T: 　Right. You need a shoehorn － to put on tight leather shoes. Great!

(筆者，未発表データ)

ここでも，Excerpt 1 と同様，教師の質問による先導 (I)，生徒の反応 (R)，教師の評価 (E) の繰り返しによるやり取りを通じて，学びの機会が与えられている様がうかがえます．靴べらやその用途を適切な英語で表現できるよう質問を用いて誘導しています．Close, but not correct と評価することで，shoehorn という適切な表現を引き出し，生徒の when I wear leather shoes という反応を Right とまず肯定的に評価し，You need a shoehorn to put on tight leather shoes というより適切な表現を提示しています．

ここで見た会話は，授業では典型的だと言われています．それでは，こういった型のメリットやデメリットについて考えてみましょう．最大のメリットは，生徒の知識の確認ができることでしょう．質問やフィードバック／評価を巧みに使用しながら，教師が生徒に適切な知識を提示しています．生徒の知識を確認しながら会話を進めることで，生徒自身の知識の有無への気付きや，教師が提示する情報への意識が高まると考えられます．

それでは，デメリットはどうでしょうか．生徒は自身の発話が適切かどうかという確認や，適切な表現を与えられる機会は与えられてはいますが，会話における役割は，期待されている情報の提示という非常に制限された参加だといえます．IRE/IRF でされる質問は，提示質問 (display question) と呼ばれるもので，質問者自身は答えをすでに知っています．教室外の会話では，ほぼ常

に参加者の片方にとって未知の情報の受け渡しが自然に必要となっていることを考えると，提示質問は自然でないという批判があるのも理解できます (Cazden 2001)．また，前述のように，IRE/IRF は教師が先導 (I) と評価 (E)・フィードバック (F) をし，学習者は返答 (R) するのみの構造になっています．さらに，Sinclair and Coulthard (1975) が，英語母語話者を対象にIRF のやり取りにおける生徒の反応の発話を調べたところ，一番多かったのが名詞一語でこれが大部分を占めており，続いて指で差すといった非言語行動，yes/no といった発話だったと報告しています．IRE/IRF 構造で教師が3番目の E と F のスロットで good とか right という評価をすることによって，たとえ学習者がさらに伝えたいことがあったとしても，その先の発言は制限されてしまいます．こうしたことを考慮すると，IRE/IRF ばかり使用されている授業では，学習者は聞かれた質問に対して返答するだけの役割を身につけてしまい，指導要領の目標である「積極的にコミュニケーションを図ろうとする態度の育成」に反してしまう恐れがあると考えられます．それでは，生徒の積極的な態度を育成するために，教師はどのようなことができるのでしょうか．しかし，後に本章で挙げる例からも分かることですが，Feedback は必ずしも評価とは限らず，それ以外の選択もあります (Cazden 2001)．これまでは，IRE と IRF をはっきりと区別せずに議論してきましたが，これ以降は，IRE は IRF の部分集合として含まれるものとします．

4. その他の教室内インターアクション

教室内で起こるのは，前述の IRE/IRF だけではありません．van Lier (1996) は，Transmission（伝達型），IRF/IRE 型，Transaction（交換型），Transformation（変容型）の4タイプに分類しています．図1は，van Lier (1996) の図を簡略化したものです．左側は，教師の権限が強く一方的で，学習者の活動は制限されています．右に行けばいくほど教師のコントロールの度合いが減り，話の方向性がその場その場で決定されていく度合い（「偶発性」contingency）が増し，より対話的で探求的なインターアクションになるとされています．この偶発性こそ，ZPD を構築し，学習者が他者から学んだことを自分のものにしていく「内化」(internalization) に不可欠なものだと言われています (van Lier 1996)．また左側では，あらかじめ用意した内容を提示することに焦点が置かれている一方，右側では，学習プロセスに焦点が置かれているインターアクションになっています．

TRANSMISSION   IRF   TRANSACTION   TRANSFORMATION
              QUESTIONING

図 1 ： Types of pedagogical interaction（van Lier 1996, p. 179 に基づく）

　一つ目の「伝達型」は，教師が一方的に話をする形で，内容の伝達に焦点が当てられており，話し手と聞き手のコミュニケーションへの参加が非対称的であり，学習者の行動に対する教師のコントロールの度合いが高いとされています．あらかじめ教師が用意した言わば「議題」を進めることが目的になっています．従って，この種の言語使用は講義や講話で起こることが多く，書き言葉ではありますが，料理本のレシピも同種と考えられます（van Lier 1996）．教師は準備した内容を講義し，生徒はそれを聴きノートを取るといったイメージになります．2番目は，前述の IRF 型ですが，それ以上に対話的なのは，3番目の「交換型」です．このタイプのコミュニケーションでは，双方向の情報交換がなされ，話の方向性や発話の関連性も参加者によって決められます（van Lier 1996）．Excerpt 3 は，インフォメーション・ギャップタスク（Ur (2009)）を初級日本人学習者が行っている様子です．二人の学習者は，ほぼ同じ絵カードを持っており，互いに絵を見せることなく，どこが違うのかを見つけるために英語を使用しています．

Excerpt 3

1　A:　In my picture, there's a dog -
2　B:　Yes yes. Me too.
3　A:　near the post- umm mail-
4　B:　えっ, post?
5　A　Yes.
6　B　umm there's a post?
7　A　Yes. There's a- ちょっと待って（辞書を引く）
　　 AH:　 mailbox.
8　B　Ah: so – there's a mailbox? In your picture?
9　A　Yes.
10　B　Different.
11　A　Yeah!

(著者，未発表データ)

1行目で，A が自分のカードに描かれている犬の位置を説明し始めます．犬がいると聞いて，B は，2行目で同意しますが，3行目の post という A の発話を聞いて，4行目において上昇調で繰り返しています．Yes という A の答えに対し，B は，6行目でもう一度郵便ポストがあるのかという趣旨の質問を行っています．これに対し，A は，there's ... と話し始めますが，途中で止め，郵便ポストという表現を英語で何と言うのかを辞書で確認し，mailbox と答えます．それに対し B が，そちらの絵には郵便ポストがあるのかと，A が辞書で確認した単語 mailbox を使用して確認しています．この一連のやり取りを通じて，二人は，A の持っている絵には郵便ポストがあるが，B の持っている絵にはないという違いを見つけたことになります．このインターアクションにおいて，二人の学習者は，英語で情報共有しタスクを遂行しています．しかし，この活動は教師によって与えられた情報の交換に留まり，学習者の理解を深めるような探求的なものとは言えません．

4つ目の「変容型」では，一人が話の方向性を決めるのではなく，参加者の発言が，自発的に，或いは，対話者の発言に返答するために行われます．このタイプのインターアクションは，単なる情報の交換に留まらず，アイディアや理解の協働構築を生み出すものであるため，偶発性が高く，参加者は，会話に貢献するために互いの発言にしっかりと耳を傾けることになります．ここで鍵となるのは，exploratory talk (e.g., Barnes and Todd 1995, Mercer and Littleton 2013) と呼ばれている探求型の話し合いです．Mercer and Littleton (2013) によれば，このタイプの話し合いでは，参加者が皆互いの意見に批判的・建設的に関わります．その特徴として，参加者全員に関連する情報の提供が求められたり，全員の意見が等しく考慮する価値のあるものと扱われたり，互いに質疑応答し合い，特に意見の理由を聞き，常に同じ意見にたどり着くよう努力することがあげられます．（また，この話し合いでは，観察者にも理由づけが目に見えるほど明らかになるのが特徴と言われています．） Barnes and Todd (1995) は，以下のような活動で起こりやすいと述べています．

a) 問題解決
b) テキスト解釈
c) 証拠に基づく選択
d) 新しい事例への応用
e) 与えられた，もしくは自分達で決めた基準を達成するための生産的な活動の計画・実行

f) 答えが一つではない問題の探求

(Barnes and Todd 1995, p. 88, 著者訳)

　こうしたタイプの活動が，授業をより内容重視なものにしたり，タスク活動やグループ・プロジェクトを取り込み生徒の自主性を育んでいったりすることと密接に関係していることは容易に理解できます．
　van Lier (1996) 自身が述べているように，ここで紹介した4タイプのインターアクションには，明確な境界線があるわけではなく，あくまでも目安として捉えるべきでしょう．また，そのうちのどれがあれば十分というわけではなく，どのタイプにも役割があるはずです．特定のタイプのインターアクションが，授業のどのタイミングでどのような目的で行われているのかも考慮する必要があります．また，どんな教育現場にも，制約 (constraints) と資源 (resources) があるものです (van Lier 1996)．しかし，教室を英語による有意義なコミュニケーションの場にしていくのであれば，図1の左側にあるより伝統的な形態だけでなく，各々の状況で制限を考慮し資源を活用して，右側の「交換型」や「変容型」のインターアクションを取りこむ努力をしていかなければなりません．

5. コミュニケーションの場としての授業に向けて

　教室での英語使用を促す手段として，IRF型インターアクションの見直し・活用とタスクの使用が考えられます．Cazden (2001) が言っているように，IRFが伝統的な授業における（自然に起こる）「デフォルト・オプション」(p. 31) だとすれば，この教室特有の談話構造をいかに改善できるのかを考えるところから始めてみるのも良さそうです．また，タスクには，様々な定義がありますが (Ellis 2003 参照)，学習者が目的達成のために目標言語を使用する活動と捉えるなら，目標言語を使用して問題を解決したり，パズルやゲームをしたりすることも例になります．こうしたタスクにおいて，生徒は，言語学習者というよりは，むしろ言語使用者として活動することが求められると言えます (Ellis 2003)．ここでは，IRF型コミュニケーションとタスク使用における教師の役割を探っていきます．

5.1. IRFの可能性

　教師と学習者の対話を題材に，IRFの可能性を考えてみましょう．van Lier

第 8 章 コミュニケーションの場としての英語授業における教師の役割

(1998) は，IRF の構造において教師の本当の意図が明確になるのは，3 番目の発話，つまり F (Feedback) の部分であると説明し，教師が取り得るオプションのうち 4 つを挙げています．Excerpt 4 は，いずれにおいても，最初に教師が能動態の文と受動態の文の違いを生徒に尋ね (Initiation)，生徒は水が動作主であるといった内容の返答 (Response) をしています．4 つのオプションの違いは，この学習者の返答に続く教師の発話です．Excerpt 4.1 から Excerpt 4.4 の太字の部分に焦点を当て，それぞれの役割について考えていきましょう．

Excerpt 4.1

Teacher:	What's the difference between "water is heating" and "water is heated"?
Learner:	Water is heating, it – it's the one who's heating.
Teacher:	**Good. Say the whole sentence. Water is heating the radiators.**

Excerpt 4.2

Teacher:	What's the difference between "water is heating" and "water is heated"?
Learner:	Water is heating, it – it's the one who's heating.
Teacher:	**Good. What do we call that construction?**

Excerpt 4.3

Teacher:	What's the difference between "water is heating" and "water is heated"?
Learner:	Water is heating, it – it's the one who's heating.
Teacher:	**And can you think of some things that it might be heating?**

Excerpt 4.4

Teacher:	What's the difference between "water is heating" and "water is heated"?
Learner:	Water is heating, it – it's the one who's heating.
Teacher:	**Aha, can you explain that in a little more detail?**

(van Lier 1998, p. 164 に基づく)

Excerpt 4.1ではまず，Goodと学習者を褒め，続いて単に繰り返すよう指示しています．この発話は，オーディオリンガルのドリル的な繰り返しにつながっていると言えるでしょう．Excerpt 4.2のフィードバックも，Excerpt 4.1と同様に褒めることで始まっていますが，教師が求めているのは，話題になっている構文の名称です．ここでの焦点は，学習者がメタ言語を知っているか或いは覚えているかの確認と言えます．Excerpt 4.1とExcerpt 4.2は，教師が2回目の発話でGoodと評価するIRE構造になっています．これに対して，Excerpt 4.3とExcerpt 4.4は，フィードバック（或いはフォローアップ）と言えます．Excerpt 4.3では，それまでのやり取りに基づいて，水が温めるものを考えさせる質問になっています．同時に，動詞heatが他動詞であることを暗に示しています．さらに，最初にAhaと肯定的に学習者の発話に反応しているExcerpt 4.4では，より詳細な説明を求めています．返答として，学習者は自身の意見を明確にしたり，意見の裏付けを提示したりすることになるでしょう．これは，ここで挙げられている4つのオプションの中で回答の自由度が最も高く会話的であるため，単なる記憶による返答はできず，学習者にとって最も高度な能力が求められるものと言えます．

　ここで見てきた4種類の教師の返答は，発言の自由度や自然さにおいて図1のような連続体と考えることができます．その片方の端には，Excerpt 4.1のような生徒の発話の評価や機械的な繰り返しを求めたり，会話をコントロールしたりするものがあります．もう片方は，理由や根拠の提示を要求するもので，内容的に発展した発話自体を促すものだと言えるでしょう．こちらは，生徒が求められる参加の度合いが大きくなっています．同じ質問から始まったやり取りでも，教師のフィードバックによって，異なる学習機会につながっていることが分かります．ここでは，van Lier (1998)の例に基づき4種類のフィードバックを考察しましたが，他にも，学習者の発言をそのまま繰り返したり (repetition)，誤りを含んだ発言の言い直し (recast) をしたり，コメントをするなどして話を発展させていくことも可能でしょう．

　上の例は，話の内容が文法事項でしたが，今度は，もう少し日常的な内容に関するインターアクションを見てみましょう．Ellis (1995) に提唱されたcomprehension-based grammar task(理解中心文法タスク)の活用例です．まずは指示を読んでみてください．

　　Underline the verb in these sentences. Are these sentences true of you?
　　Write TRUE or FALSE.

1. I have never traveled in an aeroplane.
2. I have never seen a snake.
3. I have never been late for an appointment.
4. I have never told a lie.

(Ellis 1995, p. 28)

このタスクでは，2つの作業が求められています．一つは，焦点となっている現在完了形に線を引くこと，そうしてもう一つは，それぞれの文の内容が自分に当てはまるかどうかを判断することです．Ellis (1995) が説明しているように，このタスクは，学習者が耳にしたり，目にしたりするインプットの中で新出の言語構造に注意を払うことで習得が促されるという考えに基づいているものです．教師は，タスクを提示して，学習者の活動をモニタリングし必要に応じてサポートを行い，最後の答えを確認することになります．答えの確認の仕方としては，線を引いた箇所と true か false を聞いていくことが考えられます．しかし，これから見る例に出てくる教師は，違うオプションを選びました．どのようなオプションだったのでしょうか．国内の語学学校の初級クラスで実際に行った取り組みを見てみましょう．

生徒に3分間の個人作業の時間を与えた後，教師は，クラス全体で回答の確認を始めました．Excerpt 5 は，この中で起こった教師先導のインターアクションからの抜粋です．まずは，前半 (1 行目〜 11 行目) です．

Excerpt 5.1
1 T: So, Noboru, **have you ever been late for an appointment?**
2 N: No, never. （笑）俺いつだってちゃんと時間守ってるもん．
3 T: **Really?** （冗談ぽく）
4 N: Yes!
5 Ss: えー（笑）
6 T: **So you're always punctual?**
7 N: Punc?
8 T: Yes, punctual. It means never late.
9 N: Ah, punctual ok. Yes, never late.
10 X: Liar liar. （笑）
11 Ss: （笑）

(著者，未発表データ)

教師は、1行目でタスクシートにある3番目の文を疑問形に変え、ひとりの生徒（N）に約束に遅れたことがあるかどうか尋ねています。Nは、すぐさま否定しますが、これに対し教師が Really? と冗談めかして聞き、N が Yes と声を大にして答えます。すると、クラスメート数名が「えー」と不同意を示し笑います。さらに教師は、発言の内容を確認するために、So you're always punctual? と尋ねます。N は、punctual の意味が分からないようで躊躇しています。教師は、それに気づき、8行目で It means never late と易しい表現で言い換えます。これによって教師の質問の意味が分かった N は、Yes, never late と答えています。これを聞いたクラスメート（X）が、11行目で Liar liar と否定して、他のクラスメートも続いて笑います。この一連のやり取りは、1行目の教師の質問による先導（I）で始まり、2行目の生徒による返答（R）、3行目の教師によるフィードバック（F）と続いています。ここで特筆すべきは、教師が疑問文でこの活動を始めたことです。さらに、教師は3行目でユーモアを込めた口調で生徒の発話の真偽を確認しています（F）。このフィードバックによって、生徒によるさらなる発言が促されていると考えられます。

Excerpt 5.2

12　T：　Akio, **Noboru says he's never been late for an appointment. What do you think?**
13　A：　No, no. 絶対うそ。
14　T：　How about you, Yoko? **He says he has never been late.**
15　Y：　Umm I think it's uh false?（笑）
16　T：　Oh, you both think so?（笑）
17　Y：　Yes.（笑）
18　A：　Yes I think so. Umm last week, he was umm late - for Tom's lesson.
19　T：　Oh, was he?
20　A：　Yes.
21　T：　Noboru, did you hear what Akio just said?
22　N：　No, not true.
23　T：　Are you sure?
24　N：　Uh ok, yes, late.
25　A：　ほら言ったろ、先生。（笑）
26　T：　Yep.（笑）**So Noboru, uh you have been late for an ap-**

pointment, right?
27 N: Uh, yes. ばれたか (笑)
28 Ss: (笑)
29 T: **So you've been late for an appointment?**
30 N: Yes.

(著者，未発表データ)

　ここで重要なのは，教師が最初から最後まで目標言語である英語で話していること，生徒が，時折日本語を使用しているものの，教師の発話に耳を傾け適切な発話を行っていることです．教師が要所要所で行う質問や確認が，生徒間の発話と発話をつなげる接着剤のような役割を果たし偶発性を高めていると言えます．また，教師は，目標文法項目である現在完了形を，疑問文や伝達文等自然な形で数回使用していることで，インプットにおける頻度を上げています（太字部分）．また，Excerpt 5 は，笑いの回数や発言内容からも，ユーモアにあふれるやり取りであることが分かります．大きな要因として，N が明るい性格の持ち主であり，普段から授業内で冗談を言うクラスのおどけ者 (clown) (Dörnyei and Murphey 2003) の役割をしていたことと，それを教師と他の生徒が理解していたことが挙げられます．そうした共通理解に基づき，教師が目標文を特定の生徒 (N) の発言として繰り返したことが Excerpt 5 のユーモア味に貢献していると考えられます．

5.2. タスクの使用と教師の役割
　高等学校指導要領 (文部科学省 2009) には，「コミュニケーション英語 I」では，不定詞，関係詞，助動詞等の文法事項を「言語活動と効果的に関連付けながら」(p. 91) 扱うという記述があります．そこで，Samuda (2001) の研究で報告されている英語教師の取り組みを紹介します．この教師は，北アメリカにある大学の英語集中プログラムで教えており，8 年の教育歴を有していました．使用されたタスクは，things in pockets と呼ばれ，忘れ物のコートのポケットに入っていたものから持ち主を推測するものです．このタスクの目標は，must / might / could 等の法助動詞及び be 動詞・一般動詞の使い分けです．まず，学習者たちは，How Certain Are You? と名付けられたチャートを与えられ，少人数グループで話し合います．このチャートには，縦軸に，持ち主の名前，性別，年齢，婚姻歴といった項目があり，横軸に less than 50% certain (It's possible)，90% certain (it's probable)，100% certain (it's certain) と

いう確信の度合いを示す表現があります（Samuda 2001, p. 127 参照）。

最初のステージでは，学習者が使える表現である maybe やチャートで使用されている possible や probable といった表現ばかりで，学習目標であった法助動詞は使用されませんでした。次は，クラス全体で形式に焦点を当てるステージ（language focus）で，暗示的言語フォーカス，明示的言語フォーカスへと続きます。Excerpt 6 は，暗示的言語フォーカスの一例です。忘れ物から持ち主の習慣について学習者たちがグループで話し合っており，50％の確率で喫煙者であろうという意見が出た場面です。下線は，タスクチャートが基になっている言葉，矢印は新しい形式の導入を示しています（オリジナルにはありませんが，ここでは分かりやすいように太字且つ斜体にしてあります）。

Excerpt 6
1　T:　Oh yeah?　Only 50%?　Why's that?
2　S2:　Yes, give proof (laughter)
3　N:　Because here (showing matchbox).　A matchbox
4　T:　Hmmm, but you're not certain if he smokes, huh? (looking at matchbox)
5　A:　Look (opens matchbox). Many matches so maybe he just keep for friend, not for him (laughter)
6　T:　⇒ Mmmm I – I guess it's possible he *might* smoke. It's hard to tell just from this …

(Samuda 2001, p. 129 に基づく)

このやり取りの中で，教師は3回発言をしています（1行目，4行目，6行目）。まず，1行目で，50％の確率で喫煙者であろうという学習者たちに対して，理由を求めています。さらに重要なのは，6行目で目標項目の一つである might を導入していますが，それまではタスクチャートで使用されている言葉（下線部）を使って，新しい形式 might の導入の準備をしている点です。また，might の導入も会話の流れを妨げることなく，ごく自然になされています。偶発性が高いインターアクションと言えます。

Excerpt 7 では，より明示的な言語フォーカスがなされています。

Excerpt 7
1　T:　Hmmm let's—why don't we look at how the language works here? Just for a minute uhh (looking at objects). Let's see

第8章 コミュニケーションの場としての英語授業における教師の役割　　161

　　　　　now. Did you have anything here you thought was 'probable'?
　　　　　Like 90%?
　2　Y：　Businessman
　3　T：　Businessman? 90%? OK. So you're 90% certain he's a busi-
　　　　　nessman, right? Here's another way to say this. You
　　　　　⇒ think it's 90% certain, you think he *must* be a businessman.
　　　　　⇒ He *must* be a businessman (writes it on board). So this
　　　　　(point to must be on board) is showing how CERTAIN how
　　　　　SURE you are. Not 100%, but almost 100%. 90%.
　　　　　　　　　　　　　　　　　　　　　(Samuda 2001, p. 131 に基づく)

　この直前まで，教師は，学習者たちによる話し合いのまとめや特定の学習者の発言に対する返答等，意味に焦点を当てた発言を行っていました．しかし，1行目で，形式への注意を喚起します．まず probable や90%といった学習者たちがすでに知っている表現を用いて，Businessman という発話につながり，3行目でもう一度チャートの表現を用いて So you're 90% certain he's a businessman, right? と確認した後，こういう風にも言えますと，口頭で must を使った文を導入しています．さらに，その文を黒板に板書し，再度学習者の知っている表現を用いて意味を説明しています．より教師主導型のトークに移行したと言えます．
　この研究は，日本人が参加しているものの，英語が日常的に話されている環境にいる国の ESL の学習者を対象にしています．また成人を対象にした ESL プログラムと日本の中学校や高等学校では，様々な違いがあります．従って，タスクはそのまま用いることはできないかもしれませんが，この研究で報告された試みから参考にすべき点はたくさんあります．一つは，足場掛けとしてのタスクのデザインです（van Lier, 1996）．第1ステージでは，学習者が，チャートを使いながら，少人数グループの話し合いで意見を出し合い，チャートにある単語を使用しました．第2ステージでは，学習者同士の会話に教師が参加する形で行われ，すでにグループ内で共通の知識となったチャートにある表現を教師が活用し，目標言語項目である法助動詞を導入しました．本章では紹介できませんでしたが，第3ステージ（post-focus）は，学習者たちがグループでポスターにキャプションを書き，それまでの学びを総括する形になっています．一つ一つの活動が次の活動のステップになっていて，学習者のできる範囲が広がっています．もうひとつは，教師によるインターアクション支援

です．ステージごとに役割を変え，各ステージで築いた知識を基に，対象文法項目を比較的平易な表現を使って有意なコンテクストで導入しています．この授業実践は，入念な計画と臨機応変のバランスの大切さと，タスク活動において教師が担うべき・担い得る役割の大きさと幅を示してくれています．

6. おわりに

コミュニケーションの場としての英語授業を提供するために，教師は様々な役割を担う必要があると言えます．まずは，教師が率先して英語を使うことでしょう．近年，第二言語習得における母語使用の役割が議論されていますが (Ellis 2003 参照)，これは，飽くまで目標言語のコミュニケーション能力につながるような足場掛けのための使用であり，単に母語で授業をすればいいということではありません．やはり前提となるのは，目標言語の使用です．本章で紹介した例の中でも，学習者が日本語を使用している場面が見られましたが，教師はすべて英語で発言しています．教室内で一番長い英語学習歴を持つ教師による積極的な英語使用なくしては，コミュニケーションとしての授業の実現は望めるものではありません．それには，教科書に掲載されているような挨拶や指示といった定型句の使用はもちろん，学習者の発言に臨機応変に対応できるような用意ができている必要があります．その場その場で学習者の発言に即座に反応して行う発言や相互行為的足場掛けは，「優れた指導者」の印であり (van Lier 1996)，教室内でのインターアクションを言語学習の機会にしていくために教師が身につけるべき能力 (Walsh 2011, 2013) の一部であると言えます．同時に，学習者が英語を積極的に使用するための環境作りも行う必要があるでしょう．ペアワークやグループワークに必要な表現の導入や，教師の質問が聞き取れなかったり理解できなかったりした場合の返答の仕方など，授業で行う活動に学習者が参加するために必要な表現を，授業のやり取りの中で必要に応じて導入し使用を促す地道な努力も必要になるでしょう．こうした偶発性や即興性の高い対応を行うために，教師は時として，慎重に練り上げた授業計画からでさえ逸脱する必要があるでしょう (Bailey 1996)．

さらに，教室をコミュニケーションの場とするには，教師主導の伝達型や IRE 型のインターアクションだけでなく，タスクを用いたペアワークやグループワークを活用し，学習者主導の交換型や変容型のインターアクションを積極的に取り入れていく努力をする必要があると言えます．そのような授業が展開されるようになると，必然的に学習者同士の話し声が多く聞かれるようになりま

す．筆者らは，中学校や高等学校の先生方から，他の教室の迷惑になる恐れがあるため，ペアワークやグループはあまり使いたくないとの話を耳にしたことがあります．第二言語の研究ではありませんが，談話研究を基に，noisy talk (Tennock 1998) の重要性が説かれています．noisy talk は，音量，笑い，同時に起こる発言が特徴としてあげられますが，単なる騒がしいおしゃべりではありません．本章で紹介した Excerpt 5 は，教師先導の IRF 型インターアクションでしたが，頻繁に笑い声を伴うものでした．こうした話し合いは，グループの結束に貢献し，グループタスクの遂行に欠かせない協働作業を可能にしていると言えます．教室をコミュニケーションの場へと近づけていくには，学習活動に集中して起こる noisy talk の媒介としての役割を，他の教員にいかに理解してもらうかが一つの課題だと言えるかもしれません．

そして，教員ひとりひとりが，様々なタイプのインターアクションの特徴を理解し，それらを必要に応じて駆使して授業できる準備をしておくべきでしょう．これに関して，Johnson (1995) は以下のように述べています．

> 第二言語の授業でコミュニケーションを促進するには，教師がより幅広いコミュニケーションパターンを許容し，言語学習者の言語・相互行為能力を可能な限り高め，教室活動に参加しそこから学ぶ機会をもっと作り出す必要がある．そうした参加が，生徒が教室での学びや第二言語習得のために言葉を使う機会を生み出す助けとなるのである．(p. 160)（著者訳）

生徒のコミュニケーション能力育成のためには，様々な活動を取り入れ様々なタイプのインターアクションを駆使する必要があるのです．高い専門性を備えた教師は，授業計画をたくさん持っていて（"planful"），この引き出しの多さが臨機応変な対応を可能にしていると言われています（Bailey 1996）．だとすれば，教師ひとりひとりが，使用可能なインターアクションのレパートリーを広げる努力を重ねることが大切だと言えます．しかし，前述のように教育現場には制約がつきものですから，中にはすぐに使えないものもあるかもしれません．まず自分がどのタイプのインターアクションをどのようなタイミングでどのような目的を持って行っているのか，そうした授業を行うことでどのような学習機会が生まれ，あるいは制限されているのか，またどのような代替的アプローチが可能なのかといったことを日頃から考える必要があります．まずは，現状を知ることから始めてはどうでしょうか．自分の授業を録音・録画し振り返ることで，自身のティーチングや生徒の学びに関して再確認できるかもしれませんし，新たな気づきを得ることができるかもしれません．日々の業務の合

間にたとえ10分でも15分でも時間を取り,実際に行った授業を振り返り,自身が理想とする実践に照らし合わせて,改善の余地を探る努力こそが教員の成長に不可欠とされる内省的実践であり,有意義な英語コミュニケーションの場としての授業を実現し,生徒の学びをより実りあるものにしていくための原動力なのではないでしょうか.

　本章の執筆には,モントレー国際大学教育言語学研究科で私たちがお世話になったKathleen Bailey 博士と Leo van Lier 博士の教室研究に関する深い知見が欠かせないものでした.Bailey 先生からは教師発達における内省的実践の大切さを,van Lier 先生からは,社会文化理論に導いて頂き教育・学習における言葉の役割の大切さを学ばせて頂きました.両先生に心から感謝申し上げます.

参照文献

Bailey, K. M. (1996) The best laid plans: Teachers' in-class decisions to depart from their lesson plans. In K. M. Bailey and D. Nunan (eds.), *Voices from the Language Classroom*, 15-40. Cambridge: Cambridge University Press.

Barnes, D. and F. Todd (1995) *Communication and Learning Revisited: Making Meaning through Talk*. Portsmouth, NH: Heinemann.

Cazden, C. (2001) *Classroom Discourse: The Language of Teaching and Learning* (2nd ed.). Portsmouth, NH: Heinemann.

Dörnyei, Z. and T. Murphey (2003) *Group Dynamics in the Language Classroom*. Cambridge: Cambridge University Press.

Ellis, R. (1995) Why use comprehension-based grammar tasks? *The Language Teacher, 19*(9), 27-30.

Ellis, R. (2003) *Task-Based Language Learning and Teaching*. Oxford: Oxford University Press.

Faerch, C. (1985) Meta talk in FL classroom discourse. *Studies in Second Language Acquisition, 7*, 184-199.

Gibbons, P. (2002) *Scaffolding Language, Scaffolding Learning: Teaching Second Language Learners in the Mainstream Classroom*. Portsmouth, NH: Heinemann.

Halliday, M. A. K. (2004) Three aspects of children's language development: Language learning, learning through language, and learning about language. In J. J. Webster (ed.), *The Language of Early Childhood*, 308-326. New York: Continuum.

Johnson, K. (1995) *Understanding Communication in Second Language Classrooms*. Cambridge: Cambridge University Press.

Larsen-Freeman, D. (1983) Training teachers or educating a teacher. In J. E. Alatis, H. H. Stern, and P. Strevens (eds.), *Applied Linguistics and the Preparation of Second Language Teachers: Toward a Rationale*, 264-274. Washington D.C.: Georgetown University Press.

Mehan, H. (1979) "What time is it, Denise?": Asking known information questions in classroom discourse. *Theory into Practice, 28*, 285-294.

Mercer, N. and K. Littleton (2013) *Interthinking: Putting Talk to Work*. New York: Routledge.

文部科学省 (2009)『高等学校指導要領』文部科学省.

Samuda, V. (2001) Guiding relationships between form and meaning during task performance: The role of the teacher. In M. Bygate, P. Skehan and M. Swain (eds.) *Researching Pedagogic Tasks: Second Language Learning, Teaching and Testing*, 119-140. Harlow: Pearson Education.

Sinclair, J. M. and R. M. Coulthard (1975) *Towards an Analysis of Discourse: The English Used by Teachers and Pupils*. London: Oxford University Press.

Tennock, S. (1998) Noisy talk: Conversation and collaboration in a youth writing group. In S. M. Hoyle and C. T. Adger (eds.), *Kids Talk: Strategic Language Use in Later Childhood*, 241-265. New York: Oxford University Press.

Ur. P. (2009) *Grammar Practice Activities: A Practical Guide for Teachers* (2nd ed.). Cambridge: Cambridge University Press.

van Lier, L. (1995) *Introducing Language Awareness*. London: Penguin.

van Lier, L. (1996) *Interaction in the Language Classroom: Awareness, Autonomy, and Authenticity*. London: Longman.

van Lier, L. (1998) Constraints and resources in classroom talk: Issues of equality and symmetry. In H. Byrnes (ed.), *Learning Foreign and Second Languages: Perspectives in Research and Scholarship*, 157-182. New York: The Modern Language Association of America.

Vygotsky, L. S. (1978) *Mind in Society: The Development of Higher Psychological Processes*. Cambridge, MA: Harvard University Press.

Walqui, A. and L. van Lier (2010) *Scaffolding the Academic Success of Adolescent English Learners*. San Francisco, CA: WestEd.

Walsh, S. (2011) *Exploring Classroom Discourse: Language in Action*. New York: Routledge.

Walsh, S. (2013) *Classroom Discourse and Teacher Development*. Edinburgh: Edinburgh University Press.

Wertsch, J. V. (1998) *Mind as Action*. New York: Oxford University Press.

Wood, D., J. Bruner and G. Ross (1976) The role of tutoring in problem-solving. *Journal of Child Psychology and Psychiatry, 17*, 89-100.

第 9 章

「読めばわかるのに,聞き取れないのはなぜ?」を探る
―― Connected Speech から見る音声学習と指導 ――

伊藤　泰子

英語の聞き取りは多くの日本人英語学習者が難しいと感じるもののひとつです.しかしその原因は必ずしも文法力や語彙力だけにあるとは限りません. I want it. という文は /áɪwántɪ́t/ ではなく /áɪwánɪt/ と発音されます.このような話し言葉における音の変化に不慣れであるために,読めばわかるのに聞き取れないという問題が起こってしまいます.本論はこのような音の変化を総称した connected speech に焦点を当てながら,日本の英語教育における音声学習と指導に対する提言をすることを目的としています.まず connected speech の概要を説明し,具体的にどのような学習法・指導法が考えられるのかについて述べます.

キーワード：　音声学習,音声指導, connected speech, 聞き取り, 発音

1.　はじめに

　多くの英語学習者は聞き取りを苦手としています.語彙が不足し文法を知らなければ,聞き取りが難しいと感じるのは確かです.しかし多くの人が経験したことのあるように,話された英語では理解できなかったのに,書かれたものを見たら自分がよく知っている単語ばかりで,文法も簡単なものだったということがよくあります.明らかに,語彙力や文法力だけでは説明のつかない理由が聞き取りの難しさにはあるのです.それは,簡単に言ってしまえば,英語の音声に不慣れであるということです.慣れている(母語の)日本語の音とは違うということです.それはどういうことか,もう少し具体的に考えてみましょう.

　どの言語にも母音と子音があります.日本語の母音の数は,あ,い,う,え,おの 5 つと言われています.それに対して英語では,数え方にもよりますが,およそ 15 の母音があります.したがって英語では, fan (うちわ) の母音は /fǽn/, fun (楽しみ) の母音は /fʌ́n/ と異なる母音ですが,日本語ではど

第9章 「読めばわかるのに，聞き取れないのはなぜ？」を探る　　167

ちらも /a/（つまり，「ファン」）となり，区別ができません．また子音についても，日本語の方が少なく，英語には，fやthの音など，日本語にはない子音があるので，path /pǽθ/（小道）と pass /pǽs/（通過する）という異なる2つの英単語をそれぞれカタカナにするとどちらも「パス」となりますが，英語で発音する場合，語尾の子音が異なります．同様に，bath /bǽθ/（お風呂）と bus /bʌ́s/（バス）では，日本語ではどちらも「バス」と表記されますが，英語では共通する音は語頭の /b/ のみで，残りの母音も子音もまったく違う音です．このように，子音と母音という音声の基礎的な部分でさえ日本語と英語には大きな違いがあります．

単音だけでも日本語と英語は違いますが，さらに聞き取りを複雑にしているのが，connected speech と言われる，音が連続することにより，元の音が変化，もしくは脱落したり，同じ連続音でもその音を含む単語の機能によって変化や脱落の仕方が異なる現象です．例えば，I want it. という文を単語ごとに読めば /áɪwántɪ́t/ になりますが，文として読むと /aɪwánɪt/ となります．ここでは，wantの最後の音である /t/ と itの初めの音である /ɪ/ が隣り合わせになったことで音の変化が起こり，日本語の「ニ」に近い音となっています．このように，話し言葉では音の変化が起こります．/áɪwántɪ́t/ と言われれば聞き取れるのに，/aɪwánɪt/ と言われると聞き取れないという問題が起こってしまうのです．単音や単語の発音は聞けても，連続音となる聞き取りができない，ということが起こってしまうのです．つまり，connected speech，話し言葉に見られる音の変化に不慣れであることが，聞き取りを難しくしている大きな原因となるのです．[1]

以下では，最近の英語教育・学習で求められているオーラルコミュニケーションにおいて，「話す」「聞く」活動が強調されている一方で，日本語を母語とする学習者が英語の音声を「聞き取る」ことを助けるような教育法・学習法が提示されていない状況を受け，その体系を概観し，それをどのように日々の実践で生かすことができるかを提示します．

---

[1] connected speech は英語に限ったことではありません．Hasegawa（2006）には，日本語でも非常に多くの複雑な現象があることが指摘されています．例えば，書き言葉では「それでは」「飲んでいる」「買っておく」「分からない」と表記されるものが，話し言葉では「それじゃ」「飲んでる」「買っとく」「分かんない」などと変化します．日本語母語話者はこれらの「短縮形」を無意識に使っていますが，同様に，英語の母語話者も無意識に「書き言葉」「単語だけ」の時と異なる発音をしますので，そうした connected speech を聞き取ることが重要になります．

2. Connected speech の意義

　日本人英語学習者が *I can swim.* という文を発音する場合，多くの人が3つの単語すべてを均等の強さで発音して /áɪkǽnswím/ と言うでしょう．しかし，そのように発音すると，*can* と言ったはずが *can't* と間違われてしまい，「泳げる」と言ったはずが「泳げない」ととられてしまうという誤解が生じます．英語には強く読む単語と弱く読む単語があり，*can* は弱く読む単語に相当するので，本来は /kǽn/ ではなく /kən/ と発音されます．それに対して，否定文の *I can't swim* の場合は *can't* は強く読まれて /kǽnt/ という発音になります．そのために *can* と言ったはずが *can't* と間違われてしまうという問題が生じてしまいます．

　「言っていることはある程度文脈から推測してもらえるから発音は完璧でなくていい」という意見もあるでしょう．ここで言う「完璧」な発音とはどのような発音か，という議論は別にして，もちろんネイティブスピーカーのように発音できなくても通じることは多くあります．しかし，いくらノンネイティブな発音であっても「通じる」発音，つまり intelligible なものでなくてはなりません．通じる発音を身に付ける手助けのひとつが connected speech と言えます．また，スピーキングではネイティブスピーカー並みの発音でなくてもいいとしても，リスニングではネイティブスピーカーの発音を聞くことは多くあるでしょう．そうするとどうしても connected speech に多くふれることとなります．聞いている英語に connected speech が含まれている場合とそうでない場合とでは，含まれている場合のほうが聞き取りづらくなるということが過去の研究でわかっています (Henrichsen 1984, Ito 2006)．Connected speech に慣れ，その基本的なメカニズムを理解しておくことが聞き取りの力を伸ばすことにつながると言えます．

　高等学校学習指導要領（文部科学省 2009）では，「リズムやイントネーションなどの英語の音声的な特徴，話す速度，声の大きさなどに注意しながら聞いたり話したりすること」が「コミュニケーション英語 I」の内容の一つとして挙げられています (p. 87)．語彙や文法に加えて，音声の指導も重要な位置を占めていると言えます．Kodera (2012) も高校の英語教育において connected speech を教えることの意義を述べています．近年の文部科学省検定済の英語教科書を見ると，中学1年生の教科書から音声に関する説明が含まれています．例えば，『Sunshine 1』(2012) には文レベルの強弱のリズムに関する情報や音のつながりに関するヒントが載っていますが，なぜそのような音の変化

が起こるのかという説明は書かれていません.もちろん中学1年生に対してそのような説明を与える必要性があるのかどうかということについては議論の余地があると思われます.しかし母語をすでに習得している,中学生も含めた大人の学習者はメタ言語意識を持っているので,メタ言語意識に働きかける指導法を取り入れることも有効であると考えられます.そのため,connected speech の仕組みを少しずつでも教えていくことも効果的なのではないかと考えます.柴田ほか (2006) では高知県の中学,高校の英語教師に対して音声指導に関するアンケート調査を行いました.それによると,指導量に関してはリズムやイントネーションといった超分節音素の指導が母音や子音といった分節音素の指導に勝っているとしています.

では,教師の connected speech に関する知識はどの程度なのでしょうか.Rogerson (2006) によると,教師の connected speech に関する知識には違いがあり,その知識の違いは教師自身が指導する上で connected speech がどの程度重要と考えるかということに関係していると考えられています.教師自身の connected speech に関する知識が限られているのであればそれを改善する方法を考えなくてはなりません.柴田ほか (2006) でも音声指導に関する教員教育の必要性を訴えています.Connected speech に関する知識が浅いと感じる教員の手助けとなるよう,第3節では connected speech の仕組みについて述べます.

3. Connected speech の仕組み

まず,以下の例文をすべて声に出して読んで下さい.

(1) Cats chase mice.
(2) The cats have chased mice.
(3) The cats will chase the mice.
(4) The cats have been chasing the mice.
(5) The cats could have been chasing the mice.

(Celce-Murcia, Brinton and Goodwin 1996, p. 152)

(1) から (5) まで,単語数が少しずつ増えていますが,単語数が増えた分,読んだときにかかる時間も長くなるでしょうか.例えば,(5) の *The cats could have been chasing the mice.* は8語からなっていますが,(1) の *Cats chase mice.* は3語からなるので,単純計算で (5) は (1) の2倍以上の時間

をかけて読むことになるでしょうか．もし (5) を日本語のリズムのようにすべての単語に強勢を置いて /ðəkǽtskúdhǽvbíntʃéɪsɪŋðəmáɪs/ と読むと，(1) の2倍以上の時間がかかってしまいます．しかし，英語のリズムでの読み方であれば，(5) にかかる時間は (1) の2倍以上にはならず，極端に言うとほぼ同じ長さで読むことができます．

では，どのように読めば (5) にかかる時間が (1) とほぼ同じ長さになるのでしょうか．英単語には強勢を受ける部分が必ず一ヶ所あります．例えば，*paper* という単語を発音する場合，/péɪpɚ/ というように，初めの /eɪ/ の音に強勢が置かれ，/ɚ/ には強勢が置かれず弱く読まれます．このように，単語レベルでは強勢を受ける箇所と受けない箇所がありますが，文レベルでも同様に強勢を受けるものとそうではないものがあります．先ほどの *Cats chase mice.* の例文をもう一度見てみます．

			●	●	●
(1)		CATS		CHASE	MICE.
(2)		The CATS	have	CHASEd	MICE.
(3)		The CATS	will	CHASE	the MICE.
(4)		The CATS	have been	CHASing	the MICE.
(5)		The CATS	could have been	CHASing	the MICE.

(Celce-Murcia, Brinton and Goodwin 1996, p. 152)

今度は *Cats chase mice.* の上に黒丸がついていて，その単語が強勢を受けることを示しています．対照的に，黒丸がついていない単語もありますが，それはその単語が強勢を受けないことを示しています．内容語は強勢を受け（黒丸がつき），機能語は強勢を受けません（黒丸がつきません）．内容語とは，「それ自体単独で使われても意味を持ちうる」語（小池 2003, p. 28）を指しており，例えば名詞，本動詞，形容詞，副詞，否定があります．それに対して機能語とは「単独では意味を持ちえない」語（小池 2003, p. 28）で，例えば冠詞 (*a, the*)，前置詞 (*in, on, to, from* など)，人称代名詞 (*he, she, him, her* など) があります．簡単に言えば，内容語とはある伝えたい情報の鍵となる内容が含まれた語で，機能語とはもちろんそれらも内容を含んではいますが，文を文法的にするための機能をそなえた語であると言えるでしょう．つまり，情報の鍵となる内容を含む内容語は，メッセージを伝える上で重要となるので強勢を置いて発音をすることになり，対照的に機能語はメッセージを伝える上では内容的には内容語ほどは重要ではないため強勢を受けない，ということにな

るのです．

表1： 内容語と機能語

内容語	機能語
1. 名詞	1. 冠詞
2. 形容詞	2. 人称代名詞
3. 数詞	3. 関係代名詞，関係副詞
4. 指示代名詞，指示副詞	4. 不定形容詞
5. 疑問代名詞，疑問副詞	5. 助動詞と be 動詞
6. 動詞（動名詞，現在分詞，過去分詞を含む）	6. 前置詞
7. 副詞	7. 接続詞
8. 感嘆詞	

(竹林・斎藤 2008, p. 166-167)

　強勢を受ける語は，「強く」「高く」「長く」読みます（竹林・斎藤 2008, p. 154）．つまり反対に強勢を受けない語は「弱く」「低く」「短く」読むということになります．黒丸のヒントを頼りにもう一度 (1) から (5) を声に出して読んでみて下さい．実際にやってみると，頭で理解しながらもなかなか思うように発音できないと感じるかもしれません．日本語を母語とする人の中には「弱く」読むことが難しいと感じる人がいます．それまで「強く」読んでしまっていたために，音を「落とす」ことが難しく感じてしまうのです．ここは思い切って音を落としてみることが重要となります．「弱く」「低く」「短く」の3つを同時にやることが難しい場合は，「低く」から始めてみて下さい．それができたら次は「弱く」読んでみましょう．すると，徐々に「短く」なってきます．「弱く」読むとはどういうことなのかわかりづらい場合のヒントとして，schwa と呼ばれる弱母音について説明します．これは名前の通り，弱い母音で，音声記号で書くと /ə/ となります．この音の出し方のひとつとして，以下の方法を紹介します．ため息をつき，つき終わったときの口のかたちをそのままにして声を出すと schwa と呼ばれる弱母音の音が出ます．この音を出すとき，口の中やまわりで力の入っているところはないと思います．つまり，弱く読む音は，あまり力を入れずに読むものと言えます．上記 (1) から (5) の例文の黒丸のところで手拍子なり足踏みなりでリズムをとると，そのリズムを壊さないように読もうとして強勢を受けない語を「弱く」「低く」「短く」読む手助けになります．

強勢を受ける語はこれまで通りの読み方でいいのでそれほど難しいことではありませんが、問題は強勢を受けない語の読み方です。「弱く」読むと言ってもむやみに音を落としたり変化させていいものではありません。音の脱落の仕方や変化の仕方には特徴があり、その特徴を理解することが重要となります。例えば代名詞の he や him, her, そして助動詞の has や have はすべて /h/ の音で始まっていますが、これらはすべてその語頭の /h/ が落ち、/h/ を発音しません。代名詞 him を例にとって見てみます。

(6)　I gave him a present.

本来、him は /hím/ と発音しますが、connected speech の仕組みに則ると通常は /h/ がとれて /ɪm/ と発音されます。/h/ がとれたことで前の単語の gave とつき、gave him は /géɪvhím/ でなく /géɪvɪm/ という発音になります。もしこの代名詞が him ではなく her になる場合も同じく、/hɚ/ の /h/ がとれて /ɚ/ となり、/géɪvhɚ/ が /géɪvɚ/ となります。(6) の例文の中で、内容語は gave（動詞）と present（名詞）で、機能語は I（代名詞）、him（代名詞）、a（冠詞）です。つまり強勢を受ける語は gave と present で、強勢を受けない語は I と him と a となり、gave と present は「強く」「高く」「長く」読み、I, him, a は「弱く」「低く」「短く」読みます。日本語を母語とする学習者は、文頭の I を強く読んでしまいがちなのですが、これは代名詞ですので弱く読むように心がけることが必要となります。強勢を受けないときの機能語の読み方は、竹林・斎藤 (2008) にも一覧表が載っているので、それを参考にしてみて下さい。

原則的には機能語は弱く読みますが、強く読む場合もあります。例えば (6) の場合、誰にプレゼントをあげたのかが明らかな場合は him を弱く読みますが、もしここで「（プレゼントをあげたのは彼女ではなくて）彼です」と「彼」を強調するのであれば、him は強勢を受けて強く読まれます。

以上のような connected speech の仕組みを理解した上で、どのような練習をすればよいのかについて第 5 節で述べますが、まず第 4 節ではリスニングとスピーキングの関係について述べます。

4.　リスニングとスピーキングの関係

Connected speech は音声の特徴なので、リスニングとスピーキングの両方に関わります。それでは、スピーキングとリスニング、どちらで練習をすれば

よいのでしょうか．聞き取りの練習をして，それができるようになると発音も上達するのか，あるいはその逆に発音の練習をすることで聞き取りを上達させることができるのでしょうか．

　母語習得の場合，音の認識（perception）と産出（production）とでは認識が先にできるようになります（Edwards 1974, Smith 1973）．生まれてから，さらには生まれる前からもずっと，母親や周りの人たちの話し声を耳にしているので，まずは音の認識から始まっています．そしてだんだんと音を発するようになっていきます．

　それでは，第二言語習得の場合はどうでしょうか．認識が先にできるようになるか，産出が先にできるようになるか，その結論は研究によって様々です．しかし，聞き取りの訓練をすることで発音が上達するという研究結果も報告されています（Mueller and Niedzielski 1968, Pimsleur 1963, Schneiderman, Bourdages, and Champagne 1988）．したがって，聞き取れるようになることで発音もできるようになる，ということになります．それでは，逆に発音の練習をすることで聞き取る力は伸びるのでしょうか．Ur（1984）は発音が正確にできるようになれば聞き取りがしやすくなる，と言っています．したがって，connected speech の聞き取りの訓練をするためには，産出することも有効であると言えます．また，リスニング力を伸ばすためにはやはりリスニングをすることが必要となりますので，第 5 節ではリスニングと発音（産出）の両観点から，connected speech の聞き取りのための学習と指導について述べます．

5．Connected speech の学習と指導

5.1．学習法

　Connected speech の聞き取りの訓練のひとつとして，映画を使った勉強法を紹介します．好きな映画をひとつ選び，さらにその映画の中で比較的聞き取りやすい登場人物を選びます．登場人物によっては役作りのためにわざと話し方を変えている人もいて，そのような場合は英語が聞き取りにくくなっていることがあるので，そのような登場人物は避けたほうがいいと思います．次にその登場人物が話すシーンを選びます．長いシーンである必要はなく，そのセリフが 1 文，数秒でも構いません．シーンが決まったら，そのシーンをじっくりと聞いて，一言一句聞き取れたかどうかを確認します．もし聞き取れなかった場合は何度か聞いてみて，どうしても聞き取れない場合は英語字幕を出して

見ます．そうすることで，どのような単語を言っていたのかがわかります．本論の初めにも書いたように，その単語はすべて知っている単語かもしれません．何を言っていたのかがわかったら，英語字幕を消してもう一度聞いてみます．すると，先ほどは音の塊にしか聞こえなかったものが，頭の中で単語となって意味が理解しやすくなると思います．こうすることで connected speech の聞き取りの練習ができます．

　発音の練習は，自主学習ではなかなかやりづらいと感じる人も多いでしょう．人間あるいはコンピューターなど，自分の発音の間違いを指摘してくれる相手がいないと難しいことは多々あります．正しい発音を聞いて真似すればいい，と言われてもどのように発音すればいいのかがわからない場合も多いと思います．発音を上達させるには時間もかかるし，それなりの労力を要します．ですから，コツコツと学習を進めなくてはなりません．（ただし，これは発音の学習に限ったことではなく，外国語学習全般に言えることです．）したがって，教師なり，先輩なり，友人なり，もし発音の指導をしてくれる人が近くにいるのであれば，その人からの指導を受けたら，それをヒントに普段の英語学習の中でも発音に注意を向けるようにすることが大切です．今は本やインターネットで様々な教材が出されていて，映画や音楽といった音声教材も豊富にあるので，それらをうまく使って英語の発音やリズムをさらに練習するといいでしょう．

　好きな映画がある場合，その主人公になりきるために発音の真似をするということも学習法のひとつでしょう．そのために自分の好みの映画や歌を見つけることもいいのではないでしょうか．また，早口言葉も発音の練習に使えます．以下に英語の早口言葉の例を挙げてみます．

(7)　She sells seashells by the seashore.
(8)　How many cans can a canner can if a canner can can cans?

(8) は文法的に正しい文で，助動詞の *can* や本動詞の *can*（缶詰にする）が入っているので，どの *can* がどのような文法的機能を果たしているのかを確認しながら言ってみることが大切です．文構造がわかると言いやすくなります．そして，文構造がわかったら，どれが内容語でどれが機能語なのかも見極めて発音してみるといいでしょう．

　さらに，*What time is it now?* という疑問文を /hwʌ́ttáɪmízítnáu/ と発音するよりも「掘った芋いじるな」と言ったほうが通じるという話を聞いたことがあると思いますが，これは connected speech が関連している結果です．隣り

同士になった音が変化を起こし，日本語にすると「掘った芋いじるな」のように聞こえてしまう，ということです．同様の例が多くあります．

(9) What color's your car?「わからずやかぁ」
(10) Wash my car.「おしまいかぁ」
(11) It's my tie.「いつも会いたい」

(「英語に聞える日本語」)

インターネットで検索をしてみるといろいろと見つけられます．また，池谷（2004）でも英語らしく聞こえる発音を紹介しています．

表2： 英語らしく聞こえる発音

例	辞書表記の発音	池谷（2004）に紹介されている発音（カタカナ表記のみ）
hospital	/háspɪtl̩/	ハスペロウ /háspɪrəl/
Take it easy.	/téɪkítí:zi/	テイケリーズィ /téɪkəɹí:zi/
A cup of coffee, please.	/əkʌ́pávkáfiplí:z/	アカパカーフィ プリーズ /əkʌ́pəkáfiplí:z/

Take it easy. を「テイケリーズィ」と発音すれば通じるというのは，まさに connected speech の影響です．

　スピーキングの練習で注意しなくてはいけないのは，英語全体の発音が流暢ではないのに，*want to* を *wanna* と発音したり，*going to* を *gonna* と発音したりして無理にネイティブらしく聞こえる英語を話そうとすることです．全体的にバランスがとれた connected speech の使用が流暢な発音の英語を生み出します．

5.2. 指導法

　Connected speech の聞き取りの指導法のひとつとして，3速があります．同じリスニング教材を違う速度で聞き，一番速い速度で聞き慣れると通常の速度のものが聞きやすくなる，というものです（例：Thayne 2004）．Connected speech が含まれる素材とそうでない素材とを比較しながら聞くことができます．

次に発音の指導についてですが，発音をする際に考えなくてはいけないのは，何を発音の「モデル」とするかということです．多くの場合，使用している教科書に付随の音声教材の発音がモデルになるでしょう．生徒に様々な発音を身に付けさせたいと思う人もいるかもしれませんが，アメリカ英語，イギリス英語，オーストラリア英語などいろいろな発音をやってしまっては学習者は混乱してしまいますので，何かひとつモデルとなる英語を決める必要があります．

モデルが決まったら，それに沿って指導を進めていきます．第2節でも述べたように最近の中学校・高校の英語教科書には connected speech のヒントが載っているので，それを利用することができます．また，connected speech で見つけやすいのは，母音で始まる語とその直前の単語の語尾がつながるという音変化なので，母音で始まる語を探させて，その音と，その直前の単語の語尾の音がどのようにつながるかを考えさせ，練習させるのもいいでしょう．

また，内容語と機能語という概念を理解させるためには文法の指導が重要となってきます．それらの概念が理解できるようになった後，教科書に載っている文を使って，どれが内容語でどれが機能語かを把握させて内容語に強勢を置く読み方をさせてみることもできます．その際，生徒にペアを組ませて，ペアの一人が手拍子でリズムをとり，もう一人が声に出して読む，という方法をとると，リズムに乗せやすくなります．以下に，練習に使える文を出してみます．

(12) I went to the movie.
(13) I came to class late.
(14) I want her to be happy.
(15) I met him at the store.
(16) I love bacon and eggs.
(17) I'm waiting for the bus.
(18) You should have told me about it.

(Dauer 1993)

下線を引いた単語が内容語，つまり強勢を受ける語です．したがって，それらの単語のところで1拍子とることとなります．(12)の文は内容語が2つですので2拍子で読む，(13)は3拍子で読む，といった具合になります．手拍子をする人は，そのリズムをくずさないようにしてあげることが重要となります．

指導をすれば必ず評価が伴いますが，それでは評価はどのようにすればよいのでしょうか．いくつか例を挙げてみます．例えば，助動詞の can と can't の違いの指導をしたとします．can は助動詞，つまり機能語なので本来は強勢を受けませんが，can't になると否定形ということで強勢を受けます．その指導をした後で，聞き取りのテストを実施します．解答用紙には「にっこりマーク」と「残念マーク」のみ書きます．聞き取る英文には can あるいは can't が含まれており，can と聞こえた場合には「にっこりマーク」を，can't と聞こえた場合には「残念マーク」を選ばせます．発音テストも，生徒に can と can't のどちらを発音させるのかを「にっこりマーク」と「残念マーク」を使って指示し，その通りに発音できているかを確認します．

もうひとつの例としては，代名詞 him の発音のテストです．上に出した例文 (6) をもう一度見てみます．

(6)　I gave him a present.

この文は，「私は彼にプレゼントをあげた」という通常の意味であれば him は /h/ がとれて /ɪm/ と発音しますが，「(プレゼントをあげたのは彼女ではなくて) 彼です」というように「彼」を強調するのであれば，him は強勢を受けて /hím/ と読まれます．can/can't の場合と同じように，生徒にどちらの意味でこの文を読むのかを指示し，実際に発音させ，指示した通りの意味の読み方をしているかを確認します．また，聞き取りのテストとしては，I gave him a present. と I gave her a present. という2つの文のうちのどちらかを聞かせ，/géɪvɪm/ (「彼にあげた」) と /géɪvɚ/ (「彼女にあげた」) のどちらの意味の文なのかを選ばせることもできます．

6. 現状をふまえて

日本の英語教育において音声学習と指導が重要視されつつありますが，現状では音声よりも文法や語彙の学習・指導の優先順位が高くなっています．それには様々な理由が考えられますが，大きく影響しているであろう原因を2つ検証してみます．

まず，学習においても指導においても大きな原因として考えられるのが，音声の学習・指導には時間も労力もかかる，ということです．音声は頭では理解できても実際にリスニングや発音に応用できるようになるには時間がかかります．学習者・指導者の立場から見れば，なかなか上達の見えないことに時間を

費やすことは大変な忍耐を要します．

　また指導に関して言えば，教師自身が音声指導に自信がない，ということも挙げられます．音声に関する知識や発音力が不足していると感じているため，授業内で音声にふれることが少なくなってしまうことが考えられます．これを改善するためには，やはり教員教育が必要となるでしょう．

　このような現状をふまえた上で，いったいどのように音声学習・指導をすればいいのでしょうか．音声の学習と指導には地道な練習が必要となります．音声に関してはやはり反復練習が効果的と言えるでしょう．地道な練習を長続きさせるためには，興味のある教材を使って練習することがいいでしょう．映画や歌，あるいはテレビニュースなど，自分に合ったレベルのもの，そして興味のあるものを使えば飽きることなく続けられます．

7. おわりに

　ここまで，connected speech の仕組みに始まり，connected speech の聞き取りの訓練のための学習法と指導法の提案を書きました．学習法と指導法は，リスニングによる訓練だけでなく，発音をすることで聞き取る力を伸ばすことも目指して発音の観点からの学習法と指導法も含めました．音声学習・指導には様々な課題がありますが，音声の中でも connected speech についての訓練を行うことは，多くの日本人英語学習者が抱える「聞き取れない」という問題を根本的に解決する手助けになるのではないかと思います．

参照文献

Celce-Murcia, M., D. M. Brinton, and J. M. Goodwin (1996) *Teaching Pronunciation: A Reference for Teachers of English to Speakers of Other Languages.* New York: Cambridge University Press.
Dauer, R. M. (1993) *Accurate English: A Complete Course in Pronunciation.* Englewood Cliffs, NJ: Prentice Hall Regents.
Edwards, M. L. (1974) Perception and production in child phonology: The testing of four hypotheses. *Journal of Child Language, 1,* 205–219.
英語に聞える日本語 http://homepage1.nifty.com/Liberty/eigo3/6.htm
Hasegawa, N. (2006) Casual speech: How it differs from fast speech, In J. D. Brown and K. Kondo-Brown (eds.), *Perspectives on Teaching Connected Speech to Second Language Speakers,* 165–183. Honolulu, HI: University of Hawai'i, National

Foreign Language Resource Center.

Henrichsen, L. E. (1984) Sandhi-variation: A filter of input for learners of ESL. *Language Learning, 34*, 103-126.

池谷裕二 (2004)『一気にネイティブ！魔法の発音カタカナ英語』講談社．

Ito, Y. (2006) The comprehension of English reduced forms by second language learners and its effect on input-intake process. In J. D. Brown and K. Kondo-Brown (eds.), *Perspectives on Teaching Connected Speech to Second Language Speakers*, 67-81. Honolulu, HI: University of Hawai'i, National Foreign Language Resource Center.

Kodera, M. (2012) Teaching connected speech and high school English education in Japan.『阪南論集　人文・自然科学編』42, 173-192.

小池生夫 (編) (2003)『応用言語学事典』研究社．

Mueller, T. H. and H. Niedzielski (1968) The influence of discrimination training on pronunciation. *The Modern Language Journal, 52*, 410-416.

Pimsleur, P. (1963) Discrimination training in the teaching of French pronunciation. *The Modern Language Journal, 47*, 199-203.

Rogerson, M. (2006) Don'cha know? A survey of ESL teachers' perspectives on reduced forms instruction. In J. D. Brown and K. Kondo-Brown (eds.), *Perspectives on Teaching Connected Speech to Second Language Speakers*, 85-97. Honolulu, HI: University of Hawai'i, National Foreign Language Resource Center.

Schneiderman, E., J. Bourdages, and C. Champagne (1988) Second-language accent: The relationship between discrimination and perception in acquisition. *Language Learning, 38*, 1-19.

柴田雄介・横山志保・多良静也 (2006)「音声指導に関する教員の実態調査」日本英語音声学会第 6 回九州沖縄四国支部研究大会．

Smith, N. V. (1973) *The Acquisition of Phonology: A Case Study*. New York: Cambridge University Press.

竹林滋・斎藤弘子 (2008)『新装版　英語音声学入門　CD 付き』大修館書店．

Thayne, D. A. (2004)『英語リスニング 3 速ドリル―スピードの変化に慣れれば必ず聴き取れる』講談社パワー・イングリッシュ．

Ur, P. (1984) *Teaching Listening Comprehension*. Cambridge: Cambridge University Press.

資料

『高等学校学習指導要領』文部科学省 (2009 年公示，2013 年施行)．

『Sunshine 1』中学校検定済教科書 (2012)，開隆堂出版．

第 10 章

英語教育におけるシャドーイングの有用性と可能性

上田由紀子・濱田陽

本章では,近年,英語学習法の1つとして注目されているシャドーイングの有用性を示し,さらに,教育現場でのより実践的,効果的なシャドーイング活用法を紹介します.また,シャドーイング効果がリスニング力向上ばかりでなく,英語力全体の向上へつながることを示す新たな可能性を提案します.第1節では,英語教授法としてのシャドーイングについて紹介し,第2節では,授業の現場で実践的に使えるシャドーイングの活用方法を Hamada の一連の研究をもとに示します.第3節では,リスニング力に留まらず,シャドーイング活動の新たな可能性を「間」の認識という観点から提案し,小学校の外国語活動における積極的な導入可能性を議論します.第4節はまとめです.

キーワード: シャドーイング,リスニング力,間の認識,冠詞,文構造

1. シャドーイングとは

1.1. シャドーイングの背景

「シャドーイング」の教室での実践的な導入法を紹介する前に,簡単に「シャドーイング」学習法のこれまでの背景を説明します.対象言語を聞いて同時に繰り返す「シャドーイング」という技法は,元来通訳者育成の初期段階のトレーニングの一つとして使用されてきました.その後,日本の英語教育,とくにリスニング分野に応用されるようになり,現在では,シャドーイングのメカニズムや効果に関する感心が高まっています.シャドーイングに関する研究報告は,実際の教育現場での実践研究が多く,現場の教員がそれらを元に,自ら教室でさらなる工夫を加え,より効果的なシャドーイング導入法を見つけるヒントを多いに含んでいます.本章では,そのような現場の教員にも直接役立つ研究をいくつか紹介しながら,以後の節の話を進めたいと思います.代表的な先駆的研究報告としては玉井(1992, 1997)の高校・短大生を対象にした実践研究が有名です.その後,21世紀に入り,加速的に研究が広まり,中学生

から大学生を対象にしたものまで幅広く実践・研究されています．現在，主に日本国内で研究がされていますが，近年少しずつアジアの他の地域にも広まってきています．また，欧米圏においては，「シャドーイング」という呼び名の認知度は低いものの，実際には，言語学習の現場で使用されており，学習方法論としての地位を充分には確立はしていないものの，少なからず用いられていることは確かだと考えられます．

1.2. シャドーイングの定義

シャドーイングとは，「聞こえてくるスピーチに対してほぼ同時にあるいは一定の間をおいてそのスピーチと同じ発話を口頭で再生する行為」と定義されます（玉井 1997, p. 106）．シャドーイングとは「ヘッドフォンを通して聞こえてきた音声をそのまま再生するオウム返しのようなものである」(Lambert 1992) というような定義もありますが，誤解のないように補足をすると，シャドーイングは単なるオウム返しの受動的活動ではなく，脳の広範囲を活性化させながら行う，認知的に負荷の高い能動的活動なのです．よりイメージしやすいように，以下に単純な「リピート音読」と比較する形で，シャドーイングの具体的説明をします．シャドーイングでは，(1) に示すように，生徒は，音声が聞こえると「同時に」，追いかけるように音を再生していきます．音を聞きながら，再生しているのですが，再生すると同時に，次の新たな音も聞いているのです．

(1) シャドーイング
音声： Akita prefecture is famous for Kanto festival and nice hot springs.
生徒： Akita prefecture is famous for Kanto festival and nice hot springs.

一方，(2) のリピート音読では，生徒は，音声が聞こえても，「ポーズが入るまで待って」，そこで音を区切り間で再生します．

(2) リピート音読
音声： Akita prefecture is /　　ポーズ　　/ famous for /　ポーズ　/
生徒：　　　　　　　　　Akita prefecture is　　　　　　famous for
音声： Kanto festival /　ポーズ　/ and nice hot springs. /　ポーズ　/
生徒：　　　　　　　　Kanto festival　　　　　　　　and nice hot springs.

この例から分かるように，シャドーイングをする場合，音声とほぼ同時に生徒は復唱を試みますが，リピート音読では，音声にポーズが入るまで待ってから復唱を試みます．つまり，復唱までにシャドーイングは待ち時間がないのに対して，リピート音読では待ち時間が存在します．一見，大差なく見えるこの時間差が，実は大きな違いをもたらすのです．

1.3. シャドーイングのしくみ

教室におけるシャドーイングの実践的応用が教員にとっての最大の目的ではありますが，より効果的な使用を実現するためには，シャドーイングのしくみを知っておくことも大切です．これまでに明らかにされてきたシャドーイングのしくみ（理論的説明）を，ここでは簡単に紹介します．理論的な説明はやや苦手だという方は，本節 1.3 は飛ばして，1.4 節シャドーイングの実証研究に進まれてもよいかもしれません．

先ず，シャドーイングは単純な行為に見えますが，実は脳内の多くの場所を活発に動かす活動だということです．聞こえてくる音声に遅れることなく口頭で再生しようとする行為は，生徒の言語中枢を中心とする脳内の広域な部分に作用していると言われています（門田 2007）．

次に，1.2 節で紹介したように，シャドーイングは一見，リピート音読と類似しているように見えますが，聞こえてきた音声を即座に反復するという点において，「オンライン処理」の活動なのです（Shiki, Mori, Kadota, and Yoshida 2010）．一方，リピート音読は，聞こえてきた音声を反復するまでの数ミリから数秒の間が発生するため，「オフライン」の活動です．もう少し具体的に説明すると，リピート音読は，音を聞いて再生するまでの，その数ミリから数秒の間，聞こえてきた音声の意味処理や文法処理をはじめとする，さまざまな認知的活動が学習者の脳内で行われています．つまり，シャドーイングの際は，生徒は，知覚した音声をそのまま復唱することになるので，もっぱら音声に注意が向きますが，リピート音読の場合は，知覚した音声情報を，一時的に脳内に保存し，それから復唱する必要があるため，音声以外にも注意が向くため，そもそもの性質が異なるのです．より詳しくは，門田（2007, 2012）に様々な角度から説明されておりますので，ご参照ください．

さて，次は，リスニングに的を絞ってシャドーイングのしくみを紹介します．人は，リスニングをする際，二つの処理段階があると言われています．一つは，トップダウン処理（既有知識や分かる単語など最小限の情報をもとに文全体の意味を理解する）と呼ばれ，もう一つは，ボトムアップ処理（個々の単

語の認識や理解）と呼ばれています．シャドーイングが促進するのは，ボトムアップ処理だと考えられています．シャドーイングをする際，まずはじめに生徒は聞こえてきた音が何であるかを知覚し，その知覚した音声を復唱することになります．つまり，その音のキャッチ・音声知覚に最大限の集中力が注がれます．シャドーイングに繰り返し取り組むことにより，その音声知覚能力が向上するわけです．例えば，アメリカ英語の癖とスピードになれていない生徒が，"What are you doing here?" という音声のみを聞くと，「ワダヤドゥインニア」のように聞こえたりします．文字で書けば「知っているはず」の単語の集まりが，音声で聞くと，音自体がキャッチできないため，脳内で自然に日本語式の発音に変換されて聞こえてしまいます．この問題を克服するために，シャドーイングで訓練を重ねていくと，音のキャッチができるようになり，音がはっきり聞こえる現象が起き，自分の知っている "What are you doing here?" と聞こえてきたそれがマッチするようになるのです．まとめると，今まで「知ってはいたけど聞き取れなかった単語」が音声知覚力の向上により，聞き取ることができるようになり，その結果，より多くの単語を認識することができ，それにより多くの情報を保持することができ，最終的には文章の理解に結びつくようになり，リスニング力が向上するのです．

　ところで，シャドーイングとリピート音読の違いや，シャドーイングの背景理論もおおまかに説明しましたが，シャドーイングとディクテーションという類似した活動はどこが違うのでしょうか．聞き取った音声を声で復唱するシャドーイングに対して，ディクテーションは，聞き取った音声を書き取る活動です．音声化するか文字化するかの違いですが，それに伴うプロセスの違いを以下の (3) と (4) に示します．

(3) シャドーイング
　　音を「聞く」（知覚）：意味理解不要
(4) ディクテーション
　　音を「聞く」（知覚＋認識）＋「書く」（文字化）：意味理解必要

「書く」ためには，「音」を聞き取り，一つ一つの単語と結びつける必要があります．その際，その単語を「処理」し，「文字化」する必要があります．極端に言うと，シャドーイングの際は，その音さえ知覚できれば再生できます．しかし，ディクテーションは，音を知覚し，さらにその音が構成している単語を「認識」（多くの場合は意味処理も伴う）し，そこからさらに文字と結びつけます．すなわち，ディクテーションの方がタスクがより複雑なのです．

もう少し，複雑な説明も補足します．文字化を試みるディクテーションでは，音韻符号化が促進され，音声化を試みるシャドーイングでは，音韻ループの機能が促進される（門田 2007）と考えられています．以下，門田（2007）の説明をもとに，音韻符号化と音韻ループについて説明を加えます．音韻符号化とは，書かれた文字を音声化して音韻情報に変換することです．シャドーイングでは文字は基本的に介入しないため，この機能はディクテーションにあてはまります．次に，音韻ループとは，短期記憶を司るワーキングメモリの一部分であり，文字通り，音の処理をおこなう部分です．下記（5）に示すように，Baddeley（2007）のモデルによると，音韻ループは，音韻性短期ストアとサブボーカル・リハーサル（内語反復）の下位システムから構成されます．

(5) ［音韻性短期ストア］＋［サブボーカル・リハーサル］＝［音韻ループ］

このように考えるとわかりやすいでしょう．［音韻性短期ストア］では，音声情報をそのまま保持し，その音声情報は反復しなければ2秒で消失すると言われています．［サブボーカル・リハーサル］は，音声を内的反復し，心的音声化し，保持することができるため，音韻ループ内の音声情報の保持期間を延ばすことができるのです（門田 2007）．つまり，シャドーイングにより音声知覚が向上するため，その2秒間に処理できる情報量が増え，保持する情報も増え，その結果音韻ループの機能が向上すると考えられています．

これらの説明から分かるように，シャドーイングはリスニングにおける音声知覚力の向上に有効であるため，結果的にリスニング力を上げることができると考えられています．特に，リスニング力が低い学習者に対して，即効性があると言われています（玉井 1997）．その理由は，リスニング力の高い学習者には，既にある程度の音声知覚力も備わっていて，ボトムアップ処理能力が通常高いと考えられます．そのため，音声知覚力およびボトムアップ処理能力が低い学習者と比較すると，その「伸び幅」が小さく，効果が見えにくくなってしまいます．その点リスニング能力が低い学習者は，もともと弱かった音声知覚能力が急激に向上することにより，リスニング能力も一定のレベルまでは急上昇するという説明ができます．言い換えると，シャドーイングを用いて，リスニング能力の低い学習者の音声知覚力を一気に向上させ，その後さらに必要なテクニックやストラテジーを獲得することで，より効率的なリスニング力習得ができるというのが筆者らの見解です．

ただし，シャドーイングも万能というわけではなく，脳内が非常に活発に働くため，認知的に大きな負荷がかかります．生徒にとってはコスト感が高く，

容易に取り組めるとは言い難い活動です．シャドーイングの印象評定に関して調査をおこなった Hamada（2011a）によると，通常のシャドーイング訓練においては，学習者はシャドーイングに対して，簡素・単純・大変というマイナスの印象をもっているようです．集中力を高め，聞こえてくる音を必死で聞き取り再生しようとするプロセスを繰り返すシャドーイングのその過程こそが重要である一方，その過程は，精神的に負担が重く，単純作業であり，無味乾燥であると認識されやすいという弊害があります．つまり，シャドーイング自体は，集中的な長期的トレーニングにはあまり向いておらず，学習者にシャドーイングの意義を理解させ，高い動機を保持しながら取り組ませることが重要になるのです．学習者のシャドーイング導入意義への理解や教室での学習者の高い動機の維持という点から考えると，シャドーイング導入において，学習対象者と教室環境を最も良く知る現場の教員によるアイデアが生かされるか否かということが，今後のシャドーイング法導入に大きく影響をおよぼすということは言うまでもありません．

1.4. シャドーイングの実証研究

これまでのシャドーイングの研究から，シャドーイングを教室内でどのように応用するかのヒントとなるような研究をいくつか紹介します．まず一つ目として，中山・鈴木（2012）は，シャドーイングをする際は，生徒にできるだけ IC レコーダーなどの録音機器を使用して，自分のでき映えをモニターすることを勧めています．通常，私たちが話をしたり聞いたりする際には，自分の言っている事や聞いていることを自分でモニターして理解し，修正して発話を続けています．しかし，シャドーイングをする際は，流れてくる音声を同時に復唱するので，自らのパフォーマンスを上手くモニターすることができないという問題があるのです．そこで，中山・鈴木は，シャドーイングと学習方略に焦点をあて，より効果的な方略を探りました．35 名の大学生を被験者に，ペアでモニターする群（片方のシャドーイングをもう片方がチェックする）・IC レコーダーを使用し自らモニターする群・モニターしない群のみを設定し，シャドーイング実験をしたところ，自分で IC レコーダーを使用してモニターする群の復唱力が向上しました．

二つ目は，既に 1.3 節で理論的に説明をしましたが，実際にシャドーイングとディクテーションの効果を比較した玉井（1992）の研究です．高校生に対しシャドーイング（実験群：47 名）とディクテーション（統制群：47 名）をもとにした授業を 13 回おこなったところ，やはりシャドーイング群のリスニン

グテストにおける向上が確認できました．また，鈴木 (2008) は高校現場においてのシャドーイングの有効性を，read-and-look 活動やリピート音読活動などと比較しつつ，学習者の能力別からの分析を交え報告しています．シャドーイングの有効性を前提として，さらに「生徒の attention を向けることへの必要性」や生徒の「英語力の差による認知的な処理差の考慮の必要性」なども併せて説いています．望月 (2010) は，そもそもシャドーイングは教室内で実際に効果が見られるのかという点について，中学 2 年生 58 名を対象に（実験群 39 名，対照群 19 名）教科書を使用しながらシャドーイング中心の授業と通常の授業をして，リスニング力育成における効果を比較しました．こちらも理論通り，実験群の伸びの方が大きいことを報告しています．さらなる現場活用として望月は，英語キャンプでもシャドーイングを取り入れてみました．高専において，2009 年度の英語キャンプ参加者を実験群 1（12 名），2010 年度の参加者を実験群 2（11 名）として，シャドーイングを英語キャンプで導入しました．その結果，英語力診断テストの得点上昇がより大きく見られたそうです．

これらの事例からも，シャドーイングが近年幅広く実践現場でリスニング力育成のために取り入れられていることが分かります．では，さらに具体的にどのように使うとより効果的になるのでしょうか，次節で見てみましょう．

2. シャドーイングの英語教育における有用性

2.1. シャドーイングの方法研究

英語教育におけるシャドーイングの導入例に加え，シャドーイングを具体的にどのように使えば効果的かについての研究も行われてきました．以下に，使用題材の難易度・使用のタイミング・学習者の心理の 3 視点から，Hamada の研究を中心に説明します．

まず，使用題材の難易度については，一般的には，易しめの教材が理想とされています（門田・玉井 2004）．それは，しっかりとシャドーイングができる題材で繰り返すことによって効果が得られると考えられているためですが，実際の教育現場では，新出単語や新規文法項目を含んだ難しい教材を使用するため，理想と現実がマッチしません．かといって，シャドーイングのためだけに特別な教材を選定し時間を割くことは非現実的です．そこで，Hamada (2011c) は，難しい教材を使用してシャドーイングをおこなった場合，本当に効果が出ないのかという研究を，高校生を対象に行いました．まず，高校の英語教科書でレベルが高いと認識されている Crown I を使用して，高校 1 年生にシャ

ドーイング中心の授業を行いました．また，Obama 大統領演説集を使用して高校 3 年生を対象にシャドーイング中心の授業を行いました．いずれも，週の数回，1 ヶ月間程度実施した結果，両方のクラスともにリスニング力の向上が見られたのです．このことから，学習者が既習の教材であれば，難易度が高くてもある程度の効果が期待できることが示唆されています．

さらに，そういった教科書を使用する際に，どのタイミングでシャドーイングを取り入れるべきかについて，Hamada (2014) に報告があります．大学生を対象に内容理解の前にシャドーイングをするのがよいのか内容理解の後にするのがよいのか週 2 回一ヶ月程度実験を行ったのですが，内容理解をしてからした方がよいという結果が出ています．

実は，シャドーイングをする際は，単語や文の意味ではなく音声だけに最大限集中するためにも，初見の教材が適するという考えがあるのですが，逆に新出単語や新出文法の影響で，必ずしも音声だけに集中することができなかったことや，知らない単語は読めないことも考えられるため，学習者が，逆に，ついていけなかったことが考えられます．そのため，コスト感（心理的負担）が高かったことも考えられます．逆に，既習教材であれば，内容の適度な復習にもなり，相乗効果を生み出したとも言えるでしょう．Hamada (2011c, 2014) をまとめると，中高教育現場で使用される難しい教科書も，内容を理解させてからシャドーイングすることで，効果が得られるということです．

次に，学習者の心理に配慮した実験を Hamada (2011b) ではおこなっており，シャドーイング訓練をする前と後に簡単な内容理解問題を出すことを勧めています．脳内が慌ただしく動き，心理的負担も高いと同時に単調で飽きる事もある訓練スタイルを工夫するために，学習者に，授業時間内で向上している実感や満足感を経験させる試みをおこないました．大学生を対象に，シャドーイング訓練の事前と事後に，対象題材の部分ディクテーション（穴埋め問題）に取り組ませる群と，選択式内容理解問題に取り組ませる群を設定しました．週二回，1 ヶ月程度実験した結果，内容理解問題に取り組ませた群のコスト感の悪化は防ぐことができ，穴埋め問題に取り組んだ群のコスト感は悪化しました．このことから，やや単純な活動に映るシャドーイング訓練のひと工夫として，内容理解問題を事前と事後に与えることで，学習者が個人内で「最初よりも分かる」という達成感を感じることができ，高い認知負荷を少し抑える可能性があるということが示唆されました．

ではここで，実際どのような手順で授業を行ったのか，その例と指導の際のポイントを以下の表に示しましょう．

表1　シャドーイング手順例 (Hamada 2014)

Stage	手順
1	ターゲット文を聞く
2	小さな声でシャドーイングをする
3	教科書を見ながらシャドーイングをする
4	3分間教科書と訳と見ながら各自チェックをする
5	3回シャドーイングをする
6	3分間教科書と訳を見ながら復習をする
7	意味を考えながらシャドーイングをする

　Stage2では，最初から大きな声でという指示はやや無理があるので，生徒の心理面に配慮して，小声でも大丈夫という事を伝えることで，少しばかり，抵抗が低くなります．内容が頭に入っている題材とはいえ，全て覚えているわけではないので，Stage3では教科書を見ながらシャドーイングしてみます．ここでは生徒は文字があるので少し安心しながら取り組めます．実際，このstageが効果的だったという声も体験者からよく聞きます．また，stage4と6では，各自のペースで自分の分からない点を復習する時間を設けます．こうすることで，学習プロセスの個人差に配慮することもできます．Stage5では3回集中してシャドーイングをするのですが，既述のとおり，シャドーイングは非常に負担が大きい活動です．実際は，集中力も切れやすく，眠気も襲います．「全員立ってやってみよう．もしも完璧にできたら座っていいよ」という指示を加えると，少し気分転換になり，得意な生徒は，本当に完璧を目指して頑張るでしょう．最後にStage7では，意味を考えてからシャドーイングすることを促します．通常，シャドーイングをしている時は意味を考える余裕はありませんが，ここまで来るとその余裕が生まれるはずです．そうすることで，シャドーイングの限界である「意味処理」との橋渡しが少しはできるようになります．これらの手順は，門田・玉井（2004）をもとに，Hamada (2011b, 2011c, 2014) 等で効果を示している手順です．

2.2.　シャドーイングと測定

　ここまで，シャドーイングの研究について概観してきましたが，実は，「シャドーイングができるということ」が「何を意味するのか」という事は解明されていません．そこにはいくつかの問題が存在するので，以下に簡潔にまとめます．

まず，シャドーイングのでき映えを評価することが難しいことです．そもそも，シャドーイングは「どれくらいできたか」よりも，シャドーイングをするという行為と過程が重要なのですが，敢えてあげると，測定方法に関してもいくつかの方法が存在します．生徒がシャドーイングする音声を，ICレコーダーに録音させて評価する方法がありますが，その際，全単語法（評定者が，全単語について，各単語が認識できる範囲であれば，シャドーイングできている，とする方法，中山・鈴木 2012）や，音節評価法（すべての語を音節に区切って判定する方法，玉井 2005），また，チェックポイント法（あらかじめ決められた単語のみを採点する方法，玉井 2005）などが挙げられます．全単語法は，音節評価法より評定者の負担が少ないのが利点ですが，個々の音素や学習者間の細かい差異は評価対象ではないため，緻密な評価という点では劣ります．音節評価法は，逆に評定者への負担が極めて高いため，信頼性の面が弱いのです．チェックポイント法は両者の折衷案とも言えますが，一方で全ての語は評価しないため，妥当性に疑問点が残ってしまいます．

次に，シャドーイングの教室実践実験では，シャドーイングのリスニング能力への向上が測定される場合が多いですが，その測定題材は統一されていないのが実情です．英検の過去問を使用する場合や，TOEIC の練習問題，または独自に作成した問題が用いられていますが，そもそも，シャドーイングの効果は，主に音声知覚ですから，測定題材が，音声知覚向上を直接的に反映しないものは，適しません．自作のテストは，テスティングの概念から考えると，妥当性（validity）や信頼性（reliability）の点から様々な問題を含むため，シャドーイングの効果がどこまでリスニング能力伸長の観点から測定できているかは現段階でははっきりしません．今後に向けて解明されるべき一つの課題です．

3. シャドーイング法導入の新たな可能性

第1節，第2節で紹介したように，多くのシャドーイング法に関する実践研究が，英語教育におけるその有効性として，リスニング力の向上をあげています．しかしながら，シャドーイング法のもたらす効果は，現在，英語教育の中で期待されている以上のものであり，多くの可能性を秘めた英語教育法の一手段であると考えられます．本節では，シャドーイング法の期待される新たな可能性を探ってみたいと思います．

3.1. シャドーイングと文法：「間」の習得から得られること

　前節までにもみてきたように，シャドーイングは，学習者のリスニングにおける下位処理の一部，音声知覚を鍛えることが報告されていますが，言語構造とシャドーイングの接点を考慮した際にも大変興味深い学習法であることがわかります．ここでは，文法項目の習得に対しても，シャドーイング活動により，活性化，定着化が可能となることを「間」の認識を例に示し，シャドーイング活動が，習得が難しいとされる機能範疇の文要素（冠詞）の意識づけにも効果があることを示します．

　「冠詞」のような，いわゆる機能語と呼ばれる弱形音の文要素は，通常のスピーチにおいて，音をもつ語としては，捕らえにくいものです．中山 (2011) でも，機能語は内容語よりも弱く読まれるため，機能語の弱形音は学習者にとっては聞き取るのが難しいと報告しています．とくに日本人の英語学習者には，冠詞の習得は難しく，相当高いレベルの学習者でも自由に使いこなすことは困難であるのは良く知られた事実です．日本語では，冠詞は現実の言語現象としては現れませんから，学習者の意識に冠詞の存在はほとんど昇りません．例えば，下記 (6) が示すように，日本語の「本」や「水」という名詞は，辞書に掲載されている「本」「水」という裸の名詞のまま，文脈の中で使用できます．日本語では，数えられる名詞も数えられない名詞も，英語にある冠詞 (a/the) や複数形の s などをつけてあらわす必要はないのです．[1]

(6) a. 本，買ったよ．
　　b. 水，下さい．

　日本語とは異なり，英語では，数えられる名詞の book を裸の book のまま使う英語母国語話者はいません．数えられる名詞には，かならず，その裸の名詞 (book) の前か後に特定／不特定 (definite/indefinite) あるいは単／複の区別を印づけなければなりません．従って，英語では，book が使用される際に

---

[1] 日本語にも名詞について複数形をあらわす形態素はないわけではありませんが，非常に限られた環境でしか使用できません．例えば，「―たち」や「―方」はその数少ない例ですが，「有生」あるいは「人」にしか使用されないという強い制限があります．（左記に関しては，本書の森山論文（第19章）を参照してください．）

　(i) a.　子供たち
　　　b.　お母様方
　(ii) a.　*本たち
　　　b.　*ロボット方

は，単数ならば，*a/the book*，複数ならば，*books, the books* としてあらわれなければなりません．

(7) a. I bought a book/the book/books/the books.
　　b. *I bought book.

日本人の英語学習者には，名詞の特定／不特定あるいは単／複という情報を冠詞や複数形のマークで印づけるという意識がないため，英作文になると全く冠詞を忘れてしまう学習者が大学生でも非常に多いのです．

　これまで報告されたシャドーイング法による音声知覚の向上効果から考えると，学習者は，シャドーイングにより，今まで「知っている語なのに聞こえない」語が「聞こえる」ようになるということが分かります．また，オンライン作業の特徴として，流れて来る音を耳に入るがままに復唱する中で，「聞こえない／聞こえにくい」語を聞こえないまま，あるいは，聞こえにくいまま，「間」として捕らえる能力も養われることが予測されます．もちろん，聞こえるようになるに越したことはありませんが，実際，母語話者も弱形の音は，息を吐き出す（音を出す）というよりは，飲み込むように発音することが多いのです．シャドーイング法の音声知覚能力への効果は，この聞こえない／聞こえにくい音の「間」を聞き取る力の習得も可能にします．統語的，形態的には存在するも，音韻的に極度に弱形な故に「聞こえない／聞こえにくい」語を「間」として，捕えることには，シャドーイングの音声知覚効果は大変有効であると考えられます．例えば，*the majority of people* の *the* は，文脈上強調されない場合は，/ðə/ の両歯摩擦音部分は，聴く側には，*majority* の前に，一瞬のポーズを感じ，口形は，両歯摩擦音の口形という感じになります．このポーズを聴き取る，認識するために，シャドーイングは，他の学習法よりも優れているのです．文字を読む学習法では，音の強弱によるこの「間」を感じることはできません．[2] 宮野（2008）によれば，シャドーイングの学習効果の1つとして，「ネイティブ特有の音感」があげられています．このネイティブ特有の音感は，母音，子音から，ストレス，リズム，イントネーション，ポーズまで全てをまねする練習で養われると報告しています．ここで言う，ネイティブ特有音感としてのリズムやポーズとは，聞こえる音はもちろんですが，弱くて聞こえない音を「間」として捕えることができてはじめて可能となるものです．宮野は，シャドーイングはそれを可能にする学習法だと述べているのです．

---

[2] 文構造の切れ目のポーズも文字情報からは識別できないことはお分かりでしょう．

シャドーイング効果としての「間」の認識は，シャドーイング研究の中ではあまり注目されてきませんでした．「聞こえない音が聞こえるようになる」ことが最大の効果とされて，音声知覚の範囲内でその効果が語られてきたのです．しかし，筆者らは，「聞こえない音を聞こえない『間』として捕える能力」もシャドーイング法の新たなる応用の可能性のキーとなると考えています．そして，筆者らは，その「間」を聞き取れるようになっておくことが，後の文法学習の導入を自然なものとしてくれる大変重要な学習上のしくみであると考えています．次節では，この点を小学校外国語活動との絡みでもう少し具体的に検討してみましょう．

3.2. シャドーイングと小学校外国語活動

　本節では，「間」を習得させるシャドーイングの新たなる可能性を小学校外国語活動へのシャドーイング法の有効利用の点から考えてみたいと思います．2011 年度より，小学校における外国語活動が義務化されました．小学校外国語活動の特徴は，「『文法』の導入をしない」という点です．すなわち，小学校における外国語活動は，音声からの刺激を中心とし，慣用表現としての句（phrases）や単語は学ぶが，文の構成要素（語）を結びつける文法／構造関係をあえて説明しない／意識させないというものです．この方針は，英語音に慣れるという点ではよい効果をもたらしているのは事実です．しかしながら，小学校での文法に触れない，音を中心とした英語教育から中学校での唐突な文法導入への移行が難しいという弊害が中学校の教育現場にもたらされている現実を，筆者らは，実際の中学校教員へのインタビューでよく耳にしています．生徒は，英語音には触れてくるため，音にはある程度慣れてきますが，突然の「文法」の導入に却って戸惑い，「ことばには仕組みがある」こと（すなわち，文法や構造関係があること）が却って理解しにくく，受け入れにくくなっているというのです．

　筆者らは，この音中心の小学校の英語教育に文法をのせる橋渡しの学習法として，小学校，中学校におけるシャドーイング法の導入が，学習者の文法要素，文構造への無意識の気づきをうながす重要な役割を果たすと考えています．小学校では，音声刺激からのみのシャドーイング活動により，前節で述べた聞こえる音と聞こえない「間」を無意識に聞き取れるようにしておきます．その後，中学校で，その「間」が，何であるのか，どのような機能を表しているのかが結びつけられる知識が与えられれば，学習者は，「間」の情報を文法や文構造と結びつけることができるのです．このような応用的シャドーイング

第 10 章　英語教育におけるシャドーイングの有用性と可能性　　　　193

効果は，音声知覚能力の向上を越えて，学習者に文法的，構造的認識を無意識に植え付けることに繋がります．これは，中学校の現場教員からの文法導入への困難さを回避する音声と文構造を繋ぐ新しい学習法であるともいえるでしょう．

　これまでシャドーイングの効果は，音声知覚能力を中心に報告されることがほとんどでしたが，その応用的効果は，音声知覚面のみに留まるものでなく，言語の文法的，構造的側面の習得にも効果的である可能性が多いに秘められていることを現場の教員の方に知っていただき，シャドーイング法を試行錯誤しながら，それぞれの現場にあった形で導入していただきたいと思っています．

　さらに，小学校での外国語活動におけるシャドーイング導入は，「『文法』を意識させない」という文科省の方針を充分に満たすものです．「聞こえてきた音声を考えずにただまねをする」という点は，「『文法』を『文法』として教えてはならない」とする小学校外国語活動においては，むしろ，有効であると考えられるでしょう．学習者は，シャドーイングにどのような目的や効果があるのか分かりません．例えば，前節でみた冠詞に関しても，学習者は，シャドーイングをしながら，今，冠詞の必要性を学んでいるとは意識しません．しかしながら，意識させずに，文の必須要素やその関係を体得できる可能性がこのシャドーイング法にはあるのです．シャドーイングで養われる構造的文法的能力の獲得は「無意識な」ものだからです．学習者にとっては，何か分からない「間」としてだけ認識され，しかし文構造としては，確実に存在する「間」として学習者には認識されます．この存在する「間」が何なのか，それは後に知識として説明が与えられた際に分かる訳ですが，無意識にはその存在を認識し，知っていることになります．「何かわからないけれど，存在を意識できる」この点は，これまであまり議論されてこなかったシャドーイング効果です．

　もう一点指摘しておきたいことは，シャドーイング法のもつ体験的な学習を臨界期の前，小学校の間に経験するということの重要性です．第2節で紹介した Hamada の一連の研究にもあるように，シャドーイング作業は，単調で，単純（ただ，真似るだけ）という印象があり，学習者には，目的が分かりにくいという特徴があります．それゆえ，学習者の心理面（動機づけ）の工夫も必要であると前述したわけですが，シャドーイングのオンライン処理という性質上，学習者は，流れてくる音声を聞き，脳内を最大限に活性化しながらも，多くを考えることなく「体験的」に再生しようとします．つまり，言語を無意識に獲得することができなくなるといわれる思春期周辺の「臨界期」の前に，体にしみこませる事ができる「感覚的」なトレーニング法なのです．音声的効果

を「体験的に」獲得でき，さらに応用的効果として，言語構造の無意識の認識を可能にするシャドーイング法のさらなる開発は，今後の英語教育の鍵をにぎる学習法として，現場での実証報告を多いに期待すべき分野と言えるでしょう．

4. まとめ

　本章では，外国語として英語を学ぶ学習者に対するシャドーイング法導入の有用性について概観し，シャドーイングの活用の新たな可能性を示唆してきました．第1節，第2節で例示した複数の研究および Hamada の一連の研究は，シャドーイング法の導入の有効性を音声知覚力向上とリスニング力向上の点から明らかにしています．また同節では，教室での具体的なシャドーイングの導入法と注意点もまとめました．そして，第3節で示したように，シャドーイング法は，学習者に対し，「文法」という意識なく，無意識下での「構造的文法関係」の習得の可能性を秘めた学習法であることを提案しました．これは，文法を意識させない小学校における外国語活動教育の中においても利用できる「構造的文法関係」習得法としても応用できる将来性の高い学習法であることを示しました．

　これまでシャドーイングは，音声知覚面の効果が注目され，その効果の報告がなされてきましたが，本稿では，シャドーイングが音声面ばかりでなく言語獲得全体への効果をもたらす学習法である可能性を示唆し，中学校，高校だけでなく，むしろ，小学校外国語活動の現場での応用および小学校から中学校への英語教育の橋渡し役としての機能が多いに期待される学習法であることを主張しました．シャドーイングの導入法の発展は，現場の教員からの発想が生かされなければ，真に効果のあるものにはならないことは明らかです．このような機会に，シャドーイング法の効果とその可能性を共有し，現場でのさらなる検証が行われ，報告されることを期待しています．

参照文献

Baddeley, A. (2007) *Working Memory, Thought, and Action.* Oxford: Oxford University Press.
Hamada, Y. (2011a) Psychological aspects of shadowing training.『リメディアル教育研究』6(2), 60-71.
濱田陽 (2011b)「取り組みやすいシャドーイング法の開発」『リメディアル教育研究』6(1), 71-78.
Hamada, Y. (2011c) Improvement of listening comprehension skills through shadowing with difficult materials. *The Journal of Asia TEFL*, 8(1), 139-162.
Hamada, Y. (2014) The effectiveness of pre- and post-shadowing in improving listening comprehension skills. *The Language Teacher*, 38(1), 3-10.
門田修平 (2007)『シャドーイングと音読の科学』コスモピア.
門田修平 (2012)『シャドーイングと音読と英語習得の科学』コスモピア.
門田修平・玉井健 (2004)『決定版英語シャドーイング』コスモピア.
Lambert, S. (1992) Shadowing. *Meta*, 37(2), 263-273.
望月肇 (2010)「日本の学校英語教育におけるシャドーイング実践研究」『第二言語としての日本語の習得研究』71-94, 凡人社.
中山誠一・鈴木明夫 (2012)「学習方略の違いがシャドーイングの復唱力に与える影響」『リメディアル教育研究』7(1), 131-140.
Shiki, O., Mori, Y., Kadota, S., and Yoshida, S. (2010) Exploring differences between shadowing and repeating practices: An analysis of reproduction rate and types of reproduced words. *Annual Review of English Language Education in Japan*, 21, 81-90.
鈴木久実 (2008)「シャドーイングを用いた英語聴解力向上の指導についての検証」『STEP BULLETIN』19, 112-124.
玉井健 (1992)「"follow-up" の聴解力向上に及ぼす効果および "follow-up" 能力と聴解力の関係」『STEP BULLETIN』4, 48-62.
玉井健 (1997)「シャドーイングの効果と聴解プロセスにおける位置づけ」『時事英語研究』36, 105-116.
玉井健 (2005)『リスニング指導法としてのシャドーイングの効果に関する研究』風間書房.
宮野智靖 (2008)『ゼロからスタートシャドーイング』Jリサーチ出版.

第 11 章

高校生の英語の産出
―話し言葉と書き言葉の実態調査から―

野村　真理子

現在日本の中学校，高等学校の英語教育では，新学習指導要領に基づき，4技能（聞くこと，話すこと，読むこと，書くこと）の総合的・統合的な指導が強調されています．高等学校では，「コミュニケーション英語」（4技能の総合的な育成），「英語表現」（話すこと，書くことの言語活動中心）という新しい科目が創設されました．本論文では，話す活動と書く活動を組み合わせるアプローチのための基礎調査として筆者が行った高校生の話し言葉と書き言葉の調査概要を示し，話し言葉 vs. 書き言葉の特徴を産出語数と動詞の過去形の使用の観点から分析し，調査結果を指導に活かす方法について示唆を与えています．

キーワード：　新学習指導要領，日本人英語学習者，高校生，話し言葉と書き言葉，動詞の過去形

1.　はじめに

　中学校では平成24年度より，高等学校では平成25年度より，新学習指導要領に基づく英語教育が実施されています．新しい学習指導要領の特徴は，それまでの「聞くこと」「話すこと」に重点を置いたコミュニケーション能力に加え，「読むこと」「書くこと」のコミュニケーション能力も養うことが明示されたことです．そして，これら4技能を総合的・統合的に指導することが強調されています．すなわち，4つの技能をバランスよく，また2つ以上の技能を有機的に組み合わせて教えることが求められているのです．[1] このような基

---

[1] 新指導要領の「外国語」の日標には，中学校では「外国語を通じて，言語や文化に対する理解を深め，積極的にコミュニケーションを図ろうとする態度の育成を図り，聞くこと，話すこと，読むこと，書くことなどのコミュニケーション能力の基礎を養う」，高等学校では，「外国語を通じて，言語や文化に対する理解を深め，積極的にコミュニケーションを図ろうとする態度の育成を図り，情報や考えなどを的確に理解したり適切に伝えたりするコミュニケーショ

本方針に基づき，高等学校では科目構成も変更されました．旧課程の「英語 I・II」，「オーラルコミュニケーション I・II」，「リーディング」，「ライティング」という科目構成が，新課程では「コミュニケーション英語基礎」「コミュニケーション英語 I・II・III」，「英語表現 I・II」，「英語会話」という科目構成に変わりました．[2]「コミュニケーション英語」は，4技能を総合的に育成することをねらいとした科目として，「英語表現」は，話したり書いたりする言語活動を中心に情報や考えを伝える能力の向上を図る科目として創設されたものです．「英語表現」には，「与えられた話題について，即興で話す」という言語活動が含まれていますが，これは，これから話す内容を前もって準備せずに即興で事実や意見，感情などを伝えることができるようになることが必要であるという観点から，言語活動に含まれたものです．

　平成25年度から新学習指導要領に基づいて編集された教科書が使用され始めましたが，「英語表現 I」の教科書の中には，一見すると文法のテキスト（左ページが文法事項の説明，右ページが練習問題）のように見えるページを多く含む教科書もあります．このような教科書の採択率が初年度は高かったという現実（たとえば，東京都で「英語表現 I」を採択した131校のうち，Vision Quest という教科書の standard 版あるいは Advanced 版を採択した高校が57校（43.5％）ありました）[3]は，現場の英語教師の志向の現れであるとも言えます．授業では，教科書の使い方次第ですが，話す活動が少なくなり，文法の説明のあと，練習問題の答え合わせをすることが中心になってしまうかもしれません．即興で話す活動も含め，話す活動と書く活動をうまく組み合わせて，学習指導要領の趣旨を活かした授業を実際に実践することはそれほどたやすいことではないように思われます．

　上で述べたように，英語教師は2つ以上の技能を組み合わせて教えることが求められていますが，1つの技能に焦点を当てて教えることには慣れていても，2つ以上の技能を効果的に組み合わせて教えることに熟達している教師は多くないと思われます．学習指導要領の改訂の趣旨を活かすためには，たとえば「英語表現」であれば，教科書を活用しながら，それぞれの教師が教えてい

ン能力を養う」と記載されています．
　[2] 新課程では，「コミュニケーション英語 I」（標準単位数3）が必履修科目ですが，普通高校では，これに加え，1年生では選択科目の「英語表現 I」（標準単位数2）を履修している場合が多いようです．
　[3] 教科書の採択率の数字は東京都教育委員会報告資料によります．
　　（http://www.kyoiku.metro.tokyo.jp/press/pr120823b.htm）

る生徒の実態に合わせて，話す活動と書く活動を効果的に組み合わせる必要があるでしょう．

　本論文では，話す活動と書く活動を組み合わせるアプローチのための基礎調査として筆者が行った高校生のスピーキングとライティングの調査結果の一部を紹介します．同じ学習者が話した英語と書いた英語にはどのような特徴が見られるのでしょうか．高校生の話し言葉と書き言葉の特徴を示した後，話す活動と書く活動の連鎖の中に，このような調査結果をいかに活かすことができるか考えてみたいと思います．

2. 高校生のスピーキングとライティングの調査

　本調査のためのデータは，高等学校の英語教員の協力を得て，筆者が高等学校で収集したものです．新学習指導要領において，即興で話す活動が重視されていることを踏まえ，高校生にテーマを与えて先に話させ，後で同じテーマについて書かせるという形式の調査を行いました．日本の中高校生が話した英語のみ，あるいは書いた英語のみを収集して分析した研究はありますが，[4] 同一の生徒による両技能を総合的に考察している研究は，筆者の知る限りほとんどありません．この調査により，同じ学習者による話した英語と書いた英語を集積し，話し言葉 vs. 書き言葉における言語特徴（言語変異）を分析することができ，学習者言語（中間言語）の発達をより深く理解することができます．

　調査の参加者は，私立高校と県立高校合わせて4校の高校1年生～高校3年生で，スピーキングとライティング両方のタスクを行った300名のデータを電子化しました．参加者の英語の熟達度レベルは様々で，低，中，高すべてのレベルをカバーしていました．学習者の自己申告で，英検3級以上を取得している者は133名（3級53名，準2級62名，2級17名，準1級1名）でした．[5] 参加者の約半数は英語科及び国際関係の学科に属し，比較的英語が好きな学習者であり，その他は普通科に属し，英語が苦手な学習者も多く含まれていました（参加者の詳細については，Nomura (2012) 参照）．

---

[4] 日本人中高生が話した英語（インタビューテスト）を電子化して，中高生のスピーキング能力の実態解明を試みた研究に野田（2008）があります．書き言葉については，中高生約1万人の自由英作文を収集して電子化した大規模な学習者コーパス—Japanese EFL Learner (JEFLL) Corpus（投野 2007）があり，中高生が書く英文の実態解明が進んできています．

[5] 4級，5級を取得している者で記述していた者はいましたが，それ以外の生徒については英検についての記述はありませんでした．

第 11 章　高校生の英語の産出

　タスクの実施は，まずスピーキングのタスクを実施し，その後 2 週間程度をめどに，スピーキングと同一テーマによるライティングのタスクを実施しました．テーマは，英検 Can-do リスト[6]の 3 級〜 2 級の中で，「話す」，「書く」に共通している表 1 のテーマを参考にして，下記の A，B，C の 3 つに決定しました．

　　A　「ご飯派それともパン派？」
　　B　「将来訪れたい国（または日本の地域）」
　　C　「印象に残った学校行事」

表 1　Can-do リスト

3 級	話す	物ごとの「好き」「嫌い」とその理由を簡単に述べることができる．（動物，食べ物，スポーツなど）
	書く	物ごとの「好き」「嫌い」とその理由を書くことができる．（食べ物，スポーツ，音楽など）
準 2 級	話す	自分の将来の夢や希望について，話すことができる．（訪れたい国，やりたい仕事など）
	書く	自分の将来の夢や希望について，書くことができる．（訪れたい国，やりたい仕事など）
2 級	話す	印象に残った出来事について，話すことができる．（旅行，イベントなど）
	書く	印象に残った出来事について，その内容を伝える文章を書くことができる．（学校行事，旅行など）

　本調査で高校生が行ったスピーキングとライティングのタスクは以下のとおりです．

---

[6] 英検 Can-do リスト（日本英語検定協会 2006）は，1 級から 5 級の合格者（合格直後）に対し，大規模アンケート調査を実施し，調査に回答した合格者が自己評価して「自分はこの項目ができる自信がある」と考えたものを統計的手法により分析し，Can-do リストとしてまとめたものです．

〈スピーキングのタスク〉

ABC のテーマのうち 2 つ（AB, BC, AC）が記入されたプリントから，どちらか 1 つテーマを選んで，2 分間考えて（語句レベルのメモ可），次の 2 分間にできるだけたくさん自分から話す．どうしても英語が出てこない部分は，日本語の使用を許可．プリントには，下のような話す内容のヒントが日本語で提示されている．[7]

〈ライティングのタスク〉

スピーキングと同じ 3 つのテーマが全部記入されたプリントが与えられ（スピーキングと同じ書く内容のヒントが提示されている），自分がスピーキングで選んだテーマについて，辞書使用なしで 20 分間自由英作文を書く．スピーキング同様日本語の使用を許可．

〈スピーキング・ライティングのテーマ提示例〉

C　印象に残った学校行事

一番印象に残った学校行事は何？
　文化祭，体育祭，修学旅行
　遠足，ホームマッチ　など
何をした？　どこに行った？
何が楽しかった？一番の思い出は？

スピーキングは，英語教員が一人ずつ IC レコーダーに録音して，筆者が後

---

[7] このように話す・書く内容のヒントを提示したのは，テーマだけの指定では，何を話したらよいか，何を書いたらよいか思いつかず，何も話さない，書かない恐れがあるためです．

で書き起こして電子ファイルとして整備しました．手書きのライティングも電子ファイルにして，話し言葉 vs. 書き言葉における言語特徴の分析を行いました．Nomura (2012) では，中学生のデータも含めて（24名と少ないですが），さまざまな観点から話し言葉 vs. 書き言葉の特徴を分析していますが，本論文では高校生のデータについて，話した英語と書いた英語の語数の観点から全体的な傾向を述べた後，動詞の過去形に焦点を当ててその使用実態を示したいと思います．

3. スピーキングとライティングにおける産出語数

第2節で述べたスピーキング（S）とライティング（W）のタスクを行った高校生は，2分間でどれだけ話すことができ，20分間でどれだけ書くことができたのか，学年ごとの平均語数と標準偏差を表2に示しました．なお，下の表では使用した日本語は語数のカウントからは除いて，産出した英語のみの平均語数を示しています．

表2　学年別産出語数

		高1	高2	高3	計
S&W 参加者数		221	38	41	300
S	平均語数	41.17	81.58	77.83	51.30
	標準偏差	26.08	39.11	41.96	26.08
W	平均語数	45.08	131.29	99.68	63.46
	標準偏差	34.57	48.96	39.90	49.02

高校1年生は多くの参加者がありましたが，所属する学科は普通科，英語科，国際関係の学科で，英語力は低い生徒から高い生徒までさまざまで，英語学習に関する背景も多様でした．平均するとスピーキングでもライティングでも産出語数にはそれほど差がなく，他の2学年に比べるとかなり少ない結果となっています．一方，高校2年生は，参加者が英語力の高い英語科の1クラスであったため，他の学年に比べ多くの英語を話し，20分間で他の学年よりもかなり多くの語を書いています．高校3年生の参加者は，普通科と国際関係の学科に属する学習者で，平均語数はスピーキング，ライティング共に高校2年生より少ない（スピーキングでは差は少ないですが）結果となっていま

す．高校2年生が特にライティングの語数において他の学年と顕著な差を示しているのは，日常的にどの程度英語を書く活動を行っているかと関係があると思われます．これらの学習者は，週1回平均100語程度の英文を書いているとのことで，まとまった英文を書くことに慣れている学習者が多かったと言えます．授業で英語を話す機会が少ない普通科の生徒の中には，2分間話し続けるのが困難な生徒も多くいましたが，小人数クラス（10人程度）で英語を話す機会が多い英語科や国際関係の学科の生徒は，英語を話すことに慣れていて，2分間話し続けることができる生徒も多く，話した語数も多くなっています．このように，英語を話したり書いたりすることに関しての日常的な学習状況が，本調査でのスピーキングとライティングにおける産出語数の結果に反映されていると思われます．

本調査では同じ学校，学科で各学年のデータを収集することができず，また，学年により参加者数に偏りがあったため，高1から高3にかけて学年ごとに産出語数が多くなる傾向があるかどうかを見ることはできませんでした．そこで，参加者の中で英検3級，準2級，2級を取得している学習者について，産出語数に違いが見られるか調べてみました．表3は，英検の級別のスピーキングとライティングにおける産出語数の平均を示しています．

表3 英検級別の平均産出語数

	英検3級 ($n=53$)	英検準2級 ($n=62$)	英検2級 ($n=17$)
S	60.34	78.79	95.35
W	71.85	115.37	127.65

この表から分るように，英検の級が上がるにつれて，スピーキングでもライティングでも産出語数が増加する傾向が見られました．また，熟達度レベルの低い3級では，一定の時間内（2分間と20分間）に話せる語数と書ける語数の差は小さいですが，レベルが上がるとライティングの語数が大幅に増えています．

4. 動詞の過去形の使用実態

4.1. 話し言葉 vs. 書き言葉における過去形の正用率

動詞の過去形は，本調査で与えたテーマのうち，C「印象に残った学校行事」

で多く使われていたため,このテーマを選んだ参加者の中から分析に有効なデータ 71 人分のスピーキングとライティングのペアにおける過去形の使用の分析を行いました.話し言葉 vs. 書き言葉において,動詞の単純過去形の使用にどのような違いが見られるのでしょうか.

表 4 は,過去形を使用しなければならない文脈において使用されていた動詞の数 (A) とそれらの中で正しく過去形として使用されていた動詞の数 (B) の分布をスピーキング vs. ライティングで示したものです.( ) 内は状態を表す be 動詞 (連結詞の be) の分布を示しています.正用率は,過去の文脈で使用されていた全ての動詞の数 (A) に対する過去形の数 (B) の割合を示しています.

表 4　過去形の使用状況

	(A) 動詞 (be 動詞)	(B) 過去形 (be 動詞)	正用率 (be 動詞) (B)/(A)
S	433 (114)	286 (63)	66.05% (55.26%)
W	651 (212)	524 (176)	80.49% (83.02%)
S+W	1,084 (326)	810 (239)	74.72% (73.31%)

スピーキングよりもライティングにおいて正しく使用された過去形の割合が高くなっていることが分かります.S+W のデータから,高校段階の日本人英語学習者にとって,be 動詞は英語で表現するうえで重要な手段となっています (約 30%) が,過去形の正用率は話し言葉 vs. 書き言葉で顕著な差を示しています.話すときには,過去形にしなければならない文脈で現在形を使ってしまうケースが多く見られましたが,書いたときには,be 動詞を正しく過去形にして was, were を使っている割合が高くなっていました.書くときには,時間的余裕があり,動詞の形にも注意を払うことができ,自分が書いた英語をモニターしながら書けるために,書き言葉では動詞の過去形の正用率も高くなったと考えられます.

また,be 動詞の誤用については,英語を第二言語として学んでいるデータと興味深い比較ができます.本調査では,表 4 が示しているように,スピーキングとライティングを合わせて過去の文脈で使用されていた 326 個の be 動詞のうち 239 個が過去形になっていて,87 個 (326 個 − 239 個,誤用率 26.7%) が過去形になっていませんでした.この結果は,アメリカで第二言語として英語を学んでいる大人の学習者 37 人分のスピーキングとライティング

のペアのデータを収集した Bardovi-Harlig (1998) の研究と大きな違いを示しています．彼女の研究では，両方のデータを合わせて過去の文脈で使用されていた be 動詞 324 個のうち，323 個は正しく過去形として使用されており，誤用率はほぼ 0% でした．つまり，対象とした学習者は，話し言葉でも書き言葉でも過去形の使用が安定しているのです．これに対して，本調査に参加した日本人の高校生は，話し言葉と書き言葉の間では過去形の正用率に大きな違いが見られ，過去形の使用はまだ不安定な状態であると言えます．このような違いは，習得段階の違いや英語の熟達度レベルの違いによるのかもしれませんが，前者が第二言語であることに対し，日本人高校生は外国語として英語を学習することの違い，たとえば，日常的に英語を使用する機会の多少にも関係があると思われます．日本人高校生の場合は，日常的に英語を話す機会が少なく，即興で話すことに慣れていないため，be 動詞の使用でも不安定さを示すのかもしれません．

4.2. 過去の文脈における動詞の使用例

過去の文脈で使われていた動詞に関して，実例を示しながら現在形を使用していた誤用の例を見てみたいと思います．スピーキングにおいて，be 動詞の現在形を使った誤用が多かったことを上で述べましたが，次は高校 1 年生の発話からの抜粋で，過去の文脈における is の使用例です．[8]

(1) ... I visit to Churaumi aquarium. I've never never been to aquarium, so I first visit. Fish fish *is* very cute very cute. I visit visit sea. I made to I found coral coral *is* very small ...

(2) ... We went to sea. Sea *is* very beautiful. And we went to Churaumi aquarium. Fish was very beautiful. ... We like we like on airplane. We our tension <u>*is was*</u> max. I was fun. In our room I saw with my friend a lot. It *is* exciting it *was* exciting.

(1) と (2) の生徒の発話例は，動詞の過去形の使用が不安定であることを示しており，過去の文脈で is を使用しているのが見られます．興味深いのは，(2) の発話で，下線部のように is と言った後で was と自己訂正している部分があることです．スピーキングでこのように時制の間違いを言い直している例

---

[8] 名詞と関わる誤用（冠詞脱落）や文構成の不安定さなども見てとれますが，それらはここでは考察対象とはしません．

第 11 章　高校生の英語の産出　　205

は多くありませんが，他にも同様の例が見られました．

　高校生の話し言葉 vs. 書き言葉では，書き言葉の方で動詞の過去形の正用率が高かったことを示しましたが，このことは，同一学習者の発話 vs. 作文のペアにおける動詞の使用状況にも現れています．次は高校 1 年生（SH1），2 年生（SH2），3 年生（SH3）の同一学習者の発話 vs. 作文のペアからの抜粋で，同じ動詞の非過去形 vs. 過去形の使用例です．a の例文の下線部の斜字体の動詞が誤用例で，b の例文の斜字体の動詞が正用例です．

(3) a. We went to sea. Sea *is* very beautiful.　(S-SH1)
　　b. We went to Surijo. It *was* very big, …　(W-SH1)
(4) a. Next day I I went to beach and then I *swim* there.　(S-SH1)
　　b. After that I *swam* in the beach. It was very beautiful.　(W-SH1)
(5) a. I *play* softball with with classmate.　(S-SH2)
　　b. My first home match, I *played* soft ball.　(W-SH2)
(6) a. I *visit* to I *visit* to Baskin-Robbins company and …　(S-SH2)
　　b. I *visited* to the university.　(W-SH2)
(7) a. There is a there is a many student, so students *look* very fun.
　　　　　　　　　　　　　　　　　　　　　　　　　　　　(S-SH3)
　　b. At the Tokyo University, the college students *looked* very fun.
　　　　　　　　　　　　　　　　　　　　　　　　　　　　(W-SH3)
(8) a. Next day we went to Nagano and are skiing. It *is* very beautiful very beautiful snow, …　(S-SH3)
　　b. The next day, we went to Nagano. We skied for four days. It *was* very beautiful scene covered with white snow.　(W-SH3)

　(3) は (2) と同じ生徒の発話 vs. 作文の一部です．同じ went to を含む文に続けて話したときと書いたときでは，話したときには be 動詞の現在形 *is* の使用も見られましたが，書いたときには同じような文脈で過去形の *was* を使用していました．(4) や (8) も類似した例です．went to … と言って過去のことを述べた後の文で，話したときには動詞の過去形を使っていませんが，書いたときには過去形を使って表現しています．これらの学習者は，話すときにはとっさに is very beautiful と言ってしまいがちですが，書くと was very beautiful と書くことができる傾向があると思われます．(5)~(7) の 3 つの例は，規則変化の動詞の過去形の使用例を示しています．話したときには過去形を表す -ed をつけていませんが，書いたときには -ed をつけて過去形として

表現することができています．話すときに，過去のことであっても I play ... と言うのは他の学習者の発話でも見られました（play volleyball, play soccer, play ski, play card game など）．

上に挙げた話し言葉 vs. 書き言葉における過去形の使用状況は，日本人高校生が過去形の使用に関してまだ不安定な段階にいることを示しています．即興で話す場合は，過去形の使用はまだ不安定ですが，書く場合には，動詞の形式をモニターすることができ，過去形の使用もより正確になると考えられます．[9]

4.3. 同一学習者の話し言葉 vs. 書き言葉における過去形の使用の変異性

前のセクションでは，同一学習者が過去のことについて話したときと書いたときで，同じ動詞に関して，話した場合には過去形を使用していないが，書いた場合には過去形を使用していた例をあげましたが，高校生の実際のパフォーマンス全体を見ると，個人により話し言葉 vs. 書き言葉において過去形の使用にはかなり揺れが見られます．Nomura (2013) では，高1から高3のデータの中から，特徴的な過去形の使用を含むスピーキング vs. ライティングのペアのデータ10人分を選んで，質的に詳細な比較分析を行いました．そのような比較分析から，話し言葉 vs. 書き言葉における過去形の使用に関していくつかのパターンが現れました．表5は，10人のデータに現れた過去の文脈における（助）動詞の使用パターンをまとめたものです．PとNはそれぞれ過去形（past; P）と非過去形（nonpast; N）の使用を表しています．

表5 S vs. W における過去形と非過去形の使用パターン

	Speaking (S)		Writing (W)
N:	speak	N:	speak
N:	play / swim / ski / take / talk can't / have never been	P:	played / swam / skied / took talked / couldn't / had never been
P&N:	was (were) & is (are) / went & go	P:	was (were) / went
P:	enjoyed	P&N:	enjoyed & enjoy

---

[9] この傾向は，大学院生等，書く英語では論文執筆などでほとんど誤用を示さない上級者でも，話す英語では不安定となると思われます．これについては，今後調査の必要性があります．

Speaking (S)	Writing (W)
P: was / were / ate / enjoyed / had learned / met / skied	P: was / were / ate / enjoyed / had learned / met / skied

(Nomura 2013, p.25)

　スピーキング（S）とライティング（W）の両方で使用していた表5の動詞の使用には，5つのパターン（N vs. N，N vs. P，P&N vs. P，P vs. P&N，P vs. P）が見られました．N vs. N のパターンは，同じ生徒が S と W の過去の文脈において共に speak という非過去形を使用していたということです．N vs. P は，例えば S では非過去形の play を，W では過去形の played を使用していたパターンを示しています．表5の他の（助）動詞についても同様に，S では非過去形を W では過去形を使用していたということです．P&N は S あるいは W のテキスト内に過去形と非過去形が混在して使われていたケースを表しています．P & N vs. P は，例えば，S では was（were）と is（are）の両方を使用していたが，W では過去形のみを使用していたパターンを表しています．P vs. P&N は，S では過去形のみを使用していたが，W では過去形と非過去形の両方を使用していたパターンです．最後の P vs. P は S と W で共に過去形を使用していて，同じ動詞に関して非過去形の使用がなかったということを表しています．以下の表6～表8に，これらのパターンが現れている具体例を示します（Nomura（2013）で示した10人分のパフォーマンス例から3人分を抜粋したものです）．

　スピーキングのデータでは，繰り返しと自己訂正の部分は（　）で囲んであります．表には，スピーキングとライティングで同じような内容を述べていた部分を抜粋して，使われていた動詞をイタリック体にして（自己訂正した部分は除く），左右で比較できるように載せてあります．学習者の綴りの誤りはそのままにしています．

　表6は，英検3級を取得している高1の同一学習者のパフォーマンス例です．話したときも書いたときも過去形と非過去形が混在していて，不安定な過去形の使用を示しています．

表6　S vs. W における過去形使用の比較（1）

	Speaking	Writing
高1	(We went to) we *went* to Okinawa in October.	We *went* to Okinawa on a school trip in October.
	We *went* to Shuri Castle, Peace Hall, Churaumi aquarium and Ikei beach. So (I) I *enjoyed* Ikei beach a best because (we) (we) we *swimming* (with my) with my friends. So (I take many pictures), I *take* many pictures.	We *went* to "Shuri curlty" "Peace holl" "Thuraumi apuarium" and "Ikei beach." I *was* most *enjoyed* "Ikei beach." Because I *was swimming* and I *took* many pictures with my friends.
	In the bus, (we) we *play* card game, so very interesting.	In the bus we *enjoy* playing card games. It *was* very interesting.

　話したときには過去形を使っていなくて，書いたときは過去形を使っている場合（take vs. took），話したときには適切に過去形を使っているが，書いた時には不適切な使用になっている場合（enjoyed vs. was enjoyed & enjoy）が見られます．また，swimming vs. was swimming において，書いたときには be 動詞（助動詞）の過去形 was が挿入されているという違いが見られます．この場合には，swam を使う方が適切なのでしょうが，このような例は，高校段階の学習者の進行形の習得状況，話し言葉 vs. 書き言葉における使用の特徴を示唆している点で興味深いです．つまり，すでに英語の進行形についての文法的知識はあるので，書くときには適切な形で書くことができても，話すときには be 動詞が抜けることがあるということを示唆しています．
　表7は，英検準2級を取得している高校2年生の同一個人のデータからの抜粋です．この学習者は，話したときにはまだ不安定な過去形の使用が見られますが，書いたときには，話したときに過去形にしていなかった動詞も過去形にしていて，過去形の使用は安定しているようです（go vs. went; ski vs. skied; is vs. was）．

表7 S vs. W における過去形使用の比較 (2)

	Speaking	Writing
高2	(I)(we) we *went* to school trip and (we) we *go* to Niigata and Tokyo. Niigata *was* very cold and (we play) we *ski*. It *was* very fun but I *don't* play well. And Tokyo *is* very exciting. We *went* Odaiba. We *saw* many things. Fuji television and	I *went* to school trip in January. We *went* to Nigata and Tokyo. Nigata *was* very cold. We *skied* there. Ski *was* fun! but first day *was* not well, … We *went* to Odaiba. I *went* to Fuji TV. There *was* exciting.

　この学習者に関して興味深いのは，and で文をつないで話したときに，最初の文では過去形を使っているのに後の文では過去形を使っていないという現象が見られることです．最初の発話で，we went … と言って次に we go … と言っていますが，これに相当する部分は書いたときには両方とも went になっています．went という過去形を本調査の高校生はたくさん使っていて，比較的よく習得している過去形のように思われますが，話し言葉での went と go の使用の混在は，他の学習者にも見られたので，話すときにはまだ不安定な使用を示す学習者がいると言えるでしょう．この学習者が時制を混同して使用する傾向は，2つ目と3つ目の発話にも現れています（was … and … ski; was … but … don't play．さらに，2つ目の発話で注目されるのは，we play と言った後で we ski と言い直しており，書いた英語では，skied と過去形にしていたことです．この学習者は，動詞 ski の用法を知っていて，モニターする時間があるときには，過去形も使用できると言えるでしょう．他の学習者のデータでは，play ski vs. played ski のような使用例も見られました．

　最後に表8に示した例は，英検2級を取得している高3の学習者のパフォーマンスの一部ですが，この学習者は，話したときにはまだ若干過去形の使用に不安定さがあるものの，書いたときには過去形の使用は安定していて，過去完了形の使用も見られ，時制についての知識が充分あることが窺えます．

表8　S vs. W における過去形使用の比較 (3)

	Speaking	Writing
高3	I *went* to Tokyo and Nagano.	We *went* to Tokyo and Nagano.
	(I) I *watched* a lot of snow and beautiful view.	We *saw* a lot of snow and beautiful view.
	I *skied* for the first time. Skiing (is) *was* very difficult but my coach *is* very kind to me, so (I) I *enjoyed* skiing.	We *skied*. I *had never skied* before then. Sking *was* very difficult, but our instructer *was* very kind to us. So, we *improved* sking.
	And (I) we *talk* each other at night. School trip *was* very fun and very excite, ...	We *talked* so much at night. School trip *was* very exciting.

　注目されるのは，"Skiing (is) was very difficult"の部分の発話で，isと言った後自己訂正してwasと言っていることです．このような例はセクション4.2でも少し挙げましたが，話すときもモニターが働いている興味深い例です．しかし，即興で話す場合にはなかなかモニターして即座に訂正することはむずかしいと思われます．自己訂正した直後の文では"my coach is very kind"と言っていて訂正していませんし，あとの発話でも，"we talk each other"と言っています．これらの動詞は，いずれも書いたときにはwas，talkedと過去形を使っています．もう一つ注目すべきことは，この学習者は，"I skied for the first time."と話した代わりに，"I had never skied before then."と過去完了形を用いて書いていることです．この学習者は，動詞skiの用法にも習熟していて，英語の過去時制についての知識もしっかりしていると推測されます．

　上で挙げた同一学習者の話し言葉 vs. 書き言葉における過去形の使用の比較分析は，高校段階の日本人英語学習者の場合，過去の文脈における動詞の使用に関して，話し言葉と書き言葉では違いがあることを示しています．また，英語の熟達度レベルも過去形の使用状況に関係していることを示唆しています．

5. 英語教育への示唆

　日本人英語学習者の話し言葉と書き言葉の実態調査から明らかになる言語特徴は，英語教育にいろいろな面で示唆を与えてくれます．第2節で述べたように，中高生の話し言葉あるいは書き言葉のどちらかのみのデータを収集して分析した研究はこれまでに行われており（投野 2007，野田 2008 など），中高生が話す英語，書く英語の実態解明が進みつつあります．ただし，話し言葉の方は，実施上の困難さもあり，まだ数が限られているのが現状です．本研究で示したような同じ学習者から異なるタイプの産出データ，つまり，話し言葉と書き言葉を収集し，中学・高等学校レベルの学習者の言語習得発達段階の過程を調査・記述した研究はほとんどありません．本調査では，同じ産出でも，話し言葉は書き言葉より不安定であることが明確となりました．

　本論考では，過去形の使用しか扱いませんでしたが，同内容の産出における文の構造，語彙，時制以外の文法的な要素なども，書き言葉のほうが話し言葉に比べ，より複雑で正確な英語となることが明らかになっています（Nomura 2012）．話すこと，書くことのコミュニケーション能力の育成を目指す場合，こうした話し言葉 vs. 書き言葉の実態からの詳細な考察，それらを基盤とした発達過程の解明が望まれます．本調査で行ったような，同じ学習者からの話した英語と書いた英語の比較分析が，英語を習得している途上にある日本人の習得順序や様々な発達段階における言語的特徴をより明らかにするに違いありません．そして，そのような研究の成果から，英語教育の中高大学それぞれのレベルで，話すことと書くことを組み合わせる指導に活かしていく様々な示唆が得られる筈です．

　第3節，第4節で示した高校生の実態調査をどのように実際の英語教育に取り入れることができるか，最後に提案したいと思います．上記では，高校生が与えられたテーマについて2分間でどのくらいの語数を話すことができたのか，20分間でどのくらいの語数を書くことができたのかを調査した結果を示しました．本研究対象の生徒がどの程度平均的かについては検討する必要がありますが，得られた結果に基づき，話す活動→書く活動の連鎖において，何語位をそれぞれの学年あるいは熟達度レベルで目標とすればよいかの目安を設定することができます．設定例をあげると，まず，英検3級が中学卒業段階の英語力の達成目標とされていますので，高1入学段階から高1の後半くらいまでの標準的な英語力を英検3級程度と考えることにします．そして，第3節の表3で示した英検級別の平均産出語数を参考にして，与えられたテーマ

について 2 分間話す場合には 60 語程度，20 分間書く場合には 70 語程度を目標として設定することができます．次に，高 1 の終わりくらいから高 2・高 3 にかけては，英検準 2 級レベルを標準的な英語力と考え，話す場合には，70 語程度から 90 語程度，書く場合には，90 語から 120 語程度を目安にすることができます．英検準 2 級レベルの英語力は幅が広いので，学習者の英語力の実態に合わせて，学年が上がるにつれて，目標とする語数をこの範囲内で次第に増やすなどの工夫をするとよいでしょう．さらに，高 3 の後半には英検 2 級レベルに到達するのが理想的であると考えられますので，そのレベルの学習者に対しては，100 語程度で話すことができ，130 語程度で書くことができるという目標設定をすることができます．これらの目標語数は，高校段階での理想的な熟達度レベルの学習者を対象にしたものですが，1 つの指標として考えてもいいでしょう．

　高校生は，過去のことについて表現するときに動詞の使用がまだ不安定であること，話したときと書いたときで正確さに違いがあることを示しました．このような実態を考慮に入れて，「動詞の過去形」という形式を生徒に意識させる部分を話す活動と書く活動の連鎖の中に組み入れ，流暢さと共に正確さも向上させていくことができるでしょう．例えば，「思い出に残っている旅行」というテーマで，話す活動と書く活動を組み合わせるとしたら，即興で話したあと自分の動詞の使用について振り返る時間，過去形の使用を認識させる時間などを設け，最後に話した内容について書いてみる（動詞の過去形をチェックする）といった一連の活動を計画することができるでしょう．

　本研究では，第一節で述べましたが，学習指導要領に即興で話す言語活動が含まれたことを踏まえ，即興での発話を重視して，「話す」から「書く」の方向での調査しか行っていませんが，今後，「書く」から「話す」方向での調査も行うことが望まれます．そして，その場合の産出された話し言葉 vs. 書き言葉の特徴も考察して，即興で話す活動から書く活動，さらにその後に話す活動を組み合わせるような活動の連鎖の効果（意識的な英語の産出により話す力が向上する可能性など）を検証していくことも有益だと思われます．

　本論文で示したのは，高校生の実態調査の一部とそれに基づく英語教育での活用のごく一例ですが，[10] 今後より広範囲の学習者（中学生から大学生）の話し

---

[10] Nomura (2012) では，10 の言語特徴を話し言葉と書き言葉で比較分析し，言語変異を明らかにし，使用に関して変異が見られた項目（接続詞や関係代名詞など）について，話す活動と書く活動の連鎖の中での指導例も提案しています．

言葉 vs. 書き言葉の実態調査が行われ,「話すこと」「書くこと」に関する指導に関して,調査結果に基づいたきめの細かい指導が示され,英語教育の中に活かされていくことが期待されます.

参照文献

Bardovi-Harlig, K. (1998) Narrative structure and lexical aspect: Conspiring factors in second language acquisition of tense-aspect morphology. *Studies in Second Language Acquisition, 20*, 471-508.

野田哲雄(編)(2008)『日本人英語学習者のスピーキング能力の実態調査ならびに評価指標開発——中学生・高校生を対象として』平成17年度—平成19年度科学研究費補助金(萌芽研究)研究成果報告書,課題番号17652059.

野村真理子(2010)「日本人英語学習者のスピーキング vs. ライティングパフォーマンスの比較分析のための指標——学習者コーパスに基づくアプローチ」*STEP BULLETIN, 22*, 30-46.

Nomura, M. (2012) *Linguistic Variation in Japanese EFL Learners' Spoken and Written Language.* 博士論文,東京外国語大学.

Nomura, M. (2013) Variability in past tense use in Japanese EFL learners' spoken and written production: A comparative analysis of the same individuals' speaking and writing.『鳴門英語研究』24, 15-28.

投野由紀夫(編著)(2007)『日本人中高生一万人の英語コーパス JEFLL Corpus——中高生が書く英文の実態とその分析』小学館.

資料

文部科学省(2008)『中学校学習指導要領(ポイント,本文,解説等)』
文部科学省(2008)『中学校学習指導要領解説　外国語編』
文部科学省(2009)『高等学校学習指導要領(ポイント,本文,解説等)』
文部科学省(2009)『高等学校学習指導要領解説　外国語編　英語編』
日本英語検定協会(2006)『英検 Can-do リスト』

第 12 章

日本の英語教育の現場でできること
―目標設定，指導技術向上，そして学習者の意識づけ―

小野田　榮

日本の英語教育の現状は，外国語教育環境としては理想から大きくかけ離れており解決すべき課題が多々あります．国家レベルでの対策が必要なものが多くありますが，本稿では，大学や高校そして教師レベルでの取り組みである程度状況が改善できるものについて具体的な方策を提案します．まず，高校で目指すべき現実的な英語力を想定した上で，高校の現場で効果が期待できる取り組みを紹介し，その後，教育において大きな役割を果たす教員の養成，英語力向上の方策を検討し，最後に，もう一方の主役である生徒・学生の学習習慣や意識づくりに効果があると思われる活動について概説します．

キーワード：　教員養成，少人数教育，自己効力感，内発的動機づけ，流暢さ

1. はじめに

　日本で英語教育を受けた人にはよく分かると思いますが，日本の英語教育の実態は，外国語の教育・学習環境の観点から見て様々な問題を抱えています．その問題の要因は，母語の日本語と習得目標言語の英語の言語特徴上での大きな違い，クラスサイズに代表される教育体制のあり方，必修科目という位置づけから生じる全国一律の目標設定の妥当性，日常的に使用する環境がない状況での外国語としての言語教育など様々あり，どれひとつとして，容易に解決できるものではないでしょう．

　その一方で，世界の急速なグローバル化を受け，我が国もその重要な教育施策として「英語が使える日本人の育成」を掲げ，新学習指導要領では，小学校からの英語導入，中学校および高等学校での「授業は英語で行うことを基本とする」など，新たな教育方針を提示していますが，上記の根源的な問題を解決するものではありません．[1] そうした現状であっても，英語教育を行っている

---

[1] 現行の新学習指導要領は，小学校，中学校のものは平成 24 年度に，高等学校のものは平

以上，現場では，少しでも効果的な教育・学習を目指した活動が求められています．理想とは程遠い教育環境であっても，学校及び教師の努力次第で改善できるものもあると思います．本稿では，現行の学習指導要領で重点が置かれている，スキルを含めたコミュニケーション能力について，高等学校での英語教育に焦点をあて，(1) コミュニケーション能力育成の目標設定，(2) 教育現場での取り組み，(3) 教師の英語力および指導技術向上への施策，そして (4) 学習者の意識づけに向けての支援方法について考察します．

2. コミュニケーション能力育成の目標

現行の文部科学省（文科省）「高等学校学習指導要領 外国語編 英語編」(2009) およびその「解説」(2009) では，英語コミュニケーション能力の到達目標を非常に高く設定しています．具体的には，「授業を実際のコミュニケーションの場面とするため，授業は英語で行うことを基本とする．」(「指導要領」p. 5)，「事実や意見などを多様な観点から考察し，論理の展開や表現の方法を工夫しながら伝える能力を養う．」(「解説」p. 19)，「与えられた条件に合わせて，即興で話す．また，伝えたい内容を整理して論理的に話す．」(「解説」p. 24)，「多様な考え方ができる話題について，立場を決めて意見をまとめ，相手を説得するために意見を述べ合う．」(「解説」p. 25) など，と明記されており，これは，日本の大学の英語専攻の学生の到達目標，さらには，英語圏の大学の授業に対応できる英語力を目標にしているのではないかと考えられるほどの英語力でしょう．近年広く採用されている英語能力のタスクレベル指標 CEFR (Common European Framework of Reference for Languages) に照らすなら，B2，英検の準一級かそれ以上に対応します．[2] 文科省としては，目指すべき英語力の指針を高く設定することで，教育・学習を刺激するという効果を期待しているのかもしれませんが，現実は，日本人の英語学習者の 80% の英語力が CEFR の A レベルである（投野 2014）との指摘もあり，また，高校入学時の生徒の英語力は，英検準一級から四級レベルに大きく広がっているという現状を鑑みると，上記の目標設定は現実的ではないことは明らかです．

成 25 年度に施行されています．また，文部科学省（文科省）は，2013 年 12 月に次期学習指導要領改訂に向けて「グローバル化に対応した英語教育改革実施計画」と題した方針を提示し，現行を上回るレベルの目標設定を計画しています．

[2] CEFR については，投野 (2013)，吉島・大橋 (2004) などを参照ください．本論文集では，長谷川論文（第 1 章）に，CEFR のレベルの大雑把な概要が提示されています．

生徒の英語力に合致しない高い目標を設定しても，生徒や教師は無力感に襲われるだけでしょう (Fanselow 2014)．その一方で，現実的で到達可能な目標設定をし，それを目指して段階的に英語力を身につけていけば，学習意欲を高める効果も期待できるでしょう．

では，現実的な目標としては，どのレベルに設定すべきでしょうか．前述のように，多くの高校生の英語力が英検準1級レベルから程遠いことを考慮すれば，高校卒業程度の英語力が合格基準となっている英検2級レベル，CEFR指標ならB1レベルを目指すのが適切ではないかと考えます．そのひとつの理由は，英検2級に合格した学習者は，その後自らの判断の元に自分で英語の学習を続けていける「自立した学習者」であるからです．また文科省の調査 (2012) によると，高校3学年のうち「英検準2級以上を取得している生徒は10.6%，取得はしていないが英検準2級以上相当の英語力を有すると思われる生徒は20.4%で，合わせると31.0%」という実態からも，まず英検2級レベルを目標とするのが妥当なのではないかと考えます．その一方で，B2レベルとなると，学習者を取り巻くさまざまな社会的な問題について意見を述べることが求められますが，現実に目を向ければ，高校生の多くが，そのような問題に関して関心を示さず，そのことが英語の能力が向上しない原因になっているのです (柳瀬 2011)．つまり，B2は，英語教育以外の環境，歴史，科学など様々な分野の知識，つまりアカデミックな知識が前提となるため，高校生全体に対する英語教育を考えた場合に，現在の時点では目標とはなりえないと考えられます．これは，高校生にTOEFLを受験させるような試みに近いと言えます．また，これまでのESL/EFLの世界で，言葉のfluency（流暢さ）育成につながるautomatization（自動化）を促進するような指導は，あまり行われてきておらず (Rossiter, Derwing, and Manimtim 2010)，それは現在の日本の高校英語教育の中でも同様であると思われることもその理由です．

英検2級レベルの英語力とは，コミュニケーション能力の観点からは，B1にあるように，「社会生活での身近で興味ある話題について理解し，自分の考えとその理由を簡単に説明できる力」ということになるでしょう．また，言語材料としては，「自分の体験や出来事や願望などを易しい語句を結びつけて語ることができる」力であり，アカデミックな内容は含まれていないのです．そのような内容を表現する語彙は，readingやlisteningで求められる受容語彙を考えても，アカデミックな内容理解に必要な8,000語レベルまでは到達しない，B1の上限である5,500語レベル（小池 2008）となると考えられ，高校での学習によって到達可能な範囲であると思われます．

第 12 章　日本の英語教育の現場でできること　　　　　　　　217

この英検 2 級レベル，CEFR 指標 B1 レベルの英語コミュニケーション能力育成に向け，第 3 節で，高校の教育現場で可能な取り組みや工夫について，第 4 節で，教育現場でそのような効果的な指導を行う教員の英語力，指導力育成について，そして第 5 節で，学習者の意欲向上や自己調整学習につながる指導について考察します．

3. 教育現場での取り組み

コミュニケーションというのは，1 対 1 の意思疎通が基本ですから，その能力育成には，少人数，生徒の能力や意欲など個々の特質に対応する教育環境が求められます．しかし，現実的には，英語は必修科目扱いであり，高校教育もほぼ義務教育化していますから，クラス全体への一斉指導，年間授業時数など様々な制約が伴います．そうであっても，高校においては，都道府県の教育委員会に申請すれば，そのような状況を改善するいくつかの取り組みが可能で，すでに実施している高校もあります．それらを，現場（学校，教師）が取り得る改善の観点から考えてみたいと思います．

3.1. クラスサイズの問題解決

中学高校のクラスの生徒数は，「公立義務教育諸学校の学級編制及び教職員定数の標準に関する法律」及び「公立高等学校の適正配置及び教職員定数の標準等に関する法律」で定められているため，20 人程度の少人数クラスの実現は現実的には困難ですが，ある程度の工夫は可能です．

(a) 一クラスを二分割同時展開する授業

クラスを二分割にすることで，指導する生徒の数を 20 人以下にすることが可能となります．それにより，生徒と教師間の効果的なインターアクションが増えるとともに，一人一人の生徒の学習意欲を向上させ，個々の生徒のニーズにあった授業展開が可能になります．グループ活動も行いやすくなるのは明らかですし，授業中だけでなく提出された課題等に対してもきめの細かい指導が行いやすくなります．また，二分割同時展開で，それぞれのクラスを日本人教師と ALT が指導し，週替わりで担当クラスを変える方法も実践されています．たとえば，一つの教材を用い，日本人教師が英語で内容説明や文法事項の説明と問題演習，音読練習などを担当し，生徒を内容的にも言語の点でも教材を十分に理解した状態に導きます．その後 ALT がその理解をもとにさらに同じ情報や表現を繰り返しながら，discussion や presentation のような意味の伝達

に重点を置いた活動，および timed writing や 4/3/2 (repeated story-telling) (Nation 2013, Nation and Newton 2009) のような流暢さを高める活動を取り入れ，4技能を統合して指導します．この方法をとれば，一つのクラスが同じ教材を用いながら，扱うスキルを変えたり統合したりすることで，学習者の深い言語処理，そしてその結果として，表現や流暢さの習得を促進することが期待できます．

(b) 指導内容に応じた少人数教育

さらに (a) の応用ですが，一クラスを二分割し，指導内容と目的に応じて少人数クラス編成を行う方法です．次の (1)，(2) の2つの方法はそうした例で，ある県の中学校では，(a)，(b) を両方利用して効果を挙げています．

(1) 均等分割少人数クラス： 教科書の一つの課を通して実施し，ペアやグループでの言語活動によりコミュニケーション能力を向上させることが目的です．教師が，効果的にコミュニケーション活動を行えるように，クラスの雰囲気作りに貢献してくれるリーダー的存在の生徒をうまく配置し，人間関係を考慮して集団が効率よく機能するように配慮して進めます．

(2) 習熟度別少人数クラス： 単元の最後に実施し，語彙や文法事項等の言語材料の定着を目指します．問題を用意して生徒がまず自分の英語力や問題点を認識した上で，基礎コースか発展コースを生徒自身に選ばせます．

このような形式の少人数クラスは，ほとんどの教員や生徒から，学習に効果があるとの評価を得ているようです．

3.2. 他教科のクラスとの同時展開授業

複数の教科が同じ時間帯に授業を組む同時展開授業方式です．高校の高学年で広く行われている方法で，複数の教科がシラバスを提示し，その中から生徒が自らのニーズと希望に応じた科目に申し込むのです．大学受験対策の科目を提供できる一方で，英語のスキル別の科目や ALT との team-teaching などを生かして，コミュニケーション能力向上の科目 (discussion や presentation) などの授業科目を設置し，そのようなことに関心のある生徒を生かすことも可能です．時間割を組む難しさはありますが，生徒の希望を生かす形で行われているので満足度が高く，EFL の環境においては効果をもたらす方法と言えるのではないでしょうか．

3.3. 授業時間数の問題解決にむけて

高校では，授業時間外に学期中の放課後や長期休業期間を利用して補習や発

展のため授業が広く行われています.放課後補習授業は,主に平常授業内容を理解できない生徒向けです.部活動に参加しなければならない生徒が多い学校では実施が難しいこともありますが,部活動顧問の許可を得られれば,少人数で生徒の問題点解決に特化した指導を行うことができ,英語に苦手意識を感じている生徒が平常授業に参加できる手助けをし,効果的な授業運営の基盤とすることができます.生徒との良好な人間関係を構築することができるだけでなく,そのような生徒を学校生活全般に対して積極的に参加させることが可能になります.そのような生徒が,学習効果に大きな影響力を持つ self-efficacy（自己効力感）を高め（Bandura 1986）,効果的な学習方法などを学ぶことができるからです.

　また,学期中や長期休業期間に講習を行い,特定の内容やスキルを扱った発展した内容を学ぶ少人数の授業を行うことも効果的です.生徒が比較的時間を取ることが可能な長期休業期間に,他教科や他の英語の教師と計画を立て,平常授業では十分扱えない essay writing, timed writing, repeated story-telling や discussion, presentation などを指導する方法です.事前に配布される講義概要を読んで興味と必要性を感じている内容の講座や信頼している教師の講座に生徒が集まる傾向がありますので,大きな学習効果が期待できます.生徒にとっては普段指導を受けていない先生の指導を受け,言語学習に関する新たな観点を学べるなど利点も大きいのです.[3]

4. 教員の英語力および指導技術の向上

　現行の学習指導要領に述べられているように,高校では基本的に英語を用いて指導することになっています.そのためには,教師の英語力,コミュニケーション力の改善,高いレベルでの reading, listening, writing の力（文法力を含む）が必要であることは言うまでもありません.しかし,こうした英語でのコミュニケーションを中心にした指導法をこれまで学習者として体験した経験もなく,それを実践してきた教員の数も限られるわけですから,学習者の英語コミュニケーション能力の育成には,教員の英語力と指導技術の向上が急務と

---

[3] 筆者も,高校教師時代に,高校3年生の希望者を対象に放課後の時間に,衛星放送のテレビのニュースを使って ALT と指導を行い,生徒の listening 力向上だけでなく,writing や discussion の力を養成することに取り組み,学習効果を上げることができたという経験を持っています.

なります.学習者にとっては,英語教師は,手の届く英語学習者のモデルとなりますので,効果的な英語学習法,指導技術を習得し,教えることが望まれるのです.また,将来の英語教師を養成する大学の英語教職課程においても,指導技術を高める一方で効果的な英語の学習法を学ぶことができる教員を育てていく責任があります.本節では,教員養成の観点からの改善の可能性,および現職の教員の指導力向上について考えます.

4.1. 大学における英語授業内容の改善

文科省は,高校教員に,英検準1級レベル(CEFR 指標の B2 とある程度重なっているアカデミックな英語のレベル)の英語力を身につけるよう要求しています.[4] つまり,高校卒業までに上述の英検2級レベル(B1 レベル)をクリアできたと仮定して,大学ではそのレベルの学生を受け入れ,卒業までに,目標の英検準1級(B2)の英語力を効果的に身につけさせる体制作りが必要となります.言語の4技能(reading, listening, speaking, writing)を向上させる授業だけでなく,高校レベルの英文法の知識を定着させ正確に使えるように導く授業改善が望まれます.教職を目指す人には,このような授業の中で,いろいろなタイプの英文を読んだり聞いたりし,効果的な学習方法を身につけてもらいたいものです.また,アカデミックライティングに加え,英語だけで行われる4技能を統合した授業も経験し,教員になったときの指導に生かしてほしいと考えます.

4.2. 英語科教育法と教育実習の改善

(a) 効果的な教員育成

近年では,中学高校での教員経験を持つ英語教育専門の教員が,英語科教育法を担当するようになり,指導内容が改善されてきたように感じます.ここで大切なことは,学生に言語習得理論を学ばせながら,実際の授業をできるだけ早い段階で体験させることだと思います.イギリスが行っている Teach First のように,できれば早い段階で現場での教職経験を積み,実際に教えることを体験しながら,指導教員や他の先生と話し合い,指導上の問題点を解決し指導技術を向上していくようなシステムを構築することが肝要だと思います.その

---

[4] 文科省の調査(2012)によると,全国高校英語教員の約半数(52.3%)が英検準一級かそれに相当する英語力を有しているとのことです.その一方で,そのレベルをかなり下回る教員も少なからずいるのが現状と思われます.

意味では，大学4年生で行う教育実習の期間を現在の3〜4週間から3か月くらいに延長し，その間に大学の教員が何度か訪問し，指導教員や英語科の教員と話し合いを持ちながら実習生の指導をしていくのが良いと考えられます (Onoda, Murphey, Takahashi, and Chiba 2007)．しかし，大学全体のカリキュラム，実習生受け入れの教育現場や大学の指導教員の負担を考えると現時点での実現は難しいでしょう．

そこで，実際に可能となるのが，大学の英語科教育法の中で，実践的な側面を前面に出し，教えること，教員として成長することの楽しさをできるだけ早い段階で体験させるようなカリキュラム改革です．たとえば，

(1) 教員が指導のモデルを示し，学生一人一人にそれを模倣する形で，micro-teaching（10分程度）を行わせます．
(2) その後その micro-teaching に含まれる指導技術について分析します．
(3) 指導技術の高い高校の教師の授業を DVD で見せ，指導技術について分析します．
(4) 学生一人一人に教材を選ばせ，自ら作成した teaching plan をもとに 10分〜15分の授業実演を一人一人行わせ，それを DVD に録画し，全員で分析します．
(5) 指導技術の高い高校の教師を招き，学生の一人が使ったものと同じ教材を用いて授業をしてもらい比較検討します．

このようなステップを踏みながら学生を導いていけば，理論に基づいた指導の実際，教えることの大変さそして喜びなどを味わうことができ，自らの成長を感じるとともに，英語力を向上させる必要性も実感として理解できるようになると思います．そして時々学生を個人面談の形で指導し，教職に対する意識づけをすることも大切です．

(b) 指導技術の向上

現行の学習指導要領にあるように，基本的に英語を用いて4技能統合型の授業を行う指導技術が求められています．そのためには，その指導法を自ら体験し，その指導法と効果についての理論的な裏づけを熟知するとともに，文法力，語彙力など個々のスキルをどのように高め，accuracy（正確さ）と fluency（流暢さ）の両方を効果的に高めていく指導技術が求められます．その点で大いに参考になるのが，the four strands of teaching (Nation and Newton 2009) です．Nation は，語彙研究や多読研究など第二言語習得研究の結果や Input Hypothesis, Output Hypothesis の示唆を考慮に入れ，コミュニケーション能

力を効果的に高めるには，(i) meaning-focused input, (ii) language-focused learning, (iii) meaning-focused output, そして, (iv) fluency development の4つのタイプの活動をバランスよく取り入れることが必要であると主張しています (Nation 2013, Nation and Newton 2009). 4つの活動の内容は下記のようなものですが，活動の中には，学習者の英語力と活動の難易度によっては複数の種類に分類されるものがあります．なお，この指導法は，コミュニカティブ・アプローチの中であまり考慮されてこなかった，言語理解及び使用の accuracy と fluency を効果的に伸ばすことに重点が置かれています．特に文法力を高めるドリルや練習，語彙の習得を高める上で大切な一定期間を置いて同じ語彙の勉強をする spaced retrieval やいろいろなコンテクストで単語や表現を使用する deep processing などの点についても配慮がなされていますので，日本のような多人数対象の授業でも利用できます．

(i) **meaning-focused input** (意味に重点を置いたインプット活動)
　意味に重点をおいた reading や listening 活動を用いる指導技術で，その成立条件としては，

(1) 学習者が教材の大体の内容を理解していること．
(2) 聴いたり読んだりする内容に学習者が興味を持っていること．
(3) 言語材料はほとんど学習者の理解できるものであること (95%～98% の語彙は学習者の理解できるものであること)．
(4) 学習者は文脈や背景知識を利用して未知の語句を理解できること．

などがあります．Oral Introduction, listening to a story, jigsaw listening, jigsaw reading などの活動が含まれます．

(ii) **language-focused learning** (言語材料に重点を置いた学習)
　上記の meaning-focused input, そしてこれから述べる meaning-focused output そして fluency development を行うためには，言語材料をしっかりと理解することが大切です．その点で，この language-focused learning 活動の重要性が増してきます．この活動の前提条件は次のようなものです．

(1) 学習者が学習項目を深く考えて理解すること．
(2) 学習項目にこれからも何度か注意を向ける機会があること．
(3) 使用頻度がある程度高い項目を扱うこと．

そして，詳細な文法や単語の解説などの際には母語を使用することも認めています．活動には，explicit grammar teaching, dictation, intensive reading,

shadowing, dictogloss などが含まれます．
(iii) meaning-focused output（意味に重点を置いたアウトプット活動）

意味に重点をおいた speaking や writing 活動を用いる指導技術で, meaning-focused input の裏の活動です．従って，ペアやグループで活動を行っている際に, meaning-focused input と meaning-focused output は同時に起こることになります．この活動の前提条件としては，

(1) 学習者がテキストの大まかな内容を理解していること．
(2) 話したり書いたりする内容に学習者が興味を持っていること．
(3) 言語材料はほとんど学習者の理解できるものであること．
(4) 学習者はコミュニケーションストラテジーなどを使って，コミュニケーションを成立させることができること．

この活動には, story-telling, story reproduction, discussion, presentation などが含まれます．
(iv) fluency development（流暢さを高める活動）

コミュニカティヴ・アプローチではあまり重要視されて来なかった，流暢さを高める指導技術で，前提条件は次のようなものです．

(1) 内容と言語材料に関してほとんど理解していること．
(2) 普通のスピードより速く読んだり，聴いたり，書いたり，話したりする必要性，動機や刺激があること．
(3) 同じような情報や表現を繰り返し用いる機会がたくさんあること．

この活動には，以下5.7節でも触れますが, 4/3/2 (repeated story-telling), rapid reading, timed writing, issue logs, extensive reading, extensive listening, linked skills などが含まれます．これらの活動は，繰り返し学習が大切であることを物語っています．

以上のように, the four strands of teaching は，これまで日本の中学高校であまり活用されてこなかった効果的な指導法を提示し，文法指導，やさしい英文を聞いたり読んだりすること，そして流暢さを高める指導の大切さについて多くのことを物語っていますし，そこに生徒の英語力を向上させる秘訣が隠されていると思います．世の中の流行や英語学習の神話に影響されないクリティカル・シンキング・スキルのある教員を育成するという点でも，意味のあることであると思います．

4.3. 英語科教育法や教育実習科目の履修基準の設置

　意味深い教育実習を行う手助けになるよう，そして，現場で活躍する高い指導技術を持った教員を育成するためには，学生のうちから英語力に対する意識づけをする必要があります．大学進学までは，英語を受験科目のひとつとして捉えていた多くの学生に，自らの将来の目標との関係で英語力を高めていく意識を高めるようなシステムが必要でしょう．そうした取り組みとして，既に多くの大学で，目標とする英語力として TOEIC や TOEFL などの外部試験の得点を設定し，それを履修基準，卒業資格に導入しています．そうした制度の導入に懐疑的な意見もあることは確かですが，学習指導要領にあるように，英語で授業を行い，4技能や文法事項を高校生に指導するという大きな責任を考えれば，学生にとっても，ある程度客観的に自らの英語力を把握できる履修条件を設けることで，英語力の重要さに対する意識を高めることができます．そしてさらに重要なことは，高い英語力により指導の幅が広がり，より効果的な授業を展開することができるようになると考えられます．

4.4. 海外での学習体験

　前述のように，英語教師は，高度な英語力と豊富な学習体験を持った理想的な英語学習者のモデルとなることが望ましいわけですから，できれば，大学生の時に6か月以上海外に在住し英語だけで暮らすような体験を持たせられるような制度が望まれます．海外滞在経験では，英語力を高めることができることはもちろん，英語を実際の場で使う楽しさを味わい，自信を身につけることができます．また自らの体験を通して，教員になった際に生徒に指導できる効果的な学習方法に気がつくことができると思います．そして英語教師を目指すのであれば，単なる語学留学よりも，英語教育に特化したプログラムに参加することも有意義です．例えば，

(a) インターンシップ・プログラム

　最近大学生がビジネスインターンとして海外の会社で労働体験を行うプログラムが民間や大学で提供されていますが，英語圏の学校で日本のことを英語で教えながら，英語と指導技術を向上させることを可能にするようなプログラムがあり，教師になるのに非常に役立つ体験を得られます．[5]

---

[5] 私事で恐縮ですが，筆者も大学4年の時にカリフォルニア州の小学校，中学校，高校で教育実習を行い英語力と指導技術を高めることができ，自信を持って高校の教師になりました．

(b) 海外の大学での TESOL セミナー

海外の多くの大学が，夏季など長期休業中に，ESL/EFL の教師対象に英語指導法セミナーを開催しています．そのような研修に学生としてあるいは中学高校の教師になってからでも参加すると得るものは大きいと思います．授業から学べることに加えて，ホームステイでの家族と触れ合い，そして他の国の学生や先生との交流や意見交換も大きな魅力です．

4.5. 国内における指導法研修

4技能を統合した指導を通して，高度な英語コミュニケーション能力を育成するためには，多くの現職の教員が受けたり実践してきたりした英語教育とは異なった考えに基づくアプローチが求められます．ここでは，すでに，英語教員免許状を持っている教員の指導力向上に向けて考えます．

(a) TESOL 大学院

神田外語大学，名古屋外国語大学を含めいくつかの大学が，言語習得理論と実際の指導を結びつけ，中学高校の指導に直結するような授業を提供しています．英語で授業が行われるため英語力そして指導力向上に大きく役立つとともに，同じような問題や悩みなどについて長期に渡って意見交換，情報交換ができるメリットや精神的なサポートも大きいようです．また，いろいろなアイデアを現場に持ち帰り実践することでさらに指導技術が向上することにもなります．

(b) 教員免許状更新講習

文科省の指導により10年ごとに教員免許状の更新を行うことが義務化され，夏休みや週末などを利用して大学や教育機関が提供する講習に自ら費用を支払って参加し，修了認定を受ける必要があります．現実的には，近くの大学で行われるあまり負担にならない講習を選ぶ人が多いようですが，せっかくの機会ですので，講習の内容を精査し，講義を英語で行いかつ英語の指導法向上に役立つような講習に参加することが望まれます．

(c) 休日や長期休業中の指導法研修

日本の各地で，学会，公的機関，民間団体が長期休業中に有料または無料で英語指導技術向上のためのワークショップを提供しています．また，各都道府県の教育委員会は，長期休業中に希望者対象に英語指導法のセミナーを提供しています．内容や指導者など様々ですが，上記の (b) 同様，自らのニーズにあったものに参加することが望ましいでしょう．

5. 学習者の意識づけ

上記では，英語を教育する側から改善の可能性などを考察してきましたが，本節では，教育環境で主人公となる学習者に焦点をあて，効果的な学習に結びつく要因などを考えてみます．

心理学者 Deci and Ryan (2000) は，self-determination theory（自己決定理論）の中で，どんな人間の行動にも大きな影響を与える要因として，人間が生来求める3つの欲求，relatedness（関係性），competence（有能性），autonomy（自律性）があると指摘しています．英語教育においても，これらの要因が満たされるような指導を受けることが，効果的な学習につながるように思います．すなわち，教師を含めたクラスの人間関係と雰囲気を良いものにし，知的好奇心を刺激する教材やタスクを題材に，生徒が互いに切磋琢磨して学びあい，効果的な学習法を用いて自ら進んで学習し，成功体験を積み，達成感と自信を得るような指導が大切であると言えます．そして，このような指導で高められる intrinsic motivation（内発的動機づけ）と self-efficacy（自己効力感）は，self-regulated learning（自己調整学習）を促進し，最終的に学習効果を高めるとされています (Pintrich and Zusho 2002)．

5.1. self-regulated learning（自己調整学習）

どのような学習であれ重要なことは，学習者が self-regulated learning を行うことです．つまり，自ら学習目標を設定し，動機づけと意志力を維持しながら適切なストラテジーを使って学習を進め，時折振り返りながら学習を完了し，その評価と反省を行い，次の学習に生かすという一連の学習プロセスです (Pintrich and Zusho 2002, Zimmerman 2000)．日本の大学生を対象にした筆者の研究 (Onoda 2012) によれば，social cognitive theory (Bandura 1986) および self-determination theory (Deci and Ryan 2000) の示すとおり，self-efficacy と intrinsic motivation が，self-regulation strategy use の使用に大きな影響を及ぼし，その結果としてスピーキングとリスニングの能力が向上していることが明らかになっています．そして，self-efficacy と intrinsic motivation を高める方法に関しても研究がなされています．

Bandura (1986) は，self-efficacy を高めるには4つの方法があると述べています．(1) 成功した学習体験を積ませること，(2) 学習の成果に対してほめるなど肯定的評価をすること，(3) 他の学習者が成功する姿を見せ学ばせること，そして，(4) 不安を感じさせる要素を減らすこと，です．このような提案

を実際に授業で生かすには，生徒に身近な学習目標を持たせたり，授業作りや運営に個人個人独自の方法で貢献させたり，彼らのよい点を発表し，仲間から評価してもらえる機会を提供するような指導技術を用いることが効果的だと思います．「授業への貢献」(Dörnyei 2001) という概念は曖昧かもしれませんが，生徒はいろいろなレベルで授業に貢献できます．たとえば生徒から質問を受けることで，彼らの理解度や疑問点を理解でき，授業の改善につながります．また生徒に教材のテーマに関する情報や考えを発表してもらうことで，授業の内容が深まるとともに生徒にとってより意味深いものになり，他の生徒に新たな観点を学ばせることができます．さらに貢献することを生徒が意気に感じ積極的に活動に取り組んでくれれば，教師にとって授業運営の大きな助けとなるのです．

以上のようなことを踏まえ，実際の高校英語教育の場での self-efficacy と intrinsic motivation を高める具体的な取り組みについて紹介します．

5.2. 共同学習

共同学習は，学習上の問題点やテスト対策に共同で取り組み，学習に関する不安感を取り除くなど，学習意欲の維持だけでなく，学習効果をもたらすことで知られています．たとえば，筆者の研究 (Onoda 2012) では，日本人大学生の英語学習において，peer learning（共同学習）は，metacognition（メタ認知）と volition（意志力）の維持に役立ち，その結果としてスピーキング力とリスニング力が向上することが明らかになっています．高校段階でも，授業中および授業の後に共同学習を取り入れることが大切であると思われます．

5.3. プレゼンテーション

学習指導要領に「事実や意見などを多様な観点から考察し，論理の展開や表現の方法を工夫しながら伝える能力を養う．」(解説 p. 19) と示されていますが，そうした活動のひとつとしてプレゼンテーションが考えられます．生徒はリーディングやリスニング活動を通じて得た情報を複数の観点から分析し，論理的に考えをまとめ，述べる活動です．もちろん最初は，Show and Tell のような活動を用い，内発的動機づけを高めるために，自分の好きなものについて具体的な物を用いながらわかりやすく話し，聞き手から肯定的な評価をもらって自己効力感を高めることから始めるとよいでしょう．またグループでプレゼンテーションを行えば，共同学習となり互いに学びあう機会となると思います．高校現場で授業時間の余裕がないということであれば，教科書のレッスン

ごとにグループを決め，そのテーマの背景情報を事前にパワーポイントや自主作成の動画などを利用して発表してもらう方法や，単元を学んだ後にさらに理解を深めるためにテーマに関する最新情報を発表してもらうこともできます．授業に対して貢献できたという満足感，達成感，そして自己効力感が高まると思われます．

5.4. プロジェクト・ワーク

　学習指導要領の意図を生かす活動として，プロジェクト・ワークが考えられます．たとえば，生徒がグループを組み，culture shock や my favorite place などのテーマに関して質問を用意し，ビデオカメラを持って他のクラスの友人や先生にインタビューを行い，それを編集してプレゼンテーションの一部として利用すれば，担当した生徒の努力と考えが評価され，自己効力感と内発的動機づけは高まるだけでなく，視聴している生徒にとっても意欲と関心が高まることになると思われます．さらに，準備の段階で教師や ALT の協力も得るため，人間関係の構築にも役立ちます．学校外で英語母語話者に意見を求めるとさらに学習意欲と効果は高まるでしょう．

5.5. 音読

　音読と言うと非常に機械的な作業であり，生徒は興味を持たないと考える人が少なくありませんが，実は，language-focused learning の活動として automatization（言語材料の自動化）を促進し，スピーキング力向上にもつながる意味のある活動です（門田 2007）．大切なことは，教師自身が音読の大切さを信じ，生徒に伝え，自らがモデルとなり，楽しみながら行うこと，彼らの練習成果を評価し，学期の総合評価に加えることです．教師が丁寧に導いていけば，非常に学習意欲を刺激される活動なのです．

5.6. dictation/dictogloss

　他の language-focused learning の活動としては，dictation や dictogloss が効果的に利用できると思います．後者は，数人で1パラグラフ程度の英文を数回聞き，協力して英文を再生する活動です．どちらの活動も単語や文法，文構造に対する意識や理解が高まる活動であるとともに，言語材料の自動化を促進することができ，accuracy だけでなく fluency も高める活動につながり (Nation and Newton, 2009)，最終的には self-efficacy を高めることができます．リスニングとライティングを組み合わせた活動としても意味があります．

5.7. 4/3/2 (repeated story-telling)

ペアを組んで互いに興味を持つテーマについて話をする活動です．最初のパートナーとは4分で，次の人とは3分で，最後の人とは2分で話します．次第に時間制限を厳しくすることで，話し言葉の fluency と accuracy が高まるとともに (Nation and Newton 2009), self-efficacy や intrinsic motivation も向上する (Onoda 2012) という報告がなされています．この活動も，コミュニケーション英語や英語表現の教科書のトピックを利用し，授業に自然な形で取り入れると効果的だと思います．

5.8. timed writing

生徒にやさしい文章を読ませ，時間を制限して要約と意見を書かせる方法です．できれば，その原稿を用いて，4/3/2 の活動を行うとさらに，automatization そして fluency を高める効果が得られます．もちろん，事前に内容のまとめ方や意見の書き方に関する language-focused learning の指導が必要となります．授業時間が限られていることを考えると，たとえば教科書の各レッスンの復習として効果的に利用できると思います．内容に関する深い理解だけでなく表現の習得が促進され，学習効果が高まるとともに self-efficacy が高まることが期待できます．

5.9. prediction

私たちは日本語であれ英語であれ，文章を読んだり聞いたりする際に，先に述べられることを推測してすばやく重要な点を理解しています．たとえば教科書の英文の最初の部分だけ読ませたり聞かせたりし，その後どのような展開になるのか話し合わせ，英文で書かせたりする活動，key words を消した形で読ませ，その空欄にどのような語句が入るのか考えさせ，その後実際に読んだり聞いたりした文章と比較する活動などは，生徒が intrinsic motivation や self-efficacy を高める活動として利用できます (Fanselow 2014)．

5.10. extensive reading

生徒が自ら読みたい本を選び自分のペースで読む多読活動で，最近では日本の高校や大学で広く行われているようです．この活動は，reading fluency を高め，vocabulary の incidental learning（偶発的学習）を意図した活動（Nation and Newton 2009）ですが，それと同時に，生徒は英語で書かれた話を読む楽しみを体験することができ，intrinsic motivation や self-efficacy を高め

ることができます（Onoda 2012, 高瀬 2010）. それは，多読活動の条件として，次のようなものがあるからです．

1. The reading material is easy.
2. Learners choose what they want to read.
3. Learners read as much as possible.
4. The purpose of reading is usually related to pleasure, information, and general understanding.
5. Reading speed is usually faster rather than slower.

(Day and Bamford (2002) より一部抜粋)

ただし，多読活動において大切なことは，生徒に読んだ本の内容と感想をレポートの形で定期的に報告させ，それに対して教師が興味を示すとともにコメントを書き，多読活動を続けるよう彼らの意欲を維持する手助けをすることです．また，よく書けている book report を教室や廊下に展示し他の学生に閲覧できるようにするとさらに self-efficacy が高まります．

5.11. ALT との team-teaching

他に, intrinsic motivation と self-efficacy を高めるのに役立つ指導技術として利用できるのが，ALT との team-teaching です．生徒にとって，英語母語話者の英語を理解できたり，自分の英語が通じた体験ほど嬉しく，自信を抱かせるものはないと考えられるからです．上記に述べてきた活動を ALT とともに行うことは効果的だと思いますが，それら以外にも，英語母語話者としての特質を最大限に生かした活動が考えられます．ALT による面接試験，プレゼンテーション，エッセイ，レシテーションの評価，生徒の考えを活かしながら行う教科書の Oral Introduction や interactive story-retelling など，彼らを効果的に活用する方法は数多くあります．

6. おわりに

日本の英語教育界では，すでに10年以上にわたり，英語コミュニケーション能力向上に向けて様々な提案がなされているにもかかわらず，英語力が向上していない現状があります．その原因には，現場の努力では如何ともし難い要因があることは確かですが，それでも，日々の教育を支える現場で，現実的に対策が可能な事柄について考察・提案を行ってきました．冒頭で述べたよう

に，日本の外国語教育の現状は理想から程遠いと言っても過言ではありません
が，その中で少しでも改善できることについて提案したつもりです．その改革
の鍵は，教員志望の学生の養成，高校での教育体制の改善，教員の英語力およ
び指導力向上の取り組みにあると思います．そうした取り組みが，英語教育改
革の大きな原動力になってくれることを祈ってやみません．[6]

参照文献

Bandura, A. (1986) *Social Foundations of Thought and Action: A Social Cognitive Theory.* Englewood Cliffs, NJ: Prentice Hall.

Day, R. and J. Bamford (2002) Top ten principles for teaching extensive reading. *Reading in a Foreign Language 14*(2), 137-140.

Deci, E. L. and R. M. Ryan (eds.) (2000) *Handbook of Self-Determination Research: Theoretical and Applied Issues.* Rochester: University of Rochester Press.

Dörnyei, Z. (2001) *Motivational Strategies in the Language Classroom.* Cambridge, UK: Cambridge University Press.

Fanselow, J. (2014) "Umm...Huh? ... Oh ... Aha! ... Exploring memorizing, repeating, practicing, predicting and thinking tasks" 平成26年度中高等学校英語科中核教員養成研修基調講演，神田外語大学．

小池生夫（2008）「第二言語習得研究を基盤とする小，中，高，大の連携をはかる英語教育の先導的基礎研究」平成16年度〜19年度文部科学省科学研究費補助金（基盤研究A）研究課題番号6202010(研究代表者：小池生夫) 第3回教育再生懇談会 英語教育についてのヒアリング資料
http://www.kantei.go.jp/jp/singi/kyouiku_kondan/kaisai/dai3/2seku/2s-siryou2.pdf

門田修平（2007）『シャードイングと音読の科学』コスモピア．

Nation, I. S. P. (2013) *What should Every EFL Teacher Know?* Tokyo: Compass Publishing.

Nation, I. S. P. and J. Newton (2009) *Teaching ESL/EFL Speaking and Listening.* New York: Routledge.

Onoda, S. (2012) *Self-Regulation and its Relation to Motivation and Proficiency.* Temple University Graduate School.

---

[6] 日本での英語教育の目標と生徒の学習に大きな影響力をもつものに大学入学試験があります．逆に言えば，英語教育の大変革，改善の近道は，大学入試の内容や実施方法などの変更・改善にあるのかもしれません．現実に文科省は2014年に設置された英語教育に関する有識者会議などで，現在そうした可能性を具体的に討議しています．本稿で考察・提案した英語教育への取り組みは，入試制度が変更されるとしても，教育現場での英語教育の向上に役立つものです．

Onoda, S., T. Murphey, T. Mayumi, and Y. Chiba (2007) Encouraging teaching-practice learning-communities. *JALT 2008 Annual Conference Proceedings*, 81-95.

Pintrich, P. R., and A. Zusho (2002) The development of academic self-regulation: The role of cognitive and motivational factors. In A. Wigfield and J. S. Eccles (eds.), *Development of Achievement Motivation*, 249-284. San Diego, CA: Academic Press.

Rossiter, M., T. Derwing, and L. Manimtim (2010) Oral fluency: The neglected component in the communicative language classroom. *The Canadian Modern Language Review*, 66(4), 583-606.

高瀬敦子 (2010)『英語多読・多聴指導マニュアル』大修館書店.

投野由紀夫 (編) (2013)『CAN-DO リスト作成・活用 英語到達度指標 CEFR-J ガイドブック』大修館書店.

投野由紀夫 (2014)「CEFR-J の取組について」外国語教育における「CAN-DO リスト」の形での学習到達目標設定に関する検討会議 (第9回) 資料 http://www.mext.go.jp/b_menu/shingi/chousa/shotou/092/shiryo/__icsFiles/afieldfile/2014/01/31/1343401_03.pdf

柳瀬和明 (2011)「英語力を支える日本語生活を探る — 初中級学習者の『日本語生活調査』から」2011年度 ELEC 夏期英語教育研修会資料.

吉島茂・大橋理枝 (訳・編) (2004)『外国語教育 II 外国語の学習,教授,評価のためのヨーロッパ共通参照枠』朝日出版社.

Zimmerman, B. J. (2000). Attaining self-regulation: A social cognitive perspective. In M. Boekaerts, P. R. Pintrich and M. Zeidner (eds.), *Handbook of Self-Regulation: Theory, Research, and Applications*, 13-39. San Diego: Academic Press.

資料

文部科学省 (2009)『高等学校学習指導要領』

文部科学省 (2009)『高等学校学習指導要領解説 (外国語編・英語編)』

文部科学省 (2012) 平成24年度「国際共通語としての英語力向上のための5つの提言と具体的施策に係る状況調査の結果概要 (公立高等学校・中等教育学校後期課程結果概要) http://www.mext.go.jp/a_menu/kokusai/gaikokugo/1332638.htm

第Ⅲ部

英語を使う

第 13 章

World Englishes にふれる
――短期語学研修プログラムに期待される効果について――

澁谷　由紀

ネイティブ英語志向の強い学習者にとっては，英語の多様性を実感し，「日本人らしい英語」を受け入れるのは容易ではありません．しかし，これまでの海外滞在経験の効果の研究では，実際に「いろいろな英語」にふれた結果，「自分の英語」を肯定的に捉え，英語多変種の受容度が向上することが報告されています．本稿の海外短期研修に参加した学生を対象とした調査の結果からも，短期間でもこのような効果を期待できる可能性が示唆されました．海外滞在経験後も，ある程度の intelligibility（わかりやすさ）のある国際共通語としての英語の習得を目指すために，しっかりとした英語を話すノンネイティブ・スピーカーをロールモデルとして示すことが必要でしょう．

キーワード：　World Englishes, 海外短期語学研修, ネイティブ志向, inteligibitlity, ロールモデル

1.　コミュニケーション英語への転換と期待される英語力

　2013 年 12 月，文部科学省はグローバル化に対応するために英語による対話能力の向上を目指すとして，2020 年度の実施を目標に，中学校の英語の授業も原則として英語で行う方針を決めました．これについては英語教育の専門家や教育現場などから賛否両論の意見がありますが，高等学校ではすでに英語による授業が行われていて，実践的コミュニケーション能力の養成重視の方針が一層進むことになるでしょう．大学英語教育にもコミュニケーション英語の能力育成への期待が高まり，学習者が教室外で実際に英語を使う環境をどのように整えていくのかが課題になっています．

　教室外の殆どの時間を日本語環境で過ごす日本人学習者が，「日常的に実際に英語を使う」経験を考えると，やはり思い浮かぶのは「海外に滞在すること」でしょう．英語教育の最終的な目標を実践としての英語使用とするなら，日本のように教室外での英語使用場面が限られている環境では，学習者自身が海外

の英語環境で生活する経験の意義は大きいのかもしれません．海外留学の教育効果に関する多くの先行研究は，英語能力や学習モチベーションの向上，多様な価値観の習得などの効果があるという結論でほぼ一致しています．

　英語の国際共通語としての果たす役割がますます大きくなっている中で，本稿では，海外滞在を通じて「いろいろな英語」にふれるとともに「自分の英語」を実際に使う経験について，また，日本人学習者はどのような「英語」を身につけることが期待されているのか，学習者自身はどのように感じているのかについて，筆者が行ったいくつかの調査の結果をもとに考察します．

2. なぜ海外滞在経験が必要か？

　近年では，大学内でも語学を自主的に学ぶための設備が充実しています．外国人教員による授業，ネイティブ・スピーカーや留学生と気軽に会話できるラウンジ，授業以外でも個別のサポートをしてくれる学習アドバイザー，あるいは，PC，CD，DVDなどの機材を駆使し，いつでも好きな時間に好きな方法で学べるといった学習環境を提供している大学も多く，英語の「読む，聞く，書く，話す力」を効果的に鍛えることができるようになっています．このような設備を利用することで，英語圏に行かなくても英語運用能力を高めることは可能です．それにもかかわらず，多くの大学では，海外での研修に語学学習の場を求め，学生にさまざまなプログラムを提供しています．なぜでしょうか．

　一つは，海外での言語学習を通じて文化学習が期待されているからです．ことばは文化の「標（しるし）」（阿部 2007）であり，さまざまな言語の背景には固有の文化があり，言語はその文化を映しています．外国語でコミュニケーションをとる場合には，相手のことばの背景にどの様な文化，価値観，習慣などがあるのかを読みとり，それらにうまく対応しなければなりません．ことばを学ぶことは，同時に，ことばの背景にある社会を取り巻く環境やそこで暮らす人々の生活を学ぶこともでもあります．

　しかし，教室内の限られた時間に，英語学習そのものに加えて文化まで学んで理解するのは容易なことではありません．この二つのことを同時に教室内でやるには時間と労力を要します．海外滞在は，ほんの数週間から1ヶ月くらいで，一通りのことを一応体験することができます．海外留学や語学研修の目的が，言語力の向上であるのは言うまでもありませんが，海外で日本人学習者が実際に英語を使う時に出会うさまざまな英語の存在や，それらの背景にある多様な文化の存在に気づくことも期待できます．

3. 大学生の英語学習についての意識調査

本節では，大学生の英語学習への意識や英語力の自己評価ついて，全体的な傾向を把握するために，2013年7月に神田外語大学生87名を対象とした筆者の行った質問票と面接（12名を対象）による予備的な調査の結果を報告し，全体的な傾向を考察します．調査対象者が一つの大学の学生に限られていることから，今後より大きな調査が望ましいのですが，それでも一定の傾向が把握できます．

3.1. ネイティブ志向の学習の動機

「どのような英語力を大学で身につけたいか？」という質問に対しては，「ネイティブ・スピーカーと日常会話できる英語」という回答が最も多く，「国際ビジネスの場面で交渉できる」，「英語メディアを理解できる教養として」は半数以下でした（図1）．外語大に進学した理由についても「英語が好き」，「英語圏文化への憧れ」のような回答が多く，コミュニケーション・ツールという認識よりも，「好きな英語を学んで話せるようになりたい」というような自己充足的なモチベーションを持つ傾向が強いことが伺えました．

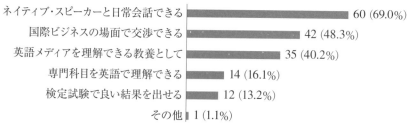

図1. 大学で身につけたい英語（N=87）

3.2. 英語力自己評価と客観的スコアとのギャップ

自分の英語力の各スキル別の自己評価（5ポイントが最高点）は，平均すると，リスニング（3.13ポイント）以外は，すべて2.6ポイント以下（ライティング：2.56ポイント，リーディング：2.48ポイント，スピーキング：2.40ポイント，文法力：2.38ポイント，語彙力：1.98ポイント）でした．特に自己評価スコアの低かったスピーキング，文法，語彙の苦手意識について，後のイ

ンタビュー調査で理由を尋ねましたが,「話すときに文法を気にしてしまう」,「まちがった英語だと恥ずかしい」,「語彙が少なくて言葉が出てこない」などの声が多く聞かれました.「話す時は,文法が正確で語彙力がないと話せない」ということを実感しているということです.

自己評価スコアが低いということ(謙遜して低めに評価したということも考えられますが)ですが,調査対象の学生の客観的な英語力評価(TOEIC® の LRS スコア)との間には,統計的には弱い相関関係しか見られず,両者の間にギャップがありました.つまり,実際はある程度の英語力があるにもかかわらず,自分で過小評価しているということになります.

3.3. 英米語への強い憧れとネイティブ発音へのこだわり

学習目標とする英語は「ネイティブのように発音の良い英語」「ネイティブと日常会話できる」というような声が多く聞かれました.コミュニケーションの相手は英語ネイティブ・スピーカーを想定していて,どれだけネイティブ・スピーカーの英語に近づけるかということでしょう.回答者がイメージする「ネイティブ」の定義については質問しませんでしたが,日本の英語教育は依然としてネイティブ信仰が根強く,そのような学習環境で学んできた学生にとっての「ネイティブ」はおそらく「英語=英米語ネイティブ」と推察されます.

一方で,ネイティブ発音にこだわりすぎると,学習目標のハードルを上げてしまい「英語で話す」ことへの苦手意識や低い自己評価につながることがある(今仲 2000,吉川 2009)という指摘もあります.ネイティブ英語を理想としている(理想が高い)ため,自己評価基準が厳しくなってしまうということではないでしょうか.また,ネイティブ発音に近づけたいと思う度合いが強いほど,自分の英語を含めたいわゆる「日本人英語」に否定的な意識を持つと考えられます.ネイティブ信仰は「日本語なまりに劣等感を植え付け,言いたいことが自由に言えない人を育成することにつながる」(大藪 2014)という意見も聞かれます.

以上のような調査結果から,全体として「英語力自己評価の低さ」,「文法・語彙の苦手意識」,「ネイティブ発音へのこだわり」というような傾向が伺えました.学習者自身が英米ネイティブをモデルとする発想から抜けるのはむずかしいようですが,これからの日本人学習者(特に,大学生)はどのような英語をどのように目指していかなければならないのか,ということについて考えてみます.

4. World Englishes（世界の英語たち）[1]と日本人学習者の学習モデル

4.1. 英語を取り巻く環境の変化

現在，英語は英語圏のネイティブ・スピーカーの地域言語としての役割を超えて，異文化間のコミュニケーションを可能にする共通語になっています．国際政治・経済，科学技術分野での中心的言語は英語であり，Web上のコンテンツに使用されている言語も約7割が英語（Miniwatts Marketing Group 2010）です．英語で情報を得たり発信したりする機会が増え，英語が使えるか，使えないかが生活のさまざまな場面で影響するようになっています．

「英語は国際共通語」というのは一般的な認識ですが，実際に海外に出て，英語でコミュニケーションをとる経験をしてみると，英語はひとつではなく，多様な言語と文化背景を持ったさまざまな英語があり，発音，イントネーション，語彙，文法などにそれぞれ特徴があることがわかります．実際に海外で英語を使うという場面を考えてみると，これからは，一般的な日本人は，海外で英語を英語ネイティブ圏の人たちと話すよりも，アジアやヨーロッパ圏のノンネイティブの人々とコミュニケーションをとる手段として使う機会の方がずっと多いのではないのでしょうか．

英語を取り巻く環境は大きく変化し，学習者が本当に身につけるべき，あるいは身につけたい英語は，特定の社会に根ざした英語であるのかという疑問が投げかけられ（窪田 2005），外国語として英語を学ぶにはネイティブの話し方や振る舞いを真似したり，英米文化を学ぶ必要はなく，コミュニケーション・ツールとしての英語を学ぶべきであるという主張が説得力を持つようになっています（白川 2008）．

4.2. World Englishes（世界の英語たち）とは？

英語を母国語として使用する英語圏諸国だけではなく，世界のいたるところでさまざまな人々によって使われている英語の多様性と正当性を認めようという考え方をKachru（1992, 1990）は，World Englishes（世界の英語たち）と呼びました．英語圏ではない国や地域で使用されているさまざまな英語という

---

[1] Englishは「英語」という意味では，数えられない名詞ですが，Kachru（1992）は「世界で使われているいろいろな英語」という意味でEnglishesという複数形にしました．「世界の英語たち」は，船橋洋一（2000）の訳で，「たち」は人にしか使えませんが，ここではあえてこの表現を使います．

意味での World Englishes という概念を Three Concentric Circles という同心円のモデル（図2参照）を用いて，英語には少なくとも次の3種類の変種があると説明しています（カチュルー & スミス 2013）．

図2．Kachru's "Three Concentric Circles"

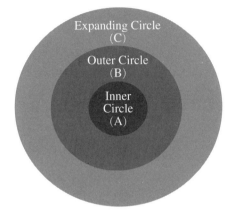

Kachru の同心円モデルの中心は，Inner Circle（A）と呼ばれる英語を母語とする人たちのグループ（イギリス，アメリカ，カナダ，オーストラリア，ニュージーランド）です．その外側の Outer Circle（B）は，旧植民地のインド，ナイジェリア，フィリピン，シンガポール，マレーシアなどで，英語が第二の言語として公用語・準公用語に定められ，日常生活および学校で習得されています．一番外側は Expanding Circle（C）と呼ばれ英語圏に属さない多くの国々で，英語を外国語（foreign language）として学校教育の中で学んでいる日本，韓国，中国，ロシアなどの国々です（カチュルー & スミス 2013）．

Crystal（2003）の推計によると，世界総人口の約 1/3 にあたる 20 億人近くの英語話者（言語能力の差はあれ）が存在し，その 20 億人の 8 割近くが英語を母語とする Inner Circle（A）としてではなく，第二言語の Outer Circle（B），あるいは外国語の Expanding Circle（C）に属している，つまり，大まかに考えると英語ネイティブ・スピーカーは，英語使用者全体からすると少数派（神谷 2008）ということになります．

ノンネイティブ同士がコミュニケーションのために使う英語は English as a Lingua Franca と呼ばれ，応用言語学，社会言語学，英語教育分野の研究者のあいだで，ノンネイティブ同士のやり取りを記録し，どのような英語をどのよ

うに使っているのか分析し，どんな場合にコミュニケーションが成り立つのかというデータベースをまとめる作業が進められています．

これをおもに文法面から研究しているのが Seidlhofer (2011, 2004) を中心とする研究グループで，英語ノンネイティブ同士が実際にわかり合えるかどうか (intelligibility「わかりやすさ」) という点から，そこで使われている共通語としての英語を特定しようとしています．例えば，"She look very sad." のような三人称現在単数の s の省略，関係代名詞 who/which や冠詞のまちがいや使い分け，"They should arrive soon, isn't it?" のような付加疑問文など，文法上の間違いがあってもコミュニケーションに影響せず，十分に通じるということが報告されています (Seidlhofer 2004: 220)．

発音については，Lingua Franca Core (LFC) を提唱した Jenkins (2007, 2000) がよく知られています．英語としてなんとか通じるという最低限の共通項 (英語のコア) を探し，intelligible な英語を規定していこうという立場です．例えば，日本人学習者が気にする the の th の音は「ザ」と発音しても，L と R のちがいも intelligibility の点からは大きな問題になることはなく，コミュニケーションの妨げになることはない (鳥飼 2011: 19)，どこにストレスを置いて，そして，音節数を守っていくという，音とリズムがむしろ大事 (鳥飼 2012, 1996) ということが指摘されています．

世界中のノンネイティブの様々な英語の発音，語彙，文法，表現にどのような共通性を見いだし，ツールとしての英語を捉え直し，最低限必要な文法や互いに通じるような発音ルールの基準を決めるのは，気の遠くなるような作業で，研究者の間で結論が出るには至っていないようです．どの程度までのバリエーションが認められるかについては，まだ具体的にイメージできませんが，このような取り組みに共通しているのは「英語ネイティブ基準ではなく，ノンネイティブ間で通じる英語」を目指すということであり，学習目標 (身につけるべき英語) は英米偏重から明らかにシフトしています．

4.3. ネイティブ発音を目標にする必要はないということ

以上のように，コミュニケーション・ツールとしての英語であるのなら，ネイティブ発音でなくても通じる英語でいいということになります．「英語を話すならアメリカ人やイギリス人のようにしなければならないと思いがち」(本名 2013: 2) ですが，「国際言語としての英語」を主張する研究者からは，「ネイティブ・スピーカーのように話すことを目指して時間とエネルギーを費やす必要はない」(鳥飼 2011: 119)，「大人になってからは，生まれ変わらない限

り，完全なネイティブ・スピーカーになるのは不可能」(Cook 1999: 187)，「コミュニケーション相手として NNS（ノン・ネイティブ・スピーカー）を想定するなら，苦労して native-like な発音を目指さなければならない理由はない」(今仲 2000: 42) など，英語＝英米語という思い込みから解放されなければならないという意見が多くあります．

2020年に開催されるオリンピック・パラリンピック招致を目指して，2013年9月，オリンピック東京招致委員会が，アルゼンチンのブエノスアイレスで開かれた IOC 総会で最終プレゼンテーションを行いました．東京都の猪瀬直樹知事（当時）や，現役アスリートの太田雄貴選手，佐藤真海選手，そして安倍晋三首相などのプレゼンテーションに対して「素晴らしかった」という声がさまざまな方面から聞かれました．

東京への招致決定に貢献したこの一連のプレゼンテーションは，「日本人が目指すべき日本人英語」という観点から参考になるものでした．内容やプレゼンテーションのテクニック的なことはもちろん優れているのですが，発音，アクセント，イントネーションといった英語の発話そのものに注目してみると，プレゼンターの多くは，流暢と言うよりは明らかに日本人英語です．しかし，単語を一つ一つ丁寧にハッキリと発音して，聞き易く，発音がいいとか悪いとかよりも，伝えたいことを自分のことばで堂々と伝えることがいかに大事であるかがわかります．

4.4. ネイティブの文法が目標ではないが基本的な文法理解と語彙は必要

「文法ばかり教えるから話せなくなる」，「いちいち日本語に訳しているから使える英語が身につかない」など，「使えない英語」の原因として，文法と英文和訳中心の授業に対して，さまざまな批判がありました．1980年代には，日本の英語教育は大きく転換し，中学・高校の授業に「読む，書く」よりも，「聞く，話す」を優先し，「文法的に正しい」よりも「内容が伝わっている」を優先する「コミュニカティブ・アプローチ」が導入されました．文部科学省の学習指導要領に従って，中学・高校の英語授業は，現在もこのアプローチをベースにして行なわれています．

小学校高学年の「総合的な学習の時間」を使った英語教育では，英語（および英語圏の文化）に慣れ親しむことを重視する内容になり，教科書には会話的表現が増え，文法項目が減少しました．「耳から覚える」や「習うより慣れ」は日常生活を英語環境で過ごす学習者には有効かもしれませんが，授業以外の一日の殆どを日本語環境で過ごす学習者にとっては，あまり意味がありません．

コミュニカティブ・アプローチで英語を勉強してきた世代は，基本的な文法・構文の理解度が低いという傾向は否めません．最近は「会話ばかりで文法を教えないから英語力が低下した」というような文法の重要性を再認識する声も上がっています．文法か？ 会話か？ と二項対立的に捉えるのではなく，話すためには文法や構文の基礎的な知識は必須（鳥飼 2011）であることは明らかです．

スピーキングのための文法は，入学試験にあるような難問を解くことではなく，会話の基本となる疑問文や否定文の作り方，過去や未来の表現の仕方，語順などの基礎的な知識です．簡単な日常会話でも，単語を並べるだけではコミュニケーションは成立しないことは経験的にわかるはずです．日常会話では複雑な構文は必要ないので，中学程度の文法知識でなんとかなります．逆に考えると，ちょっとした日常会話でも中学程度の文法をきちんと習得していなければ会話も成り立たないし，文章も書けません．

4.5. どのような英語を目標とするのか？

外国語を学ぶ時，私たちは，その言語のネイティブ・スピーカーの話す言葉，書く文章をモデルとして学習します．例えば，英語のテキストの CD の殆どはネイティブ・スピーカーの音声で，「講師は全員ネイティブ」の看板を掲げた英語学校も多くあります．

日本の中学・高校で使用されている英語科目の教科書の内容を分析した調査によると，多くのテキストで Inner Circle（A）に属する国々やその文化が最も多く取り上げられ，中でも米国文化に関する内容が群を抜いていると報告されています（Yamanaka 2006）．一方で Outer Circle（B）の国々に関する言及は中学校の教科書には殆ど見られず，英語学習を通じて英米を中心とする Inner Circle（A）の文化への理解の促進を意図していることがわかります（Yamanaka 2006）．日本の英語学習環境では，「どうしても native-like な発音モデルを拠り所とせざるを得なかった面があり，母語話者との比較から，常に自分の発音は不完全であるとのコンプレックスを抱きやすい（今仲 2000: 44）」という傾向がみられます．

2011 年に文部科学省が提示した「国際共通語としての英語力向上のための5つの提言と具体的施策」（文部科学省初等中等教育局国際教育課外国語教育

推進室）には，例えば，ALT[2]，ICT[3]等を活用してネイティブ・スピーカーの発話（生きた英語）にふれたり，実際に英語を使ったりする機会を充実させる（P. 10）のような記述がありますが，残念ながら国際共通語としての英語がどのような英語であり，学習者に何を教え，どうやって実際に使ってみるのかについての具体的な記述はありません．

日本人大学生への英語教育の目的についての指針としては2010年に，「口頭によるコミュニケーション能力より，むしろリテラシー教育[4]として充実を図ることが重要である」という教養としての英語教育へのシフトを提案した日本学術会議の「21世紀の教養と教養教育」が参考になります．要旨は，これからの日本の英語教育の中心となるのは，英米の言語としての英語ではなく，国際共通語として広く使われている英語＝ツール・媒介としての英語であること，言語に結びついている英米文化偏重を軽減すること，国際共通語としての英語習得プロセスにおいて英語ネイティブ・スピーカーを万能モデルとしないこと，口頭によるコミュニケーション能力だけでなく，むしろアカデミック・リーディング／ライティング，[5] プレゼンテーション能力を充実させること（P. 20-21）などです．英語教育の目的は，英米ネイティブを目標にしなくても，コミュニケーション・ツールとして英語を使うことを目指し，教養としての英語を読んだり，書いたりする「リテラシー教育」を充実するべきであることを示唆しています．

5. 短期語学研修参加生の日本人英語と World Englishes への意識

5.1. 短期語学研修参加学生への調査の目的

英米語モデルで英語を学び，ネイティブ志向の強い学習者が憧れるのは「ネイティブ発音」でしょう．「世界ではいろいろな英語が使われているのだから，日本人は日本人らしい発音で大丈夫」とか「発音が多少悪くても通じる英語を目指しましょう」と言ってみても，この点は学習者自身の動機づけにかかわることなので，なかなか納得できないかもしれません．ですから，World Englishes に直接ふれるという実体験が重要になってくるのです．日本の言語環境

---

[2] Assistant Language Teacher の略で外国語を母国語とする外国語指導助手．
[3] Information and Communication Technology" の略で「情報通信技術」．
[4] ここでは，おもに「書き言葉を正しく読んだり書いたりできる能力」や「教養・知識」を身につけるための教育の意．
[5] 学術的・学究的な文章の読み書きの能力．

で World Englishes に継続的に接する機会は少ないので，最も有効なのは海外滞在経験ということになります．

World Englishes に対する受容性をテーマにした先行研究では，英語圏での留学生活により英語多変種に対する寛容度が一定レベルで上がり，その割合はプログラム（アメリカとオーストラリア）によってちがう（後者の方が大きい）ということ，留学を経験して自分の英語に対しても英語のバラエティーの一つとらえるようになることで多少の自信が出てくることなどが報告されています（亀山 2010）．

また，吉川他（2012）の調査では，留学経験（有無，滞在地と期間）と国際英語論の知識の有無によって学生を5つのグループに分け比較調査した結果，留学経験は英語変種の認識を高めること，英語変種を聞き取りにくいと感じる点はグループ間で共通だが，寛容度は留学先によって異なる，Inner Circle (A) 留学グループの非 Inner Circle 変種や日本人英語への受容性は低いが，日本人英語で通じる自信は相対的に大きいことなどが明らかになっています．

全体としては多様な英語にふれたことで，受容度が上がり，日本人英語でも通じるという自信を持つようになるということでしょう．しかし，多くの学生にとって，長期留学はハードルが高いかもしれません．短期語学留学ならより気軽に参加できるはずですが，例えば，数週間の短期研修でもこのような効果は期待できるのでしょうか．

このことを検証するために，韓国（2週間）(Expanding Circle)，マレーシア（4週間）(Outer Circle)，カナダ（4週間）(Inner Circle) での短期語学（英語）研修に参加した学生を対象に，オンラインで調査票調査を行いました（表1参照）．

表1．短期海外研修の内容と調査対象者数

	滞在先	期間	プログラム	滞在方法	参加人数	回答者数
韓国	W大学	12日間	月-金の授業でネイティブ教員による TOEFL 対策授業	大学寮	19名	15名
マレーシア	U大学	29日間	月-金の授業に加えて，マレーシア文化を総合的に学び現地での生活を体験する	大学寮	30名	30名
カナダ	T大学	28日間	語学運用能力の向上を目的とした英語トレーニングプログラム，カナダ文化を学ぶ	ホームスティ	30名	26名

調査票（付録参照）の内容は，ネイティブ英語・日本人英語に対する意識，

英語学習動機，どんな英語学習モデル（身につけたい・目標とする英語）を想定しているのか，発音と文法などです．質問に対する選択式回答の数量的集計・分析結果と，滞在先で World Englishes にふれて実際に感じたことなどの自由記述回答による質的データをもとに考察します（回答者数 71 名）．[6]

5.2. 調査結果

　回答者の殆ど（95.8%）が，「発音はネイティブのようにうまくなりたい」に対して「そう思う」，「どちらかというとそう思う」と回答していて，やはり，ネイティブ志向が強いことがわかります．「発音に自信がないので人前で話すのが恥ずかしい」に対しては，否定する回答が約半数（45.1%）で，「ネイティブ発音を理想としているので，自分の発音に対する評価が厳しくスピーキングに自信がもてないのではないか」という推測とはやや異なり，発話を躊躇する理由は必ずしも「発音」の問題ではないことも伺えます．「海外生活をしなければ発音はうまくならない」については意見が分かれましたが，「幼い頃から学んでいるほど発音は上手だ」には同意する回答が半数以上でした．ネイティブ発音に近づくには，場所より時期（年齢）という認識であるのかもしれません．

　「日本人英語は格好悪い」については，「そう思う」，「どちらかというとそう思う」という回答が多数（70.9%）でしたが，「日本人英語では通じない」については，意見がほぼ分かれました．「日本人英語」の一般的なイメージ（日本人らしいアクセント）に対してなのか，「自分の英語」についてなのか，あるいはコミュニケーションの状況（相手，時と場合）によるのか，今回の選択式の回答からは測り知ることはむずかしい結果ですが，世界で通用する一定以上のレベル（intelligibility）がないと意思疎通はむずかしいということでしょう．[7]

　「文法が正確でなくても通じればよい」に対しては同意する意見が約半数（46.4%）でしたが，一方で「話すとき文法の正確さが気になる」については，多くの回答者（71.8%）が同意していました．どちらの質問に対しても，肯定

---

　[6] 質問項目については，藤原（2013），亀山（2010），吉川他（2012）などの先行研究の質問項目を参照し，本稿の調査目的に合うように加筆修正しました（17 項目）．質問項目に対して，「そう思う」から「そう思わない」までの 1〜5 ポイントのスケールで同意レベルを求めました．付録参照．

　[7] 今回の自由回答式調査では，具体的に誰のどのような質の World Englishes にふれたのかという「質」についてあまり明らかになりませんでした．この点については，以降どのように調査していくか課題になります．

する回答は，実際は相手も自分も文法にあまりこだわらずに話して通じたけれど，理想としては自分の発話に関しては正確な文法で話したいということでしょうか．発話に自信がないのは，発音よりも文法の正確さへのこだわりが理由とも考えられます．

「語彙が少ないので言いたいことが言えない」には多く（84.5%）が同意し，前掲のスピーキングについてのインタビューへの回答を追認しています．やはりパターンを覚るだけでなく，文法や語彙をきちんと学んでいないと会話は成立しないという実感であるのかもしれません．

「英語はネイティブ・スピーカーから教わりたい」には70.4%が同意し，英語力向上のためには，「日本でもネイティブ教員の授業で英語力はつく」と90.1%の回答者が考えていました．ここでもネイティブ英語へのこだわりが強いことが伺えます．一方で，日本人教員に対する評価は必ずしも低いというわけではなく「日本で日本人の先生でも英語力はつく」に対して，約7割（67.6%）が肯定的に回答していました．

参加したプログラムによっていくつかの項目に統計的な有意差が見られました．発音や教員に対するネイティブ志向については，カナダ・グループがマレーシア・グループより強い傾向があり，また，マレーシア・グループは，韓国グループより「文法が正確でなくても通じればよい」と考えている傾向がみられることがわかりました．

5.3. World Englishes にふれて

「滞在先で英語ネイティブ・スピーカー以外の人たち（例えば，英語が母語でない国から来ているクラスメイト・滞在先寮のルームメイト，現地の人々など）と英語で話す機会がありましたか？」という質問への回答は，「かなりあった」（60.6%），「ある程度あった」（28.2%），「あまりなかった」（9.9%），「ほとんどなかった」（0%）という結果でした．また，参加プログラム別の現地でのノンネイティブ・スピーカーとの接触頻度は，マレーシア・グループが，他の2つのプログラムよりも高いということがわかりました．また，ノンネイティブ・スピーカーとの接触頻度のちがい（「かなりあった」グループと「あまりなかった」グループ）によって，「前よりも英語が好きになった」，「英語学習への意欲が向上した」に対する回答に差がみられ，接触頻度の高いグループの方が低いグループより肯定的に回答する傾向がみられました．

さらに，英語ノンネイティブ同士でコミュニケーションをとったことに対する感想（自由回答記述）を対象として，回答の内容を分析したところ，肯定的

第 13 章　World Englishes にふれる　　　　　　　　　　　　　　247

な回答は 11 件で，例えば，「国や母語が違っても共通言語さえあれば簡単に
コミュニケーションをとることで友達になれるのが素敵だと感じました！全く
通じないということは無かったので安心しました！」，「英語が通じることで毎
日の生活が充実しており…英語がネイティブであろうがそうでなかろうが，
伝えたい気持ちがあれば通じると思う…むしろ英語が母国語ではない方が
様々な国の文化や歴史，習慣や現在の状況が生で聞けるので英語は世界中の
人々と繋がるコミュニケーション・ツールのひとつとしてもっと勉強したいと
思った」，「他国からの学生も母国語の発音が英語の発音に反映されているの
で，日本人の発音の英語を極端に恥じる必要はないと感じた」，「お互い分から
ない単語があったときに英語で説明したり，別の言葉で言い換えたりするので
勉強になる」のようなコメントがありました．

　否定的な内容の回答は 18 件で，例えば，「英語母国語のネイティブと会話
する時よりも相手とコミュニケーション出来てるかどうか心配になり，より緊
張した」，「ネイティブ・スピーカーの英語を聞き取るよりも，アクセントに特
徴があって聞き取りづらかった」など相手の発音に対して，「発音にクセのあ
る人が多い」「訛が強い」などの「戸惑い」や「違和感」，「発話の内容を理解で
きなかった」などの感想が目立ちました．

　肯定的・否定的の両方の感想が含まれる回答は 15 件で，例えば，「自分の
発音に自信がなかったのですが，コミュニケーションとれたのでよかったと思
います．ただ，相手が話す英語を聞き取れないことがたまにあり，聞き返して
しまうこともありました」，「お互い意思の疎通に苦労はしましたが，会話が理
解できてとても嬉しく感じました」など，相手の英語の聞き取りに苦労したが，
一方で，自分の発話・発音に関しては「思っていたより話せた」「自分の発音
でも通じた」のような肯定的な評価をする傾向がみられました．

　ノンネイティブ同士のコミュニケーションを肯定的に評価する意見には，多
様な英語を前向きに捉え，異文化理解と共通語としての有効性を認識している
様子が伺えました．また，英語を話す姿勢について，「他国からの留学生はと
にかく話す」のように，発音や文法の正確さをあまり気にせず積極的に話す態
度を評価する意見もありました．

6.　滞在経験をどう活かし，どのような英語を目標とするのか？

6.1.　海外滞在経験による英語の多様性への気づき

　「ネイティブのような発音に」というこだわりが強ければ，短期間の海外滞

在では多様性への寛容的な態度を身につけること，あるいは，英米語に憧れて英語が好きだから学びたいという動機を変えることは容易ではないのかもしれません．しかし，今回の調査対象になった海外語学研修プログラムの参加学生からは，「(自分の英語が) 全く通じないということはなかったので安心した」，「積極的に発言すれば，実際に会話は成立する」，「EIL (English for International Language) の授業で (World Englishes について) 知っていたことで (いろいろな英語にも) 対応できた」，「アメリカ英語が良い，イギリス英語がいいというような概念がなかったのがよかった」のように，実際にノンネイティブ同士で英語で話す経験を通して，自分の英語への自信や英語の多様性への認識を高める効果が多少なりともあることが伺えました．

日本人学習者の英語がなかなか上手くならない最も大きな理由の一つは，実際に使わないこと (塩澤 2009) であり，ノンネイティブの留学生が，自分の英語に自信を持って堂々と話している姿を見ること，自分の英語で通じる体験を重ねることの意義は大きいと思います．英米モデルで学んできても，実際に海外に滞在し，最終的には "My English"（その人の教養，発想，地域，所属した文化を反映したその人自身の英語）を話さなければならない (塩澤 2009) ということ，つまり，ネイティブ英語以外にも目指すべき目標があることに気づくのは貴重な経験です．言語は文化と密接に関係していて，それを反映したいろいろな英語が存在する，日本人は「日本人の英語」，自分は「自分の英語」を話せばいいと思える——参加者のこのような気づきは，たとえ数週間の海外滞在でもそれなりの成果があることを示唆しています．

アジア圏で英語学習ということに対しては抵抗があるかもしれませんが，大学生にとっては費用という点でも比較的参加し易いというメリットがあります．そして，学生が将来，実社会で，例えば，海外とビジネスを行う相手は，おそらく殆どがノンネイティブ・スピーカーで，その多くがアジア圏の人々であると予想されます．英米という英語圏での滞在よりもむしろ，東アジア，インドなどでの滞在は実体験にもなります．授業はネイティブ教員であっても，他のアジア諸国からの学生と授業や寮生活で英語で交流する，現地の人たちとコミュニケーションに英語を使うというような経験から得られることは多いでしょう．

6.2.「しっかりとした英語」を話すノンネイティブのロールモデルの必要性

今回の調査からは，英語学習者（大学生）は，全般的にネイティブ英語へのこだわりが強いことがわかりましたが，コミュニケーション手段としての英語

を学習するのであれば，すべての英語教員が英米ネイティブである必要はありません．例えば，シンガポール，インド，フィリピンなどの Expanding Circle (B) の教員の英語は，World Englishes の有効性や多様な文化について理解を深めるチャンスになるはずです．

ネイティブ英語は，日本人にとってやはり遠いゴールです．多くの大学生の現実的な学習目標となる「日常会話だけでなく，日常的業務で使えるレベルの英語」が話せる日本人ロールモデルを示す必要があるでしょう．日本人大学生にとっての身近なロールモデルの例として，前述のオリンピック招致のスピーチをした佐藤真海選手，プロゴルファーの宮里藍選手など，国際的な場面で「しっかりした英語を話す日本人」を具体的にイメージできると思います．また，今回の調査結果にあるように，多くの学生が「日本で日本人の先生でも英語力はつく」と考えていることから，日本人教員の intelligibility に基づいた「日本人英語」は，学習者にとって身近なモデルとなり，その果たす役割は大きいと考えられます（吉川 2009）．確かに，ネイティブ・スピーカーは「音声モデル」を提供してくれますが，日本人学習者のロールモデルにはなれません．

今後の大学英語教育には，多くの英語学習者の「英語が好きだから英語を学びたい」，またその背景にある「英米ネイティブ志向」という動機を超えて，ある程度の intelligibility のある国際共通語としての英語を習得するという動機を育成することが求められるのではないでしょうか．具体的な方法としては，「国際英語論」から英語を教える意義について考察した論考［塩澤（2010, 2009）など］が参考になりますが，いずれにしても「英語を話す日本人」というアイデンティティを意識し，海外滞在を経験した後も，Outer Circle や Expanding Circle の多様な英語や，現実的な学習目標となるような日本人ロールモデルの英語にふれる機会を提供できる学習環境を整えていくことが必要であると考えられます．

参照文献

阿部珠里（2007）「母語と国語のはざまで──インディアン同化教育の悲劇と言語復興」『月刊言語』1 月号，第 36 巻第 1 号，50-53．大修館書店．

Cook, V. (1999) Going Beyond the Native Speaker in Language Teaching. *TESOL Quarterly*, *Vol.33, No.2*, 185-209.

Crystal, D. (2003) *English as a Global Language.* (2nd ed. First ed., 1997), Cambridge: Cambridge University Press.

藤原愛 (2013)「日本人初級英語学習者の発音習得に対するビリーフ」『育英短期大学研究紀要』第30号 (2013年3月), 37-46.
本名信行 (2013)『国際言語としての英語』1-37. 冨山房インターナショナル.
船橋洋一 (2000)『あえて英語公用論』文春新書.
今仲昌宏 (2000)「日本人学習者の英語発音モデル」『東京成徳大学研究紀要』7, 39-46.
Jenkins, J. (2007) *English as a Lingua Franca: Attitude and Identity*. Oxford: Oxford University Press.
Jenkins, J. (2000) *The Phonology of English as an International Language*. Oxford: Oxford University Press.
カチュルー, ヤムナ・スミス, ラリー E. (2013)『世界の英語と社会言語学』(井上逸兵・多々良直弘・谷みゆき・八木橋宏勇・北村一真 訳) 慶応大学出版会.
Kachru, B. B. (1992) Models for non-native Englishes. In B. B. Kachru (ed.), *The Other Tongue: English across Cultures*. Urbana: University of Illinois Press.
Kachru, B. B. (1990) World Englishes and Applied Linguistics. *World Englishes*, 9(1), 3-20.
亀山知佳 (2010)「英語のバラエティーに対する寛容度に関する調査——留学により寛容度が上がるのか——」『JACET 中部支部紀要』第8号, 51-65.
神谷雅仁 (2008)「日本人は誰の英語を学ぶべきか——World Englishes という視点からの英語教育——」*Sophia Junior College Faculty Journal*, Vol. 28, 41-71.
窪田光男 (2005)「英語教育における「国際語としての英語」: 前提とされる学習者」『関西外国語大学研究論集』82, 35-50.
Miniwatts Marketing Group (2012) Top ten languages in the internet 2010 INTERNET WORLDUSERS BY LANGUAGE Top 10 Languages. *Internet World Stats*. http://www.internetworldstats.com/stats7.htm (閲覧日 2014年3月9日)
文部科学省 (2013)「グローバル化に対応した英語教育改革実施計画」http://www.mext.go.jp/b_menu/houdou/25/12/__icsFiles/afieldfile/2013/12/17/1342458_01_1.pdf (閲覧日 2014年3月9日)
文部科学省初等中等教育局国際教育課外国語教育推進室 (2012)「国際共通語としての英語力向上のための5つの提言と具体的施策について」平成23年7月13日 http://www.mext.go.jp/b_menu/shingi/chousa/shotou/082/houkoku/1308375.htm (閲覧日 2014年2月27日)
日本学術会議 (2010)「21世紀の教養と教養教育」2010年4月5日 http://www.scj.go.jp/ja/info/kohyo/pdf/kohyo-21-tsoukai-4.pdf (閲覧日 2014年3月4日)
大藪順子 (2014)「国際化, 前進か後退か——浦島花子が見た日本」The Huffington Post 投稿日: 2014年2月28日 http://www.huffingtonpost.jp/nobuko-oyabu/urashima-hanako-internationalization_b_4873349.html (閲覧日 2014年3月5日)
Seidlhofer, B. (2011) *Understanding English as a Lingua Franca*. Oxford: Oxford

University Press.

Seidlhofer, B. (2004) Research perspectives on teaching English as a lingua franca. *Annual Review of Applied Linguistics*, 24, 209-239.

塩澤正(2010)「「国際英語論」の視点から英語と学ぶ意義——実践編」『中部大学人文学部研究論集』23, 151-184.

塩澤正(2009)「「国際英語論」の視点から英語と学ぶ意義」『中部大学人文学部研究論集』22, 63-91.

白川尚志(2008)「英語教育における「国際語としての英語」」『学習院高等科紀要』6, 85-99.

鳥飼玖美子(2012)「国際共通語としての英語」とは?:多文化社会における英語使用のビジョン」［講演会記録］『外国語教育フォーラム = Forum of Language Instructors』6, 3-22. 2012-03.

鳥飼玖美子(2011)『国際共通語としての英語』講談社.

鳥飼玖美子(1996)『異文化を超える英語——日本人はなぜ話せないのか』131-137. 丸善ライブラリー.

Yamanaka, N. (2006) An evaluation of English textbooks in Japan from the viewpoint of nations in the inner, outer, expanding circles, *JALT Journal*, 28(1): 57-76.

吉川寛(2009)「日本の英語教育への国際英語論の有効性」*Annual Review of English Learning and Teaching*, 14, 83-90.

吉川寛・小宮富子・塩澤正・倉橋洋子・下内充(2012)「英語多変種との接触が学習者の英語観に与える影響——Outer Circle 英語に焦点を当てて——」『JACET 中部支部紀要』10, 55-80.

付録 「**World Englishes にふれる**」オンライン調査調査票(一部抜粋)

Q3. 英語の発音や文法に関して,以下の1)-17)についてどう思いますか? 自分の評価・考えに近い番号(5=当てはまる,4=どちらかというと当てはまる,3=どちらともいえない,2=どちらかというと当てはまらない,1=当てはまらない)に○をつけてください.

1) 発音はネイティブのようにうまくなりたい
2) 発音に自信がないので人前で話すのが恥ずかしい
3) 海外で生活しなければ発音はうまくならない
4) 英語を幼い頃から学んでいればいるほど発音は上手だ
5) 「日本人英語」(日本人的なアクセントのある英語)は格好悪い
6) 「日本人英語」は通じない
7) 英語の読み書きができても,発音が悪いと英語ができないという印象を与える
8) 文法の学習に力を入れている

9) 文法が正確でなくても通じればよい
10) 英語を話すとき文法が気になる
11) 英語を書くとき文法が気になる
12) 語彙が少ないので言いたいことが言えない時がある
13) 単語・語彙の学習に力を入れている
14) 英語は英語母語話者（ネイティブ・スピーカー）から教わりたい
15) 海外でネイティブの先生の授業が一番英語力がつく
16) 日本でもネイティブの先生の授業で英語力はつく
17) 日本で日本人の先生の授業でも英語力はつく

Q4. 今回の研修で英語のネイティブ・スピーカー以外の人たち（例えば，英語が母語でない国から来ているクラスメイト・滞在先寮のルームメイトなど）と英語で話す機会がありましたか？

Q4で4（かなりあった），3（ある程度あった）を選んだ人．そのような時，英語を使ってコミュニケーションをとるということについてどう感じましたか？ 例えば，「お互いに拙い韓国語で話すより通じた」「発音が悪くても通じることがわかった」，「お互いに通じなくて苦労した」「ネイティブと話すより話し易かった」など，思ったこと感じたこと，その理由などを自由に書いてください．

第 14 章

国際スポーツ大会における通訳ボランティア経験と言語運用能力

朴　ジョンヨン

2020年の東京オリンピック・パラリンピック開催が決定されましたが，近年，国内における国際スポーツ大会は増加の傾向にあります．大会の円滑な運営には言語・コミュニケーションの分野が大きな課題であり，外国語が使えるボランティアの存在は必要不可欠です．
神田外語大学体育・スポーツセンターでは国際大会における通訳ボランティア経験を通じて学生の言語運用能力や語学学習意欲の向上を図る取り組みを進めてきました．外国語を日常的に使用できる環境にない日本の学習者たちにとって，責任を伴う形で外国語を使う体験は，さらなる高度な言語能力獲得への大きな動機付け，学習意欲の向上につながっています．本稿では，その取り組みを紹介します．

キーワード：　国際スポーツ大会，通訳ボランティア，異文化理解，グローバル人材育成，ホスピタリティ

1. はじめに

　近年，グローバル化が加速し，国際競争が激化していく中で語学力が人材育成における重要な要素となってきています．日本の企業でも，英語を社内公用語化する動きも活発化されており，特に海外進出を目指す企業では，外国語が使える人材を積極的に採用し，社内でも英語でコミュニケーションを行うことを奨励しています．
　そうした社会のニーズや産業界の要請とも関わり，教育界でも外国語の位置づけ，役割が大きく変化してきています．公立小学校でも英語活動が正式に導入され，中学・高校でも実践的な取り組みが求められています．
　大学教育においては，日本学術会議（2010）は，グローバル社会で求められる大学の教養教育について「学習を通じて形成される学問知，外国語表現能力，様々なメディア媒体によって形成される技法知，日々の様々な場面で実際活用

発揮される実践知に加え，その担い手となりうる市民としての知性・智恵・実践的能力の形成が求められている」(p. 17) と示しており，グローバル人材育成を視野に海外留学の必修化や企業でのインターンシップ等カリキュラムに組み込むなどの事例も多くみられます．そして，英語力については，実践的なコミュニケーション力の育成が課題となっています．

そうした背景もあり，また，以下で詳述する国際スポーツ大会の国内での開催が増加しているという現状に鑑み，神田外語大学体育・スポーツセンターでは，2007年9月よりスポーツと言語（外国語）の融合実践活動として学生支援プログラム「スポーツ通訳ボランティア」を発足・推進してきています．このプログラムは，国内で開催される国際スポーツイベントでの通訳ボランティア活動を通じてスポーツと言語の融合実践及び言語運用能力の向上を目指し，同時に，学生の社会貢献活動を支援するという欲張りなものです．

この活動は，推進母体の「体育・スポーツセンター」の本義である体育やスポーツがもたらす社会・教育的な機能および効果を検証するという目的を推進しつつ，上述の「グローバル人材育成」の方向性とも合致し，神田外語大学の英語教育が重視している英語コミュニケーション力育成に寄与する貴重な実践の場を提供するというものです．以下で詳述しますが，通訳ボランティアとして参加した学生からは「語学勉強に対するモチベーションアップにつながった」，「学んでいる言語以外に他の言語も学びたい意欲がわいた」，「以前より異文化に対する興味を持つようになった」など，授業では学ぶことが難しい実践的言語使用の様々な側面を学んでいることが明らかになっています．

以下では，第2節で国際スポーツ大会開催における通訳ボランティアのニーズと重要性について概観し，第3節では神田外語大学の「スポーツ通訳ボランティア」活動の内容とその成果を紹介します．

2. 国際大会のボランティア規模と通訳ボランティアの重要性

2020年の東京オリンピック・パラリンピック開催が決定されましたが，近年，日本国内における国際スポーツ大会が増加の傾向にあり，2020年に向けて益々その頻度が増えることと思われます．

大会の中心はあくまでも選手ですが，国際スポーツ大会とボランティアの関係を見ると，スポーツの国際化，グローバル化は必然であり，大会の円滑な運営には外国語を駆使できるボランティアの存在が必須条件です．

大きな国際大会では，大会開催期間だけでなくその前後の滞在期間も含め，

第 14 章　国際スポーツ大会における通訳ボランティア経験と言語運用能力

外国人選手のサポートを担当するボランティアの重要性が増してきており，その際のボランティアの言語・コミュニケーション能力と質の充実が大きな課題となります．

下記の［表-1］は時系列に大きな国際スポーツ大会に関わったボランティアの人数を表したものです．1998 年の長野冬季五輪大会は 3 万 2,579 人を皮切りに 2000 年シドニー夏季五輪大会 4 万 6,000 人，2008 年の北京五輪大会は 10 万人，ロンドン五輪大会は 7 万人参加し，大会の運営を支えてきました．

［表-1］　国際スポーツ大会のボランティア規模[1]

	大会名	開催年	ボランティア数（人）
1	ユニバーシアード神戸大会	1985	約 8,300
2	広島アジア大会	1994	約 10,000
3	ユニバーシアード福岡	1995	約 12,500
4	長野五輪冬季大会	1998	32,579
5	シドニー夏季五輪大会	2000	約 46,000
6	北京夏季五輪大会	2008	約 100,000
7	ロンドン夏季五輪大会	2012	約 70,000

さらに，2016 年のブラジルのリオ五輪大会は 9 万人規模のボランティアの参加が見込まれており，2020 東京夏季五輪大会は約 8 万人規模のボランティアを募ることを予定しています．

日本での国際スポーツ大会において，ボランティアが公式に募集されたのは 1985 年の「ユニバーシアード神戸大会」です．今給黎（1987）によれば，「2,000 人の通訳ボランティアを公募したところ 5,000 人の応募があった」（p. 87）とのことですが，国際大会において通訳ボランティアの必要性だけでなく，その仕事への興味の高さが分かります．しかし，その能力は必ずしも満足のいくものではなさそうです．野村（2002）は国際スポーツ大会における通訳ボランティアの重要性と課題について「海外の選手・役員は気軽にボランティアに声をかけてくれるのに対し，ボランティアたちの語学力の不足さの理由でコミュニケーションの障害が生じ，思うように伝えられない」（p. 301）と指

---

[1] ［表-1］は，1〜5 については，山口（2004: 23）から，6-7 については筆者がインターネット・新聞等で調査し，まとめたものです．

摘しています．

　オリンピックやワールドカップで代表されるように，スポーツの国際化，グローバル化，大規模化が大きな流れとなっています．そして，日本は，比較的安全でトレーニングの環境が充実しているため，外国人選手団からのニーズが高まっており，様々な種目の世界選手権など，日本での国際スポーツ大会は益々盛んになることが予測されます．そうした大会の円滑な運営のためにも，外国人選手・役員のニーズに対応できる通訳ボランティアを，適所に送り出し，配置することが求められます．特に英語は国際共通語となっていることから英語コミュニケーション能力に優れた通訳ボランティアのニーズは高まっているのです．

3. 神田外語大学におけるスポーツ通訳ボランティア活動の実態

3.1. スポーツ通訳ボランティア活動の目的

　上記で述べたスポーツ通訳ボランティアのニーズを受け，神田外語大学では，2007年に学生支援プログラムとしてスポーツ通訳ボランティア活動を発足させました．[2] その目的は，スポーツにおける国際大会・イベントの参加経験を通じ，言葉の運用実践経験や社会経験の積み重ねによって，より豊かな人間性の獲得と社会に貢献できる人材を育成することです．体育・スポーツセンターが窓口となることで，学生に対する教育的な支援だけでなく，各種スポーツ競技団体の大会運営や事情に配慮し，開催地域や団体の要望も考慮した上で学生通訳ボランティアを送り出す体制となっています．

3.2. スポーツ通訳ボランティアの実績

　2007年発足当時は，学内外での認知度が限られていたこともあり，参加大会は5つ，通訳ボランティア参加者は20余名にすぎませんでしたが，認知されるにつれ，参加大会数，参加者数ともに大幅に増加し，2011年以降はほぼ例年参加大会20余り，参加者数200名余りと大きく増加しており，2014年8月までに700余名を送り出しました．通訳対象の言語別では，英語が538名で一番多く占めており，韓国語が79名，中国語が59名の順となっています．その他の特殊言語としてはスペイン語が14名，ポルトガル語が9名で続

---

[2] 筆者の知る限り，国際スポーツ大会に限定して大学が支援する通訳ボランティアプログラムを整備したのは神田外語大学が最初です．

第14章 国際スポーツ大会における通訳ボランティア経験と言語運用能力　　257

き，ロシア語が4名，タイ語が3名，インドネシア語が1名の学生が活動しています．つまり，国際スポーツ大会の主催側からのニーズとしては英語が一番多く，その他英語を母国語としないアジア・南米・ヨーロッパの国々の言語等，大会規模や種類によって多岐にわたっているわけです．神田外語大学は外国語大学ですので，このプログラムでは英語だけでなく，他の外国語への対応も行っています．

　［表-2］には，主催団体から依頼を受け通訳ボランティア学生を送り出した主な国際スポーツ大会と，その対象言語，およびそれぞれの言語のボランティア学生の実績数が示してあります．この表から分かるように，参加大会には，世界柔道選手権（2010），世界卓球選手権（2009，2014），FIFA U-20女子ワールドカップ（2012）等，大規模でメディア的にも大きく扱われている重要国際大会が含まれています．

［表-2］　主な大会名と言語別参加数[3]

大会名	時期	通訳対象言語とボランティア数
千葉国際駅伝大会	2007	英語3名
女子レスリング世界選手権大会	2008	英語3名，スペイン語1名
横浜世界卓球選手権大会	2009	英語17名，中国語5名，スペイン語3名，韓国語2名，ポルトガル語1名
世界少年野球大会・東京大会	2010	英語18名
世界柔道選手権・東京大会	2010	英語6名，中国語2名，韓国語2名，ロシア語1名
世界体操選手権・東京大会	2011	英語67名，韓国語13名，中国語1名，スペイン語2名，ポルトガル語8名
アジアオリンピック評議会	2011	英語21名
FIFA U-20女子ワールドカップ・東京大会	2012	英語26名
国際7人制ラグビー東京大会	2013	英語6名，スペイン語2名，ポルトガル語2名

---

[3]　［表-2］は，神田外語大学体育・スポーツセンターにおける「スポーツ通訳ボランティア2007～2014，8月までの実績一覧」から抜粋したものです．

大　会　名	時期	通訳対象言語とボランティア数
アジアサッカー連盟（AFC）フットサルクラブ選手権	2013	英語3名，中国語1名，タイ語1名
世界フィギュア選手権・埼玉大会	2014	英語2名，中国語1名
世界卓球選手権・東京大会	2014	英語23名

　上記の表からも明らかですが，また，上述したように，韓国語や中国語などの通訳のニーズもありますが，圧倒的に必要とされているのは英語が使えるボランティアです．母語が英語でなくても英語ができる選手・役員は多く，英語が国際語であること，英語ネイティブの英語だけが英語ではないことがスポーツ通訳ボランティア活動から実感できます．

　このプログラムを発足させた2007年以降，通訳ボランティアの参加大会と参加者の数が増加していると述べましたが，その増加の要因はふたつあります．ひとつは，日本で開催される国際大会の増加です．日本は安全でトレーニングの環境が充実していることから外国人選手団からのニーズが高まっており，また，スポーツ競技団体と地域活性化を図る各地域関係団体からの積極的な国際大会の招致活動が展開され，各種競技の観点からは，世界トップレベルの選手たちとの競争から期待される日本人選手の競技力向上の点が考えられます．

　もうひとつは，スポーツ通訳ボランティア活動の魅力が伝わり，興味を持ち志願する学生が増えてきたことです．通訳ボランティア活動は，外国語を学ぶ学生にとっては日頃授業でインプットされた語学知識とスキルを試すチャンスであり，国際スポーツ大会の運営や選手団の大会期間中のお世話役を通じて語学力とコミュニケーション力の向上が期待できます．さらには，世界各地から来日するトップアスリートとの身近な交流を通じて感じる異文化理解とスポーツの機能を改めて感じることができることも，学生たちには興味深く魅力的な活動になっています．

3.3.　「スポーツ通訳ボランティア」プログラムの内容

　「スポーツ通訳ボランティア」プログラムは，単に「通訳ボランティア」を経験させるというものではありません．上記3.1節の目的を理解させ，最大限の効果につながる経験とするために，①基本学習，②事前研修，③応用実践，④事後報告，⑤課題・改善，⑥継続参加といった6つ段階の構成により，学生

への支援を行っています．

　まず，第1に学生たちは基本学習としてグローバルスポーツコミュニケーションセミナーを受講し，スポーツイベントを取り巻くメカニズムの理解，通訳ボランティアの基礎的な知識を理論的に学びます．第2に主催者側による事前研修を行い，通訳ボランティアとしての役割や活動内容，注意点等について参加学生に向けた説明会を行います．

　第3が，このプログラムのハイライトです．つまり，学生たちは①と②のセミナーや事前研修で学んだ知識を単なる知識としてとどまらずそれを応用・実践活動として国際大会に通訳ボランティアとして参加するわけです．学生たちは授業やセミナーでインプットされた知識・スキルをアウトプットし，外国人選手団と主催者側の間で積極的に関わることによって語学力・コミュニケーション力を高めていきます．第4と第5は③のボランティア経験を学生個々人の人間形成に繋がるようなフォローアップで，参加学生は事後報告と自己評価としてのレポートと課題を提出し，活動内容を振り返ります．

　そして，年度末には参加した大会のグループ別に（1）参加した動機，（2）学んだ点，（3）大変だった点（特に言語表現について），（4）自分の課題，（5）改善点，（6）展望（将来この経験をどのように生かしたいか）という自己評価項目を設定し，参加学生の自主的かつ主体的に発表会を行っています．そして，発表したグループに対し，学内の教職員からは様々な観点（スポーツ・通訳ボランティア・言語・コミュニケーション）から適切なアドバイスを行い，学生の更なる学習意欲につなげる教育支援を行っています．

　こうした一連のプロセスを通し，学生には，通訳ボランティアの経験が，単に語学学習への動機付けやモチベーション向上などにとどまらず，グローバル人材へと成長するのに役立つ意識づけが受けられるように設定されていますが，以下，3.5節で示す学生のアンケート調査からもそうした成果が見て取れます．

3.4. スポーツ通訳ボランティアの主な業務

　下記の［表-3］はこれまで神田外語大学の通訳ボランティア学生による事後意識調査を行った結果から，実際にどのような業務を担当したかをまとめたものです．

[表-3] スポーツ通訳ボランティアの主な業務と内容[4]

主な業務	内容
大会受付（選手団・大会関係者）	大会会場及び場内においてADカードの受け渡しや入場案内・誘導
事務局と役員・選手の間で情報連絡役	選手団からの要望や情報を受け大会運営部署に速やかに報告及び連絡
海外選手団の大会期間中の世話（スケジュール管理）	担当するチームの食事・練習・試合時間・場所等の確認等怪我人が出た場合の対応
観光スポット案内	練習及び試合がない日は日本の観光スポット案内と手配
開会式・監督・スタッフ会議の通訳	大会期間中の開会式・閉会式のアナウンス，監督・レフリーの会議及び打合せ

　通訳ボランティアが担当する業務や内容については大会規模や各競技種目にもよりますが，大会開催前から終了まで，来日する多くの外国人選手団の対応を中心に，多岐にわたります．また，業務の種類によって求められる語学・コミュニケーションのレベルがかなり異なることから業務場所に相応しい通訳ボランティアを配置させることが大会運営を円滑に進める上で重要となります．語学力・コミュニケーション力と業務の関係については，現在，調査・検証を進めているところですが，単純にテストなどで測る「言語力」以上の柔軟な現場対応力，選手他のニーズを察知する配慮，ホスピタリティ精神，異文化理解力なども，「通訳ボランティアの有能さ」には関係していると思われ，そうした力も含めた考察を視野に入れています．

3.5. スポーツ通訳ボランティア参加後の教育的成果

　下記の［表-4］は国際スポーツ大会に通訳ボランティアとして参加した後の学生（600余名）に対し，アンケート調査を行った結果得られた教育的効果要因と学生の自己評価シートの記述からの考察です．

---

[4] ［表-3］のボランティア業務とその内容は，2007年～2014年にスポーツ通訳ボランティアとして参加した学生のアンケート調査と自己評価シートからまとめたものです．言語的には，業務によっては医療や競技の専門用語など，日常会話以上の語彙や的確性が求められることもあり，言語能力レベルと業務内容の関係についての調査も現在行っています．

[表-4] スポーツ通訳ボランティア経験の教育的効果[5]

NO	効果要因	学生の記述からの考察
1	自己実現	大会を成功させ，語学を学ぶ意義や必要性を実感していることや普段会えないトップアスリートと身近な交流によって満足していることが明らかになった．
2	異文化理解	外国人選手のお世話やサポート業務を行うことによって文化の違いや異なる価値観の理解が深まることが明らかになった．
3	通訳経験	異なる選手と主催者側の間で言語を訳す経験をすることによって，母国語の重要性や言い回し等表現力が身に付いてきたと感じている．
4	積極性・主体性	大会関係者から必要とされ，選手団側と積極的にコミュニケーションをとることの重要性を改めて感じている．
5	自己発見	海外選手団のお世話や大会運営サポート業務を遂行し，今まで気づいていない新たな自分の姿を見つけることができる．
6	語学を学ぶ意欲向上とコミュニケーション力アップ	授業で学んだ語学の知識・スキルを世界から来日した選手たちとの交流を行うことにより，客観的な語学力を知ることはもちろん，必要なコミュニケーション方法についても学んでいる．

　この調査結果からは，国際スポーツ大会に通訳ボランティアとして参加し，外国人選手たちへの支援として異文化コミュニケーションや通訳業務を遂行することで語学学習へのモチベーションが向上する効用があると推測できます．つまり，通訳ボランティアの学生たちは日常生活では体験できないような場所や条件で授業の中から学んだ語学力を試す機会が多いことから異文化の理解を深め，語学の知識やスキルを実践することにより，外国語を学ぶ意義や必要性を感じることができた，ということです．

---

[5] [表-4] は，朴（2011）の調査で行ったボランティア経験後の学びに関するアンケート調査項目から抽出した重要関連要因とそれらに関わる記述（pp. 30-38）をまとめたものです．当該アンケートの詳細な統計分析および考察については，朴（2011）をご参照下さい．2011年時点での調査結果ですので，調査対象学生は600余名です．

中田（2009）は「語学・技術は駆使すればするほど向上し，向上した能力・技術が社会貢献度を増幅させ，そのことがまた能力・技術の向上意欲へつながる」と述べています．通訳ボランティア体験は，まさに，それを実証しています．

3.6. スポーツ通訳ボランティアに求められる要素

スポーツ通訳ボランティアの業務を責任ある形で遂行するには，語学力だけでなく様々な資質がかかわります．それらは大きく捉えれば［図-1］に示したように6つの要素にまとめられます．

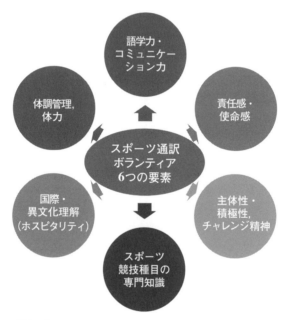

［図-1］　スポーツ通訳ボランティアに必要な要素

授業やセミナーで学習された語学・コミュニケーション力に加え，責任感を持って主体的かつ積極的に活動に関わる意識を持つことが重要です．誰からの指示・命令によらず自ら率先して関わろうとする意識が必要なのです．また，大会の規模によって異なりますが，自分の体調や体力を考慮し，自らのコンディションを管理する必要があります．何より，日本のホスピタリティマインドで世界の国々の選手団を快く迎え入れる姿勢で活動に参加することが大事な

のです．

　学生の中には，語学力に対する不安が原因で参加することを躊躇したり，逆に，語学力を過信したりする者もいます．しかし，通訳ボランティアの総合的な資質には，語学力もさることながら，国際スポーツ大会の運営の仕組みや異文化に対して学ぶ姿勢でチャレンジすること，さらに，世界各地から参加する外国人に対し，その国の歴史・文化イデオロギー的な背景を知っておき，競技種目のルールや規定，さらには担当する国の選手の実績等も事前に調査しておくことが大切なのです．つまり，未知の分野を積極的に学び，異文化や異なる考え方に興味を持って接し，そこから自らを成長させるような姿勢が望ましいわけです．そうした資質は，冒頭で触れた日本学術会議が示したグローバル社会における大学での人材育成と大きく重なることがお分かりいただけると思います．

4. まとめ

　スポーツにおける国際大会の通訳ボランティア経験を通じ，語学力やコミュニケーション力を向上させ，より豊かな人間性の醸成と社会に貢献できる人材を輩出することが，日本のスポーツの普及・振興にとっても，大いに意義があると考えられます．

　外国語を学ぶ学生たちにとっては，教室や英語学習カリキュラムとは異なる形で，実践的にコミュニケーションを行うことで，異文化理解を深めるとともに日本人としてのアイデンティティーについて考えられるきっかけになっています．

　本稿で紹介した「スポーツ通訳ボランティア」プログラムの活動に参加した学生の調査から，外国語を日常的に使用できる環境にない日本の学習者たちにとって，責任を伴う形で外国語を駆使することの難しさを実感することでさらに，高度な言語能力への動機付けと更なる学習意欲の向上につながっていることが明らかになりました．

　上記で報告したのは「国内開催」での国際スポーツ通訳ボランティアについてですが，実は，最近の動向としては海外で開催される世界大会でのニーズも増えてきているのです．例えば，2014年2月にロシアで開催されたソチ冬季オリンピックや2014年9月の韓国の仁川でのアジア大会において，日本オリンピック委員会（JOC）などから，日本代表選手団のメディア広報補助役としての通訳ボランティアの打診・依頼もあったのです．つまり，日本人選手が海

外で参加する大会で，日本人選手や役員が現地で競技に集中できるような環境作りなどに参画するという業務です．海外での通訳ボランティア活動を終えた学生は日本とは全く異なる環境の中で言語や文化，価値観の違いを持つ人々と外国語，特に英語でコミュニケーションをとることの大切さを学んでいます．さらに，日本人としてのアイデンティティーを自覚しつつ，他人と協調性を保ちながら働くことの大切さと喜びを体得することで学習意欲の向上とともに新たな自己発見にも繋がっています．[6] 学生たちは語学力の不安を抱えつつ，国内で開催される大会にとどまらず海外で開催される大会にも目を向けるようになり，積極的にチャレンジしようとしています．

　こうした通訳ボランティア活動が日本のスポーツ界に広がることで，日本の大学の言語教育に貴重な実践経験の場が確保され，同時に，グローバル人材育成にも大きな貢献となるに違いないと信じています．

参照文献

今給黎（1987）『株式会社神戸市はいま』オーエス出版．
日本学術会議（2010）「日本の展望—学術からの提言2010：21世紀の教養と教養教育」日本の展望委員会　知の創造分科会提言．
　　http://www.scj.go.jp/ja/info/kohyo/pdf/kohyo-21-tsoukai-4.pdf
野村一路（2002）「障害者スポーツにおけるボランティア」『体育の科学』52(4), 299-301．
朴ジョンヨン（2011）『国際スポーツイベントにおけるスポーツ通訳ボランティアの成果と課題：神田外語大学の試みと成果を中心にして』修士論文，筑波大学大学院人間総合科学研究科．
中田和子（2009）「ボランティアにおける「利己性」と「利他性」：語学ボランティアのケーススタディを通して」『松本大学地域総合研究』9, 109-123．
山口泰雄（編）（2004）『スポーツ・ボランティアへの招待—新しいスポーツ文化の可能性』世界思想社．

---

[6] 海外の大会での日本人選手やメディア対応のサポートとしての通訳ボランティアはまだ始まったばかりで参加者の数も多くはありません．今後，神田外語大学体育・スポーツセンターでは，国内での外国人選手のサポートと海外の大会での日本人選手のサポートに，業務内容，語学力を含め，どのような異なる資質が求められ，どのような経験，成果につながるかなどについて，調査していく所存です．

第IV部

英語力を計る

第 15 章

大学入試における TOEIC[1] の活用

神崎　正哉

大学入試における外部の英語能力試験の活用が検討されており，TOEIC も候補に挙がっています．大学入試で使われるようになると，高校生の受験者が増えますが，高校生に TOEIC を受けされることに対して批判的な意見があるようです．本稿では，「TOEIC はビジネス英語だから高校生には不適切」と「2 技能型試験より 4 技能型試験を受けるべきだ」という意見に対して反論を試みます．前半では，TOEIC User Guide を基に TOEIC で使われる英語について検証し，模擬問題の分析を通して，高校生にとって背景知識の不足が原因で解答に苦労するような問題がどのくらい含まれるのか調べます．後半では，高校生の受けるテストとしての妥当性を他の英語能力試験との比較を通して論じます．

キーワード： TOEIC，高校生，英語能力試験，大学入試，4 技能

1. はじめに

　我が国では 1990 年代後半から Test of English for International Communication (TOEIC) を受験する英語学習者が急速に増えており，TOEIC ブームの様相を呈しています．日本における TOEIC 受験者は 2013 年には 236 万人を超え，同じ年の実用英語技能検定（英検）受験者数を上回りました（国際ビジネスコミュニケーション協会 2014a，日本英語検定協会 2014）．TOEIC は英検に代わり我が国における英語力の共通指標になりつつあると言えるでしょう．特に産業界においては，英検より TOEIC を重視する傾向が強く，社員の採用や人事異動，昇進・昇格において TOEIC スコアが広く利用されています

---

[1] 本稿ではリスニングとリーディングの問題で構成される 2 技能型マークシート方式の TOEIC テストを「TOEIC」と呼びます．コンピューター方式のスピーキングとライティングの試験である「TOEIC SW」や初心者向け 2 技能型（リスニングとリーディング）マークシート方式試験である「TOEIC Bridge」は含みません．

（国際ビジネスコミュニケーション協会 2013）．また，近年，単位認定や卒業要件の一部に TOEIC スコアを利用する大学や短期大学，専門学校も増えてきました．さらに，高校生にも広まりつつあり，2013 年には TOEIC 公開テストと TOEIC IP テストを合わせて 54,288 人の高校生が受験しました（国際ビジネスコミュニケーション協会 2014b）．今後，入学試験で TOEIC を活用する大学が増えると，高校生の受験者はさらに増えるでしょう．

　しかし，TOEIC は高校生の受けるテストとして適切ではないという意見もあります．批判の理由はふたつあります．ひとつは，「TOEIC はビジネス英語の試験なので，高校生には向かない」，もうひとつは，「リスニングとリーディングの 2 技能しか試さない TOEIC ではなく，4 技能型の試験を受けるべきだ」というものです．本稿ではこの 2 点について，大学入試における TOEIC およびその他の英語能力試験の活用を視野に入れて検証します．

2. TOEIC はビジネス英語か

　TOEIC は，産業界で広く活用されていることから，「TOEIC ＝ビジネス英語」というイメージが定着しています．しかし，TOEIC が試しているのは「ビジネス英語」なのでしょうか．TOEIC の作成元である ETS は TOEIC User Guide (Educational Testing Service 2013) で，TOEIC が測定しているのは国際的な環境で働く人の日常的な英語能力であり，TOEIC のスコアはグローバルな職場環境でどの程度コミュニケーションが取れるのかを示す指標となると規定しています．ここから，職場で使われる英語に焦点を合わせていることがわかります．同時に，専門的な知識や語彙は必要としないということも述べており，Ellis and Johnson (1994) が規定する「ESP（特定の目的のための英語）の一種であり，ある職業や産業に特化された限定的な内容を含む」という意味での「ビジネス英語」とは一線を画すことが示唆されています．同ガイドは，TOEIC は実社会のニーズを満たすために開発され，問題は職場で使われている話し言葉と書き言葉のサンプルに基づいているとも説明しています．これらをまとめると，TOEIC で出題されるのは，「職場で使われる一般英語」と言えるでしょう．ビジネス英語の特徴である，専門性・特殊性が低いので，TOEIC の英語を「ビジネス英語」と呼ぶのは相応しくありません．

　TOEIC の英語が「職場で使われる一般英語」であっても，「働いた経験のない高校生には適切でない」という批判はあるでしょう．職業経験がない高校生にとって背景知識の不足が原因で理解が妨げられることがあるのか，同ガイド

に基づき考えてみましょう．同ガイドは TOEIC の問題に使われる具体的な状況設定の例として，「経営企画」「外食」「娯楽」「財務と予算」「健康」「不動産」「製造」「オフィス」「人事」「購買」「技術」「旅行」を挙げています．ここから，ETS が規定する「職場」は広い範囲を含んでいることが分かります．例えば，TOEIC では，リスニングの会話問題でレストランでの客とウエイターのやり取りが使われることがありますが，レストランはウエイターの側から見れば職場にあたります．高校生でも外食をしたり，映画やコンサートに行ったりするので，ETS の規定する「職場」にサービスの受け手として関わった経験はあります．

また，「経営企画」や「財務と予算」，「製造業」などのトピックは高校生には馴染みが薄いので，内容を理解するのが難しい場合もあるかもしれません．しかし，上記ガイドには，これらの状況設定に関して，「TOEIC の問題の文脈を提供するだけで，受験者はビジネスの経験があることや専門的な語彙を理解することを求められていない」と明記されています．よって，職業経験がなくても不利にはならないように配慮されていると考えてよいでしょう．

3.「職場の英語」の出題のされ方

前節では，TOEIC に出題される英語は「職場で使われる一般英語」であることを確認しました．本節では，この「職場の英語」が TOEIC では実際にどのような形で出題されるのか，そして職業経験のない高校生が解く際，不利になる可能性がある問題がどのくらい含まれているか，パートごとに検証します．問題の検証にあたり，『TOEIC テスト新公式問題集 Vol. 5』[2] に収録されている模擬テスト 2 セット（合計 400 問）を用いました．なお，「高校生にとって理解するのが難しい・難しくない」という判断は，筆者[3]の主観に基づいて行いました．

---

[2] 同書は 2014 年 8 月現在刊行されている公式問題集の中で最も新しく（文末の資料リスト参照），最近の傾向が最もよく反映されています．

[3] 筆者は，英語学校や大学等で 15 年にわたり，TOEIC 講座を担当してきており，また自分でも常に TOEIC を受験しているので，日本人（特に学生）にとってどのような問題が難しいか判断する感覚を持っていると自負しています．

第15章　大学入試における TOEIC の活用

パート1：　写真描写問題

問題形式：　4つの英文を聞き取り，写真を正しく描写しているものを選ぶ

　この問題形式で「職場の英語」を盛り込むことは難しく，実際には職場の写真を使い，それを一般的な英語で描写しているという程度です．具体的には，次のようなものがあります．

(1)　He's working on a car.
　　（彼は車の作業をしている）（Test 1 Q1）
(2)　He's cooking at the stove.
　　（彼はコンロで調理している）（Test 2 Q1）

中には公園に自転車が止められている写真や家庭の台所で洗い物をしている写真など，「職場」との繋がりが全くないものも含まれます．写真中に仕事をしている人が映っているかどうかという点に注目して分類すると，表1のようになります．

表1．パート1の写真の分類（各テスト Q1〜Q10 の 10 問）

	Test 1	Test 2	合計
(a) 仕事をしている人がいる	Q1, Q3, Q5, Q7 （計 4 問）	Q1, Q2, Q4, Q5, Q6 （計 5 問）	9問
(b) 仕事をしている人がいない	Q4, Q6, Q8, Q9, Q10 （計 5 問）	Q3, Q7, Q8, Q9 （計 4 問）	9問
(c) 判別がつかないもの	Q2 （計 1 問）	Q10 （計 1 問）	2問

仕事をしている人が映っている写真と写っていない写真が約半数ずつ使われています．また，職場の写真であっても，それを描写する英文は，職場特有の英語ではないので，このパートでは職業経験の有無による有利不利はありません．

パート2：　応答問題

問題形式：　初めに流れた英文に対する応答として適切なものを選ぶ

　このパートは，問題ごとに仕事との繋がりの度合いに差があります．仕事上でのやり取り，仕事に関係のないもの，どちらにもなり得るものの3種類に分類できます．表2は各問題の分類を示します．

表 2. パート 2 の応答の仕事との関連度合いによる分類（各テスト Q11〜Q40 の 30 問）

	Test 1	Test 2	合計
(a) 仕事でのやり取り	Q19, Q20, Q22, Q23, Q24, Q27, Q29, Q30, Q32, Q34, Q35, Q36, Q37, Q39 （計 14 問）	Q17, Q18, Q19, Q20, Q22, Q23, Q24, Q25, Q29, Q31, Q32, Q36, Q37, Q38, Q39, Q40 （計 16 問）	30 問
(b) 仕事に関係のないやり取り	Q11, Q12, Q13, Q14, Q15, Q16, Q21, Q26, Q31, Q33, Q40 （計 11 問）	Q11, Q12, Q14, Q15, Q21, Q30, Q34, （計 7 問）	18 問
(c) どちらにもなり得るもの	Q17, Q18, Q25, Q28, Q38 （5 問）	Q13, Q16, Q26, Q27, Q28, Q33, Q35 （7 問）	12 問

仕事上でのやり取りであることがはっきりわかるものが約半数で，残りは仕事以外またはどちらの状況でも使われるやり取りです．また，仕事上のやり取りであっても，専門性の度合いは問題ごとに異なります．

専門性が低い例

(3) Where's the company's research lab?
（会社の研究室はどこですか）
Close to the city center.（中心街の近くです）（Test 1 Q20）

専門性が高い例

(4) What did you decide about the marketing plan?
（マーケティング計画について，何を決めましたか）
We've hired a consultant to review it.
（それを精査するコンサルタントを雇いました）（Test 1 Q39）

(3) は場所を尋ねる単純なやり取りなので，高校生でも問題ありません．しかし，(4) は，コンサルタントはマーケティング計画を精査するという知識がないと戸惑うのではないでしょうか．このように高校生には分かりにくそうな問題は，あと 5 問含まれていました．模擬テスト 2 セットの 60 問中，6 問なの

で，割合は 10% です．

パート 3： 会話問題
問題形式： 会話を聞いて設問に答える

1 回のテストで「会話＋問題 3 問」が 10 セット出題されます．会話が行われている場面は，両者にとっての職場（例：オフィスでの同僚同士の会話）または一方の話者にとっての職場（例：レストランでのウエイターと客の会話）です．表 3 は各会話がどちらに属すか示します．

表 3. パート 3 の会話の分類（各テスト Q41〜70 の 30 問，会話 1 に対して問題 3）

	Test 1	Test 2	合計
(a) 両者にとっての職場	Q50-52（社内イベント） Q56-58（ラジオ番組） Q59-61（契約書について） Q62-64（オフィスの改装） Q68-70（不動産会社） （計 5 セット 15 問）	Q47-49（研修生の計画） Q56-58（出版物の作成） Q59-61（工場の効率改善） Q62-64（仕事の依頼） Q65-67（建築計画） Q68-70（出演者の募集方法） （計 6 セット 18 問）	11 セット 33 問
(b) 片方にとっての職場	Q41-43（駅の切符売り場） Q44-46（劇場） Q47-49（書店） Q53-55（ホテル） Q65-67（ギャラリー） （計 5 セット 15 問）	Q41-43（注文の確認） Q44-46（アパートの不具合） Q50-52（メガネ店） Q53-55（航空会社） （計 4 セット 12 問）	9 セット 27 問

20 個の会話のうち，話者の両方が仕事をしている設定の会話が 11 個，どちらか一方が仕事をしている設定の会話が 9 個ありました．後者は職業経験がなくてもサービスの受け手として関わることができる場面なので，高校生でも状況把握は難しくありません．また，両者が仕事をしている会話であっても，必ずしも高校生にとって状況把握が難しいわけではありません．上の表中の 11 個の会話のうち，7 つは高校生でも理解しやすい内容になっています．高校生にとって内容把握が難しい会話は 20 個中 4 個なので，割合は 20% です（問題数換算では 60 問中 12 問）．

パート4: 説明文問題

問題形式: トーク[4]を聞いて設問に答える

1回のテストで「トーク＋問題3問」が10セット出題されます．このパートで使われるトークには職場に関係するものとそうではないものがあります．表4はその内訳を表します．

表4. パート4のトークの分類（各テストQ71～100の30問，トーク1つに対して問題3）

	Test 1	Test 2	合計
(a) 職場関連のもの	Q89-91（社員研修の告知） Q98-100（夕食会に関する伝達事項） （計2セット6問）	Q71-73（造園業者への依頼） Q80-82（社内パーティーのための注文品の確認） Q89-91（工場での伝達） （計3セット9問）	5セット 15問
(b) 職場関連でないもの	Q71-73（ラジオニュース） Q74-76（ラジオ広告） Q77-79（コンテストの告知） Q80-82（交通情報） Q83-85（ラジオ広告） Q86-88（演劇学校の自動再生メッセージ） Q92-94（管理人から住人への留守電メッセージ） Q95-97（講習会の冒頭挨拶） （計8セット24問）	Q74-76（レストランの自動再生メッセージ） Q77-79（ラジオニュース） Q83-85（ラジオ広告） Q86-88（パソコン修理に関する伝達） Q92-94（講習会の冒頭挨拶） Q95-97（ガイド付きツアー） Q98-100（ラジオニュース） （計7セット21問）	15セット 45問

2セットの模擬問題中に収録されている20個のトークのうち，職場関連のものは5つです．その内，Test 1 Q98-100はディナーパーティーに関する伝達事項の留守電メッセージで，内容的には会場や駐車場に関するものなので，職

---

[4]「音声による案内」「留守番電話のメッセージ」「ラジオ放送」「場内放送」「講演の一部」などを総称して「トーク」とします．

業経験によって内容理解に差が出るようなことはありません．同様にTest 2 Q71-73（ホテルのオーナーが造園業者に仕事の依頼をする留守電メッセージ）とTest 2 Q80-82（社内パーティー用に注文されたケーキに関する確認の留守電メッセージ）は，業務上の依頼や注文なので「職場関連」に分類しましたが，同じような依頼や注文は家庭からもすることができます．よって，高校生にとって内容理解が難しいと思われるのはTest 1 Q89-91（勤務時間を記録する新しいソフトの使い方を説明する研修のお知らせ）とTest 2 Q89-91（衣料品工場で働く従業員に向けた特別注文品に関するお知らせ）のみです．20個中2個なので，割合は10%です（問題数換算では60問中，6問）．

パート5： 短文穴埋め問題
問題形式： 一文に含まれる空欄を埋めるのに適切な選択肢を選ぶ

　パート5からはリーディングです．フォーマルな書き言葉が使われ，また内容的にもビジネス関連のものが多く，高校生にとって難しいと思われる問題の割合がリスニングより多くなります．しかし，内容把握が難しい文が使われていても，問題を解くという観点から見るとそれほど難しくない場合もあります．例えば次のような問題です．

(5)　Associates who are traveling to Pusan for the sales conference will have to make ___ own travel arrangement
　(A)　themselves
　(B)　they
　(C)　them
　(D)　their

(Test 1 Q104)

問題文中に"Associates"（社員）や"sales conference"（営業会議）のような高校生には馴染の薄い語彙が使われているので，文の内容を把握するのは難しいかもしれません．しかし，解答のポイントは，空欄の後ろのown travel arrangementとの関係を考えて，(D) theirを選ぶというものです．このように文意を把握しなくても，解法のポイントを知っていれば解ける問題もあります．パート5の問題を文意把握が容易かどうか，またそれが解答に影響するかどうかに注目して，3種類に分けたものを表5に示します．

表5. パート5の問題の分類（各テスト Q101～140 の40問）

	Test 1	Test 2	合計
(a) 文意の把握が容易	Q101, Q108, Q112, Q114, Q120, Q121, Q123, Q124, Q127, Q130, Q132, Q133, Q134, Q135, Q137, Q138, Q139 (計17問)	Q101, Q102, Q103, Q106, Q108, Q109, Q111, Q112, Q113, Q116, Q118, Q120, Q121, Q124, Q129, Q132, Q133, Q134 (計18問)	35問
(b) 文意の把握は難しいが，解答に影響しない	Q102, Q103, Q104, Q105, Q106, Q107, Q109, Q110, Q111, Q118, Q119, Q125, Q128, Q136 (計14問)	Q104, Q105, Q107, Q110, Q117, Q119, Q122, Q126, Q127, Q128, Q131 (計11問)	25問
(c) 文意の把握が難しいことが解答に影響する	Q113, Q115, Q116, Q117, Q122, Q126, Q129, Q131, Q140 (計9問)	Q114, Q115, Q123, Q125, Q130, Q135, Q136, Q137, Q138, Q139, Q140 (計11問)	20問

模擬問題2セットに収録されている80問中，(c)は高校生にとって難しい問題で，合計20問あり，その割合は25%になります．ただし，(b)の「文意の把握は難しいが，解答に影響しない」というのは解法のポイントを知っていることが前提です．解答のポイントを知らないと文の内容に戸惑い，たとえ問われているポイントが自分の知っている文法事項であったとしても正解を得られない可能性があります．よって，(b)に分類された問題であっても，受験者の解法に対する知識の程度によっては，文意把握の難しさが解答に影響することも考えられます．

パート6： 長文穴埋め問題

問題形式： 文書中の空欄を埋めるのに適切な語句を選ぶ

　パート5と同じく穴埋め問題で，文法力と語彙力が試されます．パート5と同じ基準で3種類に分けると表6のようになります．

表6. パート6の問題の分類 (各テスト Q141〜152 の 12 問)

	Test 1	Test 2	合計
(a) 文意の把握が容易	Q141, Q142, Q143, Q144, Q145, Q146 (計6問)	Q141, Q142, Q143, Q147, Q148, Q149, Q150, Q151, Q152 (計9問)	15問
(b) 文意の把握は難しいが,解答に影響しない	Q147, Q149, Q150, Q151 (計4問)	Q145, Q146 (計2問)	6問
(c) 文意の把握が難しいことが解答に影響する	Q148, Q152 (計2問)	Q144 (計1問)	3問

(c) は高校生にとって難しい問題で合計3問あり,割合は12.5% になります.

パート7: 読解問題

問題形式:文書を読み,設問に答える[5]

このパートでは,読解の題材として,お知らせ,スケジュール,広告,手紙,メール,記事,社内文書などが用いられます.それぞれの文書を仕事で読むものかどうかという基準で分類すると,表7のようになります.

表7. パート7で使われる文書の分類 (各テスト Q153〜200 の 48 問)

	Test 1	Test 2	合計
(a) 仕事で読む文書	Q155-157 (展示会のスケジュール) Q172-175 (事業者宛のお知らせ) Q181-185 (会社の教育補助制度に関するメール2通) Q185-190 (スタッフへの通達)[*1] Q191-196 (講座参加者から	Q155-156 (仕事用メールの受信箱) Q157-158 (電話のメモ) Q165-167 (業務上のメール) Q172-175 (学会のお知らせ) Q181-185 (出張に関するメールと社内通達)	11セット 43問

---

[5] 48問中,後半の20問は2つの文書がセットになったダブルパッセージ問題です.

	のメール)*1 Q196-200 (仕事に関するメール)*1 (計 4.5 セット 19.5 問)	Q186-190 (社内通達と商品リスト) Q191-195 (インタビュー依頼のメール)*1 (計 6.5 セット 23.5 問)	
(b) 仕事以外で読む文書	Q153-154 (オンライン販売のページ) Q158-160 (楽器店の広告) Q161-162 (会計事務所の広告) Q163-165 (商品サンプル送付に関するメール) Q166-167 (記事) Q168-171 (パッケージツアーの旅程) Q176-180 (記事) Q185-190 (イベントに関する記事)*1 Q191-196 (美術講座の宣伝)*1 Q196-200 (研修に関する記事)*1 (計 8.5 セット 28.5 問)	Q153-154 (レストランの割引クーポン) Q159-161 (オンライン調査票) Q162-164 (記事) Q168-171 (料理コンテストの募集要項)*2 Q176-180 (観光案内) Q191-195 (記事)*1 Q196-200 (写真コンテストの募集要項と受賞を知らせるメール)*2 (計 6.5 セット 24.5 問)	15 セット 53 問

*1 ダブルパッセージ問題で片方の文書は (a), もう一方は (b) に分類されるもの. 両カテゴリーに 0.5 セット 2.5 問ずつ割り振った.

*2 料理コンテストと写真コンテストはそれぞれプロの料理人, 写真家を対象としているので, 仕事関係ではあるが, 直接業務の遂行と関わっておらず, またアマチュア対象のコンテストと募集要項の内容に差はないので, (b) に含めた.

読解問題では, 背景知識の有無が内容理解に大きくかかわるので, 「仕事で読む文書」は職業経験のない高校生にとって難しいと見なします. ダブルパッセージのペアになっている文書のうち, 片方が (a), もう一方が (b) に属するセットは, (a) と (b) の両方に 0.5 セット 2.5 問ずつ加算しました. 13 セット 48 問中, Test 1 では, 4.5 セット 19.5 問, Test 2 では 6.5 セット 23.5 問が (a) の「仕事で読む文書を使った問題」に分類されます. 合計すると 26 セット中, 11 セットで割合は約 42% です. また, 問題数では 96 問中, 43 問がこ

のカテゴリーに入り，割合は約45%になります．

『TOEICテスト新公式問題集Vol. 5』に収録されている模擬問題400問中，職業経験のない高校生には難しいであろう問題の数をパート別にまとめると表8のようになります．

表8．高校生には難しいと思われる問題の数（カッコ内は各パートの総問題数）

パート1	パート2	パート3	パート4	パート5	パート6	パート7	合計
0 (20)	6 (60)	12 (60)	6 (60)	20 (80)	3 (24)	43 (96)	90 (400)

全体で400問中，90問が高校生には内容把握の面で難しいと思われる問題で，割合は22.5%です．

4. TOEICの語彙レベル

本節では使用語彙の面からTOEICで使われている英語の専門性について検証します．英語では使用頻度上位2000語が特に頻繁に使われ，British National Corpus (BNC) の1億語中，上位2000語に固有名詞と間投詞を合わせると約90%のカバー率になります（Nation 2013）．高頻度語は様々な状況で用いられる一般的な語で，低頻度語は，ある分野に特化した専門性の高い語と見ることができます．

TOEICの語彙レベルを調べるために，ETS作成の模擬問題集に収録されている問題をデジタル化し，TOEICコーパスを作りました．使用した模擬問題集は以下の4冊です．

『TOEICテスト新公式問題集』
『TOEICテスト新公式問題集 Vol. 2』
『TOEICテスト新公式問題集 Vol. 3』
『TOEICテスト新公式問題集 Vol. 4』

この4冊でテスト8回分の分量になります．TOEICコーパスでは，パートごとの指示文，問題ごとに繰り返される導入部分（例：Questions 41 through 43 refer to the following conversation.），問題番号，選択肢記号，ページの変わり目にある "Go on to the next page" などは省きました．模擬テスト8回分のリスニング音声のスクリプト，リスニングの問題と選択肢，リーディングの

問題文，問題，選択肢の総語数は 78,291 語になりました．このコーパスを語彙分析ソフトの Range (Heatly, Nation and Coxhead 2002) で分析しました．Range は BNC 中の使用頻度順に 1000 語 (word family) ずつまとめたリストと共に用いると，1000 語の頻度帯ごとのカバー率を算出できます．TOEIC コーパスの分析結果と BNC のカバー率を比較すると表9のようになります．

表9．TOEIC コーパスと BNC の頻度帯カバー率

頻度帯[*1]	TOEIC コーパス		BNC[*2]	
	頻度帯ごとのカバー率	累積カバー率[*3]	頻度帯ごとのカバー率	累積カバー率[*3]
1st 1000	80.64	83.97	77.96	81.14
2nd 1000	9.10	93.07	8.10	89.24
3rd 1000	2.32	95.39	4.36	93.60
4th 1000	1.97	97.36	1.77	95.37
5th 1000	0.91	98.27	1.04	96.41
固有名詞	3.29		2.57	
間投詞	0.04		0.31	
複合語			0.30	

 *1 「1st 1000」は BNC 中の使用頻度1位～1000位の word family，「2nd 1000」は使用頻度1001位～2000位の word family，以下同様
 *2 BNC の値は Nation (2013) からの引用 (p. 21)
 *3 「累積カバー率」は固有名詞，間投詞 (uh, oh, ah など)，複合語を含む値

BNC は書き言葉に偏っている（書き言葉9割，話し言葉1割）という面はありますが，1億語の大きなコーパスなので，ネイティブスピーカーの語彙使用の平均的なサンプルと見なすことができ，語彙レベルを判定する基準として使われています．表9から，TOEIC コーパスは BNC に比べて 1000 語レベルと 2000 語レベルの割合が高いことが分かります．また，3000 語レベルでカバー率 95% を，5000 語レベルで 98% を超えていることから，専門性の高い低頻度語が少なく，主に汎用性の高い高頻度語で構成されていると言えます．ETS (2013) は TOEIC では「専門的な語彙を理解することは求められていない」と述べていますが，それはこのコーパスデータにも表れています．

5. 2技能型試験と4技能型試験

TOEICはスピーキングとライティングがないので，総合的な英語力を評価できないという批判があります．また，TOEICを目指して学習するとリスニングとリーディングに偏り，スピーキングとライティングがおろそかになってしまうので，英語の4技能をバランスよく伸ばすためには，TOEFL iBTやIELTSなどの4技能型の試験を目指したほうがいいという意見もよく耳にします．文部科学省が設置した「英語教育の在り方に関する有識者会議」でも大学入試における4技能型英語能力試験の活用が強く推奨されて（文部科学省，2014a），同会議の答申を受けて2014年11月に設置された「英語力評価及び入学者選抜における英語の資格・検定試験の活用促進に関する連絡協議会」においても4技能型試験の活用が主な協議事項となっています．本節では，TOEICなどの2技能型試験とIELTSやTOEFL iBTなどの4技能型試験を高校生が受けることを想定して比較します．

5.1. TOEICでスピーキング能力は測れるか

「TOEICのスコアは高いのに英語がしゃべれない」という人がいますが，TOEICスコアと英語のスピーキング能力の間に相関性はないのでしょうか．それを検証するため，181人の学生にリスニングとリーディングから成る通常のTOEICと2006年から始まったコンピューター式のTOEICスピーキングテストを受けてもらい，スコアを比較しました．すると，2つのテスト間の相関係数は0.49でした．この値は統計的に有意な相関があることを示していますが，決して高い数値ではありません．つまり，TOEICスコアとスピーキング能力は全く関係がないわけではありませんが，TOEICスコアからスピーキング能力を推し測るのは限界があります．よって，スピーキング力を正しく把握するためにはスピーキングテストが必要です．

5.2. 4技能型英語テスト導入による影響

4技能型試験を目指して学習をすると，必然的にスピーキングとライティングの練習に取り組むことになるので，スピーキング力とライティング力の向上が期待できます．ただし，生産的スキルであるスピーキング力とライティング力を伸ばすことは，受容的スキルであるリスニング力とリーディング力を伸ばすよりも負荷が高く，より多くの時間と努力を要します．例えば基本的な英文を読んで理解できない生徒がそのレベルの英文を自分で書くことは不可能で

す．また，現在一般的に行われている多人数一斉授業ではスピーキングやライティングの指導をするのは難しく，更に日本人の英語教員の中には自分の生産的スキルに自信がないという人もいます．そのような状況を考えると，最終的な目標は，英語の4技能をバランスよく習得することであっても，初級段階においてはリスニングとリーディングを中心とした学習で良いのではないでしょうか．英語学習の初期段階においては，リーディングとリスニングのインプットを通して英語力が付いてきているにも関わらず，生産的スキルの発現には至らないサイレンス・ピリオドがあるとも言われています（Foppoli 2014）．英語力が高い生徒には，スピーキングとライティングの練習を積極的にやらせるべきですが，英語が苦手な生徒や基礎が固まっていない生徒には別のアプローチが必要でしょう．そのような生徒は受容的スキルを測る選択式問題なら何とか答えられても，生産的スキルを測るテストはハードルが高すぎます．

5.3. 経済的側面

高校生の英語能力試験の受験を考える際，経済的な側面も無視できません．経済的側面には，試験の受験料と試験を目指す学習の過程でかかる費用があります．まず，受験料ですが，大学入試で活用される可能性がある主な試験について，表10にまとめました．

表10. 主な英語能力試験の受験料[*1]

試験	料金	測定する技能[*2]
IELTS	25,380 円	L, R, S, W
TOEFL iBT	230 米ドル（約 27,000 円）	L, R, S, W
TEAP 4 技能	15,000 円	L, R, S, W
TEAP 3 技能	10,000 円	L, R, W
TEAP 2 技能	6,000 円	L, R
GTEC CBT	9,720 円	L, R, S, W
GTEC for Students[*3]	3,000 円	L, R, W
TOEIC	5,725 円	L, R
TOEIC SW	10,260 円	S, W
TOEIC Bridge	4,320 円	L, R
TOEFL Junior	4,320 円	L, R

試験	料金	測定する技能[*2]
TOEFL Junior Comprehensive	9,500 円	L, R, S, W
英検準 1 級	6,900 円	L, R, S, W
英検 2 級	5,000 円	L, R, S
英検準 2 級	4,500 円	L, R, S
iTEP SLATE	11,000 円	L, R, S, W

*1　2015 年 2 月の料金（税込）
*2　L: リスニング，R: リーディング，S: スピーキング，W: ライティング
*3　団体受験のみ

　スピーキングとライティングの採点は手間がかかるので，4 技能型試験の受験料は 2 技能型の試験より高くなります．受験料が高すぎると，家庭の経済状況によっては受験できない生徒も出てきてしまうのではないでしょうか．

　また，高額な受験料を払って 4 技能型の試験を受けたとしても，英語力の低い生徒は，スピーキングでほとんど話せない，ライティングでほとんど書けないということになり，せっかくの受験料が無駄になってしまいます．英語が得意な生徒は 4 技能型を受ける価値がありますが，スピーキング力とライティング力が低い生徒は，2 技能型で十分ではないでしょうか．

　次に，試験準備にかかる費用ですが，4 技能型試験を目指した学習は費用がかさむという面があります．リスニングとリーディングは本や CD があれば自分ひとりでも練習ができるので金銭的負担は大きくありませんが，生産的スキルを鍛えるためには相手が必要です．例えばスピーキングの練習には話す相手が必要ですし，ライティングの練習には書いたものを添削してくれる人がいた方が効果的です．また，経済的に恵まれている生徒はネイティブスピーカーから個人指導を受けたり，海外留学に行ったりすることもできるでしょう．このようなことが原因で経済格差が教育格差につながるのは好ましくありません．

6. まとめ

　TOEIC で使われる英語は，専門性が低いため，ビジネス英語ではなく，職場での一般英語と呼んだ方が相応しいと言えるでしょう．実際のテストには職場との関係がない一般英語も多く含まれます．しかし，職業経験がないと状況

把握が難しく，問題を解く際に不利になる可能性がある問題も約4分の1含まれています．語彙の面では高校生に馴染の薄いビジネス関連の語句もある程度含まれますが，全体的には専門性の低い一般的な語で構成されています．試される技能に関しては，スピーキングとライティングがないので，英語力を総合的に評価できないという短所がある反面，受容的スキルを選択式問題で測る負荷の低い試験なので，生産的スキルが使えるレベルに達していない初級者でも答えられるという長所もあります．さらに4技能型試験より受験料が低く，試されるスキルがリスニングとリーディングだけなので試験準備も容易です．このような点を考慮すると，高校生が受ける英語能力試験として，理想的とは言えないまでも，妥当なテストだと言えるのではないでしょうか．

TOEICは我が国における英語力の共通指標になりつつあり，広く認知されています．高校で受け始めて，大学，社会人と継続すればTOEICスコアが英語力の進歩を示す軌跡となり，生涯を通して自らの英語力の向上の記録・指針にできるでしょう．それは英語の学習を継続する上で，モチベーションの向上に役立ちます．このような生涯学習の観点からも高校からTOEICを受け始めることにはそれなりの意義があると思います．

本稿はJSPS科学研究費補助金（基盤研究(C)）課題番号25370727「TOEIC(R)スコアの分析に基づくスピーキング能力向上に関する研究」（研究代表者：神崎正哉）による研究の成果を含みます．

参照文献

Educational Testing Service. (2013) *TOEIC user guide*. Princeton: Educational Testing Service. http://www.ets.org/Media/Tests/Test_of_English_for_International_Communication/TOEIC_User_Gd.pdf

Ellis, M. and Johnson, C. (1994) *Teaching Business English*. Oxford: Oxford University Press. http://www.eslbase.com/articles/acquisition

Foppoli, J. (2014, August) *The silence period of second language acquisition* [Web page]. http://www.eslbase.com/articles/acquisition

Heatly, A., Nation, I. S. P. and Coxhead, A. (2002) *Range* [Computer software]. http://www.victoria.ac.nz/lals/staff/paul-nation.aspx

Nation, I. S. P. (2013) *Learning Vocabulary in Another Language, second edition*. Cambridge: Cambridge University Press.

資料

国際ビジネスコミュニケーション協会（2006）『TOEIC テスト新公式問題集』国際ビジネスコミュニケーション協会．

国際ビジネスコミュニケーション協会（2007）『TOEIC テスト新公式問題集 Vol. 2』国際ビジネスコミュニケーション協会．

国際ビジネスコミュニケーション協会（2008）『TOEIC テスト新公式問題集 Vol. 3』国際ビジネスコミュニケーション協会．

国際ビジネスコミュニケーション協会（2009）『TOEIC テスト新公式問題集 Vol. 4』国際ビジネスコミュニケーション協会．

国際ビジネスコミュニケーション協会（2012）『TOEIC テスト新公式問題集 Vol. 5』国際ビジネスコミュニケーション協会．

国際ビジネスコミュニケーション協会（2013）「上場企業における英語活用実態調査」（報告書）http://www.toeic.or.jp/library/toeic_data/toeic /pdf/data/katsuyo_2013.pdf

国際ビジネスコミュニケーション協会 (2014a)「TOEIC® プログラム DATA & ANALYSIS 2013：2013 年度受験者数と平均スコア」（報告書）http://www.toeic.or.jp/library/toeic_data/toeic/pdf/data/DAA. pdf

国際ビジネスコミュニケーション協会（2014b）「TOEIC® テスト受験者数の推移」（報告書）http://www.toeic.or.jp/library/toeic_data/toeic/pdf/about/transition.pdf

文部科学省（2014a）「英語教育の在り方に関する有識者会議英語力の評価及び入試における外部試験活用に関する小委員会審議のまとめ」（報告書）http://www.mext.go.jp/component/b_menu/shingi/toushin/__icsFiles/afieldfile/2014/08/20/1351000_01.pdf

文部科学省（2014b）「英語力評価及び入学者選抜における英語資格・検定試験の活用促進に関する連絡協議会の設置について」（報告書）http://www.mext.go.jp/b_menu/shingi/chousa/shotou/106/houkoku/1353573.htm

日本英語検定協会（2014）「英検 2013 年度受験状況（級別）」（報告書）http://www.eiken.or.jp/eiken/merit/situation/pdf/grade_2013_03.pdf

第 16 章

TOEFL® テストと大学英語教育

松本　マスミ

近年，グローバル化にふさわしい人材を育てるため，英語の外部試験として TOEFL テストが注目を浴びています．本稿では，TOEFL を議論する際には，TOEFL の種類，TOEFL の利用目的，教育課程のレベルを念頭に置くことが必要であるという観点に立ち，大学が TOEFL を導入する場合は，どの活用方法がその大学の目的にかなっているかを考慮することによって，効果的な英語教育を行うことができることを論じます．TOEFL 導入の目的とその目的に対して有効な各 TOEFL テストにふさわしい学習方法を教員側と学生側の双方が積極的に認識して実践することによって，より大きな成果をあげることが期待できます．

キーワード： TOEFL iBT, TOEFL ITP, 外部試験, 英語コミュニケーション能力, グローバル人材

1. はじめに

　近年，わが国では，英語教育についての話題がマスコミを賑わしています．大学における英語教育においても，成果を数字として出しやすいということで大学執行部が積極的に改革に乗り出し，グローバルな人材が必要であるとして産業界がその改革に積極的に提言を行っています．
　さらに，英語資格・検定試験としては，これまでは企業の就職に有利ということで TOEIC が主に推奨されていましたが，最近は，アメリカを初めとする英語圏の大学・大学院への留学のための試験として見られてきた TOEFL (Test of English as a Foreign Language) が，日本の英語教育の中に組み込まれようとしています．
　2003 年に発表された文部科学省（文科省）の「『英語が使える日本人』の育成のための行動計画」では，TOEFL 550 点以上というのが，英語教員に求められるスコアとして取り上げられました．一方，2013 年 4 月に自民党教育再

生実行本部がTOEFLのスコアを大学の卒業要件に含めた「成長戦略に資するグローバル人材育成部会提言」を提出し，同じく2013年4月に経済同友会がTOEFLの大学の一般入試への導入案を発表し，2013年5月に上記の自民党の提言を修正した政府による「これからの大学教育等の在り方について（第三次提言）」が提出されました．

そして，2015年度国家公務員試験からTOEFLを含む外部試験が活用されることになりました．さらに，文科省の英語教育の在り方に関する有識者会議により平成26年9月に提出された「今後の英語教育の改善・充実方策について　報告」では，改革の一つとして，入学試験に資格・検定試験の活用を促進するために，協議会を設置することが提言されました．それを受けて，平成26年11月に英語力評価及び入学者選抜における英語の資格・検定試験の活用促進に関する連絡協議会が設置されました．

このような状況において，国立大学においても全学レベルでTOEFLを何らかの形で利用する動きが見られます．横浜国立大学が2001年度から全学の英語の授業でTOEFL ITPを課すようになり，筆者の勤務する大学でも，2007年度から全学の英語の授業でTOEFL ITPのスコアを素点とする統一評価の授業を始めました．[1] さらに，2014年度からは，京都大学でも入学直後に全学学生にTOEFL ITPを受験させるようになりました．

一方，大学入試でTOEFLを利用するという提案がありましたが，公立高校におけるTOEFLの導入も見られるようになりました．大阪府では，TOEFLiBTのスコアによる高校の特別予算の配分を初めとして，「「使える英語プロジェクト事業」TOEFL iBTチャレンジ支援事業」を立ち上げています．また，横浜市でも，市立高校8校の2年生全員にTOEFL ITPを課すことになりました．

このように様々な場面においてTOEFLが議論されていますが，全体をながめると，TOEFLと英語教育について議論する際に，次の3つの項目から整理する必要があると思われます．

(1) a. TOEFLの種類—TOEFL iBTかTOEFL ITPか
　　b. TOEFLを利用する目的
　　c. 教育課程のレベル—大学か高校か

本稿では，大学におけるTOEFLについてこの3つの項目を念頭に置いて議

---

[1] 以下の第4節で，その取り組みを紹介します．

論を進めたいと思います．第2節ではTOEFLテストについて概観し，第3節では日本の大学におけるTOEFLの活用の可能性について考えます．第4節では，活用例の一つであるTOEFL対策の授業について考察，紹介し，第5節では，TOEFLを大学で導入する際の課題とその解決方法を探ります．さらに，第6節では，現在多くの大学で活用されているTOEFL ITPテストからよりグローバルな活用が可能なTOEFL iBTへの接続のヒントを提案します．

2.「TOEFL」とは

現在，日本で「TOEFL」という場合，ETSの正式なTOEFLテストと，団体向けの英語運用能力テストであるTOEFL ITPテストがあります．

TOEFLテストは，米国の大学・大学院に留学する英語を母語としない学生の英語コミュニケーション能力を測るために米国非営利教育団体であるETS (Educational Testing Service) によって開発され，1964年に初めて実施されました．最初はペーパーテスト (PBT) でしたが，その後，1998年にコンピュータによるTOEFL CBTが開始され，2005年にはインターネットによるTOEFL iBT（インターネット版TOEFLテスト）が開始され，現在，日本での正式なTOEFLはiBTのみとなっています．

TOEFL iBTは，『TOEFL iBT受験案内（日本語版）』によると，次のような特長があります．

(2) a. テストセンターで1人1台コンピュータが割り当てられ，コンピュータ上で受験
b. 全セクションでメモをとること (Note-taking) が可能
c. Integrated Task（同時に複数の技能を測定する問題）がSpeaking・Writingセクションで出題

セクションの構成はReading (60〜80分)，Listening (60〜90分)，Speaking (20分)，Writing (50分) の4つのセクションから成り，試験時間は4〜4.5時間です．各セクションのスコアは，0〜30点で，総合点は0〜120点です．

一方，TOEFL ITP（団体向けTOEFLテスト）は，TOEFL PBTの過去問を利用した問題で，PBTと同じようにListening（約35分），Structure and Written Expression (25分)，Reading (55分) の3つのセクションからなっ

ています。[2] 各セクションとも 0 ～ 67 または 68 点で，総合点は 310 点～ 677 点です．TOEFL ITP は，次のような特長があります．

(3) a. マークシートによる解答用紙を用いた選択問題
b. Listening はスピーカーを用いる
c. メモを取ることができない
d. Speaking の問題がない

TOEFL iBT と TOEFL ITP の元となっている TOEFL PBT のスコア換算は，国際教育交換協議会（以下，CIEE）日本代表部のウェブサイトによると，次のようになります．[3]

(4)

iBT テスト	PBT
111-120	640-677
100-110	600-637
90-99	577-597
79-89	550-573
71-78	527-547
61-70	500-523
51-60	467-497
41-50	437-463
30-40	397-433

正規の留学で有効なのは TOEFL iBT ですが，便宜上，従来から使われていた PBT のスコアが用いられる場合が多く，学校のレベルにもよりますが，通常大学留学なら 500 ～ 550，大学院留学なら 550 ～ 600 といわれています．

---

[2] TOEFL ITP にはスコアが 310 ～ 677 点のレベル 1 とスコアが 0 ～ 500 点のレベル 2（いわゆる Pre-TOEFL テスト）がありますが，以下，本稿で TOEFL ITP という場合は，レベル 1 のことを指しています．
[3] CIEE 日本代表部はアメリカに本部をもつ非営利教育団体で，TOEFL テストの日本事務局です．TOEFL についての広報活動の他，TOEFL ITP テストの運営や実施などを行っています．

3. TOEFL の大学英語教育への活用

　本節では，TOEFL の大学の英語教育への活用の可能性について考えてみます．

　ETS が TOEFL iBT 受験準備用にウェブサイトで提供している *TOEFL Test Prep Planner*（以下，*Planner*）では，TOEFL について次のように述べています．

> (5) TOEFL iBT テストは，アカデミックな場面における効果的なコミュニケーションのために大切な英語の技能 (skills) を測定します．
>
> (*Planner*, p. 11（筆者訳））

(5) における「技能」というのは，Reading, Listening, Speaking, Writing の4技能のことです．従って，作成者側が考えている TOEFL iBT の役割は，アカデミックな場面における英語の4技能の測定ということになります．

　この4技能の測定あるいは測定結果を具体的にどのように大学で活用することができるかについて検討するために，CIEE のウェブサイトで掲載されている TOEFL ITP 活用法を見てみましょう．

(6) a. プレースメントテスト
　　b. 留学希望者の選抜試験
　　c. 英語力の測定
　　d. カリキュラムの効果測定
　　e. TOEFL テストの受験準備
　　f. 単位認定や成績評価
　　g. 英語学習の動機付け
　　h. 大学院入試
　　i. 英語教員や社員の研修

(6b) については選抜試験だけでなく，交換留学先が TOEFL iBT でなくても TOEFL ITP のスコアだけで留学を認める場合もあります．(6f) の場合，一般の英語授業だけでなく TOEFL 対策の授業もあります．最近は，(6f) との関係で，一部の大学では一定の TOEFL のスコアを満たさないと卒業できないというシステムが導入されています．(6h) については，大学院だけでなく学部においても，全学的ではないにしても一部ですでに AO 入試，推薦入試，留学生入試などの学部入試では活用されています．(6) は一般的な活用法です

ので，大学の場合，(6i) ではなく，英語教員採用や就職活動の準備とすればいいでしょうか．

以上を考慮して整理すると，まず，大学における利用が多い TOEFL ITP の活用方法は (7) の直接に英語教育と関係のある活用と (8) のそれ以外の活用に分けることができます．

(7) 大学での英語教育における活用 (TOEFL ITP)
    a. 英語力の測定
    b. 単位認定や成績評価（一般の英語授業／TOEFL 対策の授業）
    c. 卒業要件
    d. プレースメントテスト
    e. 英語学習の動機付け
    f. カリキュラムの効果測定
    g. TOEFL テストの受験準備

(8) 大学での英語教育以外における活用 (TOEFL ITP)
    a. 留学希望者の選抜試験
    b. 留学先からの要求
    c. 学部・大学院入試
    d. 英語教員採用や就職活動の準備

なお，(7g) の TOEFL テストというのは TOEFL iBT のことですが，授業だけでなく，希望者を対象とした特別講座とすることも可能です．

次に，TOEFL iBT について考えてみますと，TOEFL iBT は 225 ドル（2014 年 8 月現在）と高価であるため，大学の英語教育における活用は限られてきます．

(9) 大学での英語教育における活用 (TOEFL iBT)
    a. 英語力の測定
    b. 単位認定や成績評価（一般の英語授業／TOEFL 対策の授業）
    c. 英語学習の動機付け

一方，英語教育以外においては，逆に，TOEFL iBT は正式の TOEFL テストであるため，同じ (8) の活用であっても TOEFL ITP よりも有効な範囲が広くなります．また，学生の方も，自分で目的を設定する場合が多いので，学習に対しても積極的です．

すでに TOEFL を何らかの形で導入している大学はかなりありますが，こ

れから導入を計画するか，あるいは新しい利用方法を検討する場合，とりあえず TOEFL を導入するというのではなく，(7)〜(9) にあげた活用方法のどれがその大学の目的にかなっているかを考慮することによって，よりその大学にふさわしい効果的な英語教育を行うことができると思われます．

以下では，(7)〜(9) の活用方法の分類を念頭に話を進めます．第4節では，大学において TOEFL を直接英語教育に取り入れる選択である (7b)，(9b) のうち TOEFL 対策授業のメリットとその実践について考えます．第5節では，(7)，(9) で大学のカリキュラムに TOEFL を導入する際の問題点とその解決方法について論じます．第6節では，(7) により TOEFL ITP を受験した学生が (8) のために TOEFL iBT を受験する際の学習指導におけるヒントを紹介します．

4. TOEFL 対策授業

TOEFL を英語の授業に取り入れるメリットとしては，次の点をあげることができます．

(10) a. 国際的に認められている英語能力測定テストで，学生の英語の技能を測定することができる．
   b. スコアを用いることにより，担当者が異なる複数クラスにおける統一評価が容易に可能となる．
   c. 主に大学を対象としたアカデミックな場面における技能を測るテストであるので，授業における講義だけではなく，授業やその他の学生生活におけるコミュニケーションもトピックとして扱うことができる．
   d. TOEFL 試験を受験した場合，スコアを (8) のような授業以外の目的にも活用することができる．

TOEFL 対策の授業の内容としては，次の方法があります．

(11) a. TOEFL の問題を解くコツを解説する純粋な対策授業
   b. TOEFL 受験のために必要な根本的英語力をつける授業

実際は，学生側がわかりやすく楽な方を希望しますので，TOEFL の問題解答と解説が中心の授業になってしまう傾向があります．

教員と学生の妥協点として，(11a, b) の2つを組み合わせる方法が考えら

れます．授業ではTOEFLの問題を用いてスキルアップを行い，自習または他の授業で根本的な英語力をつけるための学習を行うというやり方です．もちろん，後者についても教員が積極的に指導を行います．もっとも，授業以外に課題に積極的に取り組ませるというのは，かなり難しいことでもあります．

以下では，(11a, b) を組み合わせたTOEFL対策授業の例として，筆者の勤務する大学における取り組みを紹介します．

大阪教育大学（以下，大教大）では，平成2007年度からTOEFL ITPのスコアを共通基礎科目（言語科目）「英語IIa」の成績評価に導入しました．英語IIaは，2年生対象の，半期2単位の授業です．

授業の初日に配布する「英語IIaについて」（2014年前期用）に記載されている到達目標は次の通りです．

(12) TOEFLテスト（米国などの大学において留学生に求められる英語力を測定するテスト）のための教材を中心に，TOEFL ITPテスト500点を目指して学習することにより，大学生としてふさわしい，実用的で教養と国際感覚を備えた英語コミュニケーション力を身につける．情報機器操作および情報機器を用いた語学学習に慣れ親しみ，自学自習の意欲を高める．TOEFL ITPテスト（団体受験向けペーパー版TOEFLテスト）を利用した統一期末試験により，自分の英語力の伸長を客観的に把握する．

このように，大教大では，TOEFL ITPが授業における統一教材と統一評価の両方に使われています．

まず，成績評価についてですが，スコアそのものだけではなく，出欠点と平常点も加えて，次のように計算されています．

(13) 成績 =「TOEFL ITP素点」+「出欠点」+「平常点」

なぜ平常点を加えることにしたかというと，授業態度などを加点しない状況では，授業運営が難しくなるのではという教員側の意見があったからです．

平常点を組み込むことの利点は，まず，学生が授業においてもきちんと学習しないといけないという意識をもつようになるということです．また，語彙などの小テストを行う際にそれを平常点に組み込むことができ，学生による学習の動機付けとなります．一方，難点は，TOEFLのスコアが直接成績と結びつかないために，目標とするスコアを設定して動機付けしにくいという点です．また，スコア票は生協で返却してもらいますが，受け取らないために自分のス

コアを知らない学生も少なくありません。[4]

次に，授業内容について説明します。「英語 IIa」では CALL システム用のTOEFL 対策用教材を統一教材とし，それ以外は担当教員が工夫をして授業をすることになっています。統一教材は当初は CALL 教室でしか使用できないため，水曜午後に CALL 教室を自習開放していましたが，現在は大学のホームページから利用できる TOEFL 対策教材も導入したため，今年度は自習開放を休止しています。

筆者が担当するクラスは，学期全体の授業を縦の糸，各回の 90 分の授業を横の糸として有機的な構成となっています。まず，縦の糸である学期全体の計画としては，次のような流れとなっています。

(14) ① オリエンテーション： 英語 IIa の授業と TOEFL ITP について理解する。
② TOEFL ITP ハーフテスト： TOEFL ITP についての理解と現時点での英語力を把握し，目標スコアを立てて，それに向けた学習計画を立てる。[5]
③ 語彙テスト（2 回）： TOEFL に必要な専門知識を中心とした語彙を身につける。
④ TOEFL ITP 模擬テスト： 現在の進捗状況を把握し，試験に備える。
⑤ TOEFL ITP 受験

次に，横の糸である毎回の授業の流れは次のようになっています。

(15) ① 専門用語の練習： 4 回の授業で学習した後，語彙テストを実施。
② CALL 教材： 各回の学習するセクションを教員が推薦しているが，学生が自由なペースで学習してよいことになっている。
③ スピーカーを使ったリスニングの実践問題： CALL でできないところを補う。
④ 家で時間を計って解いてきた Reading と Structure and Written Expression のプリントの自主的な答え合わせ。[6]

---

[4] 3 年生以上になって，就職にも活用できることを改めて就職セミナーなどで聞いて初めて，以前受けた TOEFL ITP のスコアをさがす学生もいます。
[5] 田中 (2013) および Planner (p. 6) を参考にしました。
[6] TOEFL では時間感覚を身につけることが必要なので，「必ず時間を計る」ように指導して

(14), (15) が示しているように, 授業のほとんどが (11a) の TOEFL 対策授業です. そこで, (11b) の一般的な英語学習については, ウェブ教材を使った自習を推奨し, 自習ポイントとして平常点に加えています.

5. TOEFL をカリキュラムに導入する際の問題点と解決法

本節では, TOEFL を大学の授業に取り入れる際の3つの問題点とその解決法について考察します.

5.1. コミュニケーション力の評価方法としての妥当性

5.1 節では, TOEFL を大学生の英語コミュニケーション力の測定として利用する際の3つの問題点について考えます. まず, TOEFL iBT と TOEFL ITP の両方の問題点としてよく指摘されるのは, TOEFL の語彙が留学用であるため, 一般の英語コミュニケーションに必要な語彙よりもレベルが高すぎるのではないかという点です.

Planner (p. 11) によると,「アカデミックな場面」における英語のスキルを測るとなっていますし, TOEFL の英語は大学の講義の英語というイメージが強いかもしれません. しかし,「アカデミックな場面」というのは, 専門用語だけでなく, 学生生活に必要な英語, 授業以外のふだんの会話なども頻繁に問題として使われています. また, 専門用語といっても, 頻出語彙を自然科学系の同僚に見てもらったところ,「基本的な語彙で, 専門の学生なら知っていて当たり前」とのことでした.

Planner (p. 22) では, Reading 問題の英文は,「専門やトピックの入門講義で使われるであろう大学レベルの教科書から抜き出したもの」と明記されています. TOEFL の語彙はとっつきにくい「専門用語」ではなく, これは米国の大学の授業で使用される英語や内容を大学生の教養として身につける機会だという発想の転換を学生に促してみてはどうでしょうか.

第2の問題点は, TOEFL ITP テストについてですが, Speaking のセクションがないという点です. 会話やプレゼンテーションが重要視されている現在の英語教育の現状から考えると, Speaking のセクションがないというのは, 英語コミュニケーション力を測定するテストとしては物足りなく感じられるかもしれません.

います.

しかし，Speakingというアウトプットを行うためにはReadingとListeningのインプットが重要ですので，Listeningの学習により，Speaking能力向上につながることが期待されます．またStructure and Written Expressionでテストされる文法力もコミュニケーションに必要な文法についてであり，TOEFL iBTのSpeakingの評価基準の中でも文法力は重視されているため，TOEFL ITPの各セクションにおいて，Speakingにつながる能力が測られていると言えます．

第3の問題点として，TOEFL ITPのListeningのPart Cはメモを取ることができないのに，たいへん長くて内容が覚えられないため，コミュニケーション能力を正しく測ることができないかもしれないという点が考えられるかもしれません．実際の講義ではメモを取ることができますから，Listening能力以外に記憶力が要求されるのではと思われるかもしれません．ただ，逆に，メモをとらないで，長い話を聞くことも実際の学生生活にありますので，英語を聞いて頭の中でイメージを作りあげる「頭の中でメモを取る」練習をふだんからこころがけることによって，長い英語を聞くことにも徐々に慣れることができます．

5.2. 学生への動機付け

英語学習には，学生の動機付けを欠かすことができません．以前，中津燎子著『何で英語やるの？』という本がありましたが，同じように「何でTOEFLやるの？」という問いを常に投げかけられます．特に，TOEFLには「留学」のイメージがつきまといます．また，「英語」「英文」「国際」以外の専門なのになぜTOEFLを受けるのかという疑問もあります．これらに対しては，第3節の(8)の活用法を示す，第4節の(10)であげたTOEFLを授業に導入するメリットを説明する，5.1節で述べた「発想の転換」を学生に促すなどの方法があると思います．そして，そのことが，学生が自然とグローバルな発想を身につけていくことにつながります．

TOEFL学習の動機付けが難しい理由の1つとして，教員と学生の間の取り組みおよび考え方のギャップがあります．教員側は，TOEFLのスコアを上げるためには，一夜漬けではだめで，ふだんの積み重ねが必要であることがわかっていますから，学生に日常的な英語学習を求めます．

しかし，一般の学生は他の授業で精一杯で，TOEFLや授業の全体像はどうでもよく，高校の英語の授業の時と同じように，試験前に単語を覚えたらいいと思っています．そのような学生だからこそ，TOEFL受験とそのための英語

学習の動機付けがより大切になると思われます．

5.3. TOEFL が難しすぎる学生

現在の大学では，さまざまな目的で大学に入学してくる学生がいます．中には，高校まであまり英語と向かい合ってこなかった学生もいます．残念ながらこのような学生は，試験中にねてしまったり，全問同じ記号にマークをつけたりしています．

このような学生に対しても TOEFL 受験を必修にするのであれば，授業中の工夫が必要です．リスニングは Part A の短い会話にしぼって，ゆっくりしたスピードで練習する，また，ルールブックを覚える感覚で，語彙を増やす練習をすることもできるかもしれません．

6. TOEFL ITP から TOEFL iBT への橋渡し

本節では，TOEFL ITP 対策を学習した学生に TOEFL iBT 対策を指導する際のヒントを紹介します．全学で実施しているのは TOEFL ITP であっても，大学がグローバル化を推し進めようと交換留学を推奨する場合，留学先の大学が TOEFL iBT の方のスコアを要求する場合が多いからです．

留学を希望する学生からよく尋ねられるのは，留学先から求められているのは TOEFL iBT のスコアであるが，TOEFL ITP も受験した方がいいだろうかという質問です．もちろん，所属している団体で受験機会が提供されていれば，受けた方がいいと答えます．第1の理由として，TOEFL ITP は TOEFL PBT の過去問ですし，TOEFL PBT と TOEFL iBT の間にはスコアに相関関係があります．第2の理由として，全てではないが両者には共通点があるという点です．どちらもアカデミックな場面における英語についての問題ですし，Reading と Listening にも問題形式が類似しているものがあるからです．

では，TOEFL ITP 対策の授業を受けて TOEFL ITP テストを受験した後に TOEFL iBT を受験する学生に対して，どのような指導をすればよいでしょうか．

まず，第2節で述べた TOEFL iBT と TOEFL ITP の特徴を表にして比較すると次のようになります．

(16)

	TOEFL iBT	TOEFL ITP
受験場所	テストセンター	主催団体
形態	インターネットを利用し PC で回答	マークシート
メモ	メモを取ることができる	メモ取り，書き込み不可
時間	約 4 時間	約 2 時間
科目	Reading, Listening, Speaking, Writing	Listening, Structure and Written Expression, Reading
問題形式	Integrated Task あり	Integrated Task なし

　さて，TOEFL ITP から TOEFL iBT への橋渡しについてですが，まず，本稿では紙幅の都合で詳しく述べることはできませんけれども，両者の共通点と相違点を整理して理解した上で指導することが必要です．

　以下では，TOEFL ITP を受験してから TOEFL iBT を受験する学生を指導する場合のヒントとして，TOEFL iBT の各 Section において，Section 名以外の技能――いわゆる「隠れた技能」――が測定されている 4 つの点を指摘して解説します．第 1 に，上述の Speaking Section と Writing Section の統合問題では，Reading と Listening の技能も組み込まれています．

　第 2 に，Speaking で，評価の基準の中に文法能力が組み込まれています．[7] ETS は，詳細な評価の基準を公表しており，それは，*Planner* でも紹介されています．*Planner* (p.16) によると，Speaking のスコアは「話しぶり (Delivery)」，「ことばの使い方 (Language Use)」，「話題の展開 (Topic Development)」の 3 つの特徴を踏まえて全体的に評価されます．そのうちの「ことばの使い方」の評価基準の中で，文法についての言及がされています．

(17)　ことばの使い方：自分の考えを伝えるために，受験者がどれだけ効果的に文法と語彙を使用するか．　　　　(*Planner*, p. 16（筆者訳）)

例えば，Speaking の Question 1 & 2 の「ことばの使い方」についての評価基準の欄に，次のような一節があります．

---

[7] 松本 (2011, p. 59) では，TOEFL iBT のヒント集である *TOEFL iBT Tips* を用いて，評価において言語構造の使用が言及されていることを指摘しています．

(18) 応答において文法と語彙が効果的に示されている．応答はかなりの程度で自動性があり，（ふさわしい形で）基本的かつ複雑な構造の使用がうまくコントロールできている． (*Planner*, p. 77（筆者訳））

TOEFL ITP では Section 2 として独立して扱われていた文法が，TOEFL iBT では，セクションとして独立はしていないものの Speaking の評価に組み込まれています．この事実は，TOEFL がコミュニケーションにおいて文法を軽視しているわけではないということを示していると言えるでしょう．また，TOEFL ITP では，文についての判断力が問われていますが，TOEFL iBT では実際に文法を駆使するアウトプットの能力が試されています．

第 3 に，TOEFL iBT では，文章 (passage) を組み立てたりまとめたりする技能が各セクションに組み込まれています．Reading Section の Reading to Learn の問題は文章の構成を理解しまとめる能力が試されています．また，Speaking Section においても，聞き取ったことを短い時間でまとめて話すという問題があります．

第 4 に，パラフレーズする，すなわちある表現を別の表現を用いて言い換える技能を試す問題が各セクションに組み込まれています．TOEFL iBT の Reading Section では，同義語や文のパラフレーズの問題があります．また，Writing Section の integrated question について，*Planner* では，次のような警告がされています．[8]

(19) かならずパラフレーズしなさい！TOEFL iBT テストでは，もし（問題の）英文から表現をコピーするとスコアは 0 点となります．
(*Planner*, p. 37（筆者訳））

第 3 と第 4 の技能については，TOEFL ITP でも試されていますが，TOEFL ITP 対策の授業を受けて，ある程度 TOEFL について知っている学生に対してこの 4 つの「隠れた技能」を念頭に指導することによって，TOEFL iBT の独自性を学生はより理解できるようになり，効果的な学習につなげることが期待できるでしょう．

---

[8] 松本 (2014) では，パラフレーズをすることの重要性が強調されています．

7. おわりに

本稿では，TOEFL と英語教育を議論する際に 3 つの項目を念頭におくことが必要であることを示し，大学の英語教育に TOEFL を導入する場合の問題点と解決方法を探りました．さらに，大学の英語授業で TOEFL ITP を学習した後，留学などで TOEFL iBT を受験する必要が出てきた場合の，効果的な学習のヒントを提案しました．

グローバル人材の育成の切り札として，大学における TOEFL の導入が急速に進んでいますが，どのような形で導入するにしても，その目的とそれに対して有効な学習方法を教員側と学生側の双方が積極的に認識して実践することによって，より効果的な成果をあげることができると思います．

ただし，第 1 節でふれたように，今後一層大学入試で TOEFL が活用される機会が増えることが予想され，高校時代の TOEFL 受験経験者をどのように扱うかということも考慮する必要が出てくるでしょう．

大学においては，受験勉強のしばりはなくなり，学生には自由に自分の将来を選択し，そのために TOEFL を学習し活用する可能性が開かれています．そのような学生の自主性を尊重しながら動機付けを行い，効果的な英語学習を助言し，グローバル社会への旅立ちの手助けをすることが，これからの英語教員としてのつとめであるといえるでしょう．

本稿は松本（2013c）の発表をベースとして，安部他（2008），安部・松本（2013），松本（2013a, b）で発表した内容の一部を最新化し，大幅に改訂したものです．貴重な資料を提供していただいた CIEE に感謝の意を表します．

参照文献

安部文司・谷口一美・西村隆・松本マスミ（2008）「CALL & Media Lab における TOEFL(R) を利用した共通英語教育の導入」『大阪教育大学英文学会誌』第 53 号, 1-25.

安部文司・松本マスミ（2013）「英語 IIa における TOEFL ITP® 受験の必修化」（ハンドアウト）『グローバル人材育成のための留学推進シンポジウム～求められる資質と語学力』於大阪教育大学天王寺キャンパス，2013 年 3 月 16 日.

松本マスミ（2011）「生成文法から英語教育へ，know how の世界に know why が果たす役割—文法理論を英語教育に活用する（1）—」『大阪教育大学紀要第 I 部門 人文科学』第 59 巻第 2 号, 45-61.

松本マスミ（2013a）「TOEFL ITP® テストとの 10 年間 その 1」*TOEFL Webmagazine* 2013 年 3 月 21 日号.

松本マスミ（2013b）「TOEFL ITP® テストとの 10 年間 その 2」*TOEFL Webmagazine* 2013 年 4 月 9 日号.

松本マスミ（2013c）「TOEFL テストと大学英語教育」（ハンドアウト）『英語教育ワークショップ at ブリティッシュヒルズ』於ブリティッシュヒルズ，2013 年 8 月 21 日.

松本マスミ（2014）「TOEFL iBT スキルアップセミナー in 大阪」（ハンドアウト）『TOEFL iBT スキルアップセミナー in 大阪』（国際教育交換協議会（CIEE）日本代表部／関西大学国際部共催）於関西大学千里山キャンパス，2014 年 5 月 17 日.

田中真紀子（2013）「TOEFL で高得点を取るための英語学習法」（ハンドアウト）於大阪教育大学柏原キャンパス，2013 年 11 月 27 日.

資料
ETS 資料：
TOEFL® iBT Tips, ETS.
TOEFL® Test Prep Planner, ETS.
『TOEFL iBT® 受験案内（日本語版）』ETS.

その他ウェブ資料：
文部科学省「『英語が使える日本人』の育成のための行動計画」
　　http://www.mext.go.jp/b_menu/shingi/chukyo/chukyo3/004/siryo/04031601/005.pdf（2014 年 8 月 31 日閲覧）
自由民主党教育再生実行本部「成長戦略に資するグローバル人材育成部会提言」
　　http://www.kantei.go.jp/jp/singi/kyouikusaisei/dai6/siryou5.pdf（2014 年 8 月 31 日閲覧）
経済同友会「実用的な英語力を問う大学入試の実現を〜初等・中等教育の英語教育改革との接続と国際標準化〜」
　　http://www.doyukai.or.jp/policyproposals/articles/2013/pdf/130422a_01.pdf（2014 年 8 月 31 日閲覧）
英語教育の在り方に関する有識者会議　英語力の評価及び入試における外部試験活用に関する小委員会
　　http://ww.mext.go.jp/b_menu/shingi/chousa/shotou/102/102_2/index.htm（2014 年 8 月 31 日閲覧）
英語力評価及び入学者選抜における英語の資格・検定試験の活用促進に関する連絡協議会（第 1 回）配付資料　http://www.mext.go.jp/b_menu/shingi/chousa/shotou/106/shiryo/1353870.htm（2014 年 12 月 22 日閲覧）
CIEE「TOEFL テスト日本事務局」
　　http://www.cieej.or.jp/toefl/（2014 年 8 月 31 日閲覧）

第 17 章

The Minimal English Test（最小英語テスト）の有用性

牧　秀樹

牧グループは，簡易型（時間短縮型）英語能力測定試験として，最小英語テスト（The Minimal English Test（MET））を開発しました．MET の所要時間は，5 分です．本章では，最小英語テストを用いたさまざまな調査結果を紹介し，その有用性を示します．具体的には，最小英語テストの得点は，日本における大学入試センター試験英語の得点と（強い）相関があり，また，他のアジア諸国で行われた別の英語能力測定試験の得点とも（強い）相関があることを示します．さらには，牧グループが開発した中学生向けのジュニア最小英語テスト（jMET）を用いた調査結果も示します．

キーワード：　英語能力測定試験，簡易型テスト，最小英語テスト，大学入試センター試験英語，テスティング

1.　はじめに

　本章では，牧ほか（2003）が開発した簡易型（時間短縮型）英語能力測定試験としての The Minimal English Test（MET）（最小英語テスト）を紹介し，その有用性を示します．

1.1.　The Minimal English Test (MET) の誕生

　第二言語習得調査のために，ターゲットとなる言語を調査するどの研究者も，基本データとして，被験者の英語能力を測定しておきたいと願っていると思います．そのために，第二言語としての英語の習得調査であれば，(1) に示すような，何らかの英語能力測定試験が必要となります．

　(1)　英語能力測定試験
　　　a.　TOEIC
　　　b.　TOEFL

第17章 The Minimal English Test（最小英語テスト）の有用性

  c. Paul Nation's Vocabulary Size Test
  d. 実用英語技能検定
  e. 大学入試センター試験英語

しかし，上記の試験は，最も短くても，30分以上かかり，長ければ，2時間かかってしまいます．そうなると，本調査の前に，被験者は，疲労を感じてしまい，本調査の結果に影響を与えかねません．さらに，研究者も，その英語能力測定試験の採点のために，疲労を感じます．このような背景をもとに，本調査の前に，疲労を感じないような，しかも，信頼性がある英語能力測定試験が求められていると思います．しかし，2003年までは，そのような英語能力測定試験は，存在しませんでした．

 このような背景の中で，牧ほか（2003）は，日本語教育において，Kobayashi et al. (1996) によって開発された The Simple Performance-Oriented Test (SPOT)（簡易型日本語運用能力測定試験）に注目しました．SPOT は，テープを聞きながら，空いている括弧の中に，ひらがなを一つ入れるだけの試験です．Maki et al. (1999) は，SPOT を参考に，独自に，(2) に示すように，The Minimal Japanese Test (MJT)（最小日本語テスト）を作成しました．

 (2) The Minimal Japanese Test (MJT)

> テープを聞きながら，空いている括弧の中に，ひらがなを一つ入れて下さい．
> 1. （ ）の人は，町田さんです．
> 2. これは，だれ（ ）セーターですか？
> 3. 図書館は，（ ）そこです．
> 4. （ ）こで昼ごはんを食べますか？
> 5. その大学は，あまり有名（ ）ゃありません．
> …

MJT には，空所が46 あります．Maki et al. (1999) は，被験者40 名に，日本語能力試験3級の過去問題を実施し，その得点と，MJT の得点の相関を測定しました．その結果は，(3) に示されます．本章における全ての相関分析における p 値は，$p < .05$ に設定しました．

 (3) 日本語能力試験3級の得点と MJT の得点の相関
   被験者数 = 40

相関係数 = .87
$p < .05$

本章では，相関係数の解釈に関して，柳井 (1998) に従うことにします．柳井 (1998) は，相関係数とその性質について，(4) の対応を仮定しています．

(4) 相関係数とその性質

相関係数	性質
$.0 \leq r \leq |.2|$	ほとんど相関がない
$|.2| \leq r \leq |.4|$	やや相関がある
$|.4| \leq r \leq |.7|$	相関がある
$|.7| \leq r \leq |.9|$	強い相関がある
$|.9| \leq r \leq |1.0|$	極めて強い相関がある

(4) によれば，日本語能力試験3級の得点とMJTの得点の相関係数は，.87であるため，両者には，強い相関があると言えます．したがって，MJTは，日本語能力試験3級の得点をほぼ予測できるため，第二言語としての日本語教育における諸調査に利用できることになりました．牧ほか (2003) は，このMJTを英語能力測定試験に応用し，The Minimal English Test (MET) を作成し，ここに，METが誕生することになったのです．

1.2. 本章の構成

本章の構成は，以下の通りです．まず，2節で，METを提示し，牧グループのその後の主要な調査，つまり，METの得点とセンター試験英語の得点との相関に関する調査を示します．続いて，3節では，METの得点と，その他の試験の得点との相関を示します．4節では，METをアジア諸国で実施した結果を示します．5節では，METの中学生版，The junior Minimal English Test (jMET) を紹介します．6節では，MET/jMETを使用した他の調査について触れます．最後に，7節で本章のまとめと展望を述べます．

2. MET とセンター試験英語

牧ほか (2003) は，大学1年生の英語能力を5分で測定する目的で，Kawana and Walker (2002) のテキスト内の英文と，付随する CD を基に，The Minimal English Test (MET) を作成しました．MET の主な特徴は，(5) に示す 2 点です．

(5) MET の特徴
   a. A4 用紙 1 枚に書かれた英文の中の空白部分に，CD から流れてくる英語を聞きながら，単語を埋める．
   b. 所要時間は，約 5 分．

(6) に MET の一部を示します．

(6) The Minimal English Test (MET)

> CD を聞きながら，空いている括弧の中に，4 文字以下（最大で 4 文字）の英単語を入れて下さい．
> 1. The majority of people have at least one pet at (　　) time in their (　　).
> 2. Sometimes the relationship between a pet (　　) or cat and its owner is (　　) close
> 3. that (　　) begin to resemble (　　) other in their appearance and behavior.
> …
> 35. As for the (　　) young aspirants who do (　　) succeed,
> 36. one wonders if they (　　) regret having (　　) their childhood.

MET の中の空所は，72 で，括弧内の語が長すぎると，音声を聞いている間に書ききれないことを考慮に入れ，単語の長さは，最大で 4 文字となっています．(7) に，MET の得点とセンター試験英語（2002 年から 2009 年まで）の得点との相関を示します．(7) のデータは，牧グループの一連の論文からです．関連論文は，Maki (2010) を参照してください．

(7) MET の得点とセンター試験英語（2002年から2009年まで）の得点との相関[1]

年	被験者数	相関係数 (r)	回帰直線
2002	154	.68（読解）	$y = 1.53x + 82.13$
2003	629	.72（読解）	$y = 2.39x + 67.62$
2004	657	.72（読解）	$y = 2.18x + 75.95$
2005	600	.61（読解）	$y = 2.09x + 66.06$
2006	610	.59（読解）	$y = 1.49x + 101.55$
		.55（聴解）	$y = .33x + 29.34$
		.62（読解と聴解）	$y = 1.82x + 130.89$
2007	895	.62（読解）	$y = 1.41x + 109.21$
		.61（聴解）	$y = .40x + 23.97$
		.66（読解と聴解）	$y = 1.80x + 133.18$
2008	563	.60（読解）	$y = 1.73x + 88.22$
		.67（聴解）	$y = .52x + 16.2$
		.65（読解と聴解）	$y = 2.25x + 104.43$
2009	877	.533（読解）	$y = 1.34x + 93.19$
		.589（聴解）	$y = .49x + 12.49$
		.592（読解と聴解）	$y = 1.83x + 105.68$

(7) において，相関係数に関する p 値は，全て $p < .05$ です．(7) からは，以下のことが分かります．

(8) a. MET 得点とセンター試験英語総合得点との相関係数は，$.59 \leq r \leq .72$．

b. MET 得点と，センター試験英語総合得点との相関は，MET 得点とセンター試験英語読解だけの得点との相関と MET 得点とセンター試験英語聴解だけの得点との相関よりも，高い．

このことから，MET 得点とセンター試験英語総合得点との間には，比較的強

---

[1] 2006年より，センター試験英語に，聴解問題が課されるようになりました．

い相関があり，また，MET は，単なる聴解力測定試験ではなく，読解力も含めた，総合的能力を測定する試験であることがわかります．この一連の調査を基に，Goto et al. (2010) は，MET の信頼係数を算出し，MET は，信頼度が保証された試験であることを示しています．これにより，MET は，第二言語習得調査における，英語能力測定試験として機能すると考えてもよいことになったのです．MET に関するより詳しい記述は，Maki (2010) を参照してください．

3. MET と他の英語能力測定試験

本節では，MET の得点と他の英語能力測定試験 (TOEIC，英語検定 2 級，Paul Nation's Vocabulary Size Test) の得点との相関を見ます．

3.1. TOEIC

Maki et al. (2010) は，MET の得点と TOEIC の得点との間に，どの程度の相関があるか調査しました．その調査結果を，(9) に示します．

(9) MET の得点と TOEIC の得点との相関
    被験者数 = 57
    相関係数 = .74
    $p < .05$

この結果，MET の得点と TOEIC の得点との間に，強い相関 ($.7 \leq r$) があることが明らかになりました．

3.2. 英語検定 2 級 (2010-1)

Maki and Hasebe (2013) は，MET の得点と英語検定 2 級一次試験問題（読解と聴解）の得点との間に，どの程度の相関があるか調査しました．その調査結果を，(10) に示します．

(10) MET の得点と英語検定 2 級 (2010-1) の得点との相関
    被験者数 = 22
    相関係数 = 読解 .47
             聴解 .57
             総合 .59

$p < .05$（3つの相関係数全てに対して）

この結果，MET の得点と英語検定 2 級一次試験問題（読解，聴解，総合）の得点との間に，相関（$.4 \leq r$）があり，MET の得点と最も相関が高かったのは，英語検定 2 級一次試験問題の総合得点であることが明らかになりました．

3.3. Paul Nation's Vocabulary Size Test

Kasai et al. (2005) は，MET の得点と Paul Nation's Vocabulary Size Test の得点との間に，どの程度の相関があるか調査しました．Paul Nation's Vocabulary Size Test の概略を，(11) に示します．

(11) *The Paul Nation's Vocabulary Size Test*

1-6 の語彙から，右側にある語・句を表す最も適切な語彙を見つけなさい．解答は，別紙に書くこと．		
例		
Level F		
[1]	1. business	☐ part of a house
	2. clock	
	3. horse	☐ animal with four legs
	4. pencil	
	5. shoe	☐ something used for writing
	6. wall	

実際のテストは，A-E の 5 レベルに分かれています．進むに連れ，レベルが高くなっています．

その調査結果を，(12) に示します．

(12) MET の得点と Paul Nation's Vocabulary Size Test の得点との相関
　　　被験者数 = 159
　　　相関係数 = .81
　　　$p < .05$

この結果，MET の得点と Paul Nation's Vocabulary Size Test の得点との間に，強い相関（$.7 \leq r$）があることが明らかになりました．

4. アジアにおける MET

牧グループは，さらに，MET に関連する調査を，アジア諸国（韓国，中国，内モンゴル自治区）で行いました．本節では，その結果を示します．

4.1. 韓国

日本と同様，韓国にも，大学入試センター試験に相当する試験があります．それは，The College Scholastic Achievement Test と呼ばれています．Maki et al. (2006) は，The College Scholastic Achievement Test (English Part) 2005 (CSAT 2005) を使用し，MET の得点と CSAT 2005 の得点との間に，どの程度の相関があるか調査しました．その調査結果を，(13) に示します．

(13) MET の得点と CSAT 2005 の得点との相関
被験者数 = 155
相関係数 = .61
$p < .05$

この結果，MET の得点と CSAT 2005 の得点との間に，相関（$.4 \leq r$）があることが明らかになりました．$.7 \leq r$ は，強い相関を意味するので，本調査の結果の $.61 \leq r$ は，ある程度強い相関を示していると言えます．

4.2. 中国

次に，牧グループは，中国人英語学習者を対象に，中国において，調査を行いました．Maki et al. (2007) は，MET の得点と Paul Nation's Vocabulary Size Test の得点との間に，どの程度の相関があるか調査しました．その調査結果を，(14) に示します．

(14) MET の得点と Paul Nation's Vocabulary Size Test の得点との相関
被験者数 = 549
相関係数 = .70
$p < .05$

この結果，MET の得点と Paul Nation's Vocabulary Size Test の得点との間に，強い相関（$.7 \leq r$）があることが明らかになりました．

4.3. 内モンゴル

最後に，Wu（2011）は，中国国内の内モンゴル自治区に住む中国語母語話者の英語学習者を対象に，調査を行いました．Wu（2011）は，日本で実施された2009年センター試験英語を中国語に翻訳して使用し，METの得点と2009年センター試験英語の得点との間に，どの程度の相関があるか調査しました．その調査結果を，(15)に示します．

(15) METの得点と2009年センター試験英語の得点との相関
  被験者数 = 223
  相関係数 = 読解 .59
      聴解 .36
      総合 .60
  $p < .05$（3つの相関係数全てに対して）

この結果，METの得点と2009年センター試験英語（読解，総合）の得点との間に，相関（$.4 \leq r$）があり，METの得点と最も相関が高かったのは，2009年センター試験英語の総合得点であることが明らかになりました．

5. The junior Minimal English Test (jMET)

牧グループは，大学1年生の英語能力を測定する簡易英語試験として，METを開発しました．その後，中学生の英語能力を測定する簡易英語試験として，The junior Minimal English Test (jMET)（中学生版最小英語テスト）の開発に取り組み，実際に開発に成功しました．jMETは，本質的には，METと同じ形式で，A4用紙一枚に印刷された英語の文章に，6単語おきに空欄を設け，CDから流れてくる英語を聞きながら，その空欄に単語を書き入れる，5分間のテストです．

jMETは，様々な段階を経て，安定した形になりました．最初は，中学2年生には，2年生の教科書から，中学3年生には，3年生の教科書から，jMET用に英文を選択していました．その際，東京書籍 New Horizon English Course 2, 3を利用していました．その後，中学1年生から3年生までの教科書を全て使用し，中学2年生・3年生に共通のjMETを作成しました．次に，全て6単語おきに括弧を置くように，jMETを改訂しました．この時まで，東京書籍 New Horizon English Course 1, 2, 3を使用していました．最後に，東京書籍 New Horizon English Course 1, 2, 3を使用したjMET

(H) と三省堂 New Crown English Series 1, 2, 3 を使用した jMET (C) を作成し，現在，この 2 つの jMET を使用しています．以下に，その二つの jMET の一部を，それぞれ，示します．

(16) *The junior Minimal English Test (H)*

> CD を聞きながら，空いている括弧の中に，英単語を入れて下さい．
> 1. This is my family. This (　) my sister Lisa.
> 2. She lives in (　　). She likes Japan very much. (　　) husband Koji teaches Japanese.
> …
> 36. They are learning to read (　　) write. We are very glad (　　) have a chance
> 37. to study (　　) at home. It is fun. (　　) you all very much.

(17) *The junior Minimal English Test (C)*

> CD を聞きながら，空いている括弧の中に，英単語を入れて下さい．
> 1. This is Daichi. He is my (　　) in Okinawa.
> 2. He is a singer (　　) folk songs. This is Yuri. She (　　) my friend too.
> …
> 36. "Smile when you sign 'happy'. (　　) people will understand you better." (　　) this,
> 37. I learned that facial (　　) and gestures are important for (　　).

以下に，Maki et al. (2013) の結果を要約します．Maki et al. (2013) は，jMET (C) / jMET (H) の得点と，その調査が行われた中学校における中間試験英語と実力試験英語の得点との相関を調査しました．その中学校では，教科書として，New Horizon を使用していました．まず，Maki et al. (2013) は，jMET (C) の得点と中間試験英語の得点との間に，どの程度の相関があるか調査しました．その調査結果を，(18) に示します．

(18) jMET (C) の得点と中間試験英語の得点との相関
被験者数 = 299
相関係数 = .70

$p < .05$

この結果,jMET (C) の得点と中間試験英語の得点との間に,強い相関 ($.7 \leq r$) があることが明らかになりました.

次に,Maki et al. (2013) は,jMET (C) の得点と実力試験英語の得点との間に,どの程度の相関があるか調査しました.その調査結果を,(19) に示します.

(19) jMET (C) の得点と実力試験英語の得点との相関
被験者数 = 299
相関係数 = .71
$p < .05$

この結果,jMET (C) の得点と実力試験英語の得点との間に,強い相関 ($.7 \leq r$) があることが明らかになりました.

さらに,Maki et al. (2013) は,jMET (H) の得点と中間試験英語の得点との間に,どの程度の相関があるか調査しました.その調査結果を,(20) に示します.

(20) jMET (H) の得点と中間試験英語の得点との相関
被験者数 = 299
相関係数 = .76
$p < .05$

この結果,jMET (H) の得点と中間試験英語の得点との間に,強い相関 ($.7 \leq r$) があることが明らかになりました.

次に,Maki et al. (2013) は,jMET (H) の得点と実力試験英語の得点との間に,どの程度の相関があるか調査しました.その調査結果を,(21) に示します.

(21) jMET (H) の得点と実力試験英語の得点との相関
被験者数 = 299
相関係数 = .75
$p < .05$

この結果,jMET (H) の得点と実力試験英語の得点との間に,強い相関 ($.7 \leq r$) があることが明らかになりました.

最後に，Maki et al. (2013) は，(18) と (20) の相関係数の間に，また，(19) と (21) の相関係数の間に，統計的有意な差があるかどうかを調査しました．[2] その結果，(18) と (20) の間には，統計的有意な差はなく ($p < .06$)，(19) と (21) の間にも，統計的有意な差はありませんでした ($p < .13$)．このことから，jMET (C) であれ，jMET (H) であれ，jMET の得点から，中学校で実施されている英語試験（中間試験英語・実力試験英語）の得点を，概ね予測することが可能であることも明らかとなりました．

6. MET/jMET を使用した他の調査

MET/jMET を開発した結果，第二言語としての英語の習得において，MET/jMET の得点を用いて，調査ができるようになりました．具体的には，MET/jMET によって，被験者の英語能力をあらかじめ短時間で測定しておき，その得点を偏差値化することで，上位・下位グループ，あるいは，上位・中位・下位グループに被験者を分け，ターゲットとなる実験を行い，その結果，そのグループごとの性質を明らかにすることができるようになったのです．その際，どの被験者も，5分程度の英語能力試験しか受けていないことから，ターゲットとなる実験までに，疲労を感じておらず，その実験は，不必要な要因に影響を受けずに済むようになっています．これは，MET/jMET の大きいメリットと言えると思います．この MET/jMET を利用した調査の内，以下に，Hasebe et al. (2012b) と Hasebe and Maki (2014) で報告した文法性判断実験の要約を提示します．

6.1. *That*-Trace 効果

Hasebe et al. (2012b) は，MET を使用して，被験者（大学生）を上位・中位・下位グループに分け，どのグループが，英語における *That*-Trace 効果を示すかについて調査しました．*That*-Trace 効果の例を，(22) に示します．

(22) *That*-Trace 効果
 a. Who do you think [that John saw *t*]?
 b. Who do you think [John saw *t*]?
 c. *Who do you think [that *t* saw Bill]?

---

[2] Fisher *r*-to-*z* transformation に基づいています．

d. Who do you think [*t* saw Bill]?

(22) の例は，長距離 wh 移動をする際，埋め込み節の主語を *wh* 句に変えて文頭に移動させると，その埋め込み節が *that* を持つ場合のみ，非文となることを示しています．Lasnik and Saito (1992) は，*That*-Trace 効果を Chomsky (1981) が提案した空範疇原理 (Empty Category Principle (ECP)) によって説明しています．

Hasebe et al. (2012b) は，168 名の日本人英語学習者に文法性判断実験を行い，その結果を ANOVA と多重比較 (Bonferroni) によって分析しました．その結果，英語能力上位者のみが，*That*-Trace 効果を示し，したがって，Lasnik and Saito (1992) 等の分析が正しければ，英語能力上位者においてのみ，その背後にある原理 ECP が，他の要因によって遮断されずに，機能していることが分かりました．つまり，英語能力上位者は，英語母語話者と同様に，ECP が，活性化しているのです．この調査結果は，極めて重要です．というのも，英語学習者は，(22c) が非文であるという証拠を一度も学習していないにもかかわらず，それが非文であると判断しているからです．これは，明らかに，教えられていないのに知っていること，つまり，言語の知識（普遍文法）を日本語母語話者も持っており，それを第二言語としての英語の習得においても，無意識のうちに利用しているということを意味しています．

6.2. *Wh* 疑問文

Hasebe and Maki (2014) は，Lee (2008) による韓国人英語学習者についての実験結果と Hasebe et al. (2012a) による日本人英語学習者についての実験結果が異なることに注目しました．Lee (2008) は，英語における *wh* 疑問文の文法性判断においては，項 *wh* 疑問文（*what* など）の方が，付加詞 *wh* 疑問文（*why* など）よりも容易であると報告しています．一方，Hasebe et al. (2012a) は，英語における *wh* 疑問文の日本語からの翻訳実験においては，付加詞 *wh* 疑問文（*why*）の方が，項 *wh* 疑問文の中の目的語 *wh* 疑問文（*what*）よりも，jMET によって分けられた上位・中位グループにおいて，容易であると報告しています．Hasebe and Maki (2014) は，どちらの報告がより正確であるかを調査するために，日本人英語学習者（中学生）に，以下に示すような *wh* 疑問文形成実験を行いました．

(23) *Wh* 疑問文形成実験（部分）
   与えられた文の下線部を尋ねる疑問文を作りなさい．
   a. 主語 *wh* 疑問文： Who
      文： Ron found Pam.
      正解： **Who** found Pam?
   b. 目的語 *wh* 疑問文： Who/What
      文： Ron found Pam.
      正解： **Who** did Ron find?
   c. 付加詞 *wh* 疑問文： Why
      文： Ron found Pam because she rode the bus.
      正解： **Why** did Ron find Pam?

その結果，jMET によって分けられた上位・中位グループにおいて，付加詞 *wh* 疑問文（*why*）の方が，項 *wh* 疑問文（主語 *wh* 疑問文と目的語 *wh* 疑問文）よりも，容易であることが明らかになりました．したがって，この調査結果は，Hasebe et al. (2012a) の調査結果を支持することになります．

　この調査結果は，さらに，中等教育における英語教育において，どのような教材をどの順番で提示すべきかも示唆してくれます．本調査によって，jMET によって分けられた上位・中位グループに関して，付加詞 *wh* 疑問文（*why*）の方が，項 *wh* 疑問文（主語 *wh* 疑問文と目的語 *wh* 疑問文）よりも，容易であることが明らかになったことから，英語疑問文の導入に関して，より容易なものから導入することが好ましいのであれば，(24) に示すように，付加詞 *wh* 疑問文（*why*）を，項 *wh* 疑問文（主語 *wh* 疑問文と目的語 *wh* 疑問文）よりも先に導入すべきであるということになります．

(24) a. **Why** did Ron find Pam?
       ↓
   b. **Who** found Pam?/**Who** did Ron find?

(24b) における主語 *wh* 疑問文と目的語 *wh* 疑問文の容易さに関しては，複雑な要因が関与しているため，導入の順番に関しては，熟考が必要です．詳しくは，Hasebe and Maki (2014) を参照してください．

7. 終わりに

本章では，MET/jMET の有用性について概観しました．2節から5節で見たように，MET/jMET の得点は，他の主要な英語能力測定試験の得点と比較的強い相関を持つため，英語学習者の英語能力測定のために，使用できます．そして，6節で見たように，MET/jMET は，第二言語としての英語習得の研究にも有意義な貢献ができます．

今後，MET/jMET は，英語クラスのクラス分け試験として活用することもできるでしょう．また，jMET は，今後，アジアの他の国において，主要な英語能力測定試験との相関を測定し，両者の得点に強い相関が発見できれば，その場所においての英語学習者の性質を調査するために，第二言語としての英語習得の研究に，有意義に使用されると思います．

本章は，2013年8月21日・22日に行われた神田外語大学 FLP-BH ワークショップにおいて，筆者が8月21日に行った発表を改定したものです．本章の執筆は，多くの方々の協力により可能となりました．その感謝の意を以下に表します．まず，MET の開発に，Kawana and Walker (2002) の付随音声教材の使用を許可してくださった松本健治氏（成美堂），jMET の開発に，New Horizon English Course 1, 2, 3 の教科書付随音声教材の使用を許可してくださった五十嵐政則氏（東京書籍），新たな jMET の開発に，New Crown English Series 1, 2, 3 の教科書付随音声教材の使用を許可してくださった富岡次男氏（三省堂書店），2級一次試験問題の利用を許可してくださった日本英語検定協会，そして，経済的支援に関して，岐阜大学技術交流研究会（岐阜大学産官学融合本部）に感謝します．

そして，本論文を執筆するにあたり，有益な助言をくださった神田外語大学 FLP-BH ワークショップ参加者諸氏，天野万喜男氏，梅澤敏郎氏，大野幸恵氏，笠井千勢氏，加藤恵氏，岸貴彦氏，倉地裕子氏，後藤健一氏，鈴木健吾氏，ジェシカ・ダントン氏，徳川翔吾氏，新沼史和氏，長谷川信子氏，長谷部めぐみ氏，濱谷浩正氏，范凌云氏，吉村純里氏に感謝します．

参照文献

Chomsky, N. (1981) *Lectures on Government and Binding: The Pisa Lectures*. Dordrecht: Foris.

Goto, K., H. Maki, and C. Kasai (2010) The minimal English test: A new method to measure English as a second language proficiency. *Evaluation & Research in Education*, 23, 91–104.

Hasebe, M. and H. Maki (2014) Acquisition of the wh-interrogative construction by Japanese junior high school ESL learners. *Selected Proceedings of the 2012 Second Language Research Forum*. 76-88, Somerville, Mass.: Cascadilla.

Hasebe, M., H. Maki, and T. Umezawa (2012a) Two types of asymmetries in acquisition of the wh-interrogative construction by Japanese ESL learners. *The Japan Association of Language and Culture*, 38, 3-14.

Hasebe, M., H. Maki, T. Umezawa, A. No, and S. Tokugawa (2012b) On the *that*-trace effect by Japanese ESL learners: A VAS-based analysis. *Proceedings of the 40th Western Conference on Linguistics Volume 21*, 106-114.

Kasai, C., H. Maki, and F. Niinuma (2005) The minimal English test: A strong correlation with the Paul Nation English proficiency test. 『岐阜大学地域科学部研究報告』17, 45-52.

Kawana, N. and S. Walker (2002) *This is Media.com*. 成美堂.

小林典子・山元啓史・フォード丹羽順子 (1996)「日本語能力の新しい測定法［SPOT］」『世界の日本語教育』6, 201-218.

Lasnik, H. and M. Saito (1992) *Move α: Conditions on its Application and Output*. Cambridge, Mass.: MIT Press.

Lee, S.-Y. (2008) Argument-adjunct asymmetry in the acquisition of inversion in wh-questions by Korean learners of English. *Language Learning*, 58, 625-663.

Maki, H. (2010) Introduction to the Minimal English Test. 盛岡大学言語教育研究委員会（編）『言語教育研究』3, 15-26, 青山社.

Maki, H., C.-H. Bai, C. Kasai, K. Goto, and Y. Hashimoto (2007) The minimal English test in China: A strong correlation with the Paul Nation vocabulary test. 『岐阜大学地域科学部研究報告』21, 135-148.

Maki, H., J. Dunton, and C. Obringer (1999) What grade would I be in if I were Japanese? Paper presented at the 1999 Annual Conference of the Association of Teachers of Japanese.

Maki, H. and M. Hasebe (2013) The minimal English test and the test in practical English proficiency by the STEP. 『岐阜大学地域科学部研究報告』32, 25-30.

Maki, H., M. Hasebe, and T. Umezawa (2010) A study of correlation between the scores on the minimal English test (MET) and the scores on the Test of English for International Communication (TOEIC). 『岐阜大学地域科学部研究報告』27, 53-63.

Maki, H., C. Kasai, K. Goto, M.-H.n Lee, H.-W. Lee, and D.-J. Kim (2006) The minimal English test in Korea: Its correlation with the College Scholastic Achievement Test (English Part) 2005. *Proceedings of the 2006 KALS-KASELL International Conference on English and Linguistics*, 201-213.

Maki, H., K. Suzuki, M. Hasebe, S. Tokugawa, R.-W. Zhang, L.-Y. Fan, J. Dunton, and C. Kasai (2013) The junior minimal English test: A New Crown version. 『中

部地区英語教育学会紀要』42, 147-152.
牧秀樹・和佐田裕昭・橋本永貢子 (2003)「最小英語テスト (MET): 初期研究」『英語教育』53.10, 47-50.
Wu, Q.-Y. (2011) *The Minimal English Test: A Study in Inner Mongolia.* 修士論文, 岐阜大学.
柳井久枝 (1998)『4 Steps エクセル統計』オーエムエス出版.

第V部

導入期の英語教育を考える

第 18 章

小学校英語活動では何が行われているか？
―『Hi, friends!』に言及して―

町田　なほみ

2011 年度から本格導入された小学校での「英語活動」と中学校での教科としての「英語」の目標は似ているものの，英語活動には顕著な特徴と様々な制限があり，これらの実際の教室内における活動は大きく異なっています．本論文では，英語活動の実態を理解してもらうために，文部科学省編纂の『Hi, friends!』を主たる資料とし，(ア) 英語活動の内容，(イ) 導入される表現の特徴，(ウ) 導入される語彙の性質，の観点から概観します．さらに，英語活動と中学校英語の違いにも言及し，英語活動での学びをいかに教科としての英語に引き継ぎ，有効活用するか，そしてその際にどのような点に配慮すべきかを考察します．

キーワード：　小学校英語活動,『Hi, friends!』, タスク活動, 英語活動用語彙, 小中連携英語教育

1.　はじめに

　あどけない子ども達が英語を楽しそうに口にしている子ども向け英語教室の CM をよく目にするようになりました．2011 年度から公立小学校での英語活動が正課として本格導入され，英語は早くから学ぶことが習得に有効であるとの風潮に拍車をかけているようです．多くの大人たちは，義務教育で少なくとも 3 年間，大学まで進学すれば計 8 〜 10 年間英語を学んだにもかかわらず，海外旅行程度の英語にも苦労しているという現状があり，英語を話せないのは教育方法や教育開始時期が大きく関係しているのではないかという曖昧な印象を持っています．このような状況の中で，文部科学省（以下，文科省）が小学校での英語活動を正課として導入したことは，「英語は早く始めれば習得できる」という印象を強く後押ししています．[1]

---

[1] さらに，文科省は 2013 年 12 月，次期学習指導要領の改訂で，小学校の英語活動導入開

「英語を早くから学ぶことの有効性」が漠然と信じられている一方で，小学校の英語活動でどのようなことが，どのような方法で行われているか，それが中学校での英語とどのように異なるのかなどについては，広く認知されていません．小学校で英語活動を受けた生徒を受け入れる中学校でさえ，それらを明確に把握している英語教師はそれほど多くはないでしょう．

本論文では，小学校英語活動で具体的にどのような英語が導入されているのかを，主に，文科省編纂による『Hi, friends!』の内容に言及して明らかにします．その上で，小学校英語活動での学びを中学校以降の英語教育に活かすには，中学校が英語の初学であった導入方法とは異なる注意が必要であることを指摘し，より効果的な連携への示唆とします．

2. 小学校英語活動の実態

2.1. 英語活動の目標と実施上の特徴・限界

現行の学習指導要領（2008年公示，2011年施行）から小学校に正課として「外国語活動」が導入されましたが，その目標は表1(a)のように記載されています．[2] この目標は中学校の教科としての「外国語」の目標（b）とよく似ており，小中が連携してこれらの目標に向かうことが求められています．

［表1］ 小学校・中学校『学習指導要領』に記載されている目標

	「外国語活動」と「外国語」の目標
(a) 小学校	外国語を通じて，言語や文化について体験的に理解を深め，積極的にコミュニケーションを図ろうとする態度の育成を図り，<u>外国語の基本的な表現に慣れ親しませ</u>ながら，<u>コミュニケーション能力の素地</u>を養う．
(b) 中学校	外国語を通じて，言語や文化に対する理解を深め，積極的にコミュニケーションを図ろうとする態度の育成を図り，<u>聞くこと</u>，<u>話すこと</u>，<u>読むこと</u>，<u>書くこと</u>などのコミュニケーション能力の<u>基礎</u>を養う．

注：下線は筆者による

始時期の早期化と小学校高学年での英語活動の教科化の方針を打ち出し，中学校以降の英語教育の一部前倒しを視野に入れています．

[2] 学習指導要領の観点では，英語は外国語の1つとの位置付けですが，実際の対象は，小学校では「英語活動」，中学校では「英語」ですので，以下は英語として論を進めます．

しかし「目標」以外の実際の活動は，小学校と中学校では大きく異なります．長谷川 (2010, p. 20) は，小学校英語活動の特徴と制限を以下のようにまとめています．

(1) a. 時間数は，週1時間（年間35時間）
b. 英語活動は担任教員 (HRT) のクラス単位が基本
c. 教員 (HRT) の英語力の限界は織り込み済み
d. 音声教育中心で，書き言葉は導入しない
e. 文法は導入しない
f. 英語を用いてコミュニケーションを図る体験をする
g. （英語を用いて）コミュニケーションを図ることの楽しさを知る

これらの特徴・制限のうち，中学校での英語と大きく異なる点は，(a) の時間数（中学校では週4時間，年間140時間）に加え，(d) と (e) で，書き言葉と文法が導入されないことです．また，導入される内容は (f), (g) の観点から，児童が簡単な英語表現で行えるタスクを中心に設定されています．従って，教室内で行われる活動は当然ながら中学校での学習方法とは大きく異なり，確かに「コミュニケーション能力を養う」という目標は共通するものの，小学校と中学校で実質的に目指す方向や行き着く先は同じではないと言えるでしょう．そして，決定的に異なるのが，(d) と (e) に関連しますが，小学校では音声で表現に慣れ親しませることに留まり，明確に4技能「聞く」「話す」「読む」「書く」を意識させることはしないということです．多くの大人が受けてきた従来の英語の導入が「読む」「書く」ことから始まったわけですから，それをやらず，「聞く」「話す」も明確には意識せず，英語の音声で表現に慣れ親しませることを出発点とする導入方法は，これまでの英語学習の観点からは新しい試みであり，試行錯誤，未だ実験的という様相であることは否めません．

それでは，この目的と内容および制限を受けて，実際にはどのような英語がどのように導入されているのかを，中学校以降の英語と特に異なると思われる点にも言及して，（ア）英語活動の内容，（イ）導入される表現の特徴，（ウ）導入される語彙の性質，から見てみましょう．

2.2. 英語活動の内容：テーマとタスク

上記 (1) に小学校での英語活動の特徴・制限を挙げましたが，その内容は，(f), (g) を遂げるために，児童の身の回りの生活に密着するテーマやタスクを中心に構成されています．

タスクはバイリンガル教育の観点から見ると，以下の図のように場面（言語）への依存度と認知的な複雑さにより難易度が変化します．Ⅰ～Ⅳのうち，Ⅰが最も平易でⅣが最も困難なタスクです．

[図] 言語活動とタスクの関係

認知的単純さ

	認知的単純さ	
場面への依存度大 （言語への依存度小）	Ⅰ TPR,[3] 指示に従う 　対面会話，実演 　体育，音楽，図工 　単純なゲーム	Ⅱ 簡単なメモ 　電話での会話 　文章による指示
	Ⅲ 計算，算数 　科学の実験 　社会科等の活動 　（地図を書く等）	Ⅳ 言語による 　内容のある説明 　数学などの文章問題 　新しい抽象的思考の獲得	場面への依存度小 （言語への依存度大）

認知的複雑さ

(Cummins 1994, 長谷川 2010 を参照)

子どもの言語習得の特性の一つとして，対象物や直接的な経験を通して学習をすることが挙げられます．また，言語発達途上にある子どもは，昨日・明日などの言葉そのものは理解できても時間の長さの把握は不安定な状況下にあると言われており（McKay 2006），タスクの難易度は早期英語教育において非常に重要です．従って，早期英語教育で扱われるテーマやタスクは図中の最も初歩的なレベルである，認知的に単純で場面への依存度が大きい（つまり，言語表現への依存度が小さい）Ⅰの部分を中心に構成されているわけです．これに対して，場面への依存度が小さく，認知的複雑さが増すⅣは，正確な言語表現が重要になりますから，中学校以降で行われる英語教育の目指すものと捉えることができます．

2011 年度から本格導入された小学校英語活動に対してもタスクの難易度への配慮がされており，文科省が公立小学校の英語活動のために編纂した『英語ノート 1/2』(2009)，そして 2012 年に名称と内容の一部が改訂された『Hi,

---

[3] TPR（Total Physical Response：全身反応教授法）は，聴解による指示や命令に対して全身でそれに反応し，身体動作と結び付けながら言語を習得する方法で，1960 年代 James J. Asher により提唱されました．

friends!』で扱われているタスクも先の図の$\boxed{\text{I}}$に属するものが大部分です。[4] では，実際に多くの公立小学校で使用されている『Hi, friends!』のテーマとタスクを観察してみましょう。表2に（および論文末の付録）に，『Hi, friends!』にどのような表現が扱われるのか具体的に示してあります。

[表2]　『Hi, friends! 1』でのタスクと扱う表現

	タスク	扱う表現例
L 1	挨拶をする	My name is ＋人名．
		What's your name?
L 2	自分の感情や様子を尋ねる，言う	How are you?
		I'm ＋感情や様子を表す形容詞．
L 3	数を数える，尋ねる（1～20）	数詞＋身の回りの物を表す名詞．
		How many ＋身の回りの物を表す名詞?
L 4	好き嫌いを言う，尋ねる	I like/I don't like ＋食べ物・スポーツ・生き物を表す名詞．
		Do you like ＋食べ物・スポーツ・生き物を表す名詞?
L 5	好きなものを言う，尋ねる（色や形等）	I like ＋色・形・食べ物・動物等を表す名詞．
		What（＋color/shape/food/animal）do you like?
L 6	・アルファベットの大文字を読む ・欲しいものを尋ねる，言う	What do you want?
		～, please./I want ～.
L 7	ある物が何か尋ねる，言う	What's this?
		It's ＋身の回りの物を表す名詞．
L 8	時間割について言う，尋ねる	I study ＋科目名（＋on ＋曜日）．
		What do you study on ＋曜日?
L 9	欲しいものを尋ねる，言う（丁寧な表現）	What would you like?
		I'd like ＋食べ物を表す名詞．

---

[4] 現行の『小学校学習指導要領』では目標が示されるのみで，具体的な内容の記述がないため，英語活動経験の少ない学校や指導者にとって，これらの教材は「教科書でないため使用の義務はない」ものの，拠り所・指針となっており，使用率も高いのが実情です。

これらの表から分かるように，テーマは，感情・好き嫌い・できる事とできない事・将来の夢などで，児童が自分自身を表現するもの，学校での勉強や生活・町中の様子・食べ物や料理・日々の生活など児童が日常的に体験するものが中心です．そしてタスクは，テーマに応じた表現を用い，対面会話状況下で，児童自身が自分のことを述べたり，相手のことを尋ねたりする活動を行うように計画されています．つまり，小学校での英語活動でのテーマとタスクは総じて，眼前事象（Now & Here, You & I）で図の I のような活動を通しての意思疎通を基本として構成されていると言えるでしょう．では，こうした表現はどのように扱われているのでしょう．

2.3. 導入される表現の扱い

小学校英語活動の目標には「表現に慣れ親しむ」「コミュニケーション能力の素地を養う」ことが明記され，(1d, e) で示したように音声中心で文法導入は行わないため，『Hi, friends!』で扱われる表現は，小学校英語に特有の扱いと導入により提示・使用されることになります．その特徴は，以下の通りです．

(2) a. 表現は CD や指導者から「口うつし」により提示され，児童はそれらを丸ごと，ひと固まり（以下，チャンク）として「覚え」，内部構造の分析や規則性には触れない，意識させない．
  b. 表現の変化は，チャンクの一部を他の単語で置き換えることを中心に行う．
  c. 表現の内容や提示の順番は，テーマやタスクが優先され，文法事項の複雑さへの配慮は薄い．つまり，チャンクでの導入が主なので，表現内部の複雑さは問題としない．
  d. タスクの基本は，対話による情報のやり取りのため，断定文なら主語は「話し手」I，疑問文なら「聞き手」you が中心の表現となる．
  e. 児童には，表現を正確に覚え，使えるようになることまでは期待していない．

表 2（および論文末付録）に記載されている表現は，中学校での教科としての英語教育においても導入されますが，それらは，教科書によって多少の違いはあるものの，習得の目標となる文法項目や構造が明示され，通常は，構造的に取り組みやすいもの，規則化・体系化の観点から整合性のあるもの，ということが考慮されています．例えば，(2a, b) と関係しますが，表 2 の Lesson

7での「What's this?」という表現は，中学校では，what, is, thisの3語から成り，疑問文としての語順を持つ文として分析し，対応する答えは，「It is 〜．」，「That is 〜．」と平叙文の語順で答えることを学びます．しかし，小学校では，「What's this?」は丸ごと「1つのチャンク」として提示されます．そして，その答えとして「It's 〜．」の形を取らなくても，「〜」に該当する単語を冠詞が脱落した tomato, eraser といった裸の名詞のままでも，口にし，コミュニケーションが成立するなら許される（何も言わないよりは，むしろ奨励される）傾向があります．同様に，Lesson 3 の「How many?」の表現を用いる活動では，鉛筆の絵を見て「How many?」と聞かれ「Three pencils」，「Five pencils」と句で答えることを目指しますが，単に Three, Five と答えてもタスクを遂行したことになります．また，名詞を使った時に正確に複数形が使えなくとも，（単数形と複数形の使い分けの規則の習得は目的化されていませんから）その違いに気づく児童もいるかもしれませんが，非文法的な「Three pencil」との答えでも，「通じる」限りは「間違っている」と指摘されることはないでしょう．

　つまり，第3節でも述べますが，同じ表現でも，小学生が発する場合と中学生が発する場合とでは，その背後にある規則性や体系と関わる言語知識が全く異なることを，小・中の指導者は認識しておく必要があります．

　上記（2）の事項との関わりで，もう少し具体的な例を述べましょう．「What's this?」「It's 〜．」もそうですが，be 動詞は，「What's your name?」「I'm 〜．」など頻繁に縮約形で提示されます．書き言葉も学びませんから，例えば「I'm 〜．」の表現が，I と am から構成されているという認識を持たないまま児童は使用することになります．[5] また，中学校では，I と you に加えて，he や she, we, they といった3人称や複数人称も含め「人称の体系」を学びますが，小学校英語では it は上記の「what's this?」の答えなどでは使われるものの，I と you 以外はほとんど使われません．英語の人称とその体系は，日本語とは異なるため，中学生でもその把握に苦労する事項ですが，小学校英語で多少触れたとしても，その定着は「ほどんどできていない」と考えるべきでしょう．

　上記で短縮形について述べましたが，「文以下の表現」も小学校英語での扱

---

[5] 自然な会話に触れさせる目的からか，be 動詞を短縮形から導入する中学校英語教科書は少なくありません．大学生になっても be 動詞の誤用が頻出することが指摘されていますが，導入方法との関係も否定できないと思われます．本論文集の田川論文も参照して下さい．

いは特有です．会話が中心の活動ですので，必然的に疑問文，特に，疑問詞疑問文が導入されることになります．中学校英語なら，「How are you?」などの慣用表現は別ですが，通常は，先ず断定文，それから Yes-No 疑問文で助動詞の倒置を学び，それから疑問詞疑問文，という順序で文構造と機能の関係を学びます．しかし，『Hi, friends!』では，Lesson 3 で「How many + 名詞?」の表現が Lesson 4 の「Do you 〜?」の形を持つ疑問文より早く導入されており，「How many + 名詞?」は文ではなく，疑問詞を伴う句だけの導入です．ちなみに，『Hi, friends! 1』の指導編では，「"How many 〜?" は，本来なら場面に応じて，"How many circles/pencils do you have?" "How many pencils are there on the desk?" などという表現になるところであるが，児童の負担を考慮し，"How many?" という表現にしている」(pp. 10) と記されています．つまり，「How many + 名詞?」という短縮表現は，その元となる疑問文から疑問詞表現以外を削除し，元の文構造には目をつむり，テーマとタスクを重要視するという導入方法です．中学校英語では，「How many + 名詞?」の表現を会話では使うとしても，より正確さが求められる書き言葉，過去の出来事についての疑問文では，省略前の完全文を復元できることが期待されますが，小学校では「How many + 名詞?」と発したとしても，文としての復元は期待できません．同じ言語表現を使っても，その背後の「言語知識」が小学校と中学校では異なるわけです．

　また，助動詞の扱いについても，『Hi, friends! 1』の Lesson 9 では would を用いた丁寧な表現が扱われています．この助動詞は，採択率が高い検定済中学英語教科書の New Crown（三省堂）でも New Horizon（東京書籍）でも 3 年生になるまで扱われません．中学校英語でこの would は，依頼の will との対比（Would you come here? と Will you come here?）も含め学習事項ですが，小学校英語では「What would you like?」「I'd like + 料理名」とレストランなどでの注文の慣用表現として提示されているだけです．これもテーマとタスクに重きをおいたがゆえに導入された表現なのです．

　タスク重視の傾向は前置詞の用法・導入にも見られます．前置詞は教科としての英語では，名詞を文中要素に繋げるための非常に重要な要素ですが，その意味内容の不明確さもあり，使い方に様々な条件が伴うこともあり，日本語母語話者には習得の難しい事項です．しかし，使わずに済ますことはできませんから，小学校英語でも最低限のものとして in や on が使われています．これらは，英語の体系上は，物理的な位置関係を示し，in the room や on the table などでの「中・内側」「表面的接触」がその基本的な意味となります．し

かし，onは『Hi, friends!』では，Lesson 8の時間割について言う，尋ねるタスクのために「on＋曜日」の用法が表現（I study English on Monday.）の一部として導入されます．この表現からは「物理的な接触」というonの基本的意味との関わりは希薄ですから，onやinなどの前置詞が導入されたとしても，前置詞の基本的な意味・機能の把握には至らないでしょう．第3節でも触れますが，前置詞は意味が希薄なこともあり，児童には，チャンク表現の一部としての認識しか持てないようですから，中学校で同じ前置詞を導入するのであっても，文法事項としてチャンク内部を分解・分析して把握させる必要があります．

　上記の（2c）の指摘だけからだと，小学校英語は文法的難易度の側面を全く無視しているように思われるかもしれませんが，表現の導入にはある一定の配慮がなされていることも指摘しておきます．例えば疑問詞は，チャンクとして導入されるHow are you?を除くと『Hi, friends! 1』ではHow manyとwhatのみ，『Hi, friends! 2』でもwhatに加えてwhen, whereを主とし，中学校英語で学ぶwhichやhow（方法）などは扱われていません．助動詞も同様に制限され，丁寧表現のwouldは例外として，Yes-No疑問文では，doとcanしか導入されず，上述の通り，3人称のhe, sheや過去の事象を扱わないためdoesやdidは出てきません．[6] これもNow & Hereの範囲内での活動に配慮をした結果の現れです．

　さらに，2.4節で詳述しますが，小学校英語では，文表現は主にチャンクとして提示されますから，文の中核となる動詞の導入は非常に限られています．動詞を用いれば，必然的に，文型や構文，文中要素と語順，時制との関わりなど，文法項目に触れないわけにはいかないため，文法を教えない小学校英語活動では，動詞は最低限の数だけチャンク表現の一部として導入することになります．[7] 導入される動詞は，日常生活や学校生活で主に自分自身の状況や行動を表すlike, want, study, go, listen, watchなど，児童の遊びと関係するjump, play, ride, runなどです．wantは，論文末付録中のL5とL8の表現例にありますが，「Where do you want to go?」「I want to go to＋国名.」，「What do you want to be?」「I want to be＋職業名.」が導入されます．文法

---

　[6] be動詞はwhat's this?やHow are you?というチャンク表現のみで，Is this ～ などにより確認させる表現は，児童の活動では導入されません．

　[7] 裏を返せば，中学校英語では，様々な動詞を駆使できるようになる構造的な規則性の習得が重要となるわけで，そこに小学校の英語活動と教科としての英語の大きな違いがあると言えるでしょう．

的には不定詞の名詞的用法が使われ，不定詞は通常中学校2年での重要学習項目です．しかし，繰り返しになりますが，児童はチャンクとして捉えているだけであり，そこに不定詞が使われている，という認識はありません．これらのレッスンはむしろ，国名（France, China, Australia など）や職業名（teacher, doctor, farmer など）を学ぶことにあるわけです．

このように小学校の英語活動では，テーマやタスクを中心として教室内活動が構成されるため，導入される表現は英語の体系の観点からはかなり限定的・部分的となります．しかし，これらの表現は中学校以降の英語教育においても扱われるものです．第3節でも述べますが，こうした小学校で導入された表現を，英語の文法や構造を学ぶ中学校での英語教育にどのように引き継ぎ，有効に活用するかが，小中連携での重要な課題でしょう．

2.4. 導入される語彙の特徴

上記の 2.2, 2.3 節で述べたように，『Hi, friends!』に代表される英語活動では，眼前事象（Here & Now）を考慮した対話（you & I）が中心です．導入される表現は，表 2 や付録の表現例から明らかなように，一定のかたまり（チャンク）に単語（大部分は名詞）を加え，この語を置き換えることで様々に変化します．つまり，英語活動では表現全体の習得よりも置き換えに用いる語により焦点をあてているわけで，当然必要になってくるのは，入れ替えに用いられる単語・語彙です．

実際，『Hi, friends!』の児童用教材には英語表現はほとんど書かれておらず（これは文字の指導をしないことが最大の原因ですが），大部分は導入する語（基本は名詞）を示す絵のみを掲載しているだけです．では，英語活動ではどういった語彙が導入されているのかもう少し詳しく見てみましょう．

『Hi, friends!』の中で CD スクリプトも含め，児童が耳にしたり[8]声に出したりする可能性のある総語数は，筆者の調査によると約 700 語です．この語数は，中学校 3 年間で導入される約 1200 語と比較するとかなり多いと感じるかもしれません．但し，この中には登場人物名・数（算用数字を含む）・ローマ字表記による日本語（kendama, sushi など）が含まれており，これらを除

---

[8] 教授形態の基本は担任教員（HRT）と英語 Native もしくは英語に堪能な外国語指導助手（ALT）によるティームティーチング（TT）ですが，現場の状況は様々で，指導者からの音声によるインプットは一律で把握することはできません．従って本論文では，音声については，『Hi, friends!』付属の CD のみを分析の対象としました．

くと473語まで減少します．子どもの外国語学習として現実的な対象語数はおそらく年に500語位である（Cameron 2001）と提唱されていますので，慣れ親しむ語数として妥当だと思われます．

　この473語を品詞別に分類してみると，小学校英語で導入される語彙の特殊性が浮かび上がってきます．473語のうち，名詞・動詞・形容詞・副詞，いわゆる内容語が約88％（415語）を占め，[9] さらに，内容語を100％として，その内訳を品詞別に示すと，名詞は約75％（311語），動詞は約10％（43語），形容詞は約10％（41語），副詞は約5％（20語）と圧倒的に名詞が多くなっています．

　内容語の中でも名詞は他の品詞の語に比べると対象物を連想しやすい，画像にしやすい語ですから，文字導入をせず，一語での発話にも意義を持たせる英語活動で大半を占めることは自然なことです．

　では，表2の活動から，具体的に導入される語とそのタイプを見てみましょう．例えば，Lesson 3 では，2.3でも触れましたが，「How many apples?」「How many pencils?」などにより「数＋身の回りの物」を，Lesson 4 と Lesson 5 では，「I like」や「I don't like」に続けて目的語として，食べ物，スポーツ，動物，色や形などを，Lesson 7 では「What's this?」の答えとして様々な事物の英語の名称を，Lesson 9 では，「I'd like」に続けて料理名を，というように，身の回りの具象名詞などを「手当たり次第に」導入することが可能です．似たような問答活動で『Hi, friends! 2』（論文末附録）では，誕生日に関わる月の名前や序数詞を用いた日付の表現，国名や職業名などが導入されます．このように，小学校英語ではテーマ（色，形，食べ物，スポーツ，動物，料理，職業など）に応じて，それと関わる名詞を絵や写真，実物などを用いて音声で提示し，それらを導入された表現の入れ替え活動で使用することにより，定着を図ろうとしています．そのため，中学校での英語より，テーマによっては余程多種多様な単語が導入され，外来語（カタカナ語）として日本語になっているものも「英語の発音で」触れることになります．例えば，Lesson 4 の好き嫌いを述べる活動では，食べ物について，cherries, apples, strawberries, lemons, bananas, pineapples, peaches, grapes, oranges, melons, kiwi fruits, ice cream, milk, juice が対象語とされています．これらの語は外来

---

　[9] つまり，残りの12％には機能語（代名詞，接続詞，助動詞，冠詞，前置詞，疑問詞，間投詞など）と会話表現などが含まれています．疑問詞や代名詞を機能語としない考え方もありますが，本論文では，神谷他（2010）の分類を踏襲しました．

第18章 小学校英語活動では何が行われているか？

語として日本語になっているものも多く，児童に馴染みのある語を英語の発音で定着させることになります。[10] 同様に，色の名前（red, white, black, pink, purple, blue, grey, yellow など），スポーツの名前（baseball, soccer, badminton, tennis, golf など），動物の名前（cat, dog, lion, tiger, penguin, monkey など）にも外来語として馴染みの深い単語が数多くあります。これらを駆使することで，新出語を学ぶことのハードルを下げつつ英語の表現を使った活動が可能となります。

しかし，こうした活動で導入される単語は，必ずしも中学校以降での英語に頻出するものではありません。小学校英語での単語は，上述したように「具体的に絵や実物で示すことのできるもの」が中心で，中学校英語で導入されるような抽象名詞（problem, idea, culture, danger など）はごくわずかで，タイプやクラス全体を表す上位語（animal, food, color など）も限られた語のみが導入されるに留まっています。[11]

小学校で導入される語彙が，中学校以降の英語教育で導入される語彙と異なる特徴を持つことは，『大学英語教育学会基本語リスト（JACET List of 8000 Basic Words）』[12]（大学英語教育学会 2005）（以下，JACET8000）の収録語と『Hi, friends!』にて導入される語を比較することでより鮮明になります。

先に述べたように『Hi, friends!』には内容語は約410語が出現し，その約75%，つまり約300余語が名詞です。これらの名詞をJACET8000のレベルに照らすと基礎的レベルと考えられるレベル1〜3（JACET plus250を含む合計3250語）より高いレベルに属している語が，表3のように，実は約35%（114語）もあります。

---

[10] 但し，文法指導をしないのが基本ですので，単数と複数の違いをどの程度意識させるかは，現場，担当教員次第となります。

[11] 一般に言語の習得は，年齢と共に「具体」から「抽象」へ，「身近」から「社会」へと徐々に広がる（西垣他 2007）ことを考慮していると考えられます。

[12] JACET8000は，日本人英語学習者向けの教育語彙表で，特に大学生以上が習得すべき語彙として，中高での教材や英字新聞などに頻出する語彙も網羅した8000語を収録しています。全ての語に順位が付され，順位が低いほど頻出する平易で基本的な語であることを示し，1000語ずつの8レベルに分類されています。また，国名・曜日名・月名・数詞などのうち重要な語はJACET plus250として別リスト化され，最も基礎的なレベル1（最頻出1000語）は実質上この250語を加えて1250語とされています。

[表3] JACET 高レベルに属する『Hi, friends!』での導入名詞

JACET レベル	語数	単語
4	1	cricket
5	9	lemon, notebook, pudding, purple, recorder, sausage, triangle, vet, yacht
6	8	cherry, dentist, grape, ink, mat, puzzle, skeleton, swimming
7	7	baker, microscope, peach, pizza, pyramid, quiz, strawberry
8	5	basketball, comedian, curry, penguin, scissors
該当なし[13]	84	badminton, beaker, bookstore, calligraphy, cleaning, crayon, eggplant, eraser, escargot, firefighter, florist, giraffe, gorilla, grandpa, Halloween, hamburger, hamster, harmonica, hotdog, kimchi, koala, melon, namul（ナムル，韓国料理），omelet, panda, parfait, pineapple, silhouette, spaghetti, starfish, sunflower, T-shirt, turnip, unicycle, yogurt, zookeeper など

　これらには，学校関係用語の recorder（笛のリコーダー）や beaker（理科実験用のビーカー），eggplant（茄子）ほか果物・食べ物・スポーツ等に分類される具体的な名詞が数多く含まれています．

　JACET8000 の特徴から，リスト中で高レベルであるこれらの語は，英語教育ではあまり馴染みがない，つまり中高の英語教材等では出現頻度が低い語と言えますので，小学校で導入される語の三分の一は，中学校や高校ではそれほど使わない語，ということになります．

　ここで注意しておきたい点は，英語活動での語の多くが中学校以降の英語教育で頻出していなくとも，それらは不必要な知識ではないということです．これらの具象名詞を中心とした児童の身の回りの事象と関わる語は，中学校以降の「読み」「書き」での知的で抽象的・高度な言語活動においての頻度は限られていたとしても，日常の言語生活に関わり，英語活動を活気あるものとし，言語による身近な言語経験へ導く重要な役割を果たす可能性のある語です．これらは，中学校以降の言語活動にも活用されるなら，効果的な小中連携の基盤となることは勿論，学校現場を離れた実際的な英語使用を豊かにするに違いあ

---

[13] 表3に記載した語以外には，convenience store, ice cream, pencil case などの複合語や JACET plus250 に含まれない国名・地名などがあります．

りません．

2.5. 小学校英語活動の特徴のまとめ

『Hi, friends!』を中心に小学校での英語活動を概観してきましたが，その活動は，週1時間（年間35時間）という限られた時間数，音声中心，文法・文字の導入はしない，対話形式といった制限内で，児童の認知発達にもある程度配慮しながら，児童の身の回りのテーマやタスクを基本とした具象的な語彙から英語表現に慣れ親しませる方式となっています．

導入される語彙は，必ずしも中学校以降で使われる語彙の先取りにはなっていません．しかし，基本的な機能語に加え，数字や月・曜日の名前，序数詞を用いた日付の述べ方，時間の表現，身の回りの多くの具象名詞，さらには，上記では述べませんでしたが，fine, happy, sad, hungry, good などの感情や様子と関わる形容詞，など700余りの語に音声的に触れているわけですから，それらは，中学校での英語の導入，その後の言語活動にプラスに作用させられる筈です．基本的な語彙が既にある程度導入済みであるということは，それらを駆使するなら，中学校英語の初期段階では，小学校では学びの対象ではなかった文字の導入や語順を始めとした文法的要素の体系化などに，より充実した時間とエネルギーを注げることを意味します．

語彙知識の重要性は，中学校以降の英語で使うか否かに関わらず，その後の言語習得における影響力や潜在的な力の観点から強調し過ぎることはありません．単語は言語の基礎的単位で，語以上の句・文・段落・テクストの構造や意味を構成する単位でもあります．さらに，語彙学習は，文法能力獲得以前の学習者にはさらなる学習を促しますから，言語教授活動の優先的項目です（Read 2006）．また，口語言語で語彙知識が確立されれば，その知識が後に読み書きなどのより高度な言語活動に移行し，さらに様々に発展していきますから，語彙習得は言語学習全般に渡って非常に重要な役割を担います（McKay 2006）．そして，意思疎通という機能的な面でも，単語だけで「通じる」「用を足す」場面・状況は数多くあるわけで，豊富な語彙知識は「コミュニケーションの素地・基本」の獲得に大きな強みとなります．

小学校で学ぶ表現（語以上のチャンク）については，語彙ほどには単純ではありません．2.3節でも強調しましたが，中学校で扱うような表現であっても，小学校英語では，それらは基本的にチャンクとして「口うつし」で提示されるに過ぎませんから，その表現の成り立ちに関わる細部の要素や語順などの学習は伴っていません．特に，意味内容の観点からの把握が難しい文法的要素（be

動詞，助動詞，代名詞，前置詞など）は，名詞などの内容語と一緒に覚えているに過ぎませんから，例えば「What's this?」は言えても，「What are they?」には繋がらず，「What do you want to be?」には答えられても「What do you want to study?」には対応できない，ということがあっても全く不思議ではないのです．チャンクでできることと，その背後にある文の組み立てを学んだ上でできることとの間には大きな差があります．中学校英語では，当然後者が目指されるわけですが，小学校英語で「覚えた」「聞いたことがある」「知っている」表現をいかに効果的な「足場掛け」やモチベーションとして，より表現力・応用力・創造性のある言語としての英語へと導くかが，中学校以降の英語教育に求められることかと思います．

3. 効果的な小中連携に向けて

　小学校に英語活動が正課として導入されたのは 2011 年ですから，現在の中学生は全生徒が小学校での英語活動を経験していることになります．つまり，英語は，もはや中学校での初学科目ではなく，小学校での英語活動を踏まえて，さらなる発展を目指す教科という位置付けに変わったわけです．既に「何らかの英語」が入り，中学校で英語を学ぶわけですから，効果的な小中連携には，先ず，中学校の教師が，生徒がどのような英語活動を行い，どういった表現と語彙に触れてきているのかを知ることが求められます．

　複数の小学校から生徒を受け入れる中学校や，小学校以外の英語教室や塾などで英語に触れている生徒が少なからずいる場合は，中学校入学時の生徒の英語の背景とその能力には相当のばらつきが予想され，以前のように真っ新なところに英語を導入する状況とは異なり，様々な工夫が必要となります．また，小学校英語活動で身についた英語が不正確であったり，間違った思い込みに基づいていたりすれば，中学校で修正が必要になるでしょう．真っ新な状態で新しいことを学ぶことよりも，一度学んだことを白紙に戻し再度学びなおす方が難しいかもしれません．また，学びなおしが上手く行かなければそうした間違いが化石化してしまう可能性もあります．こうしたことを総合すると，小学校で英語活動が導入されることにより，中学校以降の教員の役割が非常に大きくなってきていることは確かかと思われます．

　しかし，英語活動で一定の表現が既に導入されているのは一つの強みです．これらの知識を足場として，中学校の英語教育で文法導入の際にさらなる知識を与え，発展的に再構築をする工夫がなされ，様々な言語体験へと導けるな

ら，創造的な応用力に繋がることが可能になる筈です．

　小学校で英語活動を経験した生徒は，英語を口にすること，発話することには抵抗感を持たず，積極的な態度で授業に臨むことが多いようです．これは，タスク遂行を第一義とする英語活動の効果・成果と言えます．しかしその一方で，英語活動がテーマとタスクを基本に行われ，表現をチャンクで丸覚えし，タスクが遂行され，何となく「通じればOK」とする活動の負の影響もないわけではありません．

　以下では，中学校での教科として英語を導入する際に考慮すべき点のひとつとして，小学校英語活動の特徴であるチャンクによる導入からの影響について具体例に言及して考察します．この影響をマイナスと捉えるかプラスと捉えるかで，生徒も指導者も英語への取り組み，その後の学習へのモチベーションが大きく異なってきます．

　上述したように，小学校の英語活動では言語が持つ規則や体系には一切触れず，言語使用の目的となるタスクの観点から，そのタスクを遂行する表現をチャンクとして導入します．しかし，中学校での教科としての英語では，文法事項だけを教えるという方式は極力避けるとしても，英語の規則性，タスクを越えた（つまり，どんなタスクにも対応可能な）英語の構造の基本を習得させる必要があります．つまり，英語の学習は，小学校でのチャンクの丸暗記から，中学校での表現の背後の規則性を学ぶことへと移行するわけです．しかし，この移行は必ずしも簡単ではなく，規則性に気づかないまま，中学校での英語教育に移ってからもチャンク志向から抜けきれなければ誤用に陥ります．

　郡司（2014）には，公立中学校の2年生の事例で，parkはinと一緒に「in the park」と問題なく使えるのに，restaurantを「in the restaurant」とは表現できない生徒が少なからずいることが報告されています．この2つの句はどちらも「前置詞（in）＋定冠詞（the）＋名詞」の形ですが，同じ文法形式にもかかわらずこの違いがあるのは，in the parkは教科書や授業で頻出していたことから，生徒達はこれをチャンクとして覚えていたためであろうと考察し，前置詞と名詞の位置や構造の把握の困難さを指摘しています．

　この例は，表現をチャンクで学ぶ習慣から規則性への意識を持たせることに，教師が相応の配慮をすることが必要であることを示しています．それをマイナスと考えず，チャンクで覚えている表現が既にあることをプラスと捉え，それを「足場として」使い慣れているチャンクと規則性から予想される表現を並記・比較し，規則的に考えることで表現力が上がり，様々なことに使えることを気づかせることが可能でしょう．

他にも表現をチャンクで覚えてしまうことの弊害と思われる例があります．例えば，I'm は，自己紹介や挨拶などで頻繁に用いられ早期に導入される表現です（I'm Hanako. I'm fine. I'm a student. など）．I'm，もしくは I'm a では，am の縮約形を含めてチャンクと扱われますが，am が動詞であることを認識しておらず，I'm を「私は」と日本語に置き換え，その意味だけが定着しているためか「I'm go to school.」のように be 動詞と一般動詞を共に使用する誤用や，I'm a をチャンクとして否定の not をその後に置く「I'm a not student.」といった誤用も指摘されています．[14]

また，want を用いた表現は『Hi, friends!』の中では「I want ＋ 名詞」，「I want to go ～.」，「I want to be ＋ 名詞.」の3種が導入されますが，それらの文法形式の違いを正確に認識していないためか「I want to juice.」という誤用が見られます．さらに，Let's を含んだチャンクは，『Hi, friends!』では「Let's go ～.」のように動詞との組み合わせで用いられていますが，おそらくLet's が日本語の「～しよう」に対応すると理解し，「Let's cooking.（料理しよう）」や「Let's game.（ゲームしよう）」などの日本語からの転移による誤用も生じているようです．これらの want や Let's を含んだ表現の誤用は，小学校英語活動では品詞や構文に対する認識を持つ機会がないのですからやむを得ないことですが，中学校以降の教室での英語使用でも頻度の高い表現ですから，品詞や構文への気づきや意識を身に付けさせることに利用できる（反面教師となる）誤用とも言えます．

小学校から英語が導入されることで，真っ新な生徒を教えていたこれまでとは異なるタイプの誤用が出てきます．それらの背景を的確に判断するには，中学校の教員が，生徒が小学校英語活動でどのような表現をどの程度定着させているのかを把握する必要があります．それは新たな負担かもしれませんが，それができれば，中学校での学びへと効果的に移行させ，かつ規則性が持つ言語本来の創造力に気づかせ，さらなる学習へのモチベーションを喚起させることにも繋がります．効果的な小中連携がますます重要になってきているのです．

本論文の内容は神田外語大学言語科学研究センター「子ども英語研究グループ」による研究成果の一部を発展させたものです．研究グループのメンバーであった長谷川信子

---

[14] be 動詞が進行形ではない一般動詞と一緒に使われる誤用は大学生にも観察されています．本論文集の田川論文（第4章），梅原論文（第3章）もご参照下さい．

氏（グループリーダー），神谷昇氏，長谷部郁子氏との討議は大変有益でした．深く感謝します．

参照文献

Cameron, L. (2001) *Teaching Languages to Young Learners*. Cambridge: Cambridge University Press.

Cummins, J. (1994) Primary Language Instruction and the Education of Language Minority Students. In C. Leybe (ed.), *Schooling and Language Minority Students: A Theoretical Framework*, 3-46. Los Angeles: California State University.

大学英語教育学会（JACET）基本語改定委員会（編）(2005)『大学英語教育学会基本語リスト（JACET List of 8000 Basic Words）』東京：大学英語教育学会（JACET）.

郡司美紀 (2014)「英語の語順体得を目指した指導の研究——フォーカス・オン・フォームを取り入れた授業プログラムの実践を通して——」『平成25年度千葉県長期研修生研究報告書』.

長谷川信子 (2010)「小学校英語とはどういう英語か？——児童英語でできるようになること，できないこと——」『言語科学研究』16, 11-31. 神田外語大学大学院.

神谷昇・長谷川信子・長谷部郁子・町田なほみ (2010)「『英語ノート』における品詞割合と動詞の種類」*Scientific Approaches to language* 9, 233-258. 神田外語大学.

McKay, P. (2006) *Assessing Young Language Learners*. Cambridge: Cambridge University Press.

西垣知佳子・中條清美・西岡菜穂子 (2007)「小学校英語テキスト出現語彙の意味領域による分析」『日本児童英語教育学会（JASTEC）研究紀要』26, 15-25.

Read, J. (2006) *Assessing Vocabulary*. Cambridge: Cambridge University Press.

資料

『小学校学習指導要領』第4章 外国語活動 (2008) 文部科学省.
『小学校学習指導要領解説』外国語活動編 (2008) 文部科学省.
『中学校学習指導要領』第2章 第9節 外国語 (2008) 文部科学省.
『中学校学習指導要領解説』外国語編 (2008) 文部科学省.
『英語ノート 1/2』(2009) 文部科学省.
『英語ノート指導資料 1/2』(2009) 文部科学省.
『Hi, friends! 1/2』(2012) 文部科学省.
『Hi, friends! 1/2 指導編』(2012) 文部科学省.
New Crown（1年〜3年）(2013) 東京：三省堂.
New Horizon（1年〜3年）(2013) 東京：東京書籍.

付録　『Hi, friends! 2』でのタスクと扱う表現

	タスク	扱う表現例
L 1	・持ち物を尋ねる，言う ・アルファベットの小文字を読む ・数を数える（30〜100）	Do you have ＋アルファベット？
L 2	・誕生日を尋ねる，言う ・月の言い方を知る	When is your birthday? My birthday is ＋日付.
L 3	できることとできないことを言う，尋ねる	I can/can't ＋動詞（＋スポーツ・遊び・楽器などを表す名詞）． Can you ＋動詞（＋スポーツ・遊び・楽器などを表す名詞）？
L 4	道案内をする，道を尋ねる	Go straight Turn right/left Where is ＋施設を表す名詞？
L 5	・行きたい国を尋ねる，言う ・国名を知る	Let's go to ＋国名. Where do you want to go? I want to go to ＋国名.
L 6	・一日の行動を言う，尋ねる ・時刻を言う，尋ねる	I ＋日常の行動を表す動詞. What time do you ＋日常の行動を表す動詞？ It's ＋時刻. What time is it in ＋国名？
L 7	英語で物語を理解する	
L 8	将来の夢を尋ねる，言う	What do you want to be? I want to be ＋職業を表す名詞.

第 19 章

「複数性」の認識における日本語と英語

森山　卓郎

英語学習では単数・複数は難しい課題です．一方で，日本語にも代名詞や接辞，語彙的な畳語表現など，単数・複数に関する表現はあります．日本語での複数の表現には，無標形が単数を表す「厳密な複数性」の場合とそうでない場合とがあります．意味的には，日本語の複数のとらえ方の奥に多様性が関わっていること，文脈の一貫性によって複数の表現が選ばれること，などが指摘できます．こうしたことを元に小学生の複数形選択の調査をし，総称用法の難しさなどを指摘します．さらに，国語科の学習でも複数性という観点は解釈を深める点で興味深いということにも触れ，英語と国語の連携を主張します．

キーワード：　複数，単数，国語と英語の連携，代名詞，接尾辞「たち」

1. はじめに

　英語を初めて学習する時に必ず問題になるのが単数と複数の区別です．英語で名詞を使うためには，数えられるかどうかが問題になり，数えられるものである場合には，単数か複数かが問題になります．-s，-es，不規則な形など，複数を表す表現のしくみもさることながら，そもそもどういった場合に単数形ないし複数形になるのかということは難しい学習内容です．この単数と複数という概念は，言うまでもなく，現在形三人称主語の動詞形態や代名詞の選択などにも関わる点で，ずっと「ついてくる」問題でもあります．

　日本語母語話者にとって，単数と複数の区別が難しいことについて，例えばピーターセン（2010）ではいくつかの例が紹介されています．その中に，新聞広告に載ったという，

　　(1) *No more gun.

という表現があります（例文の*印は，その表現が不適切，非文法的であるこ

とを示します．以下同様）．そもそも数えられる名詞なのに無冠詞で単数形という問題点がありますが，さらに，「これ以上は要らない」という no more がすでに複数であるという前提を持つにもかかわらず，guns とならない点で，この表現は意味的に「不条理」だというわけです．さらに「ノーモア，ヒロシマ，ノーモア，ナガサキ」などと言われることがあるのに対して，英語としての

(2) *No more Hiroshima, no more Nagasaki.

という文がおかしいことについても取り上げられています．No more と言う場合の Hiroshima は「広島」そのもののことではなく，この表現において臨時的に作られた「広島のような町」というカテゴリーを表すのであって Hiroshimas という形にならなければならないのですが，この文がおかしいとしたのはいわゆる最難関とされる都内の国立大学生で27人中0人でした．固有名詞の複数形という表現に違和感を感じる人があるということも原因かもしれません．

もっと単純な表現でも単数か複数かということは問題になります．これも同書の例ですが，例えば，「犬が好きだ」ということを表すのに，総称表現として，

(3) I like dogs.

と言うべきところを，日本人の学習者は，

(4) *I like dog.

のような表現を作ってしまいがちだといいます．ところが，単数複数の区別をしない場合には dog を境界のないものとして捉える点で，例えば犬の肉のようなものを想像することになります．

このように英語の単数か複数かの弁別は，日本語を母語とする学習者にとってなかなか難しい学習項目です．これは日本語において英語のような複数性の概念がないからです．

しかし，日本語について考えてみると，単数と複数の弁別は日本語に全くないというわけではありません．英語ほど必須的ではないにしても，日本語に「～たち」や「それら」のように，単数と複数に関する弁別はあります．そこで，本稿ではこうした複数の表示がどういう場合に必要になるのか，どういう使い分けがあるのか，を考えてみたいと思います．

なお，単数か複数かの議論をする場合には，可算か不可算かの議論も前提として関わりますが，紙幅の都合もあり，ここでは必要最小限の範囲でしか触れないこととします．

2. 「厳密な複数性」と「厳密でない複数性」

最初に，複数を表すということ自体について整理しておきたいと思います．複数を表す形があるといっても，複数と単数の区別が厳密な場合とそうでない場合とがあるからです．

まず，形式がくっつくなどしてできた形（有標形）が複数を表すと同時に，何もつかない形（無標形）が必ず単数を表すという場合があります．これを「厳密な複数性」と呼びましょう．例えば日本語の人称代名詞は，「彼ら」が複数，「彼」が単数といった対応で，「厳密な複数性」が適用されます．

ただし，後に指摘するように，厳密な複数性が適用されるのは，人称代名詞に限ったことではありません．ほかの代名詞や「〜たち」などの表現でも，環境によっては「厳密な複数性」が問題になることがあります．

一方，無標の形が必ずしも単数を表すとは限らない場合もあります．例えば「学生たち」と言えば当然複数ですが，環境によっては

(5) 校庭に学生が集まっている．

のように無標の形だけでも意味的には複数であることを表す場合があります．また，

(6) お皿にはケーキが3個あったが，彼は2分で{それ・そのケーキ}をすべて食べてしまった．

のように代名詞（や連体詞）の場合でも，複数のものを指示しているにもかかわらず，「それ」が使える場合もあります（この場合，「それら」「それらのケーキ」という表現も可能です）．このような場合を「厳密でない複数形」が適用される場合と呼ぶことにしましょう．

さらに，これに対して，無生物など，それ以外の名詞の場合，「*鉛筆たち」のように言えず，「厳密でない複数性」すらありません．これを「複数性の非表示」と呼びましょう．ここで考えたいのは，どういった場合に「厳密な複数性」「厳密でない複数性」「複数性の非表示」が適用されるかということです．

3. 代名詞における複数性

3.1.「代名詞」という品詞における複数性の問題

　実は，国語教育で最近教科書から消えた品詞があります．それは代名詞です．従来「体言」というカテゴリーの下に代名詞と名詞があったのですが，日本語の代名詞の文法的な振る舞いは，英語などと違い，基本的に名詞と同じであるため，教授内容の整理という点で，代名詞は名詞に吸収されたのです．こんな代名詞ですが，代名詞には複数に関する表現があることには注意していいでしょう．

　仁田 (1997) は，代名詞でも人称代名詞は，「我々・あなた方・彼ら」は必ず複数を表し，「私，あなた，彼，彼女」は単数を表すことを指摘しています．ここでいう厳密な複数性が適用されるのです．さらに，「～たち」が基本的に人名詞につくこと（一部は「小鳥たち」のように使えます）などから，複数の表示について，次のようなスケールを提案しています．

(7)　人称代名詞＞人名詞＞生物名詞＞それ以外の名詞

(仁田 1997: 119)

これはおもしろい見方ですが，もう少し広げて代名詞全般について考える場合，事情はもう少し複雑です．[1] 例えば，

(8)　赤いバラの花粉．黒いアゲハチョウの羽の粉．紫水晶ひとかけら．白ネズミの尾を干したもの．そのほか本の指示するものを集めて，{それら（・*それ）}をこまかく砕き，まぜあわせ，麻糸の輪のなかにまきちらしてみた．

(星新一『ボッコちゃん』)

のように無生物の場合も複数で指示しないと不自然な場合があります（原文でない方の表現に括弧をつけています．以下同様）．これは厳密な複数性と言えるでしょう．

---

[1] 竹内 (2004) が指摘するように，厳密な複数性として「それら」「これら」と「それ」「これ」が対応することがあっても，「あれら」は事実上「あれ」と対応しません．「あれら」は基本的に「あれ」にもなるようです．これは，「あ」に直接指示性があること，そして，「遠距離」性があることによると思われます．すなわち，「遠い」指示であることで複数の場合でもひとまとめとしてのとらえ方ができ，単数的な言い換えが可能になるのです．「こそあ」にはこうした様々な問題がありますが，ここでは深入りせず基本的に「そ」で代表させて記述します．

一方，代名詞でも厳密でない複数性の用法があります．次の例のように複数のものを指して単数の形を使うことは可能です．例えば，

(9) 　コートを買ったが，ボタンが2個とれていた．そこでお店でそれをつけてもらった．

この場合，「それら」と言うこともできますが「それ」でもおかしいわけではありません．ここでの複数性は厳密ではないのです．人称代名詞以外の代名詞では，厳密な複数性の場合と厳密でない複数性の場合とがあることになるので，この整理が必要です．次の場合も，「20本」のワクチンは「それ」で指示されています．

(10) 　ワクチンはここの窓口でしかもらえない．一度にもらえる量は，四十日分二十本，値段は九千円と消費税二百七十円．一般の医薬品より安く抑えられているが，保険はきかない．斉藤さんはそれを持ち帰り，週三回，近所の病院で注射してもらう．

(下線は筆者．『AERA』1993年5月号)

3.2. 代名詞における多様型複数性

　では，どういった場合に厳密な複数性が必要になるのでしょうか．一つ考えられるのは，種類の違いがある場合です．(8)のように混ぜ合わす材料が複数ある場合は，別のものですから複数扱いになります．一方，(10)のように同じものの場合，複数あっても「それ」で指すことができます．日本語では，個体の境界性についての意識よりも「種類」に意識があり，「別のもの」と認定されるとその標示がなされるのです．逆に，複数のものがあっても，「ひとつのまとまり」の認定がなされれば，複数の表示をする必要はありません．
　この点でわかりやすいのが動きの場合です．次のように複数の動作があっても一連のものとしてまとまれば「それ」で取り上げられます．

(11) 　そこに人の寝ることのない広い畳は，夜明け前の冷気のなかに，はねつけるような肌ざわりをしていた．燭台の焰はゆらめいた．私たちは三拝した．立って叩頭し，鉦の音と共に坐って叩頭する．{それ(・それら)}を三度くりかえすのである．

(三島由紀夫『金閣寺』)

一つ一つの動きを「別物」扱いして「それら」でとらえることもできますが，

一連の動きとしてまとめるなら「それ」でとらえられるのです．
　同様に，まとまり（セット）になっているものも同様です．ナイフとフォークならば厳密には「別のもの」であっても常識的にまとまりとしてのとらえ方ができるので，「それ」で指示できます．

（12）　お祝いにナイフとフォークを貰った．なんと {それ・それら} は銀製だった．

これに対して，

（13）　お祝いにナイフとフォークとネクタイピンを貰った．なんと {?それは・それらは} 銀製だった．

のような場合は「それら」の方がより適切だと思われます．（？は，容認度が低いことを表します．）それぞれ別物としての認識がなされるからです．
　つまり，複数の表現がなされる場合，「いろんなものがある」というとらえ方がベースにあります．日本語の人称代名詞に厳密な複数性があるのは，通常，人については，一人一人の個体について「別もの」「違うもの」としての扱いをするからだと考えられます．一方，例えば病院で貰うワクチンなどは複数あっても「一つ一つ」についての認識はされず，代名詞として指示する場合も複数で扱う必要はありません（複数扱いでもいいのですが単数扱いでもいいのです）．」例えば，ミカンの箱の中には一応同じ「みかん」が複数存在しています．もちろん，ミカンでもよく見れば一つ一つは違うのですが，普通の日常的な認知では，その個体差は認識されません．後でも述べますが，こうした同一物の個体的な複数性の場合には，「いろいろなミカン」という表現はできません．そして，そのように質的な違いが認識されない場合には

（14）　先週和歌山のミカンを10個貰ったのだが，{それ・それら} は信じられないほど甘いミカンで，息子がすぐに食べてしまった．

のように，「それ」でも複数のものを指すことができます．
　こうしてみると，英語では個体の有界性に注目してその個体の数が複数かどうか表現しわけますが，日本語では単一かどうかという「別もの」の認識に敏感だと言えそうです．いわば，日本語での複数の概念はいわば「いろいろあるぞ」という気持ちに近いと言えるのではないでしょうか．個体の多様性がある場合の複数性，すなわち，「いろいろ」という言葉が使えるような環境での複数性を「多様型複数性」と呼ぶことにしましょう．

3.3. 代名詞の複数性と文脈

もう一つ，日本語での代名詞による複数のとらえ方を考える場合，文脈（テクスト内的要因）との関係もあります．次の例文では，最初に①で「それ」を選択した場合，②でも「それ」を使うことはできそうです．一方，①で「それら」を選択した場合，②で「それ」を選ぶことはできなくなります．

(15) 洗濯機のカバーのボルトとナットが壊れた．{①それ・それら}を交換したら五千円もかかるということだった．高いと思ったが，洗濯機を買い換えるよりは安くつくので，結局{②それ・それら・そのボルトなど}を交換することにした．

日本語では，一度先行する文脈で複数の表現として取り上げれば，それ以降は「厳密な複数性」が要求され，同じものを指す場合には複数として有標形式が必要とされます．ただし，その場合でも多様性に着目してとらえる場合には，類似のものがあるという例示の表現で代替することもできます．こうした特性は次に述べる「～たち」の用法にも共通しています．

4. 複数表示接辞「たち」

4.1. 複数性接尾辞と多様性

次に「たち」「ら」などのような複数性接尾辞について見てみましょう．「～ら」については複数の表示という点では基本的には同じなので，以下「～たち」で言及します．「～たち」がつくのは「人」と，動物など「人」に準ずるものに限られます．これらがついた形（有標形）は基本的に複数を表します．ただし，広く知られているように，「太郎たち」は複数の「太郎」を表すのではなく，「太郎」を代表とした臨時的な複数の人の存在が想定され，そのメンバーが複数であるということが表されます．この点でも，日本語の複数に関する表現は，多様型複数をベースにしていると考えられます．[2]

なぜ「～たち」が人や人に準ずる動物の場合に限られるのか，ということも，これらの名詞では，それぞれの個体の違いが認識され，多様性があるという（いわば「いろいろある」という）とらえ方がなされるからだと言えそうです．

---

[2] 当然のことですが，「たち」で示される代表例は語用論的にメンバーの「代表」である必要があります．なお，一つのカテゴリーとならない場合には「～，そのほか～」など，別要素を表す表現もあります．

4.2. 接辞による複数性の表示と文脈

では，文脈での用法はどうでしょうか．加藤（2006）では，「指示対象が複数の要素からなる集合体である場合，特定指示のない普通名詞では複数接辞は任意であるが，特定指示のある普通名詞では複数接辞は必須である」（13頁）という指摘があります．例えば，

(16) 道ばたに座り込んだ太郎の横をたまたま数人の{会社員・会社員たち}が通りかかった．その{*会社員・会社員たち}は太郎を介抱して，近くの病院に連れていってくれた．

(加藤 2006: 8)

のように，指示するものが決まっている場合には，確かに複数接辞が必要とされる傾向があると言えそうです．

ただし，

(17) 大学の学費値上げの方針に，{①学生・学生たち}が反発した．反発した{②学生・学生たち}は教室占拠という手段で対抗することにしたが，実行した{③学生・学生たち}はただちに逮捕された．

のような例文で考えるとどうでしょうか．①で「学生」が選ばれていれば，②③ともに「学生」でも言え，複数の解釈もできます．[3] これに対し，もし①で「学生たち」が選ばれれば，②③は厳密な複数性が要求され，もし複数の場合には必ず「学生たち」で言及する必要があると思われます．

つまり，「学生たち」という表現が導入された後に単に「学生」とすると単数で解釈されます．例えばこの例文で①②が「学生たち」であって③のみ「学生」であればふつうは一人の学生という解釈になるのではないでしょうか．複数という有標の標識をつけ，文脈に複数存在として導入したものは，同一の指示である場合，原則として複数存在として言及し続ける必要があります．

このように，無標の場合，厳密でない複数性の解釈が適応され，単数か複数かはわからない可能性が残ります．無標の形式の場合，特に多様性が問題にならない限り，そのままで複数を表す可能性があるのです．これに対して，有標

---

[3] 「その」によって指示される場合を特定指示と考えると，加藤（2006）が指摘する通り，「その学生」は単数と解釈されます．例えば (17) の例で「反発した学生」を「その学生」とすれば単数としての解釈が自然です．これは「その」が「それらの」に対応して単数を表示することによると考えられます．特定的でもこの例や「当事者の」など複数の解釈の余地があれば複数解釈ができます．

の形式である複数の表示をすると，そこから名詞の同一性について単数か複数かということが照合され，今度は厳密な複数性が適用されます．こうしたしくみは代名詞の場合と同じです．

　ここで，とらえ方に関する注釈も必要です．例えば，

(18)　昨日 3 人の {学生・学生たち} が連れだって質問に来た．話を聞くと，{*その学生・その学生たち・それらの学生・それらの学生たち} は授業をまるで理解していないようだった．

では，連続する出来事を述べる同一文脈として厳密な複数性が適用されます．ちなみに複数性は「それらの」によっても示せます．一方，

(19)　昨日 3 人の {学生・学生たち} が連れだって質問に来た．ああして質問に来る {学生・学生たち} は試験でいい成績をとれるはずだ．

のように，一般的なこととして述べ直す場合は，いわば登場した名詞をその場面から離れた文脈の中に置くことになります．そうすると一人一人の学生についての一般論的な話になる点で，「学生」のような無標形でも可能だと思われます．複数であることが明らかでも，叙述文脈を改める場合は，一つ一つの要素について述べることも可能です．これは何に注目するのかという表現の仕方にも関連しています．

　もう一つ，名詞における複数の表し方についても注釈が必要です．この例のように「～たち」が使える名詞では「その学生たち」のように，接辞だけで複数であることがわかります．「それらの～」という形が使われるのは「たち」などが使えない名詞が一般的と言えるでしょう．[4]　その点で，複数であることを改めて取り上げる表現として「それらの学生たち」ということは考えられますが，複数を表す接辞だけが不在の「それらの学生」という表現は，表現としては成立するものの，あまり一般的ではないように思われます．

　以上，3 節では代名詞による指示を，4 節では「たち」などの接辞がつく場合を，それぞれ取り上げ，日本語の複数性について，多様性という意味的要因と文脈での照合という文脈的要因との二つの要因が関わることを見てきました．

---

[4]　「たち」には「人」としての感情移入的要素があります．公的な固い文体の場合，法律の議論などでは，例えば「その凶悪犯たち」「それらの凶悪犯たち」ではなく「それらの凶悪犯」と表現する方が適切でしょう．

5. 日本語の語彙的表現における複数性の認知

5.1. 畳語型形式と多様型複数性

次に，日本語で複数性を表す，畳語タイプの複数表示についても見てみましょう．

(20) 人々，家々，山々，品々，村々，国々，道々

のような表現です．これらの表現は語彙的であり，どのような場合に畳語タイプの複数が表されるのかに明確な規則はないとされています．

確かに語彙的側面は大きいのですが，畳語タイプの表現によって表示される複数性に，ある特性があるようにも思われます．それは多様性です．例えば，「花々」という場合，全く同じ花が多量にあるというよりも，様々な違った種類の花が複数ある場合の方が典型的に当てはまるのではないでしょうか．[5]「品々」という表現も同様で，様々な「品」の存在が考えられるのです．一方で，例えば「稲」「石」は身近なものであり，また，多量にあることが多いものですが，「稲々」「石々」のような言い方はありません．

ここでも，複数の個体の存在を考える場合，全くの同一物の多量の存在の場合と，個体差や種類差が認識できるものが複数ある場合とを区別して考えることができます．いわば「いろいろな」が言えるかどうかということとゆるやかに関わりがありそうです．

こうして見た場合，日本語で「品々」「人々」などという表現が使える複数表現は，基本的に多様型複数性の場合です．「国々，村々，町々，山々」のように，それぞれの存在がある場合も「いろいろな国」などと言えるようにそれなりの多様性があるのではないでしょうか．「学生時代の日々」のような表現も「いろいろな日」があったことが取り上げられているし，「家々」「岩々」「道々」なども，質的には同じものでも，いろいろな家，いろいろな形の岩，いろいろな道といった多様性があり，一つの傾向として，画一的な同一物ではないと言えそうです．

もっとも，「犬たち」のように「～たち」が言えるのに「犬々」が言えないように，複数というとらえ方が成り立つかどうかにおいて矛盾するものもありま

---

[5] ただし，「花々」が同一種類のものを指す例もあります．「樹冠いっぱいに群がる桜の花々は，風の一撃を受けると，青い青い空へうずを巻いて舞いあがった．」『アエラ』(1993年4月号) では，あえて複数個体であることを表現したい場合と考えられます．

す。[6] その点で日本語の複数表示の畳語表現は，あくまで語彙的なものです．ただ，畳語表現そのものの意味を考えた場合，一つの傾向として複数性の認識に「いろいろな」という多様性のとらえ方が関わっているということは指摘してもいいように思われます．

5.2. 「諸〜」も多様型複数

漢語接頭辞「諸〜」による複数の表示も同様のことが指摘できます．

(21) 諸車，諸家，諸港，諸国，諸本，諸問題，諸事情

などでは，「複数」という概念があります．「諸車」「諸船舶」などに対して「諸船」「諸機」などと言わないように，「諸」がつく言葉には一定の語彙的制約があります．そうではあるのですが，「諸〜」がつく表現の場合も一つの傾向として，多様型複数を表しやすいと言えそうです．例えば，

(22) 諸車通行止め

という場合，「同じ種類の複数の自動車」ではなく，「バス，自家用車，トラック」といった「異なる種類の自動車」が問題になります．同様に，

(23) 源氏物語諸本

などというのも同様で，全く同じテキストの複製が複数存在する場合には「諸本」とは言いません．「諸〜」は，単に数量によって複数であることを示すものとは違うのです．

「諸」は外国の複数形の概念を翻訳する場合に使われる場合もあるようです．例えばアダム・スミスのいわゆる『国富論』An Inquiry into the Nature and Causes of the Wealth of Nations は，大内兵衛・松川七郎両氏の訳では「諸国民の富」というタイトルとなっています（岩波文庫版）．英語の複数概念を訳す場合に漢語として「諸」が効果的に使われているわけで（ここでは Nations に対応させて「諸国民」），この場合，「いろいろな国の人々」という点でニュ

---

[6] 松本 (2009) は，畳語複数形について，限定された上位概念ないし場面，個性が認められる成員であること，二音節以下，訓読み，漢字一文字などの形態であれば生産的だとし，「犬々」のような表現も可能だとしています．個性が認められるという点は本稿に共通する重要な指摘だと思われますが，生産的といえるほど形式化しているとは思えません．「犬々」のような表現が仮にあったとしても，「人々」などになぞらえた臨時的な用法ではないでしょうか．

アンスとしても合っているように思われます。[7]

6. 日本人にとっての英語の「複数」の注意点

6.1. 数えられるということと認知

　英語での複数性は，基本的に有界性による認知です．ただし，これには可算物としての大きさなども関わり，判断は難しいことがあります．例えばお米は日本語では一粒ずつ数えられますが，英語では *rices とは言いません．rice という境界不分明なまとまりとして不可算名詞の扱いです．食料として一定量を口にする場合，一粒ずつを数えることはしないといった用途に関する特性も関与するのかもしれません．一方 seed には seeds という複数形があります．もう少し大きな場合，すなわちピーナッツ peanut や葡萄 grape のような実の場合，可算的であり，複数形があります．これは個体として区別されるからです．しかしこうした違いは非母語話者にとってわかりやすいものではありません．

　この点でおもしろいのが，石田（2012a）が指摘するスパゲッティやヌードル，そしてパスタです．イタリア語ではスパゲッティ spaghetti は複数形で，一本はそれぞれ spaghetto（細紐）です．英語でも麺は noodles というように一本一本が個体として計数されます．例えば「カップヌードルミュージアム」は英語での表記では，Cupnoodles Museum です．しかし，麺類の一本一本を可算的なものとして捉え，複数で扱うというのは普通の日本人の感覚とは違っているように思われます．一方パスタ pasta は麺類に成形する前の練り物（つまりペースト）なので数えられない名詞の扱いということです．

　そんなわけで，日本語母語話者にとって，英語の有界性による複数の認識は少しわかりくいと言わざるを得ません．冒頭で触れた Hiroshima など抽象名詞の場合も同様です．

　一方，同じ複数でも多様なものが考えられるような複数の場合は，日本語と発想と共通してくるので，多少はわかりやすいことが考えられます．例えば，フルーツ fruits は複数形で，外来語としても複数形の形です．そして，そのま

---

[7] 付言ながら，本論集の澁谷論文（第13章）で指摘されている World Englishes も，「（世界）諸英語」あるいは「英語諸種」などというような言い方ができるかもしれません．ここでも複数性ということはもちろんですが「諸」を使うと「いろいろな英語」という多様性のニュアンスがあるといえそうです．

は three fruits と言えば，一般的には三種類の果物を表します．日本語でも「それらのフルーツ」という場合，一種ではなく多種の場合を想像するのではないでしょうか．ちなみに「三個の果物」は three pieces of fruits という形です．

6.2. 日本語母語話者にとってのわかりにくさ

以上見てきたような特性は，日本語話者にとって，英語の単数か複数かの弁別が，どのような場合にわかりやすいか，あるいは，わかりにくいか，ということを考えるヒントとなります．例えば，同一物について総称表現として取り上げる場合，多様性が明らかでないうえに，具体的に「いま，ここ」に複数のものがあるわけではないので，その複数性はわかりにくいことが予想されます．

そこで，小学生を対象に，次のような簡単なアンケート調査をしました（東京都内の公立小学校3校の4年生の3つのクラスで，2014年3月に実施）．外国語活動のレディネスという意味も込めて，「英語では，数えられるものについて言うとき，それが一つのものか二つ以上のものかで，表現がちがいます．たとえば，ペン（pen）は，一本なら「a pen」という形に，二本以上なら「pens」という形にします．同じように，いっぴきの犬（dog）なら「a dog」，二ひき以上なら「dogs」という形にします．」という説明を読んでもらい，次のような問いに答えて貰いました．

(24) 質問は次の通りです．
1. 「机の上に赤いペンが三本ある」と言いたいとします．どちらの形だと思いますか．
2. 「文字を書く道具として，ペンかえんぴつか，どちらが好きですか」と聞かれたとき，「私はペンが好きです」と言いたいとします．どちらの形だと思いますか．
3. 筆箱に，赤ペン，黒ペン，青ペンが入っているとします．そのとき，「ペンを持っています．」と言いたいとします．どちらの形だと思いますか．
4. 道路に赤いペンが一本落ちていました．「あ！ペンが落ちている」と言いたいとします．どちらの形だと思いますか．
5. 「町のあちこちで犬が鳴いていてとてもにぎやかだ」，と言いたいとします．どちらの形だと思いますか．

6. 犬を三びきかっているおうちがありました.「このおうちの犬たちはさびしくないね」と言いたいとします.どちらの形だと思いますか.

　これらについて, a dog か dogs かのいずれかを選んで○印をつけてもらうという形式です（4 以外は複数の dogs が一般的です）.結果は［表1］に示します (n=89).

　　　　　　［表1］

	1	2	3	4	5	6
a dog/a pen	15	69	19	77	19	17
dogs/pens	72	20	70	12	69	72
未記入	2	0	0	0	1	0

　1の場合,「三本」という数を明示している点で, pens でなければならないのに, 15 人がそう答えていません.また, 4 の場合,「一本」といっているのに, 12 人が複数形の方を選んでいます.ここからこの簡単な説明だけを読んで単数形か複数形かを選ぶことは,一割強の子ども達にはできなかったと言えます.小学校で英語を教科化する動きがありますが,こうした実態について把握と配慮が必要ではないでしょうか.[8] また,これらの複数が多様性をもっておらず,「いろいろ」という意識がしにくいことにも注意しておきたいと思います.

　また,「ペンが好き」のように総称的に取り上げる場合,複数形の方を選んだ回答は明らかに少なく,総称的に考える場合に複数になると考える子ども達は多くないことがわかります.[9] 総称的に述べる場合,個体としての複数性はあっても「いろいろある」的なとらえ方はしにくいということも考えられます.[10]

---

　[8] なお,富山県射水市立大門小学校の河原光裕氏による同じ調査では1での誤答は149人中6人 (4.0%), 4での誤答は8人 (5.4%) でもっと少ない数でした.

　[9] 例えば同様の「ペン」の問題として2と3を比べると有意な差があります (χ^2 (1) = 56.187, p<0.01).数字は略しますがこれは注8で触れた河原氏の調査でも同様です.なお河原氏の調査で,無答と問1誤答の回答者を除く129人で見たところでも3の問題で複数形を選んだのはわずか10人 (7.8%) です.

　[10] 総称文にもいろいろな場合があり,単数形での表現もあります（解説として例えば富永 (2009) などを参照）.

なお，5と6では，「犬たち」と「犬」という複数形を示す接尾辞の有無も複数形の選択にはあまり違いがありませんでした．6では「犬たち」という表現なので複数であることがわかりやすいのですが，5のように「あちこち」という表現がある場合も「いろいろなところにいる犬」という発想がしやすくなるということかもしれません．[11]

まだ十分な考察はできていませんが，子どもたちにとってわかりやすい「複数」とそうでない「複数」といったものはありそうです．そして後者の場合，日本語の考え方が影響している可能性はあります．そうであれば，ある程度理解が深まった段階で，日本語での「～たち」「それら」などの表現のしかたを比べてみると，英語の発想，日本語の発想ということについての理解が深まることにつながるはずです．

7. 複数性と国語科教育

7.1. 外来語と複数性の認知

最後に，国語の学習という観点に軸足を置いて，英語との関連も含めつつ，複数性について検討してみたいと思います．まず，最も深く関わるのは外来語の複数性です．英語の複数性を考える上でわかりにくいものに，

(25)　glasses, trousers, socks, shoes, pumps, pants, jeans

などの使い方があります．これらはいずれも左右対になるものですが，全体がつながった物や，対で使う物なので，日本語母語話者の複数の概念とはずいぶん違っています．ただし，この中でも石田（2012b）が指摘するように，「ソックス，シューズ，パンツ，ブーツ，ジーンズ」などは複数形のまま外来語となっています．付言ながら，対で使う履き物については，日本語での「一足」も同じ考え方と言えます．英語の a pair of socks が「一足のソックス」となるように，左右両方がそろうことで日本語でも「一足」となるからです．こうしたとらえ方は英語の学習をする場合に多少参考になるかもしれません．

一方，履く物の外来語でありながら複数の標識がついていないものもあります．ストッキング stockings，スリッパ slippers，サンダル sandals などです．外来語の中に単数形で使われるものと複数形で使われるものとがある理由はよ

---

[11] 注8で触れた河原氏の調査でも同様の傾向です．問5，問6で単数を選んだのはそれぞれ 149 人中 9 人（6.0%）と 14 人（9.4%）でした．

くわかりませんが，用法を考える上で注意は必要です．

7.2. 複数性と文学作品の解釈
　英語のような外国語のフィルターを通すことで，個体としての複数性について考えることも興味深いことです．しばしば言及されることですが，

　(26)　古池や蛙飛び込む水の音　　　　　松尾芭蕉

の「蛙」が単数か複数かということなどはおもしろいことです．「蛙」は春の季語ですが，一般に春の蛙は集団で孵るので，複数の場合が考えられます．どちらかといえばこれまでのこの句の解釈は，「古池に一匹の蛙が飛び込む」という静かな趣という解釈でしたが，そうではなく，「古池」という一見枯淡な場に対して，春の生き生きとした蛙たちの存在とを取り合わせるという解釈をする余地もあるのです．これは一つの「答え」に決められない問題ですが，単数，複数ということを考えることで，解釈を深めていくことができます．
　同様に，例えば，

　(27)　柿食えば鐘が鳴るなり法隆寺　　　　　正岡子規

の「柿」が複数か単数かあるいは一切れなのかという，普通の日本語話者ではなかなか出にくい発想での解釈を考えることなども楽しいことではないでしょうか．
　単数か複数かの弁別は，物語の描写にも関連します．次は高校の国語の多くの教科書で取り上げられている芥川龍之介『羅生門』の，楼の中の「幾つかの死骸」についての記述です．

　(28)　勿論，中には女も男もまじっているらしい．そうして，その死骸は皆，
　　　　それが，かつて，生きていた人間だと云う事実さえ疑われるほど，土
　　　　を捏ねて造った人形のように，口を開いたり手を延ばしたりして，ご
　　　　ろごろ床の上にころがっていた．

ここでは複数ある「死骸」について，複数としての表し方がなされていません．指示する場合でも「その死骸」「それが」となっているのです．しかし，そのためにアップのカメラワークとして一つ一つの死骸についての描写をしていくようなニュアンスがあります．先に述べたような文脈としてのとらえ方に関連しているのです．一方，その次の段落では，

(29)　下人は，それらの死骸の腐爛した臭気に思わず，鼻を掩った．

のように「それら」という複数の扱いをしています．ここでは数多くある死骸全体を取り上げるからでしょう．こうした単数か複数かの違いは，微妙ながら表現上の効果に連動しています．

　もう一つ，『国語1』（光村図書）に取り上げられている米倉斉加年「おとなになれなかった弟たちに」（100-109頁）の表題での複数形にも触れておきたいと思います．この作品では，実質的には戦時下，栄養失調で亡くなった「弟」の「ヒロユキ」のことが取り上げられているのですが，表題では「弟たちに」と複数形になっています．このことによって個人的な経験が単なる個人的な経験ではなくなります．すなわち，複数形になることで，戦争で亡くなったほかの子どもたち（まさに「弟たち」）への思いをこめたものになっているのです．タイトルにおけるこの複数性の表示は重要な読み取りのポイントの一つです．

　このように日本語の複数性に関する議論は，英語のような外国語の学習のみならず，国語教育の様々なところにも深くつながっています．

8. おわりに

　以上，単数か複数かということが日本語でどのように表現されるかということについて見てきました．日本語にも単数か複数かと言うことに関する表現自体はあること，しかし，その認識の仕方には英語とは違いがあり，日本語では多様性や文脈での一貫性などに関わるということ，などが明らかになってきたと思われます．複数性とひとくちに言っても，日本語母語話者にわかりやすいものとわかりにくいものがあることや，国語科の学習でも複数か単数かということに立ち止まることで，解釈を深めることができるということ，外来語のおもしろさ，などにも触れました．

　外国語を学習する場合，その言葉の仕組みをしっかりと押さえる必要があります．学習段階や発達段階にもよるのですが，一般に，学校教育での外国語の学習の場合，学習者が母語と外国語の違いについて考えることは，言葉についての理解を深める点で有意義だと思われます．そこから改めて母語すなわち国語について考えを深めることもできるからです．例えば「ここは同じ，ここは違う」，「見方はこう違うのだ」というように共通点や相違点を意識化することは，外国語学習そのものにとって有益なはずです．その点で，教科としての国

語と英語の連携がさらに深まっていくことは，今後さらに大切なことです．[12]

今後の課題もあります．英語の場合，可算名詞かどうかといったことや，a pair of, a piece of などの計数に関わる表現についても考える必要があります．学習者のわかりやすさについても，さらに実証的な検討が必要でしょう．外国語活動との関連では，中国語，韓国語などのほかの言語の場合に複数や単数をどう表すかという問題も興味深いですし，助数詞（類別詞）の問題もあります．今後の課題については，機会を改めて考えてみたいと思います．

参照文献

石田美代子（2012a）「スパゲッティとパスタ」『国語日本語の話題ネタ』森山卓郎（編）68-69．ひつじ書房．

石田美代子（2012b）「ブーツとスニーカー」『国語日本語の話題ネタ』森山卓郎（編）70-71．ひつじ書房．

梅原大輔（2009）「流暢さと正確さの両立を目指す」森山卓郎（編）『国語からはじめる外国語活動』97-112．慶應義塾大学出版会．

大津由紀雄（2009）「国語教育と英語教育」森山卓郎（編）『国語からはじめる外国語活動』11-29．慶應義塾大学出版会．

加藤重弘（2006）「日本語の複数形──2つの複数と集合認知──」『北海道大学国語国文学会　国語国文研究』130，1-15．

竹内直也（2004）「これら・それら・あれら──指示詞複数形の「指示」について」『学習院大学人文科学論集』13，69-89．

富永英夫（2009）「複数形と総称文：一般的特徴を述べる」森山卓郎（編）『国語からはじめる外国語活動』202-203．慶應義塾大学出版会．

仁田義雄（1997）『日本語文法研究序説──日本語の記述文法を目指して──』くろしお出版．

マーク・ピーターセン（2010）『日本人が誤解する英語』光文社知恵の森文庫．

松本純一（2009）「日本語における畳語複数形の生成可能性について」『東洋学園大学紀要』17，243-249．

三井さや花（2013）「英語母語話者による日本語名詞の複数形の産出について：英語と日本語の複数認識のずれ」『日本語教育』154，115-122．

森山卓郎（2009）「外国語を支える国語の力」森山卓郎（編）『国語からはじめる外国語活動』11-29．慶應義塾大学出版会．

---

[12] こうした点のほか，そもそも母語の運用能力を高めること，言葉の規則性への気づきも必要です（例えば大津（2009），梅原（2009），森山（2009）など）．ここでは英語の学習を取り上げていますが，逆に非日本語母語話者の日本語教育にも有益です（三井（2013）など）．

言語資料

『AERA』1993年4月号，5月号.
星新一『ボッコちゃん』新潮社 1971.
三島由紀夫『金閣寺』新潮社 1960.
芥川龍之介『羅生門』『芥川龍之介全集1』筑摩書房 1986.
米倉斉加年「おとなになれなかった弟たちに」『国語1』光村図書出版 2012.

第 20 章

『中学校学習指導要領』の検証
―新たな英語文法教育を目指して―

永井　典子

現行の『中学校学習指導要領』は，中央教育審議会の答申で指摘された課題，「内容的にまとまりのある一貫した文書を書く力が十分身についていない」を解決するために，文法事項の「文型」を「文構造」と改め，学習者に文の構造に着目させるように改編しました．しかしながら，「文構造」の解説は，従来の「文型」の解説とほとんど変化が見られません．そこで，本稿では，「文構造」の解説の問題点を指摘し，学習者に英語の構造を理解させるために，どのような説明をする必要があるのかを，言語学の知見を基に文の構成要素，構成要素の単位，文構造の階層性の 3 つの観点から示します．

キーワード： 中学校学習指導要領，英語文法，文型，文構造，文法教育

1. はじめに

　英語教育に関し，これまで，文法教育の重要性とコミュニケーション能力育成の重要性が二項対立のように語られてきました．文法教育を重視するあまり，コミュニケーション能力の育成がおろそかになっていたとか，コミュニケーション能力育成を重視しているため，正確な文法知識が身についていないというように．このような捉え方を変え，双方の重要性を明確にしたのが，平成 20 年度改訂の現行の『中学校学習指導要領』（以下『指導要領』）[1]です．
　中学校でどのように英語を学ぶのかは，その後の英語学習に大きく影響を及ぼします．『次期要領』は，急速に進展するグローバル化に対応する人材育成を目指し，通常は 10 年ごとの改訂を 2 年早め，平成 28 年度に改訂される予

---

[1] 本稿では主に現行の『中学校学習指導要領』の外国語（英語）関係の記述に言及して論を進めます．現行のものは，平成 20 年（2008 年）に改訂が公示され，平成 24 年度（2012 年）に完全施行されています．以下では現行の『中学校学習指導要領』本体を『指導要領』，その外国語についての解説編は『解説』と略します．現行のものでない『指導要領』『解説』については，その旨，『次期要領』，『旧要領』などと，明記します．

定です.ただし,現行『指導要領』で明確にした文法教育のあり方と位置づけ[2]は,グローバル化に対応した人材育成に必要であるのみならず,今後の英語教育の根幹をなすものだと思われます.そこで,本稿では現行の『指導要領』の改訂内容を検証し,その改訂に基づく英語の文法教育はどのようにあるべきなのかを考えてみたいと思います.そのために,まず,『指導要領』の改訂ポイントを概説し,実際に教育に反映させる際の問題点を指摘し,問題に対応すべき解決策を示したいと思います.

2. 『中学校学習指導要領』の改訂ポイント

『指導要領』は,中央教育審議会の答申[3]で指摘された課題に対応し,作成されました.その課題の1つが下記に示すものです.

> 中学校・高等学校を通じて,コミュニケーションの中で基本的な語彙や文構造を活用する力が十分に身に付いていない,内容的にまとまりのある一貫した文書を書く力が十分身についていない状況なども見られる.

答申では,さらに,この課題を踏まえ改善すべき基本方針を示しています.その中で,中学校における文法教育や英語教育の位置づけに関し以下の2点を挙げています(下線は著者による).

- 「聞くこと」,「話すこと」,「読むこと」及び「書くこと」の4技能の総合的な指導を通して,これらの4技能を総合的に活用できるコミュニケーション能力を育成するとともに,その基礎となる文法をコミュニケーションを支えるものとしてとらえ,文法指導を言語活動と一体的に行うよう改善を図る.また,コミュニケーションを内容的に充実したものとすることができるよう,指導すべき語数を充実する.
- 中学校における「聞くこと」,「話すこと」という音声面での指導については,小学校段階での外国語活動を通じて,音声面を中心としたコミュニケーションに対する積極的な態度等の一定の素地が育成されることを踏まえ,指導内容の改善を図る.併せて,「読むこと」,「書くこと」

---

[2] 第2節で詳しく見るように,『指導要領』の文法教育の位置づけを『解説』では,「豊かな内容を伴うコミュニケーションを行うためには,正しい文法の基盤が必要不可欠である」(pp. 54-55)と解説しています.

[3] 詳しくは,中央教育審議会 (2008) を参照して下さい.

の指導の充実を図ることにより,「聞くこと」,「話すこと」「読むこと」及び「書くこと」の四つの領域をバランスよく指導し,<u>高等学校やその後の生涯にわたる外国語学習の基礎を培う</u>.

つまり,現行の『指導要領』作成の際の改訂ポイントの1つは,文法教育の明確な位置づけと在り方だと言っても過言ではありません.[4] この改善の基本方針は,「言語活動」の1つである「書くこと」や「言語材料」の項の「文法事項」,及び「言語材料の取り扱い」の項に明確に反映されています.

「言語活動」の「書くこと」の記述では,「書くこと」の活動の1つを次のように規定しています.

書くこと
(イ) 語と語のつながりなどに注意して正しく文を書くこと.
(『指導要領』p. 93)

この規定は,今回の改訂で新たに加わったものであり,先に述べた答申で指摘された課題に対応したものであることが,『解説』の方に以下のように述べられています.

この指導事項は,今回の改訂で新たに加えたものである.文構造や語法の理解が十分でなく正しい文が書けないという課題に対応したものである.「正しく文を書く」とは,正しい語順や語法を用いて文を構成することを示している.
(『解説』pp. 20-21)

つまり,平成20年以前の『旧要領』でコミュニケーション能力の育成を重視したことにより,「通じればよい」という安易な風潮を生み,その結果,正確な英語の文章が書けなくなっているという課題に対応し,上記の「書くこと」の活動に新たな規定が加えられたと考えられます.正確な文法知識の必要性を「書くこと」の活動の中で示し,正しい文を書くためには,文構造や語法の習得が不可欠であることを示しています.

そして,文法教育で何を目指すのかを明らかにするために,文法事項の記述も改訂されました.従来の『旧要領』で使用された「文型」という記述が「文構造」と改められ,その理由を『解説』では以下のように説明しています.

---

[4] その他の改訂のポイントに関しては,『解説』の「外国語科の改訂の趣旨」,および『中学校学習指導要領新旧対照表』に述べられています.

> 文を「文型」という型によって分類するような指導に陥らないように配慮
> し，また，文の構造自体に目を向けることを意図してより広い意味として
> の「文構造」を用いたものである． 　　　　　　　　　（『解説』p. 36）

つまり，「文型」ではなく，「文構造」と改めることで，文が型にはめられて産出されるのではないこと，そして，その生成の基本的成り立ちに目を向けさせる必要があると指摘しています．

　最後に，文法教育の位置づけ及び文法指導の在り方を「言語材料の取り扱い」の項で新たに規定しています．文法教育の位置づけについては，以下のように述べています．

> 文法については，コミュニケーションを支えるものであることを踏まえ，
> 言語活動と効果的に関連付けて指導すること．　　（『指導要領』p. 97）

この新たに加わった規定に関し，『解説』は，以下のように説明しています．

> 文法指導はコミュニケーション能力の育成をはかる指導と対立するもので
> はなく，円滑にコミュニケーションを行うとともに，豊かな内容を伴うコ
> ミュニケーションを行うためには，正しい文法の基盤が必要不可欠であ
> る．　　　　　　　　　　　　　　　　　　　（『解説』pp. 54-55）

つまり，従来二項対立的に捉えられがちであった文法教育とコミュニケーション能力の育成は，相互依存的であることを明確にしています．内容ある豊かなコミュニケーションを遂行するために，正しい文法知識は，必要不可欠な要素であり，またその文法知識は，コミュニケーション活動を通して定着することを示したものと言えます．

　そして，文法教育の在り方として，日本語と英語の差異に着目しながら教育すること，また，個別の文法事項を教えるのみならず，関連ある文法項目を体系的に教える必要があると以下のように述べています．

> ・語順や修飾関係などにおける日本語との違いに留意して指導すること．
> ・英語の特質を理解させるために，関連のある文法事項はまとまりをもっ
> 　て整理するなど，効果的な指導ができるよう工夫すること．
> 　　　　　　　　　　　　　　　　　　　　　　　（『指導要領』p. 97）

　まとめると，『指導要領』は，基本的な文構造が十分に習得されず，まとまりのある，一貫した内容を書く力が十分身についていないという現在の英語教

育の課題に対応し，正しい文法知識を習得させ，定着させることを目指すために，文法教育の位置づけ，在り方を明確にした点で，非常に示唆的です．しかし，この改訂を実際の教育現場に反映させ，文構造の体系性を理解した正しい文法知識を有する学習者を育成するためには，改訂内容をどのように教えるのかを示す必要があります．具体的には，これまでの「文型」の解説を改め，文構造の体系性を明確に示し，教育現場でどのように教えるのかを示す必要があります．

3. 問題点

本節では，『指導要領』の「文法事項」で取り上げられている9項目[5]のうち，文構造に関わる，「文構造」，「文」，「関係節」の3項目が，『解説』でどのように説明されているのかを検証し，その説明の問題点を指摘します．

3.1. 文型から文構造へ

『指導要領』では，学習者に文構造に着目させるために，従来の「文型」という表現を，「文構造」と改めました．そして，以下の文構造を取り上げています．

(1) ［主語＋動詞］
(2) ［主語＋動詞＋補語］
(3) ［主語＋動詞＋目的語］
(4) ［主語＋動詞＋間接目的語＋直接目的語］
(5) ［主語＋動詞＋目的語＋補語］
(6) その他
   (a) There + be 動詞 + 〜
   (b) It + be 動詞 + 〜（+ for 〜）+ to 不定詞
   (c) 主語 + tell, want など + 目的語 + to 不定詞

まず指摘したいのが，「文構造」として示された上記の5つの構造及び「その

---

[5] 『指導要領』の「文法事項」では，(ア) 文，(イ) 文構造，(ウ) 代名詞，(エ) 動詞の時制など，(オ) 形容詞及未来表現，(カ) 不定詞，(キ) 動名詞，(ク) 現在分詞及び過去分詞の形容詞としての用法，(ケ) 受け身の9項目が挙っています．関係節に関しては，3.2節で述べるように，「代名詞」の項で，「関係代名詞」が取り扱われていますが，関係節に関しては，全く取り上げられていません．

他」は,『旧要領』で取り上げられた5つの「文型」及び「その他」と全く同一のものです。[6] つまり,「文型」から「文構造」へと本質的な改訂を行ったにもかかわらず,その具体的な内容の提示には全く変化が見られません。また,これらの構造の解説を行っている『解説』の説明も,学習者に英語の構造を体系的に理解させるためには,十分ではないように思われます。そこで,まず『解説』における,文構造の説明を,例文を引用し[7]示します。そのうえで,これらの解説の問題点を指摘します。[8]

第一構造の [主語+動詞] については,構成要素が2つの最も単純な構造であるが,副詞句や前置詞句,従属節などが加わることによって,理解が困難になるとし,以下の例を示しています。

(7) Yukio walks to school.
(8) He often goes to the library by bus when it rains.
(9) My parents listen to the news every morning before they go to work.

第二構造の [主語+動詞+補語] は,動詞が be 動詞か否かにより,補語としてとることができる要素が異なることを示しています。まず,動詞が be 動詞の場合,以下の例のように,補語に,名詞,代名詞,形容詞をとることが可能であるとしています。

(10) a. This is my teacher.
　　 b. The pen on the desk is mine.
　　 c. That movie was sad.

次に動詞が be 動詞以外の場合,補語は名詞と形容詞をとることが示されています。

(11) a. The boy became an astronaut.
　　 b. You look nice in that jacket.

---

[6] 文構造として取り上げられた,上記 (1) から (6) に引用した5つの構造及び「その他」は,『指導要領』(p. 96) から引用したものです。しかし,この記述は,『旧要領』で「文型」として取り上げられた記述と全く同一です。なお,平成10年『旧要領』と20年の現行の『指導要領』を比較対照した資料として,『中学校学習指導要領新旧対照表』があります。

[7] 第3節で示している例は,例 (29) を除き,全て『解説』で使用されている例を引用したものです。また,第4節でもこれらの例を必要に応じて,再び引用しています。

[8] 上記に示した5つの構造は,それぞれ,便宜上第一,二,三,四,五構造と言及することにします。

第三構造の [主語+動詞+目的語] では，目的語をとることができる要素を2つの範疇，つまり下記の例文 (12) と (13) に分けて説明しています．例文 (12) で示された範疇には，目的語が名詞，代名詞，動名詞，to-不定詞，疑問代名詞を伴った to-不定詞，そして節をとる場合が示されています．

(12) a. I like apples very much.
　　 b. Yuko met him yesterday.
　　 c. They enjoyed talking together yesterday.
　　 d. He tried to do his best.
　　 e. My grandfather knows how to use the computer.
　　 f. We didn't know that she was ill.

もう1つの範疇として，目的語は「what などで始まる節」もとることが示されています．

(13) I don't know what he will do next.

　第四構造の [主語+動詞+間接目的語+直接目的語] については，直接目的語がとりうる要素を2つの範疇に分け提示しています．第一範疇 (例 14) では，直接目的語が，名詞句や代名詞をとることができるとし，第二範疇 (例 15) では，直接目的語が，疑問詞を伴った to-不定詞もとることができることを示しています．

(14) a. The teacher told us an interesting story.
　　 b. I will show her that.
(15) I taught him how to send e-mail.

　第五構造の [主語+動詞+目的語+補語] では，補語は，名詞と形容詞をとることができることを以下の例で示しています．

(16) a. We call him Ken.
　　 b. Her smile always makes us happy.
　　 c. Tom painted the wall red.

　さらに，「その他」として，(17) から (19) の3つの構造を，「there, it, tell, want などの語に特徴的なものとして別途示す」(『解説』p. 49) としています．

(17)　There + be 動詞 + 〜
(18)　It + be 動詞 + 〜（+ for 〜）+ to 不定詞
(19)　主語 + tell, want など + 目的語 + to 不定詞

そして，それぞれの構造に以下の例を提示しています．

(20) a.　There is an old tree in front of my house.
　　 b.　There is a bookstore next to my school.
(21) a.　It is fun to travel to new places.
　　 b.　It is not easy for me to understand English.
(22) a.　Our teacher told us to go out and enjoy the break.
　　 b.　Mary wants you to eat this chocolate.

　以上，第一構造から第五構造，及び「その他」として取り上げられた構造の説明を概説しました．第一構造から第五構造を，これらの構造を構成する要素からまとめると，表1になります．この表では，縦軸の一から五が第一構造から第五構造を示し，横軸はそれらの構造の構成要素（主語，動詞，間接目的語，直接目的語，補語）を示しています．そして，これらの要素が含まれている場合は＋記号で，含まれていないときは－記号で示しています．構成要素が明示されている場合は，その具体的な要素（名詞，代名詞など）を記しています．また，点線は，当該範疇が下位分類されていることを示しています．例えば，第二構造では，動詞がbe動詞か否かで2つに下位分類されていることを示しています．

表1　五構造の構成要素

	主語	動詞	間接目的語	直接目的語	補語
一	＋	＋	－	－	－
二	＋	＋ be 動詞	－	－	＋名詞, 代名詞, 形容詞
		＋ be 動詞以外	－	－	＋名詞, 形容詞

	主語	動詞	間接目的語	直接目的語	補語
三	+	+	-	+名詞, 代名詞, 動名詞, to-不定詞, 疑問詞を伴った to-不定詞, that 節 + wh 節	-
四	+	+	+	+名詞, 代名詞 +疑問詞を伴った to-不定詞	-
五	+	+	-	+	+名詞, 形容詞

　学習者に英語の構造に気付かせるという目的を達成できるかどうかという観点からみると，この解説には，3つの問題があるように思われます．

　第一に，表1からも明らかなように，文がどのような構成要素からなるのかが明確ではありません．この理由の1つは，構成要素を表す語句が統一されていないからです．つまり，構成要素を表すのに，主語，目的語というような文の位置を示す語と，動詞，名詞，形容詞などの品詞が混在して使用されているからです．また，主語や目的語の位置にどの品詞が出現可能なのかが統一的に示されていません．目的語や直接目的語，及び補語がどの品詞をとるのかは，示されているのに対し，主語や間接目的語がどの品詞をとるのかは示されていません．よって，文の位置とその位置に出現できる品詞の関係が明確に示されず，文がどのような要素で構成されるのかが明確ではありません．

　第二に，動詞がとることができる要素が統一的に説明されていません．第二構造では，動詞が be 動詞の場合と be 動詞以外の場合で補語となる品詞が異なることが示されているのに対し，その他の構造では，動詞がとることができる目的語の数と形態が明示されていません．ある文が結果的にどのような構造になるのかは，その文中の動詞がどのように目的語をいくつとるのかに依拠しています．よって，動詞がどのような要素をいくつ，どのような形でとるのかを統一的に説明する必要があります．

　第三に，文の構造を考える上で欠かせない構造単位が明確に示されていませ

ん．そのため，語レベル以上の構造がどのように分類されるのかが明確ではありません．例えば，第三構造と第四構造で出現する疑問詞を伴った to-不定詞の取り扱いを比べてみましょう．第三構造 [主語＋動詞＋目的語] では，疑問詞を伴った to-不定詞は，名詞，代名詞，動名詞，to-不定詞 (23a〜d)，及び that 節 (23f) と同一の範疇で，以下のように示されています．

(23) a. I like <u>apples</u> very much.
　　 b. Yuko met <u>him</u> yesterday.
　　 c. They enjoyed <u>talking together yesterday</u>.
　　 d. He tried <u>to do his best</u>.
　　 e. My grandfather knows **<u>how to use the computer</u>**.
　　 f. We didn't know <u>that she was ill</u>.

一方，第四構造 [主語＋動詞＋間接目的語＋直接目的語] では，疑問詞を伴った to-不定詞は，名詞，代名詞 (24a, b) とは異なる範疇で，以下のように示されています．

(24) a. The teacher told us <u>an interesting story</u>.
　　 b. I will show her <u>that</u>.
(25) 　 I taught him <u>how to send e-mail</u>.

よって，疑問詞を伴った to-不定詞の構造を語レベルと同等の構造とみなしているのか，それともそれ以上の構造とみなしているのかが明らかではありません．このように，『指導要領』及びその『解説』では，文の構造単位として，語とそれ以上の構造単位をどのように分類しているのかが明確ではありません．そこで，次の 3.2 節では，『指導要領』が，文を構造的にどのように規定しているのかを見てみましょう．

3.2. 文タイプと関係節

『指導要領』は，文を，単文，重文，複文と3つのタイプに分類し，それぞれの文タイプが『解説』で，例を用いて説明されています．[9] 単文は，「文の中に主語と述語の関係が1つだけ含まれるもの」とし，以下の例を示していま

---

[9] 以下，本節では，『解説』の pp. 42〜54 の「エ．文法事項」の説明と例文に言及してその問題点，課題などを取り上げます．「...」で囲われた引用は，別の記載のない限り『解説』の上記該当ページからの引用です．

す．

(26) a. Paul has a guitar.
  b. My teacher will come to my house this afternoon.
  c. The doctor told me when to take the medicine.

重文は，「単文と単文が and, but, or などの接続詞によって，並列的に結ばれた文」とし，以下の例を示しています．

(27) a. Tom went to the supermarket, and his wife stayed home.
  b. Keiko is already here, but Goro hasn't come yet.

複文は，「従属節を含む文」であるとし，以下の例を示しています．

(28) a. I didn't go out because it was raining.
  b. When I visited Tomoko, she was listening to music.
  c. Mary will have lunch before she comes here.
  d. We know that Bill has a lot of CDs.

そして，複文は，「構造が単文や重文に比べて複雑であり，意味をとらえにくいことが多いため，学習段階に応じた適切な指導が必要である」と注意を促しています．

これらの文タイプの説明には，3つの問題があるように思われます．第一の問題は，単文の定義とその事例です．単文を「文の中に主語と述語の関係が1つだけ含まれるもの」と説明しているにもかかわらず，上記で見たように，(26c) も単文として示されています．

(26) c. The doctor told me when to take the medicine.

この例が，「文の中に主語と述語の関係が1つだけ含まれるもの」という単文の定義に適合するのかは，疑問が残ります．というのは，when to take the medicine には，主語は明示されていませんが，主語と述語の関係があると考えられるからです．つまり，誰が薬を飲むのかと言えば，主動詞，told の目的語である me で示唆されている一人称です．よって，ここには，「私が薬を飲む」という主語と述語の関係が存在しています．さらに，主節には，「医者が私に伝えた (the doctor told me)」という主語と述語の関係があり，例文 (26c) には，合計二組の主語と述語の関係が存在するように思えます．実際，(26c) を以下のように書き換えた場合は，明らかに複文とみなされるでしょ

う．

(29) The doctor told me when I should take the medicine.

　第二の問題は複文の定義，特に従属節の定義です．複文は，「従属節を含む文」と説明されています．しかし，従属節とは何かは説明されていません．上記で観察した複文の例 (28d) と単文 (25c) の例をここで比較してみましょう．例 (28d) は複文なので，従属節を含んでいる文です．一方，例 (25c) は単文なので，従属節を含んでいないことになります．

(28) d. We know that Bill has a lot of CDs. （複文）
(25) c. The doctor told me when to take the medicine. （単文）

これら2つの例文の比較から推察すると，従属節とは，主語と動詞が明示されている節とみなされているように思われます．ただし，英語の構造を体系的に説明するために，従属節をこのように狭義に定義するのが妥当かどうかは疑問が残ります．

　第三の問題は，複文の種類についてです．『解説』では，複文の構造は，単文や重文より複雑で意味がとらえにくいため，学習段階に応じた適切な指導が必要であると注意を促しているにも関わらず，どのような構造の複文の意味がとらえにくくなるのかは，明確にしていません．複文が，すべて意味がとらえにくいのかと言えば，そうではありません．上記の複文の説明で見た例のうち，(28a) から (28c) では，「理由」と「時」を表す副詞節が従属節で，主節に並列的に付加されているので，これらの文の理解はそれほど困難ではありません．一方，例 (28d) で示されている従属節は，名詞節で，動詞の中に節が埋め込まれる構造をとっており，「理由」や「時」を表す副詞節に比べると理解は困難になります．さらに，従属節の中には，名詞に節を埋め込む関係節があります．関係節は，『指導要領』では，節としては取り上げられず，「代名詞」の項の一項目，「関係代名詞」として取り上げられ，教えるべき関係代名詞を，「主格の that, which, who 及び目的格の that, which の制限的用法」（『指導要領』p. 96）と規定しています．そして，『解説』で，以下の例を挙げています．

(30) a. Yuki bought a doll that had large beautiful eyes.
　　 b. The animal which runs the fastest is the cheetah.
　　 c. Is that the man who was in the park yesterday?
(31) a. These are the pictures that he painted in the country.

b. This is the dog which I like the best.
c. This is the mountain I climbed last year.

ただし，関係節がどのような構造からなり，どのように生成されるのかについては，一切説明されていません．

従属節には，主節に並列的に付加されるタイプと，動詞や名詞に埋め込まれる，構造的に異なる2つのタイプが存在します．そして，この構造的違いが，理解の難易度に深く関わってきます．よって，複文のタイプを構造的により明確に説明する必要があります．

3.3. まとめ

第3節では，まず，3.1節で，『解説』は「文構造」の説明に関し，文の構成要素，動詞がとることができる要素，構造単位がそれぞれ明確に示していないという問題点を指摘しました．さらに，3.2節で，『解説』は「文タイプ」に関し，単文，複文の定義を明確に示していないこと，及び複文の種類についての説明がないという問題点を指摘しました．これらをまとめると，以下の3つの問題に集約できます．

(32) a. 文を構成する要素，及び動詞が補語としてとる要素が統一的に説明されていないこと
b. 文の構造単位の明確な定義がなく，単文，複文の区別が曖昧であること
c. 複文における構造タイプの違いについて説明がなされていないこと

4. 問題の解決へ向けての一素案

本節では，上記3.3節にまとめた3つの問題を解決するために，従来の文型という概念にとらわれず，英語の構造をより俯瞰的視野から説明してみようと思います．具体的には，これまでに得られた言語学での知見を基に，以下の3つの視点から検討してみたいと思います．[10]

---

[10] ここで参考にするのは，英語の文法を詳細かつ体系的に記述している Quirk et al. (1972) と生成文法の枠組みで行われた研究成果をわかりやすく解説している Radford (1988, 1997) です．なお，ここでの説明は，中学校レベルの基礎的な文法の教材作成者やそれらを教える教員を対象とするもので，学習者を直接対象とするものではありません．習熟度の異なる英語学習者に，英語の文法事項をどのように体系的にわかりやすく示すのかは，別の機会に述べたい

(33) a. 文の構成要素
　　 b. 文の構成素の単位
　　 c. 文構造の階層性

4.1. 文の構成要素

　文の構成を説明するために，文は，「主部」と「述部」からなっていると説明することを提案したいと思います．「主部」，「述部」という用語は，伝統文法で広く使用されている「主語」，「述語」に対応するものです．ここで，「語」ではなく，「部」を使用するのは，主部及び述部には，以下で見るように，単なる語ではなく，句・節レベルの構造単位が出現可能なためです．伝統的な文の意味区分である「主部」と「述部」を使用する理由は，文を理解する際に，この2つの区分が有用であるように思われるからです．つまり，文が「何」（主部）に対して，どう述べているのか（述部）を正確に区切れることが，文理解の第一歩となるからです．しかしながら，この区分だけでは，文の構成要素を正確に説明することはできません．そこで，主部や述部がどのような構成要素，つまり品詞から成り立っているのかを説明します．主要な品詞として，名詞，動詞，前置詞，形容詞，副詞や補文指標（that など）を導入する必要があります．[11]

　そのうえで，主部は，名詞，名詞句，または，名詞節からなり，述部は，動詞句からなることを示します．述部は，単独の動詞からなることもありますが，多くの場合は，様々な種類の動詞句からなっています．動詞がどのような補部（complement）[12] をとるのかは，動詞の項構造情報によって決まっています．項構造情報[13] とは，動詞が表す行為・出来事などを遂行するために必要な

と思います．

[11] これらの品詞は，文の構成要素を理解する上で欠くことのできない用語です．よって，個々の語を学ぶ際に，その語がどの品詞に属する語なのかを正確に覚えさせるように指導する必要があります．というのは，ある語の統語上（文）の位置，及び語の形態的特徴は，その語が属する品詞で決まっており，この知識無くして，正確な文を書いたり，発話したりすることはできないからです．また，日本語と英語でほぼ同一の意味の語でも，品詞が異なる場合があり，学習者に注意を喚起する必要があります．例えば，「違う」は日本語では動詞であるのに対し，英語では，形容詞です．このような日英語の差異は，明示的に指導する必要があります．

[12] ここで使用している「補部」という言葉は，『指導要領』で使用されている「補語」とは，まったく異なる概念です．補部とは，句の主要部が取ることができる要素のことで，語レベルの場合もあれば，句，節レベルの場合もあります．以下に述べる「項」の一部は，補部にあたります．

[13] ここでは，動詞の項構造情報のみについて述べますが，その他の品詞でも項構造情報を

意味役割（項）を記述したものです．例えば，praise「褒める」という動詞が表す行為を行うためには，「褒める人」と「褒められる人」が必要であり，「褒める」という動詞は，2つの項を必要とする動詞です．項は，単独の語とは限りません．例えば，以下の例のように，to-不定詞，動名詞，や that 節の場合もあります．

(34) a. John wants to eat sushi.
b. John enjoys eating sushi.
c. John thinks that Mary will love sushi.

このように，項の数や項の形態は，個々の動詞によって決まっています．動詞の項構造情報は，類似の意味を表す動詞群で同一の場合もありますが，意味的には同一でも，項構造情報は異なる場合もあります．

(35) a. John ate.
b. *John devoured.

(35a) と (35b) の例文の動詞，eat と devour は，どちらも「食べる」という意味を表す動詞です．しかし，動詞 eat は，目的語1つをとる場合と目的語をとらない場合があります．よって，(35a) のように目的語がなくても文法的であるのに対し，動詞 devour は，目的語をとる項構造しか有さないので，(35b) のように，目的語をとらない場合は，非文法的になります．このように類似の意味を表わす動詞でも，項構造は異なる場合があります．よって，『指導要領』で規定された「文を正確に書く」活動のためには，学習者に，個々の動詞を学習する際に，その動詞の項構造情報に目を向けさせ，正確に記憶させる必要があります．

　項構造情報を重視する最大の利点は，『指導要領』が目指している文の構造に目を向けさせることができる点です．従来の五文型という「型」に依存した文構造の説明から脱却し，何が文の構造を決定するのかに着目させることが可能になります．文がどのような構造をとるのかは，動詞の項構造情報に依拠しています．動詞の項構造情報を正確に記憶し，文を理解し，産出することに教育の焦点をシフトする必要があります．

　さらに，母語の影響による英語の誤用に学習者の注意を引くことができます．文中における日本語と英語の動詞の項の制約には大きな差があります．日

有している語があります．

本語動詞の項は，文中に必ずしも出現しなくてもいいのに対して，英語動詞の項は必ず文中に出現しなければなりません．例えば，動詞 put の場合，「置く」という行為を遂行するためには，「置く人」，「置くもの」，「置く位置」が必要です．よって，これらの項はすべて，以下の例のように文中に出現する必要があり，明示されない場合は，(36b) と (36c) の例文が示すように，非文法的な文になります．

(36) a. John put his bag on the desk and left the room.
b. *John put on the desk and left the room.
c. *John put his bag and left the room.

一方，日本語の「置く」という動詞の場合，例 (37) のように，物を置く位置は必ずしも文中に出現する必要はありません．

(37) ジョンは鞄を置いて部屋を出た．

さらに，日本語の場合，主語や目的語となる項も，(38) のように省略されている要素が復元可能な場合，明示しません．

(38) ジョンはホットケーキを焼いて食べた．

一方，英語の場合は，以下の例が示すように，項は必ず明示しなければなりません．

(39) a. John baked pancakes and ate them.
b. *John baked pancakes and ate.

(39a) のように，ジョンが食べた物は，パンケーキと推測可能ですが，目的語を代名詞で出現させなければなりません．目的語がない (39b) は，非文法的となります．しかし，ここで，もう1つ厄介なのは，(35a) で見たように動詞 eat には，目的語をとらない自動詞的な用法もあることです．このため，学習者は自動詞的な eat を日本語の場合のように，目的語が省略されていると誤解する可能性があります．ただし，英語の自動詞的用法の eat は，何か特定のもの（例えば，ホットケーキ）を食べるという意味にはなりえず，不特定な何か (something) を食べたという意味です．よって，(39b) は，ジョンがパンケーキを焼いてそのパンケーキを食べたという意味においては，非文法的な文となります．

英語の場合，項は文中に必ず出現しなければならない要素です．一方，日本

語は主語も目的語も省略可能なので，動詞の項が文中に明示されない場合も多くあります．この違いのため，(39b) のような誤用が頻繁に見かけられます．日本語母語話者は，英語の項を直観的に判断することは困難なため，どうしても日本語からの転移が起きます．よって，項構造を明示し正確に記憶させるためにも，項構造情報を重視して教える必要があります．

以上，文の構成要素をまず主部と述部に大別し，主部は名詞句からなり，述部は動詞句から成ること，また動詞がどのような補語（補部）をとるのかは項構造情報で決まっていることを示すことで，第3節 (32a) で示した「文を構成する要素，及び動詞が補語としてとる要素が統一的に説明されていない」という問題を解決することができます．さらに，英語の項構造情報と日本語の動詞の項構造情報を対照し，日本語では項が必ずしも文中に出現しなくてもよいのに対し，英語では項は必ず文中に出現しなければならないという事実を教えることで，母語の影響による英語の誤用を減少させることが可能になります．

4.2. 文の構成素の単位

文を構成する要素の単位として，語，句，節の3つの構成単位を使用し，これらの単位を明確に定義することを提案します．語は文の構成素の最小単位です．句は語と語が組み合わさった構造単位です．句はある品詞の語の特性が，句全体の特性となる主要部とそれ以外からなっています．例えば，例 (40) は名詞句の the person と関係節の that I met yesterday から構成されていますが，全体としては名詞句であり person がこの句の主要部です．

(40) the person that I met yesterday

さらに，それぞれの句における主要部の位置は言語間の本質的な違いの1つです．英語は主要部前置（head-initial）の言語で主要部が句頭に位置し，日本語は主要部後置（head-final）の言語で主要部が句尾に位置します．

節は主部と述部を含むものです．さらに節は，節中の動詞が時制を伴っているか否かで例 (41a) と (41b) が示すように2つに下位分類されます．

(41) a. Taro expects that Mary will speak in Japanese.
     b. Taro expects Mary to speak in Japanese.

『指導要領』では，動詞が主部と述部を含んだ節をとっている構造を，第三構造（例42），第四構造（例43），その他（例44）の3つの異なる文型に分類していますが，ここで提案した節の定義を用いると，これらの例は，すべて同一

の構造単位にまとめることが可能です．

(42) 第三構造
 a. They enjoyed <u>talking together yesterday</u>.
 b. He tried <u>to do his best</u>.
 c. My grandfather knows <u>how to use the computer</u>.
 d. We didn't know <u>that she was ill</u>.
 e. I don't know <u>what he will do next</u>.

(43) 第四構造
 I taught him <u>how to send e-mail</u>.

(44) その他
 a. Our teacher told us <u>to go out and enjoy the break</u>.
 b. Mary wants you <u>to eat this chocolate</u>.

さらに，節の下位区分である，節中の動詞が時制を伴っているか否かで，以下のように2つに下位区分することができます．

(45) 時制を伴った節
 a. We didn't know that she <u>was</u> ill.
 b. I don't know what he <u>will</u> do next.

(46) 時制を伴わない節
 a. They enjoyed <u>talking</u> together yesterday.
 b. He tried <u>to do</u> his best.
 c. My grandfather knows how <u>to use</u> the computer.
 d. I taught him how <u>to send</u> e-mail.
 e. Our teacher told us <u>to go out</u> and enjoy the break.
 f. Mary wants you <u>to eat</u> this chocolate.

この区分により，節中に主語が主格を伴って明示的に出現できるかどうかの違いを体系的に説明することができます．例 (45) のように節中の動詞が時制を伴った場合，その節の主語は主格を得ることができ明示的に示されます．例えば，例 (45a) では，be 動詞が was という過去時制を伴っているので，主語である she が主格を伴い明示的に出現しています．一方，(46) で示した時制を伴わない節では動名詞，to-不定詞が使用されます．これらの節は時制を伴っていないので，主格の主語をとることができません．よって，(46a) から (46c) のそれぞれの例で talking, to do, to use の主語は明示されず，主節の

主語がこれらの意味上の主語として機能しています．一方，(46d) から (46f) の例では to send, to go out and enjoy, to eat の意味上の主語が主節の主語と異なっています．また，to send, to go out and enjoy, to eat は，時制を伴っていないため主格の主語をとることができません．その結果，意味上の主語が主節の動詞の目的語として出現しています．[14]

さらに，節の定義を明確にすることで，単文と複文を明確に区分し定義することができます．3.2 節で指摘したように『解説』では単文と複文の区分が明確ではなく，以下の (47a) は単文，(47b) は複文として示されています．

(47) a. The doctor told me when to take the medicine. （単文）
　　　b. We know that Bill has a lot of CDs. （複文）

節は，主部と述部を含み，節の動詞が時制を伴うか否かで 2 つに下位区分されるという定義に基づき，単文は節を 1 つだけ含み，複文は節を 2 つ以上含んだ文と再定義することができます．よって，上記の 2 つの文は，ともに複文と分類することになります．これらの例の違いは，節が時制を伴っているかどうかの違いとして説明できます．[15]

文の構成単位を語，句，節の 3 つに大別し，さらに節を節中の動詞が時制を伴っているか否かで下位区分することで，第 3 節 (32b) で示した「文の構造単位の明確な定義がなく，単文，複文の区分が曖昧である」という問題を解決し，文の構造を体系的に説明することが可能になります．

4.3. 構造の階層性

複文の構造的違いを説明するために，「埋め込み」という概念を使用して説明することとします．

---

[14] ここで，1 つ注意したいのが，例 (46d), (46e) 中の動詞，'teach' と 'tell' と，(46f) 中の 'want' は項構造情報が異なることです．以下の例が示すように，'teach' と 'tell' が目的語を 2 つ取るのに対し，'want' は 1 つだけです．

　(i) a. I taught him English.
　　　b. Our teacher told us a story.
　　　c. *Mary wants you this chocolate.

よって，'teach' や 'tell' と，'want' の目的格として出現するメカニズムは，厳密に言えば違います．しかし，中学校レベルの文法説明には，そのメカニズムの説明は不要であると思われます．

[15] 例 (47a) と (47b) には，節が間接疑問文 (47a) かそうでない (47b) かの違いもあります．ただし，この違いの説明は，紙幅の制約上ここでは，触れないことにします．

『指導要領』や『解説』でこの概念は全く使用されていませんが，複文の構造を説明をするうえで重要な概念です．つまり，副詞節のように節が主節に並列的に付加されているのか，名詞節のように立体的に埋め込まれるのかの違いを説明することが可能になります．例 (48) のように「理由」や「時」を表す副詞節が，主節に並列的に付加される場合と，例 (49) のように動詞句や名詞句に立体的に埋め込まれる場合との違いです．

(48) a. I didn't go out because it was raining.
　　 b. When I visited Tomoko, she was listening to music.
(49) a. We know that Bill has a lot of CDs.
　　 b. Yuki bought a doll that had large beautiful eyes.
　　 c. The animal which runs the fastest is the cheetah.
　　 d. These are the pictures that he painted in the country.

節が並列的に付加される場合と立体的に埋め込まれる場合では，後者の方が，理解は困難になります．節が並列的に付加された場合は，主節，従属節をそれぞれ単独で理解し，そのうえで，2つの節の関係を理解することになります．例えば，(48a) では，主節で表している内容 (I didn't go out) は，従属節の理由 (because it was raining) からであるというように理解します．一方，節が埋め込まれている場合は，主節の一部として理解しなければなりません．例えば，(49c) のような関係節が名詞句に埋め込まれている場合は，主節の The animal is the cheetah という意味的まとまりの中に，animal の説明部分である関係節 (which runs the fastest) を挿入して理解することになり，文全体の理解は並列的に付加される副詞節を含んだ文より複雑になり，理解の難易度も格段にあがります．

　複文の複雑さを説明するためには，節が立体的に埋め込まれている，つまり階層的になっている事実を示す必要があります．『指導要領』には，「埋め込み」という概念が全く使用されていませんが，文の構造を体系的に説明するために導入すべき概念だと思われます．「埋め込み」という概念とその現象を教えることで，第3節 (32c) で示した「複文における構造タイプの違いについて説明がなされていない」という問題を解決することができます．

5. おわりに

　本稿では，『指導要領』が『旧要領』からの改訂で，文法事項の「文型」を

「文構造」と改めたにもかかわらず，『解説』では，従来の「文型」や文タイプにとらわれたままの説明にとどまり，学習者に英語の構造に着目させるという目的を達成するためには，問題があることを指摘しました．そして，その問題に対応するために，文構造を文の構成要素，構成要素の単位，文構造の階層性の3つの観点から説明してみました．

学習者が英語の構造を体系的に理解することは，英語を必要な場面で，必要に応じて運用するために欠かせない知識です．そういう意味で，『指導要領』が，学習者の英語構造への気づきを促す内容になっていることは，高く評価すべきことだと考えられます．問題は，この改訂を実際の教育現場でどのように反映させるかです．そのためにも，英語文法をどのようにわかりやすく体系的に説明するのかが求められていると思われます．本稿で提案した文法指導案が，『次期要領』への改訂を含め，後の英語教育政策，及び教育指導者の意識改革や知識拡充に寄与することを期待します．

本稿は，科学研究費助成金基盤（C）（25370617）「CEFR の熟達度に基づく語彙・文法項目の記述に関する研究」（研究代表者：永井典子）による研究成果の一部です．本稿執筆に当り，理論言語学の側面から西山國雄氏，英語教育現場から三中敏江氏，学生の立場から藤田歩さんにコメントをいただきました．ここに感謝を表します．

参照文献

Quirk, R., Greenbaum, S. Leech, G. and Svartvik, J. (1972) *A Grammar of Contemporary English*. London: Longman.

Radford, A. (1988) *Transformational Grammar: A First Course*. Cambridge: Cambridge University Press.

Radford, A. (1997) *Syntax: A Minimalist Introduction*. Cambridge: Cambridge University Press.

資料

中央教育審議会（2008）「幼稚園，小学校，中学校，高等学校及び特別支援学校の学習指導要領の改善について」と題された答申
http://www.mext.go.jp/b_menu/shingi/chukyo/chukyo0/toushin/__icsFiles/afieldfile/2009/05/12/1216828_1.pdf.

『中学校学習指導要領』文部科学省　平成 10 年．（本稿では『旧要領』として言及）

『中学校学習指導要領解説—外国語編—』文部科学省　平成 10 年．（本稿では『旧解説』として言及）

『中学校学習指導要領』文部科学省　平成 20 年．（本稿では『指導要領』として言及）
『中学校学習指導要領解説外国語編』文部科学省　平成 20 年．（本稿では『解説』として言及）
『中学校学習指導要領新旧対照表』文部科学省　平成 20 年．

索　引

1. 日本語のものはあいうえお順で示し，英語（で始まるもの）はABC順で最後に一括してあげた．数字は日本語読みとする（例：4は「よ（ん）」）．
2. 数字はページ数を，nは脚注を表す．

[あ行]

アカデミック　293
　アカデミック英語　25
　アカデミック英語能力テスト（TEAP）　129
足場作り，足場掛け（scaffolding）　54, 132, 135-137, 148, 161, 162, 332, 333
誤り訂正（修正フィードバック）　93
一般動詞　83-85, 87
異文化理解　258, 261, 263
入れ替え活動　328
インターアクション　141, 151, 162
インターンシップ・プログラム　224
インフォメーション・ギャップ　141
インプット理論　55
内モンゴル　308
埋め込み　32, 36, 374, 375
　埋め込み節　111
英検，英語検定　202, 215, 217, 220, 301
　英検Can-doリスト　199　→ Can Do
英検2級　212, 305, 306
英語科教育法　224
英語で授業　24, 214
英語能力試験　280
英語能力測定試験　300, 301
英語の多様性　234, 238, 248
英語表現　197
英米ネイティブ志向　249

音韻符号化　184
音声知覚　184, 193
音節評価法　189
音読　228
オンライン　182, 191, 193

[か行]

外観妥当性（face validity）　144
外国語活動のレディネス　349
外部試験　126-128, 136, 285
　外部指標テスト　25
外来語　351
　外来語（カタカナ語）　328
書く活動　212
　essay writing　219
学習指導要領　2, 10, 62, 196
　高等学校学習指導要領　147, 149n, 159, 196n, 215
　小学校学習指導要領　28, 319
　中学校学習指導要領　28, 129, 196n, 319, 356
学習ストラテジー　56, 61
隠れた技能　296, 297
過去完了形　210
過去形　202, 206
　過去形と現在完了形　41
可算的　348
カチュルー　239　→ Kachru

379

カリキュラム　293
簡易型テスト　300
関係節　115, 116, 121-122, 365
韓国　307
眼前事象　8, 9, 12, 323, 327
観点別評価　129
規則性への意識　333
規則変化の動詞　205
既知情報　38
気づき　109
気づく (notice)　109
機能語　17, 20-22, 170-172, 191, 328n
疑問詞　326
　疑問詞疑問文　325　→ Wh 疑問文
疑問文　15
教員免許状更新講習　225
境界性　341
強勢　171
共同学習　227
句　372
偶発性 (contingency)　151
具象名詞　328, 330
クラスサイズ
　クラスサイズの問題解決　217
　　少人数　217
　　　均等分割少人数クラス　218
　　　指導内容に応じた少人数教育　218
　　　習熟度別少人数クラス　218
　　　一クラスを二分割同時展開する授業　217
グローバル　254, 256, 284, 285, 294, 298
　グローバル人材　3, 5, 6
形成的評価 (formative assessment)　129, 132
形容詞　63
言語インプット　95
言語活動　13, 197
言語機能
言語特徴　211
言語の創造的使用　32

現在形　204
厳密でない複数性　339
厳密な複数性　339, 343-345
語彙学習　331
語彙知識の重要性　331
語彙の特殊性　328
語彙の特徴　327
語彙の頻度　277, 330
項　37, 370-372
　項構造情報　369, 370, 372
構成素　48, 49
構造　88, 89
　構造の階層性　374
　構造の構成要素　363
　構造的認識　193
拘束形態素　102
後置修飾　65
肯定証拠　95
国語教育　12, 26, 353
国際共通語　234, 235, 238, 242, 243, 245, 249, 256, 258
語順　118, 324
子どもの言語習得の特性　321
5 文型　64　→文型
コミュニカティブ・アプローチ　243
コミュニケーション　24, 74, 293
　コミュニケーション・スキル　131
　コミュニケーション英語　197
　コミュニケーション英語 I　33, 34, 159
　コミュニケーション能力　127, 196
誤用　204, 333, 334
　誤用率　203

[さ行]

最小英語テスト　→ MET
産出 (production)　173
　産出語数　201
子音　166
時制　15, 18, 73, 84, 88, 209, 373

時制マーカー 88 →定形時制
自己効力感 → self-efficacy
自己評価 236
社会文化理論 148
写真描写タスク 135
従属節 366, 367 →埋め込み
集団オーラル評価 142
習得順序仮説 55, 97
重文 366
熟達度レベル 202
縮約 83
　縮約形 81, 83, 86, 324, 334
受験料 280
主語 66
　主語の習得 105
　主語卓越言語（subject-prominent language）106
主題 66, 75-77, 80
　主題助詞 75-80, 87, 88
　主題卓越的構造 75
主部と述部 369
受動態 67
ジュニア最小英語テスト → jMET
種類（名詞の複数形）341
「諸〜」347
上位語 329
小学校英語活動の特徴と制限 320
小学校英語活動のテーマ 323
小学校外国語活動 192
小中連携 332
情意フィルター 55
職場の英語 268
助動詞 159, 326
　助動詞の扱い 325
　助動詞的機能（モダリティ）39
進行相，進行形 43, 208
新情報 38
「スーパー・グローバル・ハイスクール（SGH）」制度 126, 144
スピーキング 198

スピーキング能力 127, 279
正用率 203
節 372-374
接続詞 21
絶対評価 129
全体的ルーブリック（holistic rubrics）138 →ルーブリック
全単語法 189
前置詞 21
　前置詞の用法・導入 325
相関係数 302
相互行為的足場掛け 162 →足場作り
相互評価 140
総称的 350
総称表現 349

[た行]

大学入試 266
大学入試センター試験英語 300-304, 308
代替評価法（alternative assessment）144
第二言語習得 114
代名詞 340
多義語 60
多義的な文 49, 50
タスク 10, 131-134, 136, 139, 199, 321-323
　タスク指標 5
　タスクと文法 7, 12
　タスクの使用 154
畳語型形式 346
妥当性 144
多様型複数性 341, 342, 346
多様な英語 247 → World Englishes
単数と複数の区別 337
断定的述語（assertive predicate）37
単文 365, 374
単文化した構造 39
チェックポイント法 189

チャンク　323, 324, 331, 333, 334
中間言語　74, 77, 79, 88
中国　307
抽象名詞　329
ディクテーション　183-187, 228
定形時制　73, 74, 80-82, 84　→時制
テ形・連用形接続　40
同音異義語　60
動機付け　294　→ intrinsic motivation
動詞の導入　326
トップダウン処理　183
鳥飼　240, 242

[な行]

内在化　134
内容語　21, 22, 170, 171, 328
難易度順序　97
2技能型試験　279
日本語からの転移　334　→母語転移
日本語教育　301
日本語能力試験　301, 302
日本人英語学習者　211
認識（perception）　173
認知的な複雑さ　321
ネイティブ英語志向　234
ネイティブ志向　236, 243, 247
ネイティブ発音　237, 240

[は行]

波及効果（washback effect）　128, 129, 144
発話行為　13
話し言葉 vs. 書き言葉　202
話す活動　212
パフォーマンス　138, 207
パラフレーズ　297
場面（言語）への依存度　321
半直接テスト　136

非過去形　205, 206
ビジネス英語　267
非縮約形　86
ピジン化　74
否定証拠（negative evidence）　93n
評価項目　140
評価リテラシー　127
標準テスト　129, 130
品詞　62, 371
フィッシュボール・アクティビティ　142
フィッシュボール形式　143
フィードバック　156
不可算名詞　348
副詞　63
複数性　102, 337
複数接辞　344
福地　41
複文　117, 366, 367, 374
普遍文法　312
プレゼンテーション　227
プロジェクト・ワーク　228
文学作品の解釈　352
文型　64, 360, 361
文構造　358, 360, 361
分詞構文　40
分析的ルーブリック（analytic rubrics）　138, 139　→ルーブリック
文節　75, 81
文タイプ　365
文法　193
　文法教育　359
文法形態素（grammatical morpheme）　97n, 105
　文法形態素の習得順序　97
文法性判断テスト　107, 311, 312
平均語数　201
変異性　206
母音　166
母語獲得　94, 95
母語転移，母語の影響　54, 57, 60, 65, 75

→日本語からの転移
ホスピタリティ　260, 262
ボトムアップ処理　183, 184
補部　37, 372
補文構造　33

［ま行］

間　190, 192, 193
無意識　193
明示的指導　104, 107
　明示的修正フィードバック（explicit corrective feedback）　93, 108
命題　35-39
面談方式　128
目的語の省略　45
モチベーション　259, 261
モニター　185, 210
　モニター仮説　55

［や行，ら行，わ行］

ヨーロッパ言語共通参照枠→ CEFR
4技能型試験　279
4/3/2（repeated story-telling）　229
ライティング　198
　essay writing　219
リキャスト（recasting）　96
リスニング　180, 182-184, 186, 189
リテラシー教育　243
臨界期　194
ルーブリック　137-141
ロールモデル　234, 248, 249
話題化（topicalization）　106n
　話題化した（topicalized）名詞句　106
話題卓越言語（topic-prominent language）　106 →主題

［英語］

accuracy　222, 228
ALT　217, 218, 230
automatization（自動化）　216, 228
autonomy（自律性）　226
Bailey　163
Bandura　219, 226
because 節　38
be 動詞　14, 54, 59, 73, 75, 82, 84-87, 106, 159, 203, 324, 363
BNC（British National Corpus）　277, 278
CALL　292
Can Do　5
　Can do リスト　5n, 199
　Can-Do リスト　130, 137
CEFR（Common European Framework of Reference for Languages）　5-7, 117, 215-217, 220
CEFR-J　5n
CIEE　287
competence（有能性）　226
connected speech　167
Day and Bamford　230
Deci and Ryan　226
dictation　→ディクテーション
dictogloss　228
Ellis　154, 156
English as a Lingua Franca　239
ETS　286
explicit knowledge　114
exploratory talk　153
extensive reading　229
fluency（流暢さ）　216, 222, 223, 228
Focus on Form　96
global error　96
go　209
Halberstadt　75, 76
Hamada　185-188, 193, 194

『Hi, friends!』 26, 322, 336
implicit knowledge 114
intrinsic motivation（内発的動機づけ）
　226, 227, 229　→動機付け
intelligibility 234, 240, 245, 249
IRE 149
IRF 149
is 204
JACET 8000 329, 330
Jenkins 240
jMET 300, 308, 313
　jMET（C） 309-311
　jMET（H） 308, 310, 311
Kachru 238
Krashen 55
language-focused learning（言語材料に重点を置いた学習） 222, 228
Let's 構文 68-70, 334
meaning-focused input（意味に重点を置いたインプット活動） 222
meaning-focused output（意味に重点を置いたアウトプット活動） 222, 223
MET 300 302
MJT　→ The Minimal Japanese Test
Nation 218, 222, 278, 301, 306, 307
Nation and Newton 218, 221, 222, 228, 229
New Crown English Series 309
New Horizon English Course 308
noisy talk 163
normative assessment 129
Onoda 226, 227, 230
Pintrich and Zusho 226
prediction 229
presentation　→プレゼンテーション
pushed output 130
Range 278
relatedness（関連性） 226
Rossiter, Derwing, and Manimtim 216

Samuda 159
scaffolding　→足場作り
schwa 171
Seidlhofer 240
self-determination theory 226
self-efficacy（自己効力感） 219, 226-229
self-regulated learning（自己調整学習） 226
since 節 38
SUE Method 142
team-teaching 218, 230
TEAP 129
TESOL
　TESOL セミナー 225
　TESOL 大学院 225
That-Trace 効果 311
the four strands of teaching 221
The junior Minimal English Test
　→ jMET
The Minimal English Test　→ MET
The Minimal Japanese Test（最小日本語テスト） 301, 302
The Simple Performance-Oriented Test（SPOT）（簡易型日本語運用能力測定試験） 301
timed writing 229
TOEFL 284, 300
　TOEFL iBT 286, 289, 295
　TOEFL ITP 286, 289
TOEIC 266-268, 278, 279, 284, 300, 305
　TOEIC の語彙レベル 277
van Lier 151, 152, 154
Vocabulary Size Test 301, 306, 307
Vygotsky 148
went 209
Wh 疑問文 112, 114, 116-122, 312, 313
World Englishes 234, 238, 239, 243-246, 249
ZPD 148, 151

執筆者紹介

(五十音順)

綾野　誠紀（あやの　せいき）【6章】
　ダーラム大学言語学科，Ph.D. (Linguistics)．現在，三重大学教養教育機構教授，同副機構長．
　専門：　比較統語論，英語教育．
　主な業績：「大学入学前英語教育の到達目標設定および教材に関する提案：CEFR に基づくアプローチ」（共著，『リメディアル教育研究』第7号2巻，2012），"Revisiting beautiful dancers and complete fools in Japanese" (*MIT Working Papers in Linguistics* 61, 2010)，『リーディングから始める英語プレゼンテーション入門』（編集協力，アルク，2009）．

伊藤　泰子（いとう　やすこ）【9章】
　2005年，ハワイ大学大学院 Dept. of Second Language Studies, Ph.D. (Second Language Acquisition)．現在，神田外語大学英米語学科准教授，言語教育研究所所長．
　専門：　第二言語習得，音声学，テスティング．
　主な業績：『New ONE WORLD Communication II Teacher's Manual ワークシート・評価問題編』（共著，教育出版，2014），*The Japan Times Listening Expert Vol. 2*（共著，ジャパンタイムズ，2013），"Comprehension of English reduced forms by second language learners and its effect on input-intake process" (*Perspectives on Teaching Connected Speech to Second Language Learners*, National Foreign Language Resource Center, 2006)．

上田　由紀子（うえだ　ゆきこ）【10章】
　2002年，神田外語大学言語科学研究科，博士（言語学）．現在，秋田大学教育文化学部教授．
　専門：　理論言語学，統語論，日英比較対照言語学．
　主な業績："A cross-linguistic approach to mysterious scope facts: Structures and interpretation" (*Strategies of Quantification*, Oxford University Press, 2013)，「日本語の空主語とモダリティ」（『70年代生成文法再認識』，開拓社，2011），「日本語のモダリティの統語構造と人称制限」（『日本語の主文現象：統語構造とモダリティ』，ひつじ書房，2007）．

梅原　大輔（うめはら　だいすけ）【3章】
大阪大学大学院文学研究科，修士（文学）．現在，甲南女子大学文学部英語文化学科教授．
専門：　英語学，日英語対照研究，英語教育学．
主な業績：「日本人英語学習者は主語をどうとらえているか――量的・質的研究」（共著，『JACET 関西支部紀要』16，2014），「前置詞をどう位置づけるか」（『最新言語理論を英語教育に活用する』，開拓社，2012），「流暢さと正確さの両立を目指す」（『国語からはじめる外国語活動』，慶應義塾大学出版会，2009）．

小野田　榮（おのだ　さかえ）【12章】
2012年，テンプル大学日本校，Ed. D. (Applied Linguistics)．現在，神田外語大学英米語学科教授，言語研究分野長．
専門：　英語教員養成，応用言語学．
主な業績： "An exploration of effective teaching approaches for enhancing the oral fluency of EFL students" (*Exploring EFL Fluency in Asia,* Palgrave Macmillan, 2014), "Investigating effects of a closely linked four skills approach on English speaking fluency development" (*The Global Science and Technology Forum Journal on Education 1*(1), 2013), *Self-regulation and its Relation to Motivation and Proficiency* (Doctoral dissertation, Temple University, Tokyo, 2012).

神崎　正哉（かんざき　まさや）【15章】
2008年，テンプル大学大学院教育学研究科 M.S.Ed. (TESOL)．現在，神田外語大学国際コミュニケーション学科専任講師．
専門：　英語教育（語彙習得，言語テスト），コーパス言語学．
主な業績：『新 TOEIC TEST 初心者特急読解編』（共著，朝日新聞出版，2014），『毎日の英速読』（共著，朝日新聞出版，2014），『新 TOEIC TEST 出る順で学ぶボキャブラリー 990』（講談社，2009）．

桑原　和生（くわばら　かずき）【2章】
1993年，獨協大学大学院外国語学研究科，博士（英語学）．現在，神田外語大学外国語学部教授．
専門：　言語学，英語学，統語論．
主な業績：　"Peripheral effects in Japanese questions and the fine structure of CP" (*Lingua* 126, 2013),「補文標識と Wh 句の共起関係について――理由を表す Wh 付加詞を中心に――」（『70年代生成文法再認識』，開拓社，2011），『補文構造』（共著，研究社，2001）．

小林　恵美（こばやし　えみ）【8章】

1997年，モントレー国際大学院教育言語学研究科，MA(TESOL)；2007年，マッコーリー大学 Dept. of Linguistics, Postgraduate Certificate (Linguistics Research). 現在，共愛学園前橋国際大学国際社会学部英語コース准教授.

専門：　教育言語学，英語教育学，第二言語習得.

主な業績：　"Multimodal scientific representations across languages and culture"（共著，*New Directions in the Analysis of Multimodal Discourse*, Routledge, 2007/2014），"A functional analysis of EFL students' discourse in the social practice of learning to play a board game"（共著，『共愛学園前橋国際大学論集』14, 2014），*The Japan Times Listening Expert, Vol. 2.*（共著，ジャパンタイムズ，2013）.

小林　真記（こばやし　まさき）【8章】

2004年，ブリティッシュ・コロンビア大学大学院 Dept. of Language and Literacy Education, Ph.D. (Language and Literacy Education). 現在，神田外語大学外国語学部英米語学科副主任・准教授.

専門：　教育言語学，第二言語習得，英語教育学.

主な業績：　"The intersection of social, cognitive, and cultural processes in language learning: A second language socialization perspective"（共著，*Sociocognitive Perspectives on Language Use and Language Learning*, Oxford University Press, 2010），"Academic discourse socialization in a second language"（共著，*Encyclopedia of Language and Education, Vol. 8: Language Socialization*, Springer, 2008），"Second language socialization through an oral project presentation: Japanese university students' experience"（*Project-based Second and Foreign Language Education*, Information Age, 2006）.

澁谷　由紀（しぶや　ゆき）【13章】

2004年，サリー大学社会学部，Ph.D. (Sociology). 現在，神田外語大学国際コミュニケーション学科専任講師.

専門：　社会学，社会調査法，社会心理学，異文化適応論.

主な業績：　「コミュニケーション・ツールとしての TOEIC® ブログ：TOEIC® を媒介としたオンライン英語学習者コミュニティの形成」（共著，『神田外語大学紀要』27, 2015），*Views of the Business World: CSR Reports of Major Japanese Companies*（共著，MacMillan Language House, 2014），「ビジネス系学部生のための Annual Report（年次報告書）の英語表現」（『工業英語ジャーナル』29(4)～34(2), 2009-2014）.

白畑　知彦（しらはた　ともひこ）【5章】
2004年，大阪大学文学研究科，博士（文学）．現在，静岡大学教育学部教授，ならびに，愛知教育大学・静岡大学教育学研究科博士課程共同教科開発学専攻教授，専攻長．
専門：　第二言語習得研究，外国語教育学研究．
主な業績：　『ことばの習得』（共著，くろしお出版，2012），『詳説第二言語習得研究』（共著，研究社，2010），『第二言語習得研究入門』（共著，新曜社，2006）．

杉田　めぐみ（すぎた　めぐみ）【7章】
2000年，ハワイ大学大学院 Dept. of Second Language Studies, M.A. (English as a Second Language)．現在，神田外語大学アジア言語学科専任講師．
専門：　英語教育学，異文化コミュニケーション，ESP．
主な業績：　『Life in a Multi-lingual and Multi-cultural Society——グローバル時代の異文化コミュニケーション』（共著，研究社，2013），『最新歯科衛生士教本：歯科英語』（共著，医歯薬出版，2007），『はじめてのアクション・リサーチ——英語の授業を改善するために』（共著，大修館書店，2005）．

田川　憲二郎（たがわ　けんじろう）【4章】
1991年，国際基督教大学教育学科，修士（英語教授法）；2002年，神田外語大学言語科学研究科，修士（英語学）．現在，獨協大学外国語学部非常勤講師，大東文化大学外国語学部非常勤講師，埼玉県立大学非常勤講師．
専門：　英語学，英語教育学．
主な業績：　「be 動詞の誤用と初学時の導入順序」（*Scientific Approaches to Language* 7，神田外語大学言語科学研究センター紀要，2008），「統語的アスペクトの表現形式としての英語 to 不定詞」（『言語研究』128，日本言語学会，2005），"Infinitival *to* as an aspectual affix"（『言語科学研究』8，神田外語大学言語科学研究科紀要，2002）．

永井　典子（ながい　のりこ）【20章】
1985年，ミシガン大学大学院言語学部，Ph.D. (Linguistics)．現在，茨城大学人文学部教授．
専門：　言語学，英語教育．
主な業績：　"Adaptation of the CEFR to remedial English education in Japan"（共著，*Language Learning in Higher Education* 2(2)，2012），"The actual and potential impacts of the CEFR on language education in Japan（共著，*Synergies Europe* 6，2011），「第17章，総合英語プログラム全学導入と新た

なる挑戦」(『英語教育学大系第 11 巻：英語授業デザイン』大修館書店，2010)．

野村　真理子（のむら　まりこ）【11 章】
2012 年，東京外国語大学地域文化研究科，博士（学術）．現在，神田外語大学外国語能力開発センター・研究員．
専門：　第二言語習得，英語教育学．
主な業績：　"Variability in past tense use in Japanese EFL learners' spoken and written production: A comparative analysis of the same individuals' speaking vs. writing"（『鳴門英語研究』24, 鳴門教育大学英語教育学会紀要，2013），「日本人英語学習者のスピーキング vs. ライティングパフォーマンスの比較分析のための指標——学習者コーパスに基づくアプローチ」(*Step Bulletin* 22, 財団法人日本英語検定協会, 2010)，「日本人英語学習者の産出モードの違いによる言語特徴の分析——中学・高校段階の学習者に焦点をあてて」（『四国英語教育学会紀要』29, 2009）．

長谷川　信子（はせがわ　のぶこ）【1 章】
1981 年，ワシントン大学言語学科, Ph.D. (Linguistics). 現在，神田外語大学言語科学研究科教授，外国語能力開発センターセンター長．
専門：　言語学，TESOL, 英語学, 日本語学, 統語論．
主な業績：　「小学校英語とはどういう英語か？——児童英語でできるようになること，できないこと——」（『言語科学研究』16, 神田外語大学言語科学研究科紀要，2010)),『統語論の新展開と日本語研究：命題を越えて』(編著, 開拓社, 2010),『日本語の主文現象：統語構造とモダリティ』(編著, ひつじ書房, 2007).

濱田　陽（はまだ　よう）【10 章】
2013 年，広島大学教育学研究科，教育学博士．現在，秋田大学教育推進総合センター講師．
専門：　Applied Linguistics, TESOL, リスニング，動機減退研究．
主な業績：　"Shadowing: Who benefits and how? Uncovering a booming EFL teaching technique for listening comprehension" (*Language Teaching Research*, 採択済み), "Monitoring strategy in shadowing: Self-monitoring and pair-monitoring" (*The Asian EFL Journal Professional Teaching Articles*, 印刷中), "Japanese high school EFL learners' perceptions of strategies for preventing demotivation" (*The Asian EFL Journal Professional Teaching Articles*, 2014).

朴　シウォン（ぱく　しうぉん）【7章】

2008年，ハワイ大学大学院 Dept. of Second Language Studies, Ph.D. (Second Language Acquisition). 現在，神田外語大学英米語学科准教授.

専門：　第二言語習得論，言語評価，心理言語学.

主な業績：『Life in a Multi-lingual and Multi-cultural Society——グローバル時代の異文化コミュニケーション』（編著，研究社，2013），『会話上手になるための英会話の鉄則』（共著，研究社，2011），*Differential Effects of EFL Tasks on Learners' Speech Production* (Studies in Linguistics and Language Teaching, 2008).

朴　ジョンヨン（ぱく　じょんよん）【14章】

筑波大学大学院人間総合研究科スポーツ健康システム・マネジメント専攻，体育学修士. 現在，神田外語大学体育スポーツセンター専任講師.

専門：　スポーツ通訳ボランティア，スポーツイベントマネジメント，ヘルスプロモーション.

主な業績：「国際大会における通訳ボランティア」『スポーツイベントで社会を元気に』（日本イベント産業協会，2014），『ENGLISH SOCCER & HANDBOOK』&『英語 de サッカー指導者マニュアル』（神田外語大学体育・スポーツセンター，2011），『国際スポーツイベントにおける通訳ボランティアの成果と課題』（筑波大学大学院人間総合研究科修士論文，2011）.

牧　秀樹（まき　ひでき）【17章】

1995年，コネチカット大学言語学科，Ph.D. (Linguistics). 現在，岐阜大学地域科学部准教授.

専門：　統語論.

主な業績：　"Mechanism of case processing in the brain: An fMRI study" （共著，*PLoS ONE*, 7(7), 2012），*Essays on Irish Syntax*（共著，Kaitakusha, 2011），"The Minimal English Test: A new method to measure English as a second language proficiency"（共著，*Evaluation & Research in Education*, 23(2), 2010）.

町田　なほみ（まちだ　なほみ）【18章】

2001年，セントジョーンズ大学教育学科，Master of Science in Education. 現在，神田外語大学言語科学研究科学術研究員，神奈川大学・國學院大学・二松学舎大学非常勤講師.

専門：　バイリンガル教育，応用言語学.

主な業績：「小学5，6年生の語彙知識：音声・意味・文字の結びつきに関して」

(共著, *JES Journal* 12, 小学校英語教育学会, 2012),「児童英語教育で扱われる機能語」*Scientific Approaches to Language* 11, 神田外語大学言語科学研究センター紀要, 2012),「早期英語教育のための語彙リスト開発過程」(共著, *Scientific Approaches to Language* 7, 神田外語大学言語科学研究センター紀要, 2008).

松本　マスミ (まつもと　ますみ)【16章】

大阪大学文学研究科, 修士 (英語学); 米国ウィスコンシン大学マディソン校, 修士 (言語学). 現在, 大阪教育大学教育学部教養学科教授, CIEE TOEFL スキルアップセミナー講師.

専門: 英語学・言語学 (英語の動詞を中心に), 英語学・言語学の英文法への活用.

主な業績:『最新言語理論を英語教育に活用する』(共編著, 開拓社, 2012),『語彙範疇 (I) 動詞』(共著, 研究社, 2005), "The syntax and semantics of the cognate object construction" (*English Linguistics* 13, 1996).

森山　卓郎 (もりやま　たくろう)【19章】

大阪大学大学院文学研究科 (国語学), 学術博士. 現在, 早稲田大学文学学術院教授.

専門: 日本語学.

主な業績:『国語からはじめる外国語活動』(編著, 慶應義塾大学出版局, 2009),『コミュニケーションの日本語』岩波ジュニア新書 (岩波書店, 2004),『ここからはじまる日本文法』(ひつじ書房, 2000).

日本の英語教育の今、そして、これから	ISBN978-4-7589-2212-8　C3082

編　者	長谷川信子
発行者	武村哲司
印刷所	日之出印刷株式会社

2015 年 3 月 23 日　第 1 版第 1 刷発行Ⓒ

発行所	株式会社　開拓社	〒113-0023　東京都文京区向丘 1-5-2 電話　(03) 5842-8900 (代表) 振替　00160-8-39587 http://www.kaitakusha.co.jp

JCOPY　<(社)出版者著作権管理機構　委託出版物>
本書の無断複写は，著作権法上での例外を除き禁じられています．複写される場合は，そのつど事前に，(社)出版者著作権管理機構（電話 03-3513-6969，FAX 03-3513-6979，e-mail: info@jcopy.or.jp）の許諾を得てください．